中国市长文集 ②

全国市长研修学院 编

中国城市出版社
·北 京·

图书在版编目（CIP）数据

中国市长文集：全3册/全国市长研修学院编.--北京：中国城市出版社，2012.9
ISBN 978-7-5074-2693-9

Ⅰ.①中… Ⅱ.①全… Ⅲ.①城市管理—中国—文集②城市建设—中国—文集 Ⅳ.①F299.2-53

中国版本图书馆CIP数据核字（2012）第224251号

序　言

中国市长培训工作始于20世纪80年代初，经历“十年动乱”后的中国城市百废待兴。在时任国务院副总理万里同志的倡导下，为适应改革开放和城市现代化建设的需要，1983年10月由中组部、建设部（住房城乡建设部前身）和中国科协共同组织开办了首期市长研究班。到目前为止，共举办各类市长研究班近百期，培训市长6300多人次，为指导和推动城市现代化建设作出了重要贡献。

党中央、国务院一直高度重视市长培训工作，历任中央领导同志，都曾多次接见过市长研究班学员并作出重要指示。胡锦涛同志在直接主管干部培训工作期间，曾两次对市长培训工作作出重要批示，要求以城市规划、建设、管理为主要内容，以提高管理现代化城市的能力和水平为目标，不断改进教学方法，提高教学质量，注重培训效果，努力把市长培训工作做得更好。温家宝同志、贺国强同志曾亲自接见市长学员并与学员座谈。2008年5月，中共中央政治局委员、中组部部长李源潮同志接见全国特大城市城乡规划专题研究班学员时，高度评价了有史以来的市长培训工作：“市长培训班从1983年开办到现在，25年来长盛不衰的原因是什么？主要有三点：一是重视实用；二是重视实例；三是重视实效。市长培训班的这些经验值得好好地总结，在全国干部培训系统中加以推广”。

市长研究班自创办以来，市长学员们提供了大量宝贵的城乡规划建设管理的经验交流材料及案例资料，并在学习期间，撰写了课题研究报告或国外考察报告。这些资料如实的记载了我国城市发展的历程，以市长的视角，阐述在城乡规划建设管理过程中所积累的理论成果和宝贵经验，展示了市长在指导城市发展和建设中的新思路及取得的新成就。为贯彻党中央、国务院关于努力做好市长培训工作的一系列指示精神，更好地总结我国快速城镇化进程中的经验教训，探索城市建设与发展的重大理论和热点、难点问题，促进住房与城乡建设事业又好又快发展，全国市长研修学院专门组织力量整理出版了《中国市长文集》系列丛书。我衷心希望《中国市长文集》能够成为城市领导者交流理念和经验的平台，并为指导中国城市科学发展起到重要作用。

王忠平

2012年5月

目录

理论篇

实践篇

华北地区

东北地区

目录

华东地区

华中地区

华南地区

西南地区

西北地区

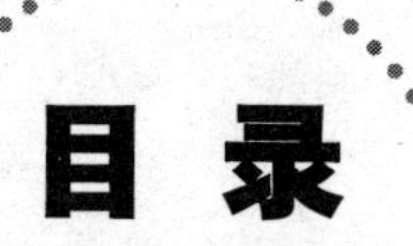

考察篇

案例篇

理论篇

城镇化进程中城乡一体化探索

第40期全国市长研究班第一课题组

摘 要

城镇化是当今国际社会普遍关注的话题。由于特殊的国情，我国的城镇化具有其特殊性。目前我国的城镇化进程速度远远低于经济增长的速度。而影响我国城镇化进程的一个重要原因，就是城乡一体化进程问题。随着经济社会的发展，城镇化步伐的加快，加快城乡一体化进程就显得尤为迫切。本文对我国城乡一体化的发展现状、取得的成果、发展趋势、存在的主要问题及其危害、成因等进行了初步的探讨，并对我国城乡一体化体制创新、构建和谐模式、措施及对策提出了一些观点。

引 言

“积极推进城乡统筹发展”是党的十六届五中全会通过的“十一五”规划的建议中，深刻地总结几十年来我们在处理城乡关系问题上的经验与教训而提出来的一个大思路、大举措。这个重大思路非常及时地提出了在现实城市化进程中处理好城乡关系所必须遵循的基本方针。这既是我们党对社会主义市场经济规律认识的不断深化，也是追求经济社会全面、协调、可持续发展的崭新理念。世界经济发展的规律表明，当一个国家和地区的经济与社会事业发展到一定程度时，实行城乡统筹发展，走一体化发展之路是必然趋势。我国的基本国情决定了在21世纪之初就确定坚持的以人为本，落实科学发展观，构建和谐社会，全面建设小康社会的发展目标。这个目标的重点之一，就是统筹城乡发展，建设现代农业，发展农村经济，增加农民收入。按照这个重大思路，绝不可以忽视农村，偏向城市，必须使城市和农村紧密地联系起来，充分发挥城市对农村的带动作用和农村对城市的促进作用，实现城乡经济社会一体化发展。

一、城镇化与城乡一体化

（一）概念与定义

1．城市化与城镇化

由于对城市和城镇概念的混淆，所以出现了“城市化”和“城镇化”两种提法，其实在英文中都是一个词（Urbanization）。在日本和中国台湾又被译成“都市化”，由于在我国一般把都市理解为大城市，所以我国不采用“都市化”的说法。中国城市与区域规划学界和地理学界于1982年在南京召开的“中国城镇化道路问题学术讨论会”上，明确指出“城市化”与“城镇化”为同义语。

2001年公布的《中华人民共和国国民经济和社会发展第十个五年计划纲要》中首次提出：“要不失时机地实施城镇化战略”。党的十六届五次全会通过的《中共中央关于制定国民经济和社会发展第十一个五年规划的建议》中指出：“坚持大中小城市和小城镇协调发展，提高城镇综合承载能力，按照循序渐进、节约土地、集约发展、合理布局的原则，积极稳妥地推进城镇化。”

从来自中央高层的信息中，由“城市化”到“城镇化”的提法的变化包含了明确的信息。“城市化”是针对片面发展大城市问题而提出的，它包含了积极发展县域重点镇的政策取向。提“城镇化”并不是不发展大城市，而是强调建立布局合理的城镇体系，实现城乡经济的协调发展。在目前这个阶段，使用“城镇化”这个术语具有很好的现实意义。

所谓城镇化，就是指农村人口不断向城镇转移，第二、三产业不断向城镇聚集，从而使城镇数量不断增加，城镇人口规模与地域规模不断扩大的一种自然、社会历史过程。从质的规定性看，城镇化是一个不断被城镇“同化”的过程，在这个过程中，城镇的先进生产力、现代文明与生活方式不断向农村传播与扩散，最终达到与城镇共享的态势。从量的规定性看，城镇化又是一个不断被城镇“量化”的过程，在这个过程中，农村的地域不断转化为城镇地域，农村人口不断转化为城镇人口，城镇数量不断增多和城镇规模不断扩大。

2．村镇化

文中提出“村镇化”这个新概念，它的释义为农村城镇化，包括农业产业化和农村工业化两个方面内容。农业产业化与农村工业化为联动关系，是在充分考虑农村经济产业特点和地域特点基础上，将农业产业化和农村工业化结合起来，以实现产业化与工业化的健康持续发展和农村剩余劳动力的转移。主要表现在农村工业通过建立“以工补农”基金为农业产业化发展提供资金，发展农业产业链中的农产品加工业和农用工业，吸收农村剩余劳动力等方面。发展农业产业化和农业现代化，需要推进贸工农一体化和产供销一体化，农村工业化中农产品加工业和农用产品业的发展，促进了产业化水平的提高。

3．城乡一体化

城乡一体化就是以城带乡、以工促农、城乡联动，把城市和乡村作为一个有机整体，全面、协调、可持续、以人为本地推进城市经济和乡村经济共同繁荣。城乡一体化发展的战略构架表现为：①城乡一体化发展，就是坚持全面发展。在推动城市社会加快发展的同时，通过充分发挥政府的主导作用和建立健全以城带乡机制，优化各种社会资源在城乡的共同配置，带动农村社会全面进步。②城乡一体化发展，就是坚持协调发展。正确处理城乡、区域、经济社会、人与自然等关系，促进生产力和生产关系，经济基础和上层建筑相适应，统筹城市的产业发展、劳动就业、社会保障、规划建设，促进城乡经济、政治、文化、社会各方面、各环节的协调发展。③城乡一体化发展，就是坚持可持续发展。正确处理经济发展与人口、资源、环境的关系，走生产发展、生活富裕、生态良好的文明发展道路，着力形成农村支撑城市、城市促进农村的生态环境优化机制，促进城乡经济可持续发展。④城乡一体化发展，就是要坚持以人为本、促进人的全面发展。切实保障人民群众特别是农民的经济、政治和文化权益，促进城市的基础设施向农村延伸、城市的公共服务向农村覆盖、城市的现代文化向农村辐射，让所有农民共享工业化、城镇化和现代化带来的利益。

落实城乡一体化发展的战略思想，无论是对于推动城乡经济可持续发展、促进农民收入稳定增长、实现社会文明进步和长治久安，还是对于促进区域性经济倍增发展，早日实现全面建设小康社会目标都具有十分重要的战略意义。可以说，坚持城乡一体化发展，既是实行“三个代表”重要思想、落实科学发展观的重大课题，也是全面建设小康社会的必然要求；既是新阶段解决“三农”问题的根本方略，也是推进城市乃至全局工作的根本大计；既是增强执政能力的重要内容，也是建构和谐社会的必要途径。

（二）村镇化与城镇化联动发展

村镇化与城镇化联动，包含农村工业化与城镇化的联动和农业产业化与城镇化的联动两个层次。

1．农村工业化与城镇化的联动

农村工业化与城镇化的联动发展就是指在经济社会发展中，农村工业化与城镇化协调发展的过程。现阶段就是将分散的乡镇企业适度向小城镇集中，以产业的集中带动人员和生产要素的集中，从而促进城镇建设步伐的加快。从经济社会发展规律看，工业化、城市化、市场化和国际化是一个国家和地区区域经济增长的基本动力源。其中，农村城镇化的加速推进是经济社会结构变化最主要的特征，是解决农业、农村和农民问题的重要出路，有利于从根本上促进资源和生产要素的优化配置和产业结构的调整升级。促进农村工业化和城镇化的联动发展，关键是彻底打破城乡分散的体制，建立有利于二者联动发展的政策机制，促进农村资源和生产要素向城镇流动集聚，实现城乡协调和一体化发展。

2. 农业产业化与城镇化的联动

农业产业化与城镇化联动发展是农业产业化与城镇化协调发展的过程。农业产业化与城镇化之间存在着内在的必然联系，这种联系表现在两个方面：一是农业产业化发展对城镇化的作用。我们认为，商品生产基地、龙头企业、支柱产业和市场群落是农业产业化经营的四个支撑点，四者相互联系、相互促进，共同推动着城镇化的进展。二是城镇化对农业产业化发展的促进作用。主要表现是：①市场贡献：城镇化为农产品提供市场，拉动农业的商品化和市场化；②结构贡献：城镇化为农产品生产提供导向，拉动农业生产结构调整的高级化；③就业贡献：城镇化为农业剩余劳动力创造就业机会，拉动农业劳动力的非农化；④规模贡献：城镇化对农村剩余劳动力的吸引，使农业劳动力不断减少，为农业产业化经营规模的扩大创造了条件；⑤资金贡献：城镇化会形成大量反哺农业的资金，从而对农业产业化发展形成有力的资金支持。

（三）城乡一体化与城镇化

1. 城镇化道路（模式）

当提到城镇化道路时，首先想到的是“是发展大城市，还是发展小城镇”的问题。这是两条不同的城镇化道路，一条是以城市发展为中心的城市化道路，另一条则是以城乡一体化发展为中心的城镇化道路。我国目前正处在工业化与信息化的特殊历史时期：工业化过程尚未完成，信息化过程已经开始。因此，我国新的城镇化发展道路（模式）必须包含这样两个内容：一是将城市的集中与分散有机地统一起来；二是建立起以城市为中心的区域一体化体系。

我国这种新型的、以城乡区域之间一体化的协调发展为中心的城镇化道路的含义在于：交通技术和信息技术使单一城市不断向外扩张，最终将相当部分从传统意义上讲不属于城市因素的资源包括进来了；城与城之间通过高速公路走廊，有效地相互连接起来了；城市与附近乡村的联系更加紧密，城乡相互通勤的现象逐渐成为普遍现象。在这种情况下，原来单一城市与周围城市以及与它们相近的小镇及乡村在越来越大的程度上产生各种互动关系，最终构成了一个有机的区域发展体。在这个有机的区域整体中，既有起主导作用的大中城市，也有起沟通城乡之间桥梁作用的小城市和镇，还有部分分布在城市周围、与城市经济活动紧密联系的乡村地区（如蔬菜种植区、花卉种植区、休闲垂钓区、生态绿化区、乡村赛马场、乡村高尔夫球场等）。

2. 城乡一体化是城镇化的必由之路

走城乡一体化道路，推进城镇化发展，要求我们既要充分发挥主导城市对整个区域在整体功能定位、发展规划、产业结构、市场结构、基础设施布局等诸方面的主导作用；也要求我们建立区域范围内比较系统的、完善的城镇体系，做到大、中、小城市及乡镇、农村在本区域范围内合理布局，进而使其区域整体效益得以充分发挥，最终促进区域范围内城乡经济、社会联系不断增强，实现城乡协调发展的目标。因此，我们可以理性地说：城乡一体化是城镇化的必由之路。

对于我国而言，走以城乡一体化发展为中心的城镇化道路，较之于走仅以城市为中心的城市化道路具有很多明显的优势：一是它通过一种创新的城镇化模式可以在更大范围内，采取一种更有效的方式实现我国的城市化目标。如果我国农民能在不丧失土地财产、农村在不丧失文化根基的情况下依托城乡一体化区域建设的形式汇入城镇化的大潮，这与传统城市化通过“羊吃人”方式相比较，应该被视为一种伟大的历史性进步。二是建立在区域综合协调发展基础上的城镇化有利于我国在更大范围内更加有效地配置劳动力资源，调整劳动力的区域分工，降低劳动力成本。三是有利于加强城乡联系，进而从根本上瓦解长期以来形成的“农村—农业—农民”体系，促使我国农村发展尽快进入到与城市合作、进而相互促进的新的历史发展阶段。四是城乡产业结构将因此得到全面重组与改造。五是最终有利于逐步缩小城乡差别、缓解由此可能引发的各种社会、政治危机，有利于国家的政治稳定与长治久安。

（四）我国城乡一体化现阶段的几种模式

近年来，随着城镇化工作的不断推进，大大促进了城乡社会经济的健康、快速、协调发展，广大城乡居民的生产条件、生活质量得到了明显提高。但是，由于各地经济发展水平和市场发育程度差异很大，各地的城镇化进程也各不相同。综合研究我国城乡一体化阶段的特点，下面就浙江模式和上海模式进行介绍。

1．浙江模式——发展农村第三产业

发达的第三产业是经济社会现代化的重要标志。浙江省在广大农村区域范围内大力推进第三产业发展方面，积累了大量的经验，取得了巨大的成效。浙江发展农村第三产业的模式，主要呈现以下几个特点：

（1）地域广阔性。劳务输出已经成为浙江一大产业，全省农村约有100万劳动力，散布在全国各地，从事商业、建筑和各种服务行业，有的还到境外、国外开发劳务活动。许多城市和郊区出现的“温州村”、“浙人街”都充分反映了浙江农村第三产业发展的盛况。因此，我们不应就农村看农村第三产业，而应当从浙江从事第三产业的农民在全省、全国乃至国际范围的活动来看浙江农村第三产业的发展。浙江农村劳务大军在外地所创的收入，也远远超过现有的统计数字。

（2）就业多样性。浙江农村发展的第三产业，行业多，可以吸纳多层次的人员就业，为农业中转移出来的大批劳动力提供了广阔的活动舞台。劳动力以流通领域容纳最多，全省除50多万购销人员外，在160多个各类市场中摆摊设点的多数是农民，各公路沿线林立的餐馆、旅店也大多由农民开设。在交通运输业，台州地区60%的货物运输量是由农民运输组织购置车船承担的，农民运输已拓展到海、陆、空各个领域，苍南县有几位农民还办起了股份合作的“包机”公司，承担经营温州至全国有关城市的航空班机。在农业社会化服务上，包括农机、植保、灌溉以及农业技术等方面的服务，也容纳了一批农村劳动力。农民自我服务组织和服务专业户，在各地也有新发展。

（3）城镇集聚性。浙江农村第三产业多数是依托小城镇的崛起而发展起来的，农民离乡进镇，开店设摊，从事各种服务业，已经成了农村经济发展的一大趋势。1990年，全省城镇和乡村从事第三产业的劳动者共430多万人，其中聚集在城镇的220多万人，占总数的51.3%，比农村的多11.6万人，而农村从事第三产业的也大多聚集在当地的小集镇上，这种第三产业向小城镇集聚的趋势，使小城镇成为沟通城乡经济的桥梁和纽带，有利于推动城乡一体化的进程。

（4）市场导向性。农村第三产业是随着市场的需求发展的，浙江城乡市场发育比较早，20世纪80年代以专业小商品市场和农贸市场为主体。进入90年代，生产资料市场和生产要素市场也开始发展，建一个市场，应当带动一大批产业，这已经成为一个普遍的规律。如绍兴柯集镇，原来常住人口不足2万人，建立中国轻纺城以后，现在每天进出市场的客商有5万多人，日成交额达1000多万元。围绕轻纺市场，不仅发展了一大批旅店、饮食店和文娱活动场所，而且为市场配套服务的资金市

场、劳务市场、信息市场、房地产市场、运输市场、科技市场等要素也应运而生。71家托运部组织运输市场，每天将上千吨的货物通过120多条运输线运往全国各地；还有近万人为市场提供各种配套服务，光是搬运工就有1000余人，市场有力地促进了第三产业的繁荣发展。

2．上海模式——“三集中”模式

“三集中”是指：农村人口居住向城镇的集中；农村工业企业向乡镇工业园区的集中；农业耕地向农场或农业大户的集中。“三集中”模式首先由上海市政府提出，是关于上海市郊区工业化、城市化发展和建立现代化农业的根本指导模式。这一模式实施十多年来，在上海地区取得了一定的成效。

（1）人口向城镇的集中。使农村人口的生产居住条件和环境得到极大的改善，在目前的上海市郊区小城镇中，农民新城的居住水平已经大大高于市区，居住环境也优于市区，水、电、讯、道路等市政基础设施已经等同于市区，公共服务设施也比较齐全；人口向城镇的集中，使城乡之间的居住生活环境空间差距越来越小，逐步融合。

（2）工业向工业园的集中。最近十多年来，上海市乡镇农民企业家追求规模经济的内在动力使全镇企业的空间集聚具有客观必然性。政府设置乡镇企业工业园实际上是顺应这种客观发展规律，更快、更好地为乡镇企业获取外部规模经济、避免外部规模不经济创造条件，以降低乡镇企业空间聚集所需付出的代价，尤其是延期支付的环境代价。

（3）耕地向农场的集中。实现耕地的集中和规模经营，光靠农民是办不到的，必须进行政策引导和政府干预，把农业剩余劳动力转移和耕地的集中与规模经营结合起来。上海市实行耕地向农场的集中，是建立现代农业产业规模经营的基础。有了农场化的农业规模经营，使上海市的三大产业结构更趋合理、三大产业的现代化程度更趋提高；有了现代化的农业产业，将会从根本上解决粮食问题，同时也会大大提高某些以农业为主的工业原料的产量和质量。实现耕地的集中和农场化，也就意味着农村剩余劳动力已经大部分转向非农产业，农村人口的经济收入也会大大提高，与城市人口的收入差距会逐步缩小。

二、城乡一体化存在的主要问题及危害

城乡一体化是推进城镇化进程，根本性解决“三农”问题的重要举措。但在推进城乡一体化、统筹城乡发展的实践中，我们还存在着不少的问题和薄弱环节，有

思想观念上的滞后，有体制机制上的障碍，这在一定程度上影响了城镇化的发展。

（一）城乡一体化进程中存在的主要问题

1．缺乏科学的规划

城乡规划是一项全局性、综合性、战略性的工作，涉及政治、经济、文化和社会生活等各个领域。科学的城乡发展规划，必须按照城乡一体化的要求，立足当前，面向未来，统筹兼顾、综合布局，要处理好近期与长远、需要与可能等一系列关系。但在实际工作中，城乡规划在有效配置市场资源、保护资源环境，协调利益关系，维护社会公平等方面普遍存在缺失，重城轻乡、重经济发展轻社会事业现象在一定程度上存在着。特别是在城乡规划编制、实施过程中，规划的全局性、民主化、法定性体现不够，当城乡利益发生矛盾时，往往以牺牲乡村的利益为代价，以求得城市的发展。近几年来农村耕地占用、城镇拆建等问题，都较集中地反映了我们在这方面存在的问题。

2．产业支撑不牢，特色经济没有形成

良好的产业支撑是城镇化得以健康持续发展的基础，是城镇竞争能力的重要表征之一。综观全国各地城镇，工业化、信息化水平低，传统产业技术含量低，产业结构升级换代难以推进等问题较为普遍。特别是近年来，不少城镇产业发展定位不够科学，一味追求短、平、快项目，以致旅游、房地产项目一哄而起，造成重复建设和无序开发，忽视了立足地方资源、突出地方特色、支撑地方长远发展的产业项目的建设。同时，城乡产业的互动也较为薄弱，以城带乡，以工促农的格局尚未形成，产、供、销一条龙的专业化经营推进力度不够，从而影响了地方产业特色的培育和打造。

3．基础设施建设滞后

城镇基础设施是既为生产又为人民生活提供一般条件的公共设施，是城市赖以生存和发展的基础。应该看到，改革开放以来，全国各地的城市和城镇的基础设施建设步伐加快，成效显著，但还存在着一些不容忽视的问题如在城市方面，网络建设的系统性不够，重生产、生活基础设施建设，轻社会生活基础设施建设的问题较为突出。一些经济欠发达地区，道路、通信线路、能源动力网、供排水管道、废弃物处理系统，以及防灾、卫生、教育、娱乐等方面的设施不健全。在乡村方面，生产、生活基础设施的建设更是滞后，行路难、饮水难等问题依然存在，水利基础设施抵御自然灾害的能力十分薄弱，严重地影响了社会主义新农村的建设进程。

4．失地农民保障问题

随着城镇化的快速发展，城镇规模不断扩大，农村土地不同程度地被经营性征用或公益性征用，无论是何种征用，其中的巨额增值农民们都不能分享，从而引发了农民与企业以及政府的直接冲突。这当中，既有农村承包地征用的审批手续不完善问题，也有被征地农民广泛参与讨论不够，知情权、选择权、否决权难以落实的问题，更有农民土地使用权“权益补偿”、“土地换社保”等失地保障机制不健全的问题。

5．建设资金投入不足

建设资金投入不足是城镇发展的“瓶颈”。近年来，全国各地不断创新投融资机制，拓宽城镇建设筹资渠道，但总体来看，城镇建设的资金投入还是受到多方面因素的制约。一方面，不少县域经济尚属“吃饭财政”，财政支撑城镇建设很不现实。加上国家银根紧缩，争取银行贷款或利用国债资金也很困难；另一方面，民间投入、开发商投入由于经济效益回收周期长而影响积极性，同时土地资源开发来自政策性制约，难以实施“存量土地换城镇建设”。这些因素，影响了城镇建设多元化投资体制的形成。

6．城镇就业短缺和向城市转移劳动力问题

城镇下岗职工再就业以及大中专毕业生就业，挤占了城镇就业的空间，给农村劳动力向城市的转移带来了挑战。同时，发达地区的城镇工业企业技术密集型远远多于劳动密集型，不利于吸纳粗放型的农村劳动力。此外，户籍障碍、承包地与资产管理体制障碍，也影响了农民向小城镇转移集中。

7．农村人口素质提高问题

城乡一体化也包括城乡人口素质的同步提高。促进城乡人口素质上的一体化，把农村的人力资源变为人才资源是关键。农村居民受教育程度，享受信息化以及城市文明的程度与城市居民还有一定的差距，有待于在城镇化进程中加以提高。

8．城乡综合配套改革问题

推进城乡一体，必须消除来自体制上的障碍，必须靠综合配套改革做保证。事实上，我们的改革往往存在重城轻乡、乡村滞后于城市的现象。例如这些年来，城市或城镇先后推出党政机构改革、国企改革和城镇居民生活保障体制改革等，而乡镇机构改革，财政体制改革和农村社会事务管理体制改革却姗姗来迟，城乡居民不能同步享受改革成果。特别是广大农民在社会保障、权益保护等方面远远滞后于城镇居民。

（二）城乡一体化进程中存在问题带来的危害

上述存在问题，对推进城乡一体化带来诸多危害：

1．城镇像农村、农村像城镇现象

城镇化的本质是农村城镇化，村民居民化，从而缩小城乡差距，消除城乡壁垒，解决二元结构。但由于基础设施投入不足，产业特色不够突出，综合配套改革不完善等原因，往往造成城不像城、乡不像乡以及城乡边缘化的现象，影响了城镇化的提高。

2．农村基础设施薄弱，环境恶化

城乡融合是一个渐进的实现过程，由于客观因素的影响，城乡基础设施建设在一段时间内很难统筹和互动，农村的水网、电网、路网、电讯网等基础设施建设与建设社会主义新农村的要求相比，还有很大的差距，生态环境恶化现象依然存在。

3．“三农”问题没有根本解决，城乡差距加大，社会矛盾尖锐

统筹城乡经济社会发展是深化农村改革，促进农村发展和稳定的前提条件，是新时期解决“三农”问题的重要措施。上述存在的诸多问题，使得农村在提高综合生产能力、推进综合改革、发展公益事业、实现劳动力有效转移等方面受到了制约，与十六届五中全会提出的“生产发展、生活宽裕、乡风文明、村容整洁、管理民主”的社会主义新农村要求存在着一定的差距，拉大了城乡差距，影响了农村社会的稳定。

4．大量农村剩余劳动力向城市转移，给城市的环境和管理造成巨大压力

农村劳动力向城市聚集，在为城市创造财富的同时，也给城市带来了压力。这些压力不仅体现在就业方面，还体现在环境和社会管理方面，特别是外来人口管理、社会事务管理、社会治安综合治理方面的压力最为突出，不少城市甚至出现外来人口管理的盲区。

三、城乡一体化进程中存在问题的成因

（一）思想认识上的原因

一方面是对城乡一体化认识不足。城乡一体化是推进城镇化进程，消除城乡壁垒，解决二元结构，从根本性解决“三农”问题的根本途径。党的十六大之后，各级党委和政府都自觉地把城乡一体化作为建设全面小康社会的战略性任务来抓，但思想认识还存在偏差，在实际工作中，往往有意或无意地把城镇建设和“三农”工作割裂开来；另一方面是传统计划经济的观念不能适应城乡一体化进程。在传统的计划经济条件下，生产要素的流动、市场的开放、资源的整合等都会受到限制，而这些又都是统筹城乡发展，促进城乡一体化的重要因素。因此，在这种思想观念的

影响下，城乡一体化进程的推进举步维艰。

（二）经济社会上的原因

一方面是经济社会没有协调发展。社会事业滞后于经济发展，是我国改革开放以来经济社会发展状况的客观现实。正因为如此，比较弱化的公共管理和社会公益事业，难以支撑城镇的发展和壮大。也正因为此，农村的社会事业更是拉大了与城镇的差距。另一方面是经济体制不能适应城乡一体化进程。我国的经济体制改革首先是从农村开始的，但改革的全局性考虑不够，配套改革跟不上，往往存在重城轻乡或重乡轻城的问题，对促进城乡一体化不能形成体制机制上的有效保障。

（三）规划机制上的原因

首先是缺乏规划，规划滞后。长期以来，我们在城市规划中，重视形象工程，忽视内涵和城市特色；重视城市发展，忽视城乡兼顾、统筹发展。特别是在规划编制过程中，体现包括广大农民在内的群众的整体利益不够，以公正、公平为原则，及时检验和整合规划编制也不够，注重协调与可持续发展也不够，其次是城镇规划与经济社会发展规划不协调和脱节。经济社会发展规划抓总体规划，城镇规划仅是专项规划，专项规划必须服从总体规划，但实际上，我们在城镇规划编制中，往往没有把其放在全局中去考虑和谋划，注重了城镇规划自身的完整性，可行性，忽视了它在经济社会发展全局中的系统性和牵动性。最后是规划实施不力，管理不协调，监管不到位。规划有很强的法律约束性，但实际操作中，常常存在随意更改、临时动议的现象，影响了规范执行的成效。

（四）管理体制上的原因

一方面是重城市轻农村现象较为普遍。由于城市是一个地方政治、经济、文化的中心，在享受政治资源、公共财政等方面具有不可比拟的优势，广大农村能得到公共财政阳光普照的条件尚未成熟；另一方面是城乡存在壁垒。这也是二元结构的弊病，由于体制上的原因，现阶段很难实现城乡在规划、建设、产业、就业和社会事业上的互动，城市支持农村、工业反哺农业的成果还未充分体现。

（五）法律保障上的原因

一方面是配套的法律保障体系尚未形成。近年来，城镇居民在享受最低生活保障、公共医疗保障、社会福利保障和各种权利保护方面优于广大农民，仅以“低保”为例，农村居民生活“低保”与城市居民相比，具有标准低、覆盖率低的特点。特别是农村社会矛盾错综复杂，土地纠纷，宗族矛盾、治安案件远比城市多得多，而法律宣传和服务却很薄弱，影响了农村民主法制建设的进程；另一方面是现行法律框架内可操作性不强。近年来，党中央以构建和谐社会为出发点和着力点，更加关注农村的改革、发展和稳定，在政策和法律法规上向农村倾斜，特别是对农民工工资拖欠、农村税费改革、农民社会保障等方面出台了一系列政策法规。但执行起来尚存在这样或那样的难度，这与现行法律框架内可操作性不强密切相关。

四、创新城乡一体化的体制机制、构建和谐发展的模式

（一）创新城乡一体化体制机制的重要性和必要性

统筹城乡发展，推动城乡一体化是落实科学发展观，构建和谐社会的重要内容。创新城乡一体化体制和机制，对于规范城乡管理，推进城乡综合配套改革，完善城乡各项保障体系，统筹城乡经济社会发展具有重要的意义。各级党委政府一定要站在战略的高度，把创新城乡一体化体制和机制作为完善社会主义市场经济体制的重要工作来抓，切实抓紧抓好。

（二）创新城乡一体化体制机制的指导思想和目标

指导思想：以“三个代表”重要思想为指导，在统筹城乡发展中树立和落实全面、协调和可持续的发展观，尊重城乡发展规律，坚持以人为本，把维护好、实现好、发展好最广大人民群众的根本利益作为推进城乡一体化、构建和谐社会的出发点和落脚点。主要目标：加快城镇化进程，形成资源节约、环境友好、经济高效、社会和谐的城镇发展格局。

（三）创新城乡一体化体制机制的基本原则

1. 统一效能原则：要统筹兼顾、全盘考虑，不要顾此失彼，互相偏颇；要坚持以最广大群众的利益作为衡量绩效的重要标准。

2. 积极稳妥原则：既要大力推进，又要稳妥进行。要循序渐进，不要冒进；要处理好改革的力度与发展的速度、群众可承受程度的关系。

3. 经济支撑原则：要讲求改革的行政成本；要靠经济发展解决城乡一体化中的深层次矛盾和问题。

4. 分期实施原则：要分清缓急轻重，不要急于求成；要抓住主要矛盾，防止“眉毛胡子一把抓”。

5. 法制管制原则：要依法行政，在法律法规框架内创造性地开展工作。

（四）创新城乡一体化的基本模式

1．依靠“三农”发展产业，做大产业拉动城市发展，加快城乡一体化进程

农业产业化、规模化、集约化经营，是促进城乡间生产要素流动，缓解“二元”结构矛盾的重要途径。因此，要立足于地区资源，致力于农业产业化、规模化和集约化经营。要发展壮大龙头企业，在资金、人才、经营理念和经营能力等方面适应现代农业发展的要求；要提高农业的组织化程度，发挥各类农业协会和合作组织在促进农产品产、供、销、加一条龙方面的作用。

2．以信息化带动工业化，以工业化促进城市化，加快城乡一体化进程

信息化是城镇化、工业化发展到一定历史阶段的产物，是城镇化与工业化互助互进的直接成果，是城市产业特别是工业结构升级和工业化质量提升的发动机。因此，我们必须在完成工业化的过程中注意运用信息技术提高工业化的水准，在推进信息化的过程中，注重运用信息技术改造传统产业，以信息化带动工业化，发挥后发优势，实现跨越式发展。

3．以城市化促进工业化，加快城乡一体化进程

城市化对工业化的促进作用，主要体现在城市基础设施及城市功能的完善方面。要加快城市基础设施建设，增强招商引资的吸引力，争取更多的工业企业项目的落户；要重点抓好科技园区和工业园区的建设，降低项目进入的成本，逐步实现园区工业化、工业园区化。要充分利用城市在资金、人才、科技等方面的优势，促进工业的结构调整和产业升级，做强做大工业。

4．以城带乡、以工促农，城乡互动、三产联动，打破城乡“二元”结构，加快城乡一体化进程

要深刻理解和准确把握胡锦涛同志关于“两个趋向”的科学论断，在城市支持农村、工业反哺农业方面取得新突破。要着力消除体制、机制上的障碍，促进城乡间规划、建设、产业、就业、事业的互动，重点搞活城乡间生产要素的合理流动，促使经济结构由农村农业、城市工业的“二元”结构向城市、小城镇、乡村多种产业组合和多样化生活方式并存的“三元”结构转移，最终形成城乡一体化的新的发展格局。

五、城乡一体化进程的对策与措施

（一）建设社会主义新农村，为加快城乡一体化进程奠定基础

在21世纪的头20年，要建一个惠及十几亿人口的更高水平的、更全面的、发展

比较均衡的小康社会，重点和难点在农村。把全面繁荣农村经济和促进农村社会进步作为重中之重，由城乡分治走向城乡一体化，协调发展的格局，提高城镇化水平，对实现全面建设小康社会主义新农村，具有全局性的关键意义。

1．进一步调整国民收入分配结构和财政支出结构，加大对农业的支持和保护力度

与我国农业的重要地位和发展要求相比，政府对农业的支持总量仍是低水平的。从某种意义上说，国家财政支农资金还缺乏一个稳定的内在增长机制。要实现农业和农村的持续发展，确保农村全面实现小康目标，必须进一步完善政府对农业投入的政策。总的思路是：努力增加政府财政支农资金投入总量，形成支农资金的稳定投入渠道；按照建立公共财政体制的要求，调整财政支农资金的使用方向；改进政府农业投资管理体制，提高政府支农资金的使用效益。

2．调整乡镇企业发展战略，实现城乡工业一体化发展

改革开放以来，乡镇企业异军突起，“以工兴农，以工富农”成为我国广大农村摆脱贫困、增加收入、走向富裕道路的主要途径。不仅吸纳了大量农村劳动力，增强了农村的经济实力，而且成为推动城乡关系转变的重要力量。乡镇企业的快速发展和在此基础上小城镇的大量涌现，弱化了原有“农村工业——城市工业”的二元结构格局，使城乡经济的联系范围进一步扩大。乡镇工业已全面介入国民经济各个部门，已在城市工业之外构筑起了“第二工业体系”。

为此，必须进一步明确今后乡镇企业的发展方向，加大扶持力度，促进其健康发展。乡镇企业要继续把劳动密集型产业作为主要发展方向；要大力发展农村服务业；要把发展农副产品加工业和运销业作为乡镇企业发展的重点；要大力发展有地区资源优势、传统工艺和特定市场优势的特色产业；要在税收、信贷、市场准入、培训等方面对农村中小企业和非公有制企业采取扶持政策，特别是要改进对它们的金融服务。要引导乡镇企业向重点小城镇合理集聚。

3．公平对待民工，逐步实现城乡劳动力市场一体化

当前农村劳动力进入城镇就业仍受到很多不合理的限制。一些大中城市为了保证城市居民就业，规定了限制农民进入的行业和工种；农民外出就业要办理名目繁多的证件，对他们的收费也过多、过滥；一些地方存在简单粗暴地清退进城务工农民的现象等。现在许多城市面临就业压力，对进城农民工进行适当管理是必要的，但要城乡兼顾，公平对待。目前的一些现象既不符合市场经济公平竞争的原则，也没有真正起到引导农民有序流动的作用。当前要切实解决拖欠、克扣农民工工资、农民工劳动条件恶劣、妇幼保健、卫生防病和治安管理工作等，列入各有关部门和

社区的管理责任范围，并将相应的管理经费纳入财政预算。

4．发挥市场对农村资源配置的基础性作用，实现城乡资源配置一体化

在城乡一体化进程中，要始终注意发挥市场对资源配置的基础性作用。在未来一个相当长的时期里，在市场力量的作用下，资本和劳动力仍将向城市集中。农村中素质高的劳动力会更多地向城市流动。投资者将注意资本的聚集效应和专业化分工效益，把资本投向适当的城市。城市化过程中土地的价格会上升，如果有一个相对健全的市场机制，特别是有序的土地产权基础和收入分配机制，每个区域将会形成土地的均衡价格，从而实现土地利用的节约。从以往的实践看，农村劳动力流动渠道的阻塞和土地定价不合理始终是影响我国城乡一体化健康发展的难题，解决这个难题的主要办法是尊重市场规律，让市场在资源配置中发挥基础性作用。

（二）统筹城乡发展，加快推进城乡一体化进程

1．制定城乡一体化总体方案和行动纲领

如何统筹城乡一体化发展，关键是定位准，要有新的发展观念，制定出城乡一体化总体方案和行动纲领。综合分析国策国情和区域的现状，回顾反思十几年来我国城乡发展中的经验和教训，在推进城乡一体化建设上，一是要以科学规划为重点，以产业发展为支撑，以机制创新为动力，以促进充分就业和完善社会保障为主要手段，统筹城乡经济发展，加快推进城乡一体化进程。二是要树立发展区域经济的观念，走以农村工业化推进城乡一体化发展的路子；树立聚集资源发展的观念，走以农村城镇化推进城乡一体化发展的路子；树立城乡协调才能快速发展的观念，走以城带乡、以乡促城一体化发展的路子；树立环保优先的观念，走生态环保型推进的路子；树立实事求是、科学发展的观念，走分类指导重点推进的路子。

2．统筹城乡规划布局，推进农村城市化

促进国民经济良性循环和社会协调运行，要突出规划的龙头作用，统筹城乡规划布局，推进农村城市化。树立大规划理念，突出前瞻性、综合性和权威性，从城乡资源的合理利用出发，高起点高标准规划，把劳动力转移、产业发展和园区建设放在一起进行考虑，真正用产业聚集和城乡互动来支撑城市的发展。要坚持以规划统揽城乡建设，推进城市化进程，既要谋划城市的做大做强，又要考虑村镇的发展；既要搞好市容市貌，又要优化城乡产业布局；既要加快城市建设步伐，又要推进乡村以道路等为重点的基础设施建设。

科学地编制好城镇体系规划、专项规划、详细规划。加快城乡一体化规划的对接和实施，高度重视村镇建设规划，在完善城镇体系规划的基础上，把规划延伸到

村，抓好村庄布局规划和中心村建设规划，形成城市、中心镇、中心村“三位一体”的城乡规划体系。中心村经济、社会、文化、生态等发展规划，要符合全面建设小康的要求，充分体现地方个性特点和文化特色，融田园风光、人文景观和现代文明于一体。

强化中心镇和中心村建设。着力提高重点中心镇建设档次，扩大建设规模，体现自身特色，完善基础设施，全面提升小城镇整体功能。加快农民新村、农民公寓的规划建设，引导农民新建住房一律到中心村，先行试点，逐年推开，迅速形成示范带动效应。按照清洁家园、秀美田园、优质水源、生活乐园的要求，搞好文明村庄创建工作，加快“生态镇”、“生态村”建设，全面推进改路、改水、改厕、改线和垃圾集中处理、村庄绿化等环境整治，努力建设一批环境优美、服务配套的新型农村社区，切实改变村容村貌，提高农民生活质量，推进农民市民化和农村城市化发展。

3．统筹城乡基础建设，推进服务功能现代化

农村地域分散，一些带基础性、先导性的产业的建设，如果分散到各个村落去开展，不仅无力投资，而且不可能产生良好效益，反而会造成极大浪费。因此，必须集中在农村的小城镇上建设，只要城镇布局合理，就可以带动和发展广大乡村，收到事半功倍的效果。与经济发展和人民生产关系密切的商业、物资业、对外贸易业、金融业、保险业、房地产业、服务业、饮食业和文化卫生业等；与科技进步相关的科技、法律、会计、审计、资产评估等中介服务业的信息、各类技术服务业等新兴行业；为农业产前、产中、产后服务和为提高农民素质、生产质量服务的行业等；对当地经济发展具有全局性、先导性的交通运输、邮电通信、供电供水、人力培养和教育等基础行业，也都需要依托城镇这块阵地，依靠城镇地理区位的优越条件和人力、物力、财力的优势，来创造良好的基础设施条件和适宜的环境，才能获得更快、更健康的发展。

加快推进城乡一体化，必须深化农村改革，建立符合社会主义市场经济体制要求的农村管理和服务体系。一要切实转变行政职能。改革对农业的管理方式，逐步形成政府调控市场、市场引导企业、企业连接基地、基地带动农户的农业发展新格局。二要引导农民以土地作为资本，通过入股或出租参与农业产业化、规模化经营，加快土地向专业大户、农业企业等农业投资者集中，推进农业的规模化和集约化经营。三要制定配套政策措施，多方筹措发展资金。将城乡一体化建设纳入国民经济和社会发展规划，建立起市场化运作、良性循环、城乡统筹的投融资机制。

4．统筹城乡科技、教育、文化卫生事业发展，推进农民生活现代化

农村城镇建设的目标，就是要使之成为既是农村经济建设的中心，又是文明建设的中心。随着农民生活水平的不断提高，对科技、文化、体育、卫生等方面的要求也将越来越高。一要加快农村教育事业发展。充分发挥农广校、农函大、成人文化技术学校的作用，大力发展成人教育，在农村造就一大批懂技术、善经营、会管理和具有市场开拓能力的新型农民。二要全面繁荣农村文化事业。改造和新建一批现代化的文化设施，丰富内容，提升品位，活跃农村精神文化生活。三要坚持政府引导和农民自愿的原则，逐步建立和完善以自我保障为主、国家集体扶持相结合的农村合作医疗、养老保险、社会救济、优抚安置、最低生活保障等制度，解除农民脱离土地的后顾之忧。

5．统筹城乡生态建设，推进环境生态化

制定区域环境统一规划，加大环境建设和治理的力度。高效利用土地资源，积极开发本地区域土地后备资源。有效保护和利用水资源；控制污染企业的规模和布局，减少废物排放，采用低能耗的先进工艺技术，提高能耗效率，推广使用清洁能源。

切实抓好造林绿化，大力推进农村环境生态化。推进城乡一体化，必须高度重视农村环境生态化建设。一是要认真实施退耕还林（草）工程，进一步加强镇区和居民点的绿化美化工作，继续抓好绿色通道林、农田防护林和沿风沙线治理林的建设。二是要提升农村自我服务、自我管理的水平，把环境整治、村镇绿化、基础设施建设、社会事业和公共服务业发展等有机结合起来，充分利用各方面政策和资源，抓好农业的标准化生产和农产品质量安全工作，加大对农村环境污染的治理力度。

6．统筹城乡产业发展和市场繁荣，推进经济集约化

乡镇工业的聚集和市场的繁荣是小城镇经济腾飞的两只有力翅膀。要充分利用经济开发区和工业小区的条件，加速吸引乡镇工业企业向开发区和工业小区聚集。要克服开发区建设贪大求洋的片面性，把招商引资的重点转向当地农村乡镇企业，开发区和工业小区要利用乡镇企业产权制度改革的有利时机，以优惠的政策、优良的投资环境和齐全配套的服务设施，吸引农民开办新企业或把老企业搬迁到小区。这是促进分散的乡镇企业向小城镇聚集的最有效方式。

同时，要十分重视小城镇的市场建设，结合当地实际，按照市场经济的运行规律，因地制宜地加快市场建设。要结合当地主导产业，重点发展各种技术专业批发市场、农贸市场等商品市场，并且要积极创造条件，努力培育金融、房地产、劳动力、技术、信息等生产要素市场，大力发展各类市场的中介组织，要改革城镇用地制度，把小城镇土地作为筹集城镇公共设施建设资金、繁荣小城镇的重要资源来开发。

7. 建立城乡一体化的保障机制

为加快城镇化建设步伐，统筹城乡经济社会协调发展，必须在现行的市场经济体制下，建立一系列城乡一体化的保障机制。第一，大胆改革户籍制度。对大中城市以下，特别是小城镇，全面实行按属地和职业划分户口类别，以身份证为合法证件的自由迁移和登记有效政策。农民在任何一个小城镇，只要有固定住所，有比较稳定的职业，有生活来源，就允许落户，并且在子女入托、入学、就业、参军、社会保障等方面，均享受原有城镇居民同等权利。第二，改革农村集体财产拥有方式，允许农民将其拥有的已经量化的集体财产合理流动，或者保留其迁移户口后的分红权利。这实际上是维护农民自身劳动成果，充分调动农民积极性的一种改革措施。第三，正确处理入镇农民与承包地的关系。如果农民有要求，就要保留其迁移户口后对土地的承包权利。这样，入镇农民就不会有后顾之忧，一旦在镇上的非农产业失败，照常有饭吃，入镇的积极性就会高涨，但是可以鼓励他们有偿转让承包地，把分散的土地向种田能手集中。第四，改革农民的宅基地使用办法。农民进入小城镇首先要解决住的问题，而宅基地是一种比较大的支出负担，这也阻碍了农民积极入镇。解决办法是，以县为单位，统一掌握使用部分农民住宅用地指标，允许入镇农民利用原有宅基地按一定折算标准置换城镇住宅用地，以减轻入镇农民这方面的压力，促使他们积极向城镇迁移。第五，规范收费行为。入镇农民除了依法纳税外，不得向他们收取增容费、落户费等五花八门的费用，使农民轻装入镇，尽快地安居乐业。

结 论

城市是人类社会特有的组织形式，是人类进步文明的象征。城镇化是人类社会发展不可逾越的阶段，城乡一体化是加快城镇化进程的关键，直接关系到城镇化进程的快慢。我国改革进入攻坚阶段和社会转型时期，解决诸如“三农”问题、经济体制改革面临的所有问题和凸显的各类社会矛盾，实施城乡一体化加快城镇化进程无疑是一副“灵丹妙药”。本文仅对加快城乡一体化进程的对策与措施，创新城乡一体化的体制机制等进行了有限的定性探索。但要实现城乡一体化的跨越式发展还必须对城乡一体化的进程进行定量的模型研究，并推出适合我国不同地域可供选择的几种模式……

2005年11月3日于北京

参考文献

1．陈晓丽等．城市规划原理．北京：中国建筑工业出版社，2000.
2．2005年10月11日中国共产党第十六届中央委员会第五次全体会议通过．中共中央关于制定国民经济和社会发展第十一个五年规划的建议.
3．城市规划学会区域规划与城市经济学术委员会．“城镇化与行政区划”学术研讨会，2002.
4．陈端什．贫困经济学导论．乌鲁木齐：新疆大学出版社，1997.
5．汪光焘.全面建设小康社会，走中国特色的城镇化道路．2003年1月全国建设工作会议上讲话.
6．吴良镛．城市研究论文集——迎接新世纪的来临．北京：中国建筑工业出版社，1996.
7．袁中金、王勇．小城镇发展规划．南京：东南大学出版社，2001.
8．陈晓丽等．城市规划相关知识（下）．北京：中国建筑工业出版社，2000.
9．辜胜阻．非农化与城镇化研究．1991.
10．吴志强．论新世纪中国大都市发展战略目标．规划师． 2002.
11．张安录、杨刚桥．小城镇发展与建设用地管理．城市规划．2000（1）.
12．王奇、叶文虎．可持续发展与产业结构创新．中国人口资源与环境．2002（9）.
13．牛慧恩．试论全球化对我国城市规划的影响．规划师．2002（2）.
14．陈东明．积极发展小城镇建设，为构建社会主义和谐社会而努力．小城镇建设．2005（4）.

课题组组长：

董希彬　山东省龙口市市长

课题组成员：

刘家兴　天津市静海县副县长
常志刚　内蒙古自治区武川县县长
姜　周　辽宁省普兰店市市长
翟庆波　黑龙江铁力市市长
杨中茂　江西省瑞金市市长
董希彬　山东省龙口市市长
王敦胜　湖北省潜江市市长
吴叙生　广东省高要市副市长
宋　祎　海南省琼海市市长
杨铭书　云南省个旧市市委书记

执笔：

宋　祎　海南省琼海市市长

统稿：

杨铭书　云南省个旧市市委书记

研讨助理：

余池明　全国市长培训中心教研处副研究员

城镇化进程中拆迁难原因及对策的思考

第40期全国市长研究班第二课题组

研究问题

城镇化是我国经济社会发展的重要战略目标。近年来，随着中国经济社会的稳步快速发展，中国的城镇化推进速度也越来越快，目前我国的城镇化水平已接近40%，正处在城镇化的加速时期。而要实现城镇化的战略目标，就必须对城镇进行规划，实施改造、建设和扩展。城镇要改造、建设和扩展，其首要前提是进行拆迁活动。随着我国城镇建设步伐的进一步加快，城镇房屋拆迁工作取得明显进展，对提高城镇居民居住水平，改善城镇面貌，完善城镇功能，促进经济社会发展发挥了重要作用。但近年来，在全国各地实施的拆迁项目不断增多，城镇化步伐不断加快的同时，却出现了拆迁难的现象，由此引发的信访、纠纷和社会矛盾不断增加，城镇房屋拆迁难已经成为影响经济社会和谐发展的突出问题。这显然与我们加快城镇化建设，改善群众居住环境的目的是不相符合的。因此，我们就这一问题进行了思考和研究。

研究背景

党的十六届五中全会在第十一个五年规划的建议中提出，既要促进城镇化的健康发展，按照循序渐进、节约土地、集约发展的原则，积极稳妥地推进城镇化，同时，面向新时期，要以人为本，积极促进社会和谐建设，正确处理新形势下的人民内部矛盾，倡导人与人和睦相处，夯实社会和谐基础。根据这一要求，我们既要进一步加快城镇化的进程，促进城镇的持续发展，又要妥善处理和解决由此引发的各类矛盾和纠纷，尤其是要重点解决拆迁难的问题，处理好城镇发展的速度与社会和谐、稳定之间的协调统一关系，从而促进城镇的健康和稳定发展。

研究目的

拆迁难，制约着城镇环境改善、城镇功能提升和城镇化进程的加快，同时影响了社会稳定，已成为目前各级政府和社会各界都非常关注的热点和难点问题。因此，我们必须全面、准确地去看待、分析拆迁难的问题，并采取切实有效的措施来解决拆迁难题，从而消除城镇发展的主要制约因素，加快城镇化进程，维护社会稳定，这也是我们这次研究拆迁难问题的主要目的。

研究意义

拆迁难的问题，是我们当前加快城镇基础设施建设、加快城镇化进程中一个必须正视和面对的问题。如果拆迁难题不解决，那么建设项目就根本无法实施，城镇就不能得到持续的发展，城镇化也就无从谈起。因此，有效解决拆迁难的问题，正确处理好城镇建设和群众个体利益之间的关系，形成群众真心实意支持城镇拆迁、改造和建设工作的氛围，促进城镇的持续、健康、稳定发展，这既是加快推进城镇化的需要，也是贯彻党的十六届五中全会精神，落实科学发展观，建设和谐社会的要求。

一、城市拆迁难造成的负面影响

谈到拆迁，就必须首先弄清它的正确定义：拆迁是指根据城镇规划的要求，取得房屋拆迁许可证的单位，对规划区内土地上的房屋及其附属物进行拆除，并根据《房屋拆迁管理条例》对被拆迁人进行补偿、安置的活动。拆迁难是指这一活动不能正常实施的状态。目前，有个别地方政府没有树立正确的政绩观，盲目扩大拆迁规模，拆迁补偿和安置措施不落实，甚至滥用权力，违法违规强制拆迁，影响了社会稳定，导致了拆迁难。但也有许多被拆迁对象法制意识淡薄，漫天要价，达不到目的，就采取过激行为干扰和阻碍正常的拆迁，导致拆迁工作难以顺利开展。本文主要研究和讨论的就是正常情况下依法实施的拆迁工作。总的来说，拆迁难造成的影响主要有以下几个方面：

（一）影响了城镇功能的完善和城镇化的进程

城市总是处于动态的发展中，城市的建设不是一劳永逸的，需要随着各方面要求的提高而不断发展。因为随着经济社会的发展，一是城市原有的格局已经很难适应形势发展的需要，如果要谋求更大的发展空间，就必须通过拆除城市周边地块的房屋实现城市空间的延伸，通过拆除处于城市交通瓶颈上的房屋，对城市路网作出

结构性调整，实现城市功能的重新布局。二是群众的生活水平越来越高，对自身的居住、生活环境也提出了更高的要求。因此，需要通过拆迁改造，实施大规模的城市园林绿化、环卫、供排水等市政基础设施工程的建设，不断美化、优化城市环境，提升城市的品位和档次，增强城市的吸引力。三是由于城市改造速度的制约，城市中许多地方已成为旧城区，同时由于城市的快速扩张，原先的城郊村被纳入城区范围，成为“城中村”。在这些旧城区域和“城中村”中，“脏、乱、差”问题突出，公共活动空间和绿地缺乏，环境质量较差；市政配套设施不足，建筑质量不高，安全隐患较大；物业管理落后，人员构成复杂，治安形势严峻，许多地方已成为都市里的“村庄”甚至是“贫民窟”，居住在这里的群众享受不到城市化所带来的成果，这和城市的整体面貌、功能定位极不符合，更加需要实施拆迁改造。综上所述，为了完善城市的功能，加快城市化进程，我们必须实施大规模的拆迁改造，通过拆除危旧房屋和影响城市环境的建筑物、构筑物，不断完善城市基础设施，改善城市生态环境，优化城市功能布局，从而增强城市对人口和产业的集聚效应，提升城市的综合竞争力，提高投资吸引力，促进经济社会的快速发展。如果无法实施拆迁，那么城市的发展和城市化就无从谈起。

但由于拆迁难，许多建设项目不能得到及时实施，从而影响了城市功能的重新布局，延缓了旧城和“城中村”改造进程，使人居环境不能迅速得到改善，城市发展速度受到了严重制约。

对农村而言，合理正常的拆迁有利于推进城市化的整体进程。因为一方面，随着中心城市区域的扩张，许多原来处于城市周边的农村逐步纳入了城市的范畴，对这些原来的农村区域，只有通过合理的拆迁建设，才能将其真正融入到城市，成为城市肌体真正的一部分；另一方面，积极推进城乡统筹发展，建设社会主义新农村是我国现代化进程中的重大历史任务。城乡统筹发展战略的实施，使集镇建设的步伐不断加快，环卫、绿化、供排水等市政基础设施逐渐向农村延伸，道路交通网络也日益完善。由于农村基础设施建设相对薄弱，因此，集镇的建设和发展势必涉及大量的拆迁。如拆迁难以实施，农村的基础设施和环境就得不到有效改善，人口难以集聚，集镇得不到快速发展，建设社会主义新农村的目标就无法实现，不利于城市化的整体推进。

（二）造成大量土地资源的浪费

土地是城市空间布局的重要资源和载体，是城市赖以发展的重要保证。因此，在土地紧张的情况下，必须重视土地的集约利用，这是土地利用的基本原则。但由于原来的城市规划相对滞后，目前的城市区域中普遍存在着土地粗放利用和无序开发，居住用地、工业用地、商业用地等相互交集的情况。另外，旧城区和城中村房屋大多数是破旧平房，容积率非常低，并且违章搭建现象非常普遍。因此，原城区土地利用率和产出率都十分低下。按照新一轮的城市规划，实施旧城区和城中村拆迁改造，能够为城市发展腾出更大的土地空间，进一步提高土地资源集约利用和优化配置水平，使土地资源发挥最大效益。

但由于拆迁难，使得旧城和城中村改造步伐放慢，土地资源不能及时得到整合，城市有限的空间不能得到高效利用，严重影响了城市的快速发展。

而在农村，由于以前缺乏整体规划，房屋分布较为凌乱，不像城市房屋集聚程度较高，再加上农民住宅都是单门独户，还要堆放粮食、农具等，使用面积较大。同时，农民住宅普遍存在着未批就建、少批多建和建新不拆旧的状况，由此造成的土地资源浪费更为严重。如对农村实行村庄拆迁、整治和改造，统一规划，甚至集中建设公寓式农民住宅，这样既可改善农民居住环境和整体生活质量，还可以由此整理出大片的土地用于耕地及开发建设。因此，如果农村拆迁不能推进，势必会造成更多的土地资源浪费。

（三）影响政府的执政能力及政府的形象

一是拆迁改造计划和实施都是经过一定程序批准的，有的还是人代会批准的，代表了大多数人的利益，实施不了有悖于政府的执政宗旨。

二是拆迁难使大量的基础设施建设工程难以实施，对工程进度造成了重大影响，从一定程度上说，是政府办事效率的下降，是失信于民，使群众对政府产生不信任感。

三是如果依法实施的拆迁项目不能实施，该拆的拆不了，就会使群众认为政府不依法办事，认为政府有法不依，执法不严。

四是由拆迁引起的信访大量增加，个别拆迁户单纯从自身利益出发，提出过高要求，如要求得不到满足就到上级甚至中央多次重复信访，而对这些老信访户的思想工作往往难以做通，没有有效的解决办法，降低了政府的威信。

五是影响对外形象，城市拆迁项目多是城市破旧地块，这些地方有的沿重要交通干线，有的在城市中心区，直接影响着过往行人对城市的总体印象。另外，有的项目还是客商通过竞拍取得的，如拆迁等前期工作长期不能完成，无疑损害了投资人对政府和项目投资的信心。

（四）影响城市多数居民生活质量的提高

城市居民居住环境质量的改善主要由两方面构成：一是市政道路等市政基础设施建设的完善；二是房地产开发。两方面都涉及大量的拆迁，如拆迁难以实施，就必然影响到市政基础设施的完善及房地产项目的开发建设，从而对城市居民的生活质量的提高带来很大影响，主要有以下几方面：一是基础设施不完善，造成行路难、购物难、娱乐难，对居民生活造成不便；二是污染严重，容易引发各类疾病；三是违章建筑多，影响邻里通风采光，并占用公共场地，阻塞进出通道，成为邻里矛盾纠纷的焦点；四是影响社会秩序，有的地方违法出租，成为藏污纳垢的场所，甚至成为犯罪分子的避难所，给周边群众生活和社会稳定带来很大隐患。

（五）导致房价的快速上涨

近年来，随着城市人口的集聚和群众生活水平的提高，人们解决居住的基本需求和改善居住环境的需求也日益提高，无房的想拥有自己的住宅，有房的想到环境更好的地方居住。因此，房地产业发展迅速。但房地产开发的前提是土地，而城市土地的重要来源，绝大部分要通过拆迁来获取。事实上，通过前几年的发展，城市的很多土地已经被开发利用，有限的城市空间里土地资源越来越少，如果要继续实施房地产开发，就必须对城市中原有的大量旧城区和城中村实施拆迁改造。因此，如果拆迁难以实施，土地资源难以整合，就必然使房地产开发缺乏开发的前提，这一方面导致房地产商高价争拍土地，土地成本大幅上升；另一方面，有限的住宅根本无法满足人们的需求，供少求多，形成买方市场，必然引起房屋价格的快速上涨。另外，拆迁难导致动迁成本提高，房地产开发商必须以更高的价格获取土地开发资源，更高的价格也就意味着开发商将付出更多的投资成本。开发商不会做亏本的买卖，既然开发就必须获取利润，这些多出来的费用就会被开发商摊到开发成本中，最终加到每位购房户头上，使住宅价格上升。

此外，以上两者往往同时存在，拆迁难，使土地资源匮乏；拆迁难，使动迁成本提高，两者相加，必然导致房价大幅度上升。近年来，住宅价格的快速上涨，应该说与拆迁难、难拆迁有很大的关系。

二、城市拆迁难的主要原因

通过分析，我们认为产生拆迁难的原因主要是：

（一）补偿问题是导致拆迁难的主要原因

1．各地缺乏比较统一且切合实际的补偿标准

根据拆迁法规的要求，拆迁补偿标准是以市场评估价格为依据的。但由于房地产评估价格的影响因素很多，区域、个体差异性很大，因此有的地方补偿基准价与市场价格产生一定差异，具体体现在以下几个方面：

一是总体评估和个案评估存在差异。由于城市房屋拆迁往往是连片或大面积拆迁，每户房屋均作个案评估很不现实，也不好操作。按平均状况评估得出的补偿标准，总体上是比较公平、平衡的。但在对每户具体补偿时，因房屋存在着个体差异性，一些房屋高于平均状况的被拆迁人往往“想不通”，感觉“吃亏”，认为自身利益受到了侵害，导致拒绝签约等情况发生。

二是自行改变房屋用途导致补偿困难。拆迁法规明确规定房屋用途以房屋所有权证为准，住宅房和非住宅房的补偿价格有很大区别。但在实际中，很多临街住宅房一楼一般都改变了房屋用途，在客观上已经成为经营性用房。按照国务院办公厅、建设部有关文件精神，对因历史原因改变房屋用途的，各地可根据其纳税和经营的情况给予适当补偿，但在补偿和产权转让的实际操作中，是很难把握“适当”的尺度的，因此评估时价格仍然按住宅计算，对此，被拆迁人往往认为极不合理，侵害了他们的利益。

三是装修的补偿问题。由于目前有关拆迁规定主要针对的是房屋土建主体本身，对装修补偿方面的规定很少，而装修的差异性很大，难以准确评估。拆迁单位一般按重置价扣除平均折旧给予补偿，但被拆迁人却往往要求按当时的实际投入来补偿，使装修补偿产生争议。

2．有的地方存在拆迁资金不到位、补偿不及时的情况

按照有关法规规定，拆迁补偿安置资金不到位不能实施拆迁。但有的地方为了加快建设速度、缩短工期和追赶进度，往往是政府施压、部门松口，在拆迁补偿安置资金不到位甚至资金根本无着落的情况下，仓促上马，盲目拆迁，产生拆迁资金给付不及时、安置不到位的情况，增加了拆迁的难度。

3．部分被拆迁人法律意识淡薄，要价过高

极少数被拆迁人无视有关法规，在拆迁补偿安置问题上漫天要价。一旦要求达不到，就拒绝丈量和评估。有的被拆迁户今天达成协议，明天又改变主意。还有个别拆迁户甚至无理取闹，现场滋事，拒绝搬迁，等等。

4．有的开发商不严格执行拆迁政策

为了抢时间、赶进度，让建设工程早点上马，早日获利，有的开发商采取“息事宁人”的态度，不惜打乱整体的拆迁方案来换取局部的利益，对一些钉子户、刁难户乱开口乱承诺，对个别钉子户的不合理要求迁就照顾，“花钱买平安”、“花钱买进度”，在补偿上超标准执行，吊起了一些被拆迁人的胃口，从而影响了正常的拆迁秩序，助长了“不闹不得利、小闹得小利、大闹得大利”的不良风气，对已签约的拆迁户也产生了新的不公平现象。

（二）依法拆迁面临许多困难

1．实施依法强制拆迁的主体比较模糊

按照当前的法律规定，实施强制拆迁的方式有司法强制和行政强制，前者是在拆迁行政主管部门裁决生效后，由拆迁行政主管部门向法院提出申请，由法院执行，而后者则是拆迁行政主管部门向当地政府申请，由政府明确拆迁行政主管部门执行。因此出现了拆迁行政主管部门既是强制执行的申请人，又是强制执行的执行人的现象。

2．当前最高人民法院有关拆迁法律程序的要求在很大程度上制约了依法拆迁的推进

例如要求基层法院不要参与拆迁，不要直接受理拆迁纠纷案，而必须经拆迁主管部门裁决生效后才能受理，等等。另外，拆迁纠纷行政裁决程序比较复杂，时间周期长，而司法拆迁程序严格，一件强拆案件从申请到执行，大约需要半年的时间。程序的烦琐，使强制拆迁的效果不明显，实际中经常出现一个大的拆迁建设项目因为一两个拆迁户还没有签约拆迁而在申请程序中停滞等待的情况，由于拆迁工作不能按时完成导致建设工程长期拖延，当事人蒙受很大经济损失。

3．钉子户的不断上访、闹访使得有关部门心存忧虑，害怕影响稳定，破坏形象

个别被拆迁人为了达到目的，要么歪曲事实四处上访，要么拉帮结伙集体上访，甚至冲击党政机关，企图给领导和政府部门施加压力，为求满足自己不合理的要求。而上级政府处理拆迁上访时又往往采取把矛盾压到基层的办法来处理。依法拆迁本来是处理拆迁纠纷最好的办法，但由于稳定压倒一切的工作要求，使得基层在处理拆迁纠纷、强制拆迁时十分为难，一方面想依法推进城市建设，另一方面又担心因为一些钉子户的上访而影响稳定，担心上级政府部门因此对地方提出批评，影响地方的形象。

（三）拆迁配套措施不完善

1．在许多城市的建设项目中，尤其是旧城改造中，往往是小面积、低收入、人口多的拆迁户居多

这类拆迁户如严格按照政策，得到的补偿并不多，由于目前小户型商品房比较缺乏，因此这部分拆迁户往往难以承担商品房产权调换的巨大补差。而目前的廉租住房、经济适用住房政策还没有大面积推开。因此，这些拆迁户的拆迁难度比较大。

2．回迁安置工作做得还不到位

拆迁户普遍要求回迁安置，并要求不补差价或少补差价。但实际上这往往是不可能的，过去这些拆迁户居住的地方区位较好，但配套差、环境差。而拆迁改造中的大量配套投入、环境投入增加的成本和抬高的房价，拆迁户往往不愿面对，造成双方对立，因此很难达成拆迁协议。

3．就业保障跟进不及时

城市房屋拆迁影响的不仅仅是居住，还影响了拆迁户的就业、教育、医疗等一系列问题，特别是普通居民和农民。有些拆迁户往往在原来居住的地方开一片便民店，或是将住宅改造成非住宅出租，因此，他们居住的地方，就是赖以生存、谋生的地方。现在一些地方在拆迁时，没有考虑拆迁户在拆迁补偿安置后的就业谋生问题，往往补偿、还房就了事，没有把拆迁与提供就业机会、稳定拆迁群体联系起来，造成被拆迁人长远生计没有保障，从而引发新的社会问题和不稳定因素。

（四）拆迁手续程序烦琐

随着工业化和城镇化的加速推进，城镇拆迁和建设已成为各地政府的一项重要工作，城镇拆迁备受市民关注。近年来，为保障拆迁人和被拆迁人的合法权益，国家对房屋拆迁工作制定完善了相关的法律法规，对拆迁工作进一步规范化、法制化，尤其是对审批程序作了明确规定。由于有了这些规定，上层的一些部门为加强宏观调控，制定了种种程序烦琐、规定严格的实施办法。如在拆迁程序上，要经过建设、规划、发改、房管、国土等多个部门的审批，在拆迁规模上也要按规划面积有限制地逐级申报审批，导致拆迁工作效率不高，成本上升。

（五）对拆迁的认识不统一

1．把拆迁视为盈利手段

有的地方把拆迁当成实现政府盈利的重要手段，看中哪块地方增值空间大，就拆哪块，通过低成本的拆迁来获得最大的效益，不能坚持以人为本、让利于民的原则，使拆迁户不能分享城市建设的利益。

2.对拆迁的认识有偏差

部分拆迁户对拆迁的认识有偏差，存在着心理预期与实际获益、合法利益与

不合法利益的差异，不分情况盲目对比，在拆迁中捕风捉影、道听途说，总认为拆迁补偿不公平不公正，自己吃亏了，从而提出不合理要求。少数人则想趁机大捞一把，认为国家的钱、开发商的钱不捞白不捞，漫天要价不说，有的还弄虚作假、欺瞒诈骗，大大增加了拆迁工作的难度。

3．拆迁离不开新闻媒体的正确引导

有的部门和新闻媒体舆论导向出现偏差，不利于形成良好的工作氛围。房屋拆迁离不开舆论的正确引导和正常监督。但在当前的舆论环境中，也存在着不利于正常拆迁的舆论氛围，媒体上有关拆迁的报道多以负面为主，个别媒体甚至以偏概全，故弄玄虚，一谈拆迁问题就认为是损害群众利益，认为是地方政府搞政绩工程、面子工程，而对拆迁的积极意义和依法拆迁宣传不到位，或者避而不谈，一定程度上也造成了“天下拆迁一般黑”的误导。

（六）片面理解“以人为本”

以人为本应该作为现代社会治理的基本理念。但我们必须正确地理解“以人为本”这个理念。所谓以人为本，就是一切工作要以满足大多数人民群众的物质文化需要为出发点和落脚点，在经济社会发展的基础上不断为大多数人民群众谋取切实的经济、政治、文化利益，为人民群众素质的提高和人的全面发展发挥提供必要的物质基础和制度保障。由此可以看出，以人为本，应该作为我们党和政府的执政理念，也是我们各项工作的出发点和落脚点。

在全面建设小康社会的历史进程中，社会不同阶层、群体的和谐十分重要。要实现各个阶层、群体的协调，就是要以大多数人的利益为根本，不断为大多数人谋取现实的利益。城市建设和拆迁不可避免地涉及各种利益的调整和再分配，但我们衡量和把握的标准只能是以是否有利于大多数人为标准，而不能仅就其中的个别人、少数人来谈以人为本，否则就会进入概念的误区。

另外，“以人为本”与“依法治国”是有机结合的。在依法治国中，不仅包括依法治官，还要在依法治官的同时，依法治理和管理公民，从而实现社会的和谐发展。因此，在城镇拆迁中，我们必须做到依法拆迁，所谓依法拆迁，就是任何拆迁项目的确定必须考虑到绝大多数群众的利益，拆迁项目的实施必须按照法律规定程序严格实施，在拆迁的过程中也要主动为群众考虑合法合理的个人需求。只要有了这样一个大前提，那么我们的拆迁工作就真正做到了“以人为本”。

（七）一些地方在拆迁中工作方法僵化欠规范

1．没有树立科学的发展观和正确的政绩观

有的地方政府不能量力而行，盲目追求建设效果，好大喜功，项目立得多，摊子铺得大，战线拉得长。同时没有正确认识和把握城市建设和拆迁的规律，在拆迁项目实施中不能做到循序渐进，逐步推进，而是急功近利，追求高速度，这往往导致拆迁时顾此失彼，穷于应付，致使矛盾积累，阻碍拆迁。

2．没有以开拓创新的思维看待拆迁问题

遇到拆迁困难和问题就束手无策，不能在工作实践中摸索、总结经验，不能在法律原则内按照本地的实际情况制定相应的拆迁政策、措施和方法，导致脱离实际，事倍功半。

3．少数地方还存在违规拆迁的情况

由于对发展观和政绩观的认识存在偏差，对法律法规的理解不准，对拆迁工作的规律性认识不够，缺乏科学的工作方法，等等，使个别城市在拆迁中出现了违法违规的行为，这既侵害了拆迁户的利益，又损害了政府的形象，还对其他地方的正常建设带来了较大的负面影响。

三、对解决拆迁难问题的建议及对策

（一）各级对拆迁问题要有正确的认识

在拆迁工作中，地方政府要坚持把拆迁的规模、速度与当地经济发展的速度和社会可承受的程度统一起来，量力而行，坚决制止和防止城市建设和房产开发中各种脱离实际的“政绩工作”、“形象工程”，既要保护国家利益，又要保护开发商利益，更要保护群众利益，坚决制止损害群众利益的各种行为。

作为上级部门，要充分认识解决好拆迁难问题的重要意义，不要片面地认为地方政府搞拆迁就是搞政绩工程、形象工程，而要把依法拆迁作为推进城镇化的重要前提和保证，作为推进城镇化进程，改善人居环境，为群众办好事办实事，增加财政收入和发展地方经济的重要途径。

（二）制定完善法规，严格依法行政

解决拆迁难的问题，必须要有强有力的法律法规作为保障。由于《城市房屋拆迁管理条例》在相关法律条文规定上，存在不完善的地方，因此，《条例》的作用难以充分发挥出来。各级政府应根据国家的《城市房屋拆迁管理条例》，结合本地实际，制定具体的拆迁规定或实施细则。通过制定和完善有关拆迁的法律法规，把

拆迁纳入法制化、规范化的轨道，规范拆迁人和被拆迁人的行为，明确拆迁主体、拆迁补偿的范围标准、强制执行的程序，切实减少政策法规的盲区。在完善法律法规的前提下，严格依法行政，使法律法规既约束政府又约束民众。为此，在制定完善有关拆迁的法律法规中，必须做到以下几点：

1．规范政府公共权力，明确征地、拆迁工作主体

政府要依法实施城市规划，加强拆迁的规划管理，严格规划的审批程序，推行城市规划公示制度，进一步加强城市房屋拆迁的规划管理，防止城市规划“朝令夕改”和“今建明拆”的现象，切实保护被拆迁群众的房屋财产权。在拆迁工作中，由于地块的用途不同，拆迁的主体也不同。例如，修路建桥等公共型工程，关系到全民的利益，地方政府应承担拆迁工作主体，履行主体的权利和义务，从征用土地、动迁居民住房，到补偿安置失地失房人员等方面都应负起责任来。对一些开发性的拆迁，如房地产开发、商业性开发、娱乐场所的建设，地方政府必须管好规划，控制用地总量和用途，其余步骤采取市场化运作，在开发商和被拆迁人之间充当“中介”的角色，即政企分开，平衡拆迁人与被拆迁人的利益。

2．明确拆迁补偿的范围标准，保障被拆迁人的合法权益

在拆迁中，要兼顾好政府、企业、被拆迁人三者的利益关系，维护被拆迁人的合法权利，尊重被拆迁人对补偿方案的知情权和选择权，推行房屋拆迁市场化评估，完善房屋拆迁人配套政策措施，建立和完善拆迁补偿最低总额和最低经济保障机制，补偿款项要听取群众意见，补偿方式由被拆迁人自选，确保被拆迁户“居者有其屋”。对被拆迁人造成的损失给予补偿的具体范围应包括：（1）被拆迁物业的正常市场价；（2）对被拆迁人员调查、评估、搬迁造成的生活及工作干扰损失；（3）拆迁后进行的项目开发对周边物业的增值分享；（4）因搬迁造成的营业损失，解除合同赔偿，如租赁、施工、经营承包合同等由于拆迁造成的违约赔偿；（5）因搬迁造成被动消费的损失等。如果有争议，应该通过双方协商或评估协商，或者执行国家征收标准，或者请法定部门仲裁。

3．严格规范城市房屋物业拆迁程序

房屋拆迁管理部门应事先将拆迁方案向社会公布，并召开听证会，听取待拆迁区块居住群众的相关意见。方案获得批准后，再向社会公开招标，进入具体操作阶段。对不能达成拆迁补偿安置协议的，要在认真分析被拆迁人具体情况后，依法妥善处理；对确有生活困难及特殊情况的被拆迁人，要在维护政策严肃性的同时，研究合情合理的办法，妥善安排；对于极少数无视政策、提出不合理要求、经反复做

工作不能达成拆迁补偿安置协议的被拆迁人，经房屋拆迁管理部门裁决后仍拒绝搬迁的，可责成有关部门强制拆迁。

（三）制定好有关拆迁的配套措施

城镇拆迁不仅仅是拆房子，而且是一个包括拆迁、补偿、回迁及房产、土地、建管、街道、就业、社保等多方面工作紧密结合的系统工程，必须采取有力措施，搞好协调配套。

1．推进中低价商品房以及安置房、经济适用房、廉租房建设

在编制和审批近期建设规划时，应优先落实普通商品房、拆迁安置房、经济适用房和廉租房的建设，对拆迁群众实行住房托底保障，其中普通商品住房、经济适用房应在当年商品住房建设总量中占一定的比例。特别要选择适当地点建成一批经济适用房和廉租房屋，向贫困家庭出售（出租），让贫困户“居者有其屋”。在具体操作中，可根据各地的实际情况设定一定的标准，如对于拆迁补偿款在10万元至20万元之间的被拆迁户，可购买中低价商品房；补偿款在10万元以下的拆迁户，可申请购买经济适用房；家庭特别困难的，由政府提供廉租房，确保每一户被拆迁居民都能买得起房、租得起房。

2．本着“公平、等价、有偿”的原则，制定实施市场化运作的拆迁新政策

在拆迁补偿方面，由于很长一段时间采取的是计划经济的拆迁价、市场经济的购房价，群众买不起房，从而造成了拆迁难。因此，必须改变原来政府依托土地级别定价的模式，根据市场化评估确定拆迁补偿标准，实现拆迁补偿由政府定价转向市场定价，实现拆迁补偿与现行房地产市场的接轨。

3．建立健全多层次、全方位的保障体系，彻底解决拆迁群众的后顾之忧

一是制定被拆迁户的就业保障措施。要通过出台优惠政策，优先解决被拆迁户的就业问题。同时，要把征地拆迁与招商引资、产业发展结合起来，努力创造更多更好的就业岗位。二是要解决好被拆迁户的养老等问题。如对以土地为主要生活来源的被拆迁户，可以实行以土地换取社会保障的办法。三是建立现代社会综合保障机制。针对被拆迁群众入学、就医、交通等实际困难，采取有效措施，加快构建拆迁社会综合保障体系。例如，政府应规定学校不得向因拆迁转学的学生收取择校费，建设交通部门要加快拓展延伸城郊公交线路，规划等部门要不断完善教育、医疗机构布局等。四是切实保障群众特别是困难群众的利益。在补偿水平上，实行最低单价保障和最低总额保障两道保障线，使群众买得起房，实现“居者有其屋”。

（四）简化程序，规范行为

1．简化拆迁办事程序

各级房屋拆迁管理部门要进一步实施规范化管理，简化办事程序，推行一条龙服务，方便拆迁当事人。如房管部门要加快廉租房、经济租赁房的处理、审核、选房等流程运作，简化被拆迁户申请购买经济适用房的程序，提高工作效率。其他相关部门也要进一步减少行政审批事项，落实公示制、承诺制、首问负责制和错案追查制，公开办事程序和服务承诺内容，公开收件范围，明确办事时限，提高办事效率和服务质量。

2．加强拆迁单位和人员的管理，规范拆迁行为

加强对拆迁工作人员的教育和管理，抓好业务培训，完善考核办法，增强拆迁工作人员的法律意识和业务能力，提高拆迁队伍的整体素质。同时，房屋拆迁管理部门要加强对拆迁管理人员的职业道德教育，努力提高其职业道德素质，防止在拆迁中出现以权谋私、态度粗暴等现象。

3．规范拆迁收费，努力实现 “阳光拆迁”、“文明拆迁”、“廉洁拆迁”、“诚信拆迁”

严格按照国家计委、财政部《关于全面整顿住房建设收费取消部分收费项目的通知》规定的收费标准和原则收取拆迁管理费，杜绝乱收费。对被拆迁人补偿不欺诈，执行过程不失信，对群众的承诺要兑现。

（五）科学规划，讲究方法

1．拆迁要有科学合理的规划

一是拆迁必须与城市总体规划和专项规划结合起来。城镇规划是实施房屋拆迁的重要依据，实施城镇房屋拆迁必须符合规划要求。只有符合规划的拆迁、改善城镇环境的拆迁和大多数人受益的拆迁才能获得人民群众的支持。二是要有计划地实施拆迁，避免拆迁的商业性。要科学制定城镇发展规划，编制年度拆迁计划，切实防止突击拆迁。同时，在拆迁工作中，要按照先易后难的原则进行，压茬推进，不搞遍地开花。三是原住房拆迁之前要对拟定拆迁项目进行科学评估，根据评估结果制订科学合理的拆迁计划。只有做好了拆迁的前期工作，下一步的房屋拆迁工作才能获得群众的支持。

2．拆迁补偿安置方式要灵活多样

在选择拆迁补偿安置方式时，应充分尊重被拆迁人选择产权调换、土地回迁、货币补偿、租赁房屋等方式的权利和意愿。对有购房困难的拆迁楼房住户，可以实

行楼房实物安置，就是拆迁户可以选择和原来住室面积相同或相近的拆迁安置房来代替拆迁补偿金，如果新房面积大于原住宅，拆迁户只需要补上一小部分差额即可。

3. 建立合理的征地拆迁补偿和利益分享机制

征地补偿是失地公民和被拆迁人在城市化进程中能获得的最直接的经济补偿，也是最容易引起征地和拆迁纠纷、冲突的焦点。因此，要积极探寻市场经济体制下，政府、开发商、失地农民、被拆迁人之间最佳的利益联结，建立合理的征地补偿和利益分享机制。

4. 实行 “人性化拆迁”

拆迁中要坚持做到“三不”：不征求当事人的意见不讨论，不经过当事人同意尽量不强行拆迁，不利于调动当事人建设家乡积极性的事不做。这种既依法拆迁、又合理地解决被拆迁户困难的拆迁理念，能够让广大拆迁户切实感受到政府的关爱，自然会对拆迁工作给予配合和支持。

5. 把握好多赢原则

拆迁矛盾实际上是利益矛盾，需要通过利益的调整来解决。在进行拆迁管理时，要科学合理地调整各方的利益格局，既要保证政府、拆迁单位、开发单位工作的顺利开展，又要保证广大市民特别是拆迁群众在拆迁中受益，在推进城市建设中受益。

6. 采取模拟拆迁

模拟拆迁打破了常规的先发公告后拆迁的拆迁程序，而是先选择拆迁地块，制定拆迁政策，宣传拆迁意义，让被拆迁人心中早有数；同时，拆迁人可以深入到居民、村民中了解情况，提前掌握拆迁过程中可能出现的各类矛盾，了解基本情况后，再进行拆迁成本测算，决定是否进行拆迁。模拟拆迁的办法充分考虑了被拆迁人的利益，能够使其由过去的被动拆迁变为自愿拆迁，既避免了政府与群众的正面冲突，减少了矛盾，从而有利于加快拆迁进度。

（六）坚持依法强制拆迁

拆迁必须合法，这是法治社会的要求。依法强制拆迁是合法拆迁的保障手段，必须坚决予以支持。在拆迁工作中，常常会遇到一些无理取闹的拆迁户，他们的共性问题就是超越政策范围漫天要价。有的要求补偿面积超过原住宅面积数倍以上，有的拆迁户赶在拆迁评估前搭建违章建筑，并无理要求评估补偿，等等。在这种情况下，必须坚持依法强制拆迁。对在各种程序合法完备的情况下仍拒绝拆迁、影响

工程建设的，要坚决依法强制执行。同时，在强制拆迁中，还要善于抓反面典型，通过反面教材警示和教育广大群众，争取他们对拆迁工作的支持。

（七）正确对待因拆迁引发的上访问题

1．建立完善的预警机制

及时准确地掌握因拆迁可能产生的苗头性、倾向性问题，做到早发现、早预防、早化解，提前把矛盾消灭在萌芽状态。

2．对上访人要热情接待

对因拆迁引发的上访，各级都要热情接待，倾听群众反映的问题，做到合理的要听，不合理的也要听，尽量防止群体上访、越级上访和进京上访，把矛盾解决在基层。

3．认真依法解决群众反映的问题

对上访者提出的问题，合理的要及时进行解决，一时解决不了的要做好解释工作，尽量给他们一个满意的答复。对拆迁户的无理上访，要说服教育，劝其息访；对少数要价过高，无理取闹的，要坚持原则，不予以迁就；对个别公开聚众闹事、扰乱信访工作秩序、机关工作程序和社会秩序的行为应坚决依法严肃处理，构成犯罪的依法追究刑事责任。

（八）广泛宣传，营造氛围

1．要全面正确地理解“以人为本”的思想

以人为本是科学发展观的核心内容，也是我们做好各项工作的落脚点和出发点。它是以实现好维护好发展好大多数人民群众的利益为前提的，是一个总体原则，是一种执政理念，不能片面、僵化、孤立地加以理解。不能说我们干一项事业触动了少数人的利益，就不是坚持“以人为本”了。同样，进行城镇拆迁，是为大多数群众谋利益，绝不能因极少数人的阻挠、反对而放弃、停滞，更不能以此为借口，平平庸庸，碌碌无为。只要我们真正做到权为民所用、情为民所系、利为民所谋，诚心诚意为群众做好事、办实事、解难事，就是做到了“以人为本”，就一定会得到广大群众的真心拥护和热情支持。因此，各级部门特别是舆论宣传部门一定要坚持正确的导向，为城镇拆迁工作营造一种良好氛围。

2．要宣传好拆迁的意义

新闻部门要加大宣传力度，运用多种宣传工具，采取各种宣传手段，广泛深入地宣传拆迁对改善城镇环境、提高群众生活水平的重要性，大力宣传通过拆迁造福民众的好典型，在全社会营造人人理解拆迁、人人支持拆迁的浓厚氛围。在具体拆迁过程中，有关部门要深入细致地做好拆迁户的思想工作，向他们宣传好各项拆迁政策，帮他们分析拆迁的利弊，让广大群众充分认识到拆迁给自己带来的实惠和益处，从而更加积极自觉地支持配合城市拆迁工作。

总之，城市拆迁事关千家万户的利益，如何让广大群众在拆迁、改造、开发过程中获得实实在在的好处，减少不必要的矛盾纠纷，确实让政府颇费思量。只要我们在科学发展观的指导下，不断解放思想，开拓创新，就会使拆迁工程成为造福人民群众、创建文明城市、构建和谐社会的“温馨工程”。

课题组组长：

王永康　浙江省余姚市市长

课题组成员：

张新华　河北省黄骅市市委常委、副市长
李文清　山西省古交市市长
王　刚　辽宁省凌海市市长
朱庆龙　安徽省明光市市长
邹庆忠　山东省诸城市市长
唐学石　湖南省耒阳市市长
庞标益　广西壮族自治区北流市市长
房国兴　贵州省仁怀市市长
托　巴　青海省果洛藏族自治州久治县县长

执笔人：

邹庆忠　山东省诸城市市长

研讨助理：

马金凤　全国市长培训中心教务处研究实习员

关于“城中村”改造问题的思考

第40期全国市长研究班第三课题组

内容提要

“城中村”问题，已成为关系到落实科学发展观、推进经济又快又好发展、构建和谐社会的大问题，应引起高度关注。“城中村”的形成既是外延型城市化迅速发展的结果，也是我国城乡二元管理体制及土地的二元所有制结构所造成的，“城中村”引发了众多社会问题，改造“城中村”具有必要性。各地在“城中村”改造中有许多成功经验：从改造的形式上分为整体拆建、新区拉动、综合整治等模式；从改造的资金运作上分为政府、村集体和个人共同改造，政府引导、市场运作，集体组织和村民自己改造，开发商投资改造等模式。“城中村”改造过程中普遍存在的困难，从规划到实施，要坚持八项原则、做到五个结合、做好四项工作、实现四个确保。

引 言

随着我国城市化进程的加快，出现了一个困扰众多城市、但又无法回避的难题，即“城中村”改造。在外延型城市化进程中，许多农村迅速完成了非农化转变，但是这种转变并没有使它们融入城市，而是在众多因素的影响下演变成了城市中难以彻底城市化的区域——“城中村”。“城中村”在建设景观、土地利用、规划管理、文教卫生、劳动就业等方面与城市有着强烈差异及巨大矛盾，“城中村”问题随之凸显出来。深入研究“城中村”问题，探索“城中村”改造发展的出路，对推进城市化、全面加快小康社会进程具有重要的现实意义。

改革开放以来，经济、社会快速发展，全国各地旧城改造、新城崛起，到处呈现出勃勃生机。但是，在城市不断扩大和增加的过程中，一些城市周围的农村毫无准备地被裹进了城区，成了闹市中的农村，被我们称之为“城中村”。随着时间的推移和城市功能的完善，这些“城中村”越来越凸显出它的不协调性，不可避免地成了城市发展中一个十分令人头疼的问题。如何解决“城中村”改造这一难题，我们结合基层工作实践，提出如下意见。

一、“城中村”形成的原因、弊端及改造的必要性

（一）“城中村”形成的原因

我们所讨论的“城中村”是指在城市扩张中，位于城区边缘的农民土地已全部或大部分被征用，村落被划入城区，尽管在区划上已经成为城市的一部分，但在土地权属、户籍、行政管理体制上却仍然保留着农村模式这样一种独特的现象。“城中村”的形成有多种原因，但从普遍性分析，应该归纳为三点：

1.“城中村”现象是城市化迅速发展的必然结果

改革开放的20多年中，我国城市化开始由政府主导向市场化道路转向，城市化进入了快速发展时期，出现了“补课性”的“跨越式突进”。但是，这种“跨越式突进”，由于受到资金不足、片面追求效益等多种因素的影响，只能完成土地征用和新开发，而无力同时解决农民居住村庄的彻底改造，因此，新城区发展起来，原来的农村便成了城市包围的“城中村”。

2.“城中村”现象是我国城乡二元管理体制及土地二元所有制带来的必然结果

我国经济发展已经转向市场经济，但政治体制改革相对滞后。所谓城乡二元管理体制，是指计划经济时期沿用下来的“城市”和“农村”两种不同的管理模式，土地“二元”所有制结构是指城市的土地属于国家所有，而农村的土地属于农村集体所有的制度。“城中村”这个被城市包围的农村，村民虽然身居闹市，但身份仍然是农民，无论利益分配方式、生活习惯、行政管理都继续沿用农村模式，没有融入城市，老体制、新办法，派生出来不少难以解决的矛盾和问题。

3.“城中村”现象是规划滞后并且缺乏刚性带来的必然结果

城市规划不能适应城市发展的需要，加之城市从制定到审批，手续复杂，不少地方甚至存在着一边建设，一边规划的现象。往往在规划中很少涉及“城中村”的改造。有的地方虽然有规划，但由于“城中村”的问题不能得到妥善解决，征地很难到位，规划也不得不相应变更。

（二）“城中村”存在的弊端

“城中村”影响城市形象、制约城市发展，已经成为城市化进程中的一个不能不面对、不能不解决的问题。我们之所以说不能不面对、不能不解决，主要是“城中村”现象存在如下弊端：

1．农村管理模式与城市管理模式的不相容性，造成了“城中村”的难以管理

我国许多城市，尤其是中小城市，都是在地理、产业、市场、交通等优势明显的村镇或集市的基础发展起来的，也就是说，“城中村”的发展条件明显优越，集体经济相对发达。但是，成为“城中村”以后，企业布局不合理，浪费资源等问题日益突出，“城中村”原有的体制和所有制又极大地制约着城市的管理，形成比较明显的反差。

2．城市功能分区与“城中村”依法自治的不协调性，影响了城市规划的落实，“城中村”用地秩序混乱

居住用地和商业用地相互交织，集体和村民违章建筑林立；市政建设和公共设施缺乏，无法满足人流、物流的基本要求，安全隐患大；村内的电力、通信、供水、煤气管道布局凌乱，排水排污不畅，垃圾乱堆乱放；文化娱乐活动单一，村民生活环境不尽如人意。

3．城市生活方式与农村生活方式的不一致性，产生了不少社会问题

城市的社会属性对“城中村”的农民提出了许多新的要求，但是，“城中村”的村民就业和发展问题突出。一方面由于历史原因，村民普遍文化素质不高，少数村民靠地利条件经营买卖或收取房租收入。作为城市边缘的既得利益者，他们的生活较为富裕，形成了有别于远郊农民的“富人”阶层；另一方面，在就业过程中，多数村民高不成低不就，既想找到一份体面舒适的工作，又缺乏专业技能。特别是与城市居民相比，大多数村民在城市就业竞争中处于明显弱势，村民自身发展面临许多困难。同时，“城中村”的不少村民的生活来源是经营廉价出租房，没有严格的管理制度，一些不法分子趁机而入，藏身其间，偷盗现象时有发生，刑事案件接连不断，给社会治安管理造成极大压力，治安形势严峻。

（三）改造“城中村”的必要性

加快“城中村”改造，是城市发展的需要，也是“城中村”广大群众的需要。体现了执政为民的要求，势在必行。

1．改造“城中村”是践行“三个代表”重要思想的需要

“城中村”的居民虽然生活在城市，但由于长期受小农观念的影响，一直保持着农村的传统、农民的生活习俗，始终没有真正融入到现代城市生活之中。改造“城中村”，把“城中村”居民的传统农村生活方式转变为现代化城市生活方式，使农民向城市居民转变，使其充分享受现代城市文明，走进现代城市文明社区。这既是认真贯彻落实党的十六届五中全会精神，建设社会主义新农村的重大举措，更是我们执政党“先进性”的具体体现。

2．改造“城中村”是落实以人为本的科学发展观的需要

以人为本是科学发展观的本质和核心。坚持以人为本，就是在发展中围绕人的全面发展，从人民群众的根本利益出发谋发展、促发展，切实保障人民群众的经济、政治和文化权益，让发展的成果惠及全体人民。改造“城中村”，就是要打破城乡二元结构，赋予农民公平的待遇和平等的发展机会，建立城乡平等的经济社会新体制，促进城市的基础设施向“城中村”延伸、城市的公共服务向“城中村”覆盖、城市的现代文明向“城中村”辐射，让所有村民共享工业化、城镇化和现代化带来的利益。

3．改造“城中村”是建立节约型社会的需要

建设节约型社会，努力破解能源和土地资源瓶颈，是五中全会的又一个重要议题。众所周知，城区土地寸土寸金。改造“城中村”，通过合理调整住宅用地和商业用地，合理规划房屋布局和公共配套设施，不仅可以使村民的住房面积、生活环境质量大为改观，而且还可以把村民原有的宅基地、村集体土地变为国有土地，提高集约用地水平，控制城市外延扩张，减少了占用耕地，为集约利用城市土地资源创造条件，并通过运营土地资产，积聚城市建设资金。

4．改造“城中村”是建立和谐社会的需要

按照民主法治、公平正义、诚信友爱、充满活力、安定有序、人与自然和谐相处的要求，构建社会主义和谐社会，是推进经济社会发展的重要目标，也是经济社会发展的重要保障。改造“城中村”，能够解决好村民最关心的就业、社会保障、教育、环保和安全等问题，促进城市经济、政治、文化、社会的协调发展。

5．改造“城中村”是实施城市化战略的需要

城市化是现代化的基础，是实现现代化的必由之路。顺应全球城市发展趋势，把城市化作为新一轮社会经济发展的重要载体，改造“城中村”成了新一轮城市化进程中的题中应有之意和不可缺少的环节。没有“城中村”的改造，就没有的真正城市化。“城中村”改造对于有效带动城市基础设施和房地产业的发展，扩大投资需求，拉动相关产业发展，尤其是吸引社会资金参与城市建设都具有十分重要的意义。

与此同时，由于“城中村”改造带来城市环境的优化，必然拓展城市资产的增值空间，进一步推动城市经济的健康发展。

二、各地改造“城中村”的成功经验

面对“城中村”改造过程中出现的错综复杂的问题，各地根据经济发展水平、历史文化差异和生活习俗不同的实际情况，积极探索出了“城中村”改造的新途径、新办法，积累了很多的成功经验。

（一）从改造的形式上分为整体拆建、新区拉动、综合整治等模式

1．整体拆建

对于区位重要、城市规划需要、具有较高的改造价值和强烈的改造意愿的“城中村”采取“推倒重来”的整体拆建改造模式。此种模式适于区域经济基础雄厚、政府财政保障有力、村民安置到位的地区，不仅利于迅速提升城市化水平，而且利于改善“城中村”居民生活，全面融入城市文明之中。如浙江省绍兴市对北部3个镇70平方公里的建筑全部拆除，重新规划建设新区，彻底改变了原来的面貌，形成了新型的、现代化的城市景观。

2．新区拉动

就是利用城市的行政中心迁移，实施新区建设，拉动旧区改造。例如，湖南省政府将机关迁入位于长沙市芙蓉南路西侧的新址，配套建设当地的道路、供电、供水等城市基础设施。由此引发的南城效应，在其正式搬迁前，就已使这块土地呈现出如火如荼的开发热潮，旧区面貌在较短的时间内发生了翻天覆地的变化。广东省中山市也是一样，在市政府迁出老城以后，随着新城的建设，人口逐渐向新城迁移，新城附近的村庄改造步伐明显加快。同时，随着老城区人口的减少，政府在征用老城设施、民房等方面拆迁的成本大大降低。这样，政府既改造了新区的“城中村”，又促进了老城的改造，实现了新老两个城区共同发展。

3．综合整治

对城市形象影响较大、实施整体改造难度较大或具有历史文化价值的“城中村”，局部地区实施“推倒重来”，其他地区实施“穿衣戴帽”，进行综合环境整治。例如，新疆喀什市在“城中村”改造过程中，分情况区别对待，对具有历史文化价值的旧城区坚持“抢救第一，保护为主”的原则，整体进行包装改造，建成新的旅游观光景点，既保护了历史文化遗产，又改变了旧城区的面貌，同时又培育了该市的旅游产业。

（二）从改造的资金运作上分为政府、集体和个人三方改造，政府引导、市场运作改造，集体组织和村民改造，开发商投资改造等模式

1．政府、村集体和个人三方改造

在经济发展较快的广州市，385平方公里的老八区内，分布着138个“城中村”。前几年广州市在老城区改造方面走过一些弯路，曾一度想通过房地产开发来把整个老城区全部拆掉建成新房子，城市建设一直在旧城区打转转，结果旧城区越建越密，人口越来越多，交通也越来越拥挤，居住生活环境始终得不到改善。近几年，广州市改变了城市发展的思维方式，按照“拉开建设、以新城区建设带动旧城区改造”的指导思想，重点发展新城区，根据实际改造旧城区，全市选定了七个“城中村”为典型，完成了改造规划的编制。广州市的“城中村”改造主要坚持如下原则：一是不允许房地产开发商插手；二是一村一策；三是政府给予优惠政策，支持“城中村”改造。通过交通等基础设施引导，将大批产业和人口疏解到新城区。老城区的旧房子拆了以后，主要用于搞绿化、建城市广场和建设公共设施。政府宁可自己花钱将“城中村”规划好之后，再允许开发商进入开发。对于“城中村”改造的资金问题，广州采取由区、镇、村和村民以及社会共同融资的办法，即以村集体和村民个人出资为主，市、区两级视财政情况，对规划建设设计方案及公共设施、基础设施予以适当的支持。为保证“城中村”改造的顺利实施，该市还采取了免除回迁的相关税费等政策支持。

2．政府引导、市场运作改造

珠海市改造“城中村”中一条重要的经验就是，依靠房地产商实行市场化运作，所有的“城中村”改造项目，全部实行公开招标制。珠海市政府巧妙地运用政策手段，使房地产商能够在“城中村”改造中赚到钱，从而调动他们参与“城中村”改造的积极性。最重要的措施就是，“拆 1 免 2 免 3”，即根据具体项目和地点的不同，房地产商每拆1平方米的旧村，可免交2平方米或3平方米的地价，并在报建等方面给予优惠。另外，珠海市从2000年起，不再新批商品房用地，也不再新批其他房地产项目，以积累购房需求，为“城中村”新商品房提供足够的市场空间。与此同时，珠海市政府还实行房地产商准入制，规定房地产商必须有雄厚的资金保证，并先建好回迁房再建商品房，以保证村民尽快回迁。在管理方面，为彻底解决“城中村”问题，珠海市将城区62个行政村全部改成居委会，村委会改居委会的工作包括三大内容：即原村集体资产处置、人员安置和管理事务移交。对于原村集体资产的处置，如桥梁、道路等非经营性资产将由市政府统一管理，剩下的经营性资

产将全部量化到原村每个居民并以股权形式体现，成立股份合作公司管理经营原村的这些集体资产；对于原村委、支委成员的安置：男、女年龄分别在45岁、40岁以下的可参加居委会干部竞争上岗，一部分可进入原村的股份合作公司，还有的可经劳动就业部门免费培训后再就业；而原村的管理事务，将在处置好集体财产和充实居委会人员后进行移交。这些措施令珠海市不出一分钱就完成了“城中村”的改造工作。

3．村集体组织和村民改造

由“城中村”集体和村民自筹资金进行改造。深圳市罗湖区渔民村在广泛征求意见的基础上，决定旧村改造的资金每户需要出资260万到280万元人民币由村民负担，每户村民需自筹50万元人民币，其余部分的资金由区政府出面协调有关银行，村民向银行融资，“城中村”成立股份公司用集体资产作为融资抵押，建设期内融资利息由区政府支付。工程竣工后银行把贷款转化为楼房按揭，村民各户按揭年限不等再进行偿还银行贷款。渔民村旧村原建筑面积4.25万平方米，村民62户，191人，村民住宅33栋，旧厂房2栋，单身公寓1栋。新建的渔民村由11栋小高层和1栋20层高公寓以及完善的配套设施组成建筑群体，总建筑面积为6.5万平方米，总投资为1.3亿元。建成后每户村民可住进一套240平方米的复式住宅，绝大多数村民户拥有的物业面积由过去的980平方米增加到1400平方米，居住的环境变成了花园式的小区，村民们的投入得到了回报。由村股份公司组织改造，避免了房地产公司为经营利润而高强度、高密度地开发，违背改造本意和影响村民利益；村民自筹资金，采取灵活的多元化融资机制，由股份公司担保、银行贷款，使融资机制活起来；政府的倾斜政策有力地支持改造，由此降低了改造成本。

4．开发商投资改造

开发商自筹资金，按有关规定先对所有被拆迁业主进行补偿安置，所开发的商品房进入市场竞争经营。这种模式缓解了政府大规模资金投入的压力，不需村民及村集体再投入改造资金，规避了投资风险。例如，河北省高碑店市在城市旧城改造中采取了这种模式，收到了很好的实效。河北省高碑店市在1993年撤县建市后，伴随着城市一些基础设施的上马，一批大项目的实施，城建规模呈外延式的扩张，城市中形成了两种意义的“城中村”：一是原市区旧民居被现代建筑所包围，而形成的外在形象意义上的“城中村”；二是由于城市扩张而被建成区包围起来的农村，即真正意义上的“城中村”。这两种“城中村”的存在，与现代城市建设形成了明显的反差，造成了城里有村、村里有城，城不像城、村不像村的现象，给城市形象、城市发展带来了不利影响。为了解决这一问题，高碑店市根据国家的宏观调控政策，调整城建工作思路，从注重城市量的扩张向质的提升转变，不断加大旧城和“城中村”改造的力度。但改造资金从哪里来是摆在决策者和实施者面前的问题。在改造资金筹措方面，该市经历了两个阶段。第一阶段是政府主导，贷款运作。1998年该市实施第一个旧城改造项目——文明小区建设项目。由于当时在旧城改造上没有现成的经验，为确保项目的顺利实施，从拆迁组织、补偿安置、群众工作、资金筹措等方面都由政府负责牵头安排，由房地局管理部门具体组织实施。该项目建设历时一年半，虽然取得了成功，但在前期资金运作和群众工作上耗费了政府较大的精力，政府也只是从中得到了一些环境效益和社会效益。第二阶段是政府引导，招商引资。根据近几年房地产开发市场升温的有利形势，充分利用民间资金雄厚的优势，全面把旧城和“城中村”改造项目推向市场，积极吸引开发商投资。同时，为规范项目运作，确保政府、开发商、拆迁户三者利益的合理分配，对所有城市开发项目都纳入城市建设开发中心管理，政府和相关部门配合开发商做好前期工作，由开发商投资改造和建设。几年来，通过招商引资，共完成旧城和“城中村”改造200余万平方米，建成了今日家园、泰和花园、世纪嘉园、祥和鑫园、阳光888等一大批居民住宅小区，既改善了市民的居住环境，提升了城市的形象，又大大减轻了政府工作的压力，同时，最大限度地融集了城建资金，实现了经济效益、社会效益和环境效益的统一。

三、解决“城中村”问题的对策

“城中村”改造又是一项问题复杂、难点很多的工作，是一项城市建设工作的硬仗，必须认真分析工作中出现和可能出现的问题，在实践中不断地研究、探索和创新思路和方法，以确保“城中村”改造工作规范、快速、健康地推进。

（一）“城中村”改造过程中普遍存在的困难及原因

1．群众不理解，观念转变难

政府作为“城中村”改造的主导者和规划者，在工作中具有重要作用。也正是基于此，一方面群众认为，这是政府的事，与自己关系不大。有的甚至认为这是政府在搞形象工程，是为少数人谋利益；另一方面由于我国还是农业大国，城市化进程刚刚起步，农民对土地具有较强的依赖性，他们既向往城市的现代文明和舒适的生活，又不愿放弃自己已经掌握的生产资料——土地，“半亩地一头牛、老婆孩子热炕头”，只求温饱、不求质量的小农意识依然普遍存在。加之，政府对“城中村”改造的宣传和群众工作不到位，就出现了目前工作中群众不理解、不参与的问题。

2．期望值过高，改造难度大

一是作为城市边缘的既得利益者和先得利益者，“城中村”内的居民由于城市经济的拉动，有较为稳定的收入，大部分村民对“城中村”的改造存有抵触情绪。二是“城中村”内的居民对自己已经掌握的生产资料（包括房屋、土地、门店等）保护意识极强，对“城中村”改造和开发补偿期望值过高，往往“狮子大张口”，漫天要价，从而使政府有限的资金无法发挥作用，使开发商无利可图，致使改造难以实施。

3．建设融资难，推进效果差

城建资金筹措难是目前大部分城市面临的尴尬问题。由于县级政府财力不足，群众投资基础设施的意向较弱，其他社会融资渠道不畅，形成了政府想建好城市，又苦于无资金来源，造成或降低改造标准形成遗憾工程，或改造进度缓慢甚至规划搁浅，无法实施。

4．政策不匹配，政府压力大

以人为本，构建和谐社会是我们工作的立足点和出发点，各级政策向群众倾斜。但是，在工作中确实存在个别人无理取闹、无事生非的现象，只求一己私利，不管大多数人的利益。只要不满足个人的要求，就上访、就告状、就没完没了地闹。在工作中只要有百分之一甚至有一个人不同意，整个工程就难以实施，甚至形成“烂尾工程”。大多数群众的利益不能得到维护，政府及所属部门作为执法主体无法得到保障。

5．就业岗位少，预期无保障

一是当前“城中村”居民的经济来源主要依靠出租商铺、仓库等场地的租金来维持。实行村转居后，由于规范管理，加上政府对土地资源的管理越来越严，用以出租的物业部分手续不完善，有些土地被征用后，农业方面的收入也逐年减少是个实实在在的问题。二是部分地区特别是欠发达地区的县域经济相对薄弱，劳动密集型、带动作用大、竞争能力强的产业不多，就业岗位少，加上大量转制后居民的富余劳动力又需要大量的就业岗位，两者的矛盾非常明显。三是社会保障滞后。目前大部分地区的社会保障面还没有覆盖到农村，群众对就学、就医、养老的预期较差，后顾之忧很多。因此，对“城中村”的改造不积极，补偿标准要求高。

（二）“城中村”改造要坚持的原则及工作重点

针对上述问题，我们认为在“城中村”改造工程中，从规划到实施，要坚持八项原则，做到五个结合，做好四项工作，实现四个确保。

1. 坚持八项原则

一是政府主导的原则。“城中村”改造涉及政治、经济、社会等诸多方面，尤其是涉及广大“城中村”居民的切身利益，是一项复杂的社会系统工程，各级政府、各部门应把推动“城中村” 改造工作作为一项重要的政治任务，从宣传发动、规划制定、招商引资、优化环境上切实发挥好主导作用。

二是坚持规划先行的原则。“城中村”改造必须服从城市的整体规划和布局，在总体规划的框架下，结合城市经济发展战略和城市化进程的实际状况，对“城中村”改造进行全面合理的科学规划，使之符合城市化可持续发展的要求。同时，要加强规划的纲性作用，避免改造工作的盲目性，减少重复建设造成的浪费，防止出现新的“城中村”。

三是坚持市场运作的原则。“城中村”改造投入大，仅靠政府、集体和村民投资难度较大，而由于“城中村”所处位置较为优越，预期利益较好，社会投资的积极性较高。因此必须树立经营城市的理念，拓宽“城中村”改造的融资渠道，积极进行招商引资，鼓励市内外、国内外开发商参与“城中村”改造。坚持按市场规划运作，为开发企业创造公平竞争的发展平台。

四是坚持规范操作的原则。由于“城中村”改造的复杂性，在实际运作中，必须在依法、按程序的前提下实施，避免引发社会矛盾，确保把事情办好。要注重调动各方面的积极性，探索和完善切实可行的改造模式，可采取以村集体经济组织为主体进行自建，也可采取以开发商为主体进行综合开发，还可以采取政府国土部门为主体，先依法进行土地收购，再对外进行招拍挂。无论采取哪种模式，都必须在坚持土地、拆迁、建设政策的前提下依法、规范操作，坚持公开、透明、公正、公道。

五是坚持因地制宜的原则。由于各地经济发展水平、农民的生活习俗的不同，在“城中村”改造工作中，必须针对各“城中村”的不同情况，坚持一村一策，在“规划设计、改造模式、拆迁安置、补偿方式”上不搞一刀切。

六是兼顾各方利益的原则。在“城中村”改造过程中，政府、企业、群众的预期目的和价值取向不同。政府的目的是建好城市，增强载体功能，为群众创造更好的、更舒适的人居环境，促进经济发展；企业的投资需要回报，追求利润最大化也无可厚非；群众既要有一个优美舒适的居住环境，也要有稳定的收入来源和后续保障。三者应该说目的一致，但又相互制约，互相影响。因此，区分实际情况，处理好三者的利益分配关系，就会收到事半功倍的效果。

七是量力而行的原则。各地经济发展的水平不同，产业分布不同，社会保障的基础不同，从而决定了“城中村”改造的任务不同，时间次序不同，建设标准不同。因此，要视各地的实际，梯次推进，成熟一个改造一个，确保改造工作的稳步、健康进行。

八是改造与保护并重的原则。我国幅员辽阔，各地、各民族的文化差异很大，民俗不同，民居建筑各有特色。在“城中村”改造中，要注重民族特色、注重地方特色，注重保护好历史文化和人文文化。要将部分“城中村”恢复并重塑其传统村落风貌和历史文化特色，或将其改造为特色文化社区，为传统文化风貌维护和特色文化社区建设服务。“城中村”改造要注意保存村镇中那些能够引发村民对其历史文化追溯和思考的传统街区或文物，并尽可能重塑古村落与自然相和谐的人居环境，使“城中村”成为地域传统文化的“避风港”，发挥其延续传统文化的效果。要注重保留民俗和历史特色，尽量保存好城市历史的“痕迹”。切忌民居建筑“千人一面”、“世界大同”的现象出现。

2. 做到五个结合

一要与改革“城中村”的社会管理体制相结合。“城中村”的发展方向是城市化，不仅仅是居住环境的改变，更是物质形态、经济结构、组织管理、生活方式等各个方面的综合转变过程。这就需要在“城中村”改造过程中，同步推进社会管理体制的改革，实现农村向城市、村民向市民、农村管理向城市管理的转变。

二要与建设现代化文明社区相结合。“城中村”改造不是简单的“拆旧房盖新房”，改造中要注重改变传统的村落居住模式，按照现代化文明社区标准进行建设，不仅要留足居住空间的绿地，同时要引入规范的物业管理，为“城中村”居民提供一个环境优美、便利舒适的居住生活空间。

三要与建立失地农民保障机制相结合。由于现行的土地征用价与征用后土地的市场出让价差额日益增大，农民得到的征地补偿不足以支付失地农民期望的就业、养老、医疗等保障资金需求。同时，由于政府社会保障制度改革滞后，近郊农村土地被征用后，部分失地农民虽然办理了“农转非”，成为了市民，但他们并没有享受到与城镇居民的同等待遇，使失地农民难以融入城市社会，也由于失地农民自身素质不高和受外来劳动力冲击等原因，相当部分未能及时、稳定地实现就业，“城中村”改造后，使失地农民利益缺乏有效保障。为此，必须建立对失地农民的社保制度，从土地级差收益、征收土地的安置补偿费和集体资产中提取一定比例资金，建立社会保障专项资金。依据国家相关规定，将失去土地的当地集体组织成员逐步纳入社会养老、医疗保险范围。

四要与产业发展相结合。针对“城中村”改造带来的村庄整体拆迁，村级集体经济和村民切身利益不同程度受到影响的现状，及早谋划集体经济和村民保障的后路，对整体改造的村庄适当划出一定土地，建设服务性商贸型的“三产”项目，开拓就业渠道，创造就业机会，保障集体经济的稳步发展。政府一方面积极引导转制后的村民学习文化知识，提高素质，掌握生存技能；另一方面积极想办法解决村民的就业问题。克服以往小打小闹，注重功利性和眼前利益的弊端。用科学的发展观，长远的眼光考虑问题，通过招商引资等多种手段引进项目，发展高科技、劳动密集型等多层次的产业格局，增加就业岗位，解除群众的后顾之忧。

五要引导与教育相结合。做好群众工作是顺利实施“城中村”改造的前提。事实证明，如果群众不理解、不满意，任何事情都很难做好。特别是“城中村”改造涉及每一个人的切身利益，群众非常关注。因此，一是认真扎实地、真心实意地、仔细地做好群众工作。对群众既要讲道理、讲发展、讲大局，更要讲感情、讲现实，要真正理解群众面临的困难和后顾之忧，积极主动地帮助他们解决改造后生产生活中可能遇到的实际问题，设身处地地为他们着想，只有这样才能取得群众的理解和信任。二是坚持原则，敢于碰硬。对那些想借改造工程实施，为满足一己私利而无理取闹的个别人，在思想工作无效的情况下，要坚决利用行政、法律的手段予以批评教育和必要的惩戒，从而确保工作顺利实施，达到维护大多数群众利益的目的。

3．做好四项工作，实现四个确保

一是依法拆迁，确保“城中村”居民的切身利益。在拆迁、安置、补偿问题上既要坚持以人为本，维护群众利益，确保“城中村”居民利益不受损害，又要严格依法、依程序进行，杜绝拆迁安置中漫天要价的现象发生。

二是设施配套，确保政府公共服务职能到位。要适当超前地做好水、电、气、暖、路等基础服务设施的完善，保障“城中村”居民的生活质量。

三是政策扶持，确保开发企业的合理利润。国家土地管理政策的实施，使“城中村”蕴藏了很大的市场潜力。在“城中村”改造上，必须制定鼓励开发商优惠政策，并确保按政策要求落实到位，充分调动开发企业的积极性，维护开发企业的合法权益，促进“城中村”改造工作的顺利进行。

四是前期准备，确保改造工程低成本运行。在规划改造前，要切实做好基础工作，严格城市建设的审批。房产、建设、物价等部门要提前介入，核实好准备改造的“城中村”中的每一户建筑的实际面积和房屋状况，并确定截止审批新建建筑的具体时间。从而，防止部分村民盲目突击建设，扩大建筑面积，增加改造成本。

四、结论

本文分析了“城中村”形成的原因、存在的一些问题及改造的必要性，列举了全国各地在“城中村”改造过程中的成功经验，并提出了“城中村”改造的对策和建议。研究结果表明，“城中村”改造是城市化进程中的一项系统工程，要以建和谐城市为前提，发挥政府的主导作用，进行市场化运作，得到村民的全力配合，三方面缺一不可。但是，在“城中村”改造拆迁过程中，个别村民受利益驱动，不能被满足就成为“钉子户”，这些个别人的行为影响多数人的利益，成为“城中村”改造的最大难题。而解决此类问题又没有明确的法规依据，需要国家、地方政府、社会和个人的共同努力，在实践中进一步探讨、研究、解决。

课题组组长：

陈吉学　湖北省仙桃市市长

课题组成员：

刘金龙　河北省高碑店市市长

郑富旭　内蒙古自治区根河市市长

许广山　吉林省洮南市市长

梁忆南　浙江省龙泉市市长

陈吉学　湖北省仙桃市市长

丘岳峰　广东省增城市副市长

白　云　四川省甘洛县县长

姚双年　陕西省韩城市市长

詹顺舟　甘肃省玉门市市长

沙迪尔·努尔买买提　新疆维吾尔自治区和田市市长

执笔人：

刘金龙　河北省高碑店市市长

统稿人：

陈吉学　湖北省仙桃市市长

姚双年　陕西省韩城市市长

研讨助理：

江　竞　全国市长培训中心助理研究员

西部地区农村剩余劳动力转移分析

第40期全国市长研究班第四课题组

内容提要

21世纪，农民问题中最突出的问题不再是农村土地问题，而是农民就业问题。农民的就业问题已经直接影响到农村的发展和农村社会的安定。影响着全面建设小康社会的步伐。研究、探讨和解决农民的就业问题，特别是西部地区农村剩余劳动力的转移问题，具有十分重要的现实意义。

关键词

西部地区　农村剩余劳动力　转移

新中国成立初期的土地革命，使中国农民真正实现了“耕者有其田”，农民基本上在第一产业内实现了就业，推动了农业生产的发展。20世纪70年代末，安徽省凤阳县小岗村18位农民发起的非正式农业制度变迁而演变的具有中国特色的家庭联产承包责任制，使中国农民实现了“耕者有其权”，农民生产积极性空前高涨，农民除了满足第一产业的劳动力需求外，通过自发的意识逐步走向第二、三产业以增加收入，也基本实现非正规性就业。

随着经济社会的不断发展，中国农民正在经历着由传统向现代的重大转变，然而这个过程中的一个重大突出问题——农村剩余劳动力转移问题凸显出来。数以亿计的剩余劳动力怎么转移，向哪转移，怎么就业，在哪就业。农民就业总是面临着许多不利因素。从农村内部情况来看，农村耕地少，积聚的人口过多，就业压力巨大。按照国家统计的劳动年龄人口计算，中国农村劳动力目前的总数是5亿多。从农村的实际情况看，18岁以下，60岁以上的人都是要劳动的。如果再把这部分人按“半劳动力”计算的话，那么，中国农村劳动力的总数就为6亿多。以今天农村生产的水平，按农业生产资料现有科技含量，现有机械化、现代化水平，我国现有的19.5

亿亩耕地只需要1亿多劳动力就可以解决问题，其余的5亿劳动力都需要在农业之外寻找出路。而且，这个基数还将进一步扩大。一方面，随着农业生产技术的进步，资本有机构成的提高，它必将越来越多地排挤农村劳动力，另一方面，由于小农生产方式的人口规律，无论计划生育措施有多严格，每年都有1500万低水平的人口再生产将是农村劳动力的后备力量，农村就业形势依然严峻，农民素质低，知识因素在劳动力中的比例小影响农民的就业，显示着生产力的发展水平低，预示着农民就业的难度。低素质的农村劳动力显然对农民就业不可能起到拉动作用。从农村外部情况来看，第一，城镇化的进程不快，大量农村剩余劳动力依然滞留农村。第二，培育能大容量吸纳劳动密集型就业的载体缺乏中长期投资机制的支撑和货币政策、税收政策以及财政政策的有力配合。第三，国际劳动力市场供求不平衡，竞争加剧，造成向外就业困难。

一、西部地区农村剩余劳动力转移分析

（一）就业人数增长慢，劳动力参与率低

西部地区就业增长率一直处于较低的水平。西部地区12个省、区、市总人口3.55亿人，劳动力参与率为75%，比全国的81.2%低近6个百分点。

（二）城镇从业人员数量出现了绝对减少

西部地区城镇从业人员，年均减少近80万人。由于城镇从业人数出现了绝对减少，西部地区城镇从业人员仅占城镇总人口的34.2%，比全国的46.4%低12.2个百分点。

（三）从业人员大部分集中在第一产业，第二产业容纳就业能力太低

第一产业的从业人员比重仍超过60%，比东部地区高出近20个百分点；第二产业的从业人员太低，比全国和东部地区分别低9.5和14.2个百分点；第三产业的从业人员比重出现上升趋势，但仍低于东部和中部地区。

（四）外出农村劳动力受教育程度低

以初、高中毕业为主，外出劳动力68.25%受过初中以上的教育，这一比重低于东、中部的74.5%和72.2%。

（五）劳动力供给旺盛

预计西部地区需要解决就业问题的人数主要有以下三个方面：一是西部地区每年将新增劳动力300万~400万人；二是下岗和失业人员增多，近年来年均下岗职工约160万人，登记失业人员110万人；三是按照现在农村的生产水平，农村约有4000万剩余

劳动力需要转移。按照西部目前经济增长和就业增长状况推算，每年能够增加的就业岗位仅为180万个左右，劳动力供大于求的矛盾非常突出。

（六）非公有制经济、中小企业发展困难多

当前，西部地区非公经济和中小企业在发展过程中既受到市场环境不佳、社会资本不足等因素的制约，又受到贷款难、技术服务难等政策环境因素的制约，导致其很难进入发展的快车道，其吸纳就业能力较强的优势很难体现出来。

（七）未来经济发展剩余劳动力转移的挑战

一方面是产业结构的高级化和产业间关联程度的加深。我国是一个农业人口占绝大多数的大国，农村劳动力的供给从文化素质层次上只适应于低级的产业，远远跟不上信息化的要求，另一方面是空间上分工与协作的程度日益加深。我国占人口绝大多数的农村人口、农村劳动力因历史、地理、文化、风俗、经济发展水平等诸多原因而与外界的接触和联系非常少，即使有，空间范围也很有限，这样的劳动力素质是无法适应空间结构转换和空间分工协作的要求的。

（八）在加入WTO后的新形势下，我国农村剩余劳动力的转移规模将更大

由于我国农业目前现代化、机械化程度不高，农民从事的农业生产活动普遍人力、物力投入大、生产要素没有得到合理利用，农业生产成本高，投资回报率低，大多数农产品品质、价格均无法与发达国家竞争，收益更没有保证。所以，加入WTO后，即便是城市就业机会越来越少，农村剩余劳动力还是蜂拥而入，剩余劳动力向城市转移也就成为了必然。

二、西部地区农村剩余劳动力转移的对策思考

转移农村剩余劳动力，是一项艰苦而庞大的系统工程，它不可能一蹴而就，而只能是逐步甚至可能需要一个较长的历史过程来实现。为了实现平衡过渡，我们除了应当尽快打破造成城镇乡分割对立的“二元”社会经济结构，尽力通过城市吸纳农村剩余劳动力和组织好劳务输出外，还应从农村内部入手，通过进一步深化改革，从而挖掘农村内部就业潜力，逐步解决农民就业。

（一）建立工业反哺农业的政策机制，走农村工业化的道路

解决“三农”问题和增加农民收入的方法很多，包括加快农业结构调整，改革传统农业经营方式，加大中央和各级政府的转移支付能力，等等。但所有这些都无法解决由于农业人口过多而导致农业劳动力严重过剩的问题。从发达国家所走过的

道路来看，农村剩余劳动力的大部分或近乎全部，是被城市工业或其他产业所吸收。在解决我国农业剩余劳动力出路时，当然不能忽视城市整体的重要性，要通过农村的工业化来实现城市化。在欠发达地区，由于农业人口多，城市经济不够发达，普遍不具备农村剩余劳动力大量地向城市转移的条件。改革开放以来，乡镇企业发展和农村剩余劳动力转移的实践，表明在农村地区大力发展各种非农产业，是吸收我国农村剩余劳动力的主要载体。农村工业不仅使农民直接获得收入，而且农村工业的利润可直接用于改善农业生产条件，提高农业技术装备水平。农村工业通过产品加工贸易，充当农业产业化龙头企业，加快农业现代化进程。各级政府采取更为灵活的政策，吸引更多的劳动密集型企业并切实加以保护，使其做强做大，不断增强吸纳当地劳动力的能力。

（二）建立城市带动农村的政策机制，走优势产业集群的路子

产业集群是指经营同一产业的一群工业在地理上的集中，优势产业集群即是各地发挥地区优势，尽施地方特长的区域经济产业模式。集群经济，既推动了农村工业化，又吸纳了大量的农村劳动力，产生了良好的规模效应。随着诸多企业在地域上的相对集中，企业之间技术方面相互影响，在节约成本方法上相互传播和推广，进而形成外部规模经济作用，提高产品的市场竞争能力。在此基础上规模更加扩大，就业队伍也随之扩大，从而形成良性循环，应积极发展特色经济，形成富有特色的农业主导产品和支柱产业，做到“人无我有，人有我优，人优我特”。此外，应发展外向型农业、创业农业（以劳动密集型为主，充分利用农村劳动力）。要调整产业比重，重点发展投资少、见效快、社会急需、覆盖面广的第三产业。巩固第一产业，提升第二产业，发展第三产业，优化结构，拓宽领域、扩大就业，结合小城镇建设，就地转移农村剩余劳动力。

（三）建立发达地区支持落后地区的政策机制，走劳动力规范转移的路子

按照邓小平同志“两个大局”的思想，东部沿海地区先富起来之后，应充分发挥信息、资本、技术、人才等资源要素，组织企业集团到欠发达地区投资办企业，充分利用欠发达地区的资源优势和劳动力优势、实行优势互补，使资源有效配置，为落后地区劳动力就业开辟广阔空间。东部对西部的帮扶，不应仅仅局限在资金、物资方面，而应变“输血”为“造血”，意义更为重大。

（四）建立沿海发达地区合理补偿西部地区的政策机制，走可持续发展之路

西部地区地处长江和黄河上游。长期以来，长江、黄河上游由于人口多，耕地少，经济贫困，导致乱开滥采，生态破坏，环境污染，水土流失，给下游地区经济

社会发展构成了威胁。上游地区与下游地区之间应加强合作与协调，建立一种补偿机制，促进上游地区劳动力有效就业，减少人口对土地、水源、森林、矿藏等资源和环境的压力，实现上游和下游经济社会的可持续发展。积极响应国家号召，大力实施西部大开发战略。国家出台的加快西部发展政策，西部地区大规模开发的全面启动，为农村剩余劳动力提供了新的广阔的就业空间。

（五）建立推进农业产业化的政策机制，使更多农民就业

农业产业化是农村剩余劳动力转移的重要途径。西部地区农村劳动力资源充足，耕地、资金等资源稀缺，应放眼于耕地以外的荒山、荒水等开发利用，进行山、水、田、林、路综合治理开发（改造1亩中低产田土平均需要投工30~50个，可利用大量劳动力）。有计划地组织劳动力进行兴修水利、改造田土、修建公路等基础设施建设，兴办林、茶、牧场等，从农业内部消化吸收大量劳动力。政府应增加资金和科技投入，为农民提供低息贷款，调动农民向纵深开发农业的积极性，动员他们在房前屋后发展庭院经济，围绕生态农业发展专业户，搞农产品精、深加工；发展园艺、观光农业等。同时，充分发挥西部地区畜牧业基础条件好，矿藏资源、水能资源比较丰富的优势，对这些优势的产业加大资金、技术、政策等方面的支持和扶持力度。实现农村剩余劳动力的就地转移。

（六）建立加快农村小城镇建设步伐的政策机制，提高农村小城镇容纳剩余劳动力的能力

城市化途径有两条：一是促进现有城市发展，扩大现有中小城市的规模；二是县、乡、村将条件成熟的小集镇发展为小城镇。西部地区农村要通过农村城镇化的发展，聚集资本和人口，调整农村产业、就业结构，缩小城乡差距，实现城乡一体化，逐步解决“三农”问题，促进农村剩余劳动力的转移。

三、解决农村剩余劳动力转移问题的保障措施

长期以来，由于历史形成的城乡分割“二元”格局和某些根深蒂固的传统观念，从体制上、思想观念上、就业安排政策上，认为城市人口存在就业问题，而农村农民的就业问题是农民自己的事情，国家在解决社会矛盾日渐突出的就业问题上，认为农民有土地能够生存。这是认识上的误区。对农民的就业问题，不能停留在就农业看农民的认识上。政府要有相应的指导政策，建立符合农村特点的就业保障机制。

（一）在稳定家庭承包经营制度的基础上，允许土地使用权合理流转，改革创新农村土地政策，稳步推行集约化经营

这样一来，农村必将有更多的剩余劳动力。同时，在城市以打工为生的农民，可以卸掉土地承包等包袱，在城市稳定下来，更好地向农业以外的其他产业发展。

（二）建立城乡统一的劳动力市场，废除传统的“二元”户籍制度

剔除附着在户籍关系上的种种社会差别功能，使城乡居民在发展机会面前人人平等。建立完善的就业服务网络。健全的、发达的劳动力市场需要多层次的中介服务，包括用工信息发布、职业介绍、合同谈判、法律援助等方面。

（三）取消农民工进城的政策性限制

农民进城务工是农村剩余劳动力就业的重要途径之一。要使农民能够在城市就业，才能使农民工在城市公平就业，为城市建设作出更多的贡献，最终实现转移农民，富裕农民，稳定农村，稳定社会。

（四）建立教育培训保障机制和农民进城务工人员的教育和培训体系

一是建立健全以职业技术教育为主的，多层面的县乡村三级农民职业技术能培训网络体系，加大以职业技术、岗位技能为重点的就业培训。二是根据农民工流动状况，在流动劳动力较多的地区的学校开设职业技能课程，让农民工在出门前就受到相关的职业技术培训。三是应鼓励社会力量介入职业技术培训，并给予相关的优惠政策，以弥补现在培训的不足。四是在大专院校开办各种职业技能进修班。让已进城就业的农民的技能有所提高。

（五）逐步建立起进城务工农民的保障体系

进城务工的农民工的养老保障可根据其在城镇工作年限，是否具有相对固定的工作和收入等资格条件渐次推进。符合条件的纳入当地社会化养老保障体系，对暂时不符合条件的，暂缓纳入保障体系，待达到条件后，再由企业申报、社保部门审核办理。对达不到要求的，责成企业和个人办理其他多种形式的补充保险。

总之，解决西部地区的农民就业问题，转移农村剩余劳动力，让他们实现充分就业，这是一项复杂的系统工程，艰苦细致的工作，要坚持因地制宜，循序渐进，积极稳妥，特别是要创新机制，有针对性地制定政策措施，采取切实有效的工作方法，从解决“三农”问题的高度，使西部地区农村剩余劳动力实现转移。

执笔人：

熊灿平　贵州省毕节市市委副书记

课题组成员：

董凤山　黑龙江省尚志市市长
张治云　山西省潞城市市长
初功名　吉林省梅河口市市长
傅根友　浙江省江山市市长
吴步高　江西省德兴市市长
陈敬如　河南省沁阳市市长
曾广斌　广西壮族自治区合山市市长
魏顺泽　四川省阆中市市长
郝有民　宁夏回族自治区灵武市市长
熊灿平　贵州省毕节市市委副书记

研讨助理：

高　红　全国市长培训中心教研处研究实习员

关于城镇化实施途径的思考

第40期全国市长研究班第五课题组

一、国内外城镇化进程的现状

人类社会现代化的过程，在一定意义上表现为城镇化、城市化与城市现代化。人类从蒙昧到野蛮再到文明的重要标志是从农业社会到工业社会、从工业社会到服务业社会、到信息化社会的社会分工与产业演进及城市的形成、发展和现代化。自人类社会发展到城市，整个社会就进入了加速度的发展时期。社会财富的创造高效地成倍增长，先进思想、文化、行为的产生往往最先在城市，由此可言，城市化是社会经济发展的必然，城市化的进程始终与人类的进步相伴相随。

城市是一个有机复合体，是一定地域经济政治社会发展的中心，是对外开放的门户。城市化简而言之，就是农村人口向城市转移的综合过程。城市化的英文为urbanization，其前缀urban是指都市。城市规模理论认为，100万左右人口规模的城市集聚效益最高；20万~25万以上的城市才能发挥较好的规模效益和较低的开发成本。我国的小城镇建设不可能按这样的规模要求。我国不直接提城市化而是城镇化，这是充分考虑了我国的国情，注意到了城镇发展的均衡性，强调城市、农村、大城市、小城镇都能协调发展。城镇化不仅仅是农村人口向城镇转移的过程，而且包括就业方式、居住方式、交往方式等方面的改变，城镇化的内涵十分丰富。

在西方发达国家，当今城市化水平有的国家已达到90%以上。分析其城市化的进程对我国实施城市化，有重要借鉴和参考意义。在19世纪中期到20世纪中期约100年的时间里，城市在全世界得到了最快的发展。在20世纪末已产生世界意义的大都市，世界范围人口超百万的城市纷纷出现。从1950~1998年，世界人口增加了126%，即从25.13亿增至57亿多，其中城市人口增至28亿多。在1950~1990年期间，人口达100万的城市增加了两倍。1950年，世界人口逾100万的城市为78个，1990年已经超

过276个。据推测，到2010年，将增加到511个。其中亚洲增长幅度为世界之最，从24个增加到115个。

在城市化的迅速推进及大都市成批出现的同时，许多“城市病”如交通堵塞、人口拥挤、贫富差别、空气污染、社会治安等问题相应产生。因此，在全世界范围内特别是在发达国家，大约从20世纪中叶开始，出现了反城市化的潮流，即出现“反城市化”趋势，人们开始向往乡村并回归到了自然的乡村和淳朴的小城，出现城市空心化现象。自20世纪50年代，发达国家的特大城市开始停止扩张，有些大城市的规模还有所缩小。如伦敦曾有1000万人口，现在为700万人。治理城市病，按先污染后治理的模式需投入大量资金。纽约市政府投巨资重新规划和建设，彻底改造了时代广场。伦敦经多年的环境治理、泰晤士河生态得到恢复，河中又见游鱼。但在发达国家也有一些高度污染的湖泊治理了多年仍未恢复的情况。

城市病不是城市本身的过错，而是人类不按自然承载能力向城市过度的获取所致。在尊重自然的前提下，凭借人类的智慧是可以解决城市因发展而带来的各种问题的。解决“城市病”不是不发展城市，而是更好地发展城市，并通过进一步发展城市解决城市发展中存在的问题。纵观人类当代社会，整个全球社会处在二元经济结构体系状态。当代社会有先进发达的城市，也有偏远落后的农村；有走在发展之前的城市人群，也有仍然处于维持过去的农村人群。消除城乡差别，走城市化之路是经济社会发展的必然选择。

今天，全世界已经约有50%的人生活在城市里。我国的城镇化进程要达到西方发达国家的水平，还任重道远。1848年，我国和美国的城市化水平都是在10%左右，可是100年后的1949年，中国的城市化仍然是10%左右，而美国的城市化已接近70%，美国在2002完成了城市化进程，城市化水平超过90%以上，整个社会进入了后工业化意义上的郊区化阶段。而2002年我国的城市化只有36%左右，我国的城市数量与发达国家相比十分有限。在日本现有城市约660个，而我国现有城市数量也只有660个。人口相差约10倍，而城市数量却相当，人均创造的GDP相差更大。由此可见，我国的城市化进程的实施还需要做大量艰苦的工作。学习发达国家的城市化经验，尽可能使中国的城市化和城市现代化不出现西方城市化过程出现的问题，这要求我们不仅对西方城市化进程出现的城市病及政治、经济、社会和文化问题要认识到、体会到，更重要的是如何防止和避免这类问题的发生是我们促进城镇化进程的当务之急。

我国是世界人口大国。从战国时代到明清时期长达2000多年的发展中，人口从约2600万发展到4亿多，从新中国成立之后到1998年，人口从5.7亿发展到约13亿人口。我国的人口控制目标是："十一五"末期人口13.7亿，2020年14.6亿人，人口高峰15亿左右。现在我国的国情是"人多地大耕地少，人均资源不足；一面靠海，区域差异巨大"。这是我国区别于世界所有大国的特殊国情。我国幅员广阔，自然地理环境和社会、经济、文化等各方面差异巨大。区分不同的经济区域，因地制宜地发展经济在我国推进城市化进程中十分重要，并且在任何时候都是重要的。此外，从我国的城市化水平、经济社会自然资源分布和人口结构特点分析，我国推进城镇化还要结合我国的实际和国情，须有序推进。我国的城镇化进程经历了漫长曲折的发展历程。城市化率从1952年的12.46%上升到1960年的19.75%。20世纪60年代中期到70年代末出现回荡，1971年达到最低点12.08%。到80年代初回复到20年前的水平（1980年达到19.39%）。至20世纪80年代中期国家实行改革开放以来，城市化进程稳定增长，至2002年超过了36.01%，进入了加速发展时期。世界城市化水平已经超过54%，我国的城市化总体已经达到36.01%，沿海一些省份已经达46%。

我国城市化在加速发展时期，面临许多新问题和新情况。我国农业部的相关统计显示，截至2003年，在各大城市工作的农民工总数已达到1.3亿人。根据人口统计数据，2002年中国非农人口总数为3.52亿，而城镇人口总数约为5.02亿人，这两者之差为1.5亿人，这一数字可以视为常住于城镇从事非农产业农村劳动力近似总量。诺贝尔经济学奖获得者斯蒂格利茨曾说过：在未来20年间，影响全球经济和社会的最重要的两大因素，就是美国的高技术产业和中国的城市化。因此我国正在实施的城镇化战略是影响全球经济和社会的大事，是引起城乡关系格局的大变动、人口结构、生活方式和居住方式的大变动，举世瞩目，震撼全球。我们务必增强促进城镇化的紧迫感、责任感、使命感，城镇化是我国解决"三农"问题的必由之路，是加速我国建设社会主义新农村，实现全面建设小康社会、构建和谐社会的有效途径。

二、城镇化进程面临的问题

西方发达国家的城市化已进入成熟的发展阶段，而我国的城镇化才是起步阶段，发展空间广阔。由于国情不同，我国城镇化与西方国家城市化存在差异性。我国的城镇化处于全球化和区域一体化宏观背景下，城市的发展，产业定位不仅要考虑自身产业的发展，也要考虑全球和区域产业的转移与对接；我国与国外国情不同，走中国特色的城镇化道路更加具有现实意义，多元化的道路更符合中国的国情；城市化的内涵不断丰富，城市化有经济意义上的城市化和社会、政治、文化意义上的城市化，有从传统的农村人口迁移意义上的城市化，有过渡到功能意义上的城市化。中国的城镇化的推进，尚需解决一些城镇化进程中的困难和问题。

（一）政策性和体制性障碍

我国现行的户籍管理制度制约城镇化的推进。我国的现行户籍制度是在20世纪50年代中后期为适应计划经济体制的要求而建立和完备起来的，它是城乡二元结构的伴随产物。在当时的经济社会发展条件下是适用的。但到今天，我国进入了完善市场经济体制的新的发展时期，现行我国特有的户籍管理制度严格区分了城镇非农业户口和农村农业户口，对城镇居民和农村居民实行两种政策已经不适应新时期发展的需要，特别是对农民转产就业、进城务工、进城定居等，这种户籍制度阻碍了城镇化的发展。如进城就业、向非农产业转移的农民，他们正在实现或已经实现职业的转变，虽然不是从事农业而是从事第二、三产业，但由于他们是农村户口仍被称为农民工。造成城乡典型的二元结构，严重制约城镇化的健康发展。

当前我国的土地流转政策对城镇化的推进有一定的影响。农村土地承包经营政策为我国农业的发展发挥了巨大的作用，调动了广大农民群众的生产积极性，并正在发挥作用，将来还要发挥作用。随着市场经济的发展，农民一家一户的小规模分散生产势单力薄，适应市场竞争难以面对。为解决小农户面对大市场的困难，农业的发展要推进农业规模化生产、产业化经营。农业规模化生产、企业化管理、产业化经营要有龙头企业的带动，采取“公司+农户”、“公司+基地+农户”、“贸工农一体化”、“产加销一条龙”等多种农业经营形式，以市场为导向完善土地流转机制，推进农业区域化布局，拓展农业发展空间，优化土地资源配置，发挥资源的最大效用。土地流转必须有利于提高农产品质量和效益、有利于提高农业生产力，有利于突出特色和提高效益，有利于调动农民的积极性。现行的土地流转制度尚不能有效地促进土地向种田能手集中。

我国的社会保障政策当前主要是城镇居民，对农村的社会保障尚在探索之中，社会保障覆盖率低，农民进城务工一般都没有社会保障，彻底丢掉土地农民将失去生存之依靠，所以不得不挂牵家乡的土地，影响农民进城一心一意从事第二、三产业。这导致进城务工的农民无法在城市永久性居住。

我国现行的土地政策为确保基本农田是有效的措施。但现实中实现城镇化，要将农民转为城镇居民必须使用许多的土地。有的地是农地需要征用。征用地要有农用地转为非农用地的指标，亦即土地“农转非”。目前由于城乡规划滞后，农民建房在一定程度上将基本处于无序状态。但要引导其进入镇区建设，开辟农民宅基地政策上和体制上都缺乏政策支撑。

（二）城镇化建设资金缺乏

城镇化建设需要有建设资金，资金来源有限将影响城镇化的推进。而城镇化的推进中，首先要解决道路、供电、供排水、路灯照明等设施及公益性的文化设施。从全国来看，经济欠发达的地区，地方财政往往都是“吃饭财政”，没有财政收入安排用于城镇化的基本建设。尽管有的地方通过多方融资，如开发银行贷款、土地招、拍、挂等融资方式，但是满足城镇化建设需求的资金仍然是资金严重不足，直接影响城镇化的推进。

（三）城市容纳能力与就业岗位供不应求

城镇化的过程不是简单地将农民迁移到城镇即可。农民进城镇，需要城镇为其提供居民的公益设施和社会服务设施，因近20年来中国农村大批剩余劳动力长期外出务工，从事非农产业活动，使用城市各种公用设施，逐渐成为当地城市实际人口的一部分。城市在供给时因超出城市的容纳能力，不能满足其快速增长的实际需求。不仅生态环境恶化，而且会产生新的“贫民窟”。教育、医疗、文化设施供不应求，导致许多孩子进入城镇上不了学，如果要上学就要交纳高价赞助费。另外，就医条件不能满足低收入进城务工农民的支付能力要求，看病贵，就医难，导致许多农民看不起病，小病忍着，大病拖着，缺乏就医保障。此外，城市每年新增就业岗位不能满足进城农民转产就业的需求。加之农民结构性失业，社会信用缺损使一部分农民进城务工受到阻碍，找工作难，做工时缺少安全保障。这些也是直接影响城镇化进程的重要因素。

（四）产业支撑力不强影响城镇化进程

城镇化的内涵丰富，有经济意义上的城镇化，也有包括社会、政治、文化意义上的城镇化。要能让进城的民工有工做有事干，农民才能真正成为城市的常住人口并逐渐向户籍人口转变。而我国由于每年新增劳动力及农村劳动力增长大大快于城市每年新增的就业岗位，使城镇化在推进过程中出现进城务工者不能相对稳定。农民进城后一方面要找工作，一方面要适应工作，由于岗位不足，农民务工的支撑力不强。有些农民进城费尽心机能找到工作，有的农民进城找不到工作又返乡，或已找的岗位由于市场变化衰退而停产，新的岗位又未找到，导致城镇化进程出现徘徊人群流群体。因此产业支撑力不够，也是影响城镇化加快推进的重要因素。

（五）城乡规划滞后与城镇建设用地紧缺

我国由于多年形成的习惯，农民建房自主性强。由于城乡规划滞后，有的地区甚至根本不重视规划，规划意识淡薄，城乡规划从未统筹兼顾，只有城市规划而没有城乡规划。农民建设的房屋布局较乱，过去的平房现都建成楼房，可拆除性难，又不能成为城镇，农民又不能直接在集镇购到适于当前农村经济水平的宅基地，这使城镇化严重受到影响。此外，随着我国人口迅速的增加，特别是农村人口的增长，建设用地与基本耕地的矛盾十分突出，而且征用地越来越困难。推行城镇化需要占用土地，占用土地需要征地，征地需要被征地农民支持，在农村赖以生存的土地人均拥有量下降时，农民不是不支持，而是支持与生存二者难以取舍。这将是我国推行城镇化的重要影响因素，此因素将日益尖锐化。

三、实施城镇化的选择途径

中国的城镇化道路不同于西方发达国家，这是中国国情和现实国内国际形势和现实条件决定的。我们不能照抄照搬国外城市化的做法，但不能不借鉴国外的城市化的有益经验和汲取其失败的教训。综观国外城市化的进程历史，总结我国城镇化进程的曲折道路，结合当前我国和现实国情，我国的城镇化需要走有中国特色社会主义的城镇化道路，坚持大中小城市和小城镇协调发展，提高城镇综合承载能力，按照循序渐进、节约土地、集约发展、合理布局的原则，积极稳妥地推进城镇化发展。具体而言，在实际中要因人、因地、因经济和社会资源制约，多元化、多途径、多动力、多目标、多方式、多功能促进与实施城镇化。

（一）多元化

我国的城镇化，主要是农村人口向城镇转移。习惯思维是农民向城镇单向流动。而在我国有些地区，特别是有的乡镇，有资源无资金投入、无技术力量开发，资源优势不能转变为经济优势。要么资源沉睡，要么资源无序开采，要么资源廉价出卖。本身是可开发为矿业城市的地方，由于一元化的城镇化导向，往往是人群向外迁移。我国在计划经济时期形成的石油城市，如大庆市，江汉油田（现为湖北潜江市西城区），就是城镇化和城市化的有益探索。因此，对于有资源优势的地区，要科学规划，系统开采，将农村相对集中，形成矿业城镇，将当地农民转变为矿区的工人，吸引技术人员安家于矿区，形成资源型为主的产业链，并尽可能吸纳外地劳动力到矿区就业，形成双向的人群流推进城镇化。这种模式走的是农村就地城镇化、农民就地非农化的道路。

多元化还应该根据不同区位的资源条件、人口规模和经济发展水平，因地制宜科学规划发展特大城市、大城市、中等城市和有重点发展小城市有机结合起来。西部地区重点建设和发展县城镇；中部地区重点发展区位、资源好、人口规模相对较大的中心城镇，特别是县市城镇。东部地区重点借助大城市的辐射和带动作用，发挥已经形成的小城镇群或小城镇带的作用，实现由镇到城的转变。这种模式的城镇化的道路不宜走农村就地城镇化、农民就地非农化的道路，而要选择城市向郊区扩展，农村向城镇相对集中的城镇化道路。

（二）多途径

中国的城镇化，由于人口地域差异大，齐步并进走不快，尊重地理区位差异和经济水平差异多途径推进城镇化是有效途径。根据地理区位差异，我国东中西部差别较大。东部沿海经济率先发展，可吸纳大量的劳动力。大量中西部地区的农民到东部城市务工，已经形成了我国异地城市化的现实。政府要加强引导，疏导和服务。由于农村人口的原户籍所在地和提供就业岗位实现城市化的区域之间空间不一，位居两地。根据空间距离可产生跨国异地城市化、跨省异地城市化、跨地区异地城市化、跨市异地城市化及跨县、镇异地城市化。大力发展劳务经济，实施“转移就业工程”，加快农村富余劳动力由农业向非农产业转移，由农村向城镇转移。这是实现城镇化战略增加农民收入的重要有效途径之一。要顺应改革发展的要求和广大农民发展致富的迫切愿望，因势利导，积极拓展省外劳务市场和国际劳务市场，营造良好的劳务经济环境，帮助农民发展劳务经济创造条件，坚持市场导向、政府引导，根据市场需求对农民进行职业技能、实用技术培训，如建筑、餐饮、家政、环卫等技术，为农民进城务工具备一定的技能打下就业的基础。发展劳务经济，还要健全市、区、乡镇、村四级上下联通的劳务信息网络，有效地提高劳务输出组织化程度和服务质量。进城就业的农民工已经成为产业工人的重要组成部分，成为异地城镇化的主力军，是我国当前最现实、规模最大的城镇化。

（三）多动力

城镇化的实施需要有动力，动力来源是多动力的。城镇化的发生和发展，从产业作用分析，受到三大力量的推动和吸引：第一产业的发展，第二产业的增强和第三产业的崛起。实现城镇化的动力中，第一产业的发展是初始动力；第二产业特别是工业（包括家庭工业）的发展，是城镇化的根本动力；第三产业的发展是城镇化的后续动力；体制创新和技术创新是城镇化的持续动力。从城镇和乡村的聚集力和裂变力分析，城市使市民生活更好、更安稳、更便捷、更能创造财富，这对农民具有强烈的吸引力，这种吸引力产生聚集力，人们向往城市形成城镇化的动力；农村受外界新技术、新工艺、新工具、新思维、新理念、新观念、新机制等进入农村会使农村发展产生裂变力，使传统农业向现代农业、分散小规模的农户向专业化、产业化方向发展形成城镇化的裂变新动力推动城镇化。多动力要求我们在推进城镇化的过程中，培育支柱产业，走产业集群和专业市场互动及特色产业发展之路。如云南省宣威市就是依托其便捷的交通条件及拥有丰富的资源：贵昆铁路和326国道横贯全境，21.7亿吨煤炭探明储量，98万千瓦水能资源，30万亩优质烤烟，80万亩马铃薯，百年品牌的宣威火腿，打造全国重要的磷化工基地和特色农产品生产加工基地，云南省重要的能源基地和煤化工基地，建设能源、化工、特色农产品生产加工、冶金、建材和商贸六大支柱产业，第一、二、三产业协调发展，走出了一条特色产业发展的城镇化之路。如湖南省浏阳市以烟花鞭炮为特色产业，并围绕其发展配套的支柱产业体系，海南省文昌市以发展特色热带农产品加工业、矿产资源型加工业为支柱产业发展均收到很好的效果。要形成强有力的产业支撑，缺乏产业支撑的城市会导致城市有城无市、没有人气的现象，更不能促进城镇化。

（四）多目标

实现城镇化的最终目标是将农村人口转移到城镇，而且要有良好的居住和工作就业，并实现生活与生产方式、思想与文化观念等方面同时由农村向城市转变，这是城镇化追求的目标。但实现这个目标，城镇化是一个转变过程，不是一个时点的短期活动。城镇化实施的目标，按时间而言要有近期目标、中期目标和远期目标；按产业演进过程及城镇化形成的阶段目标分为预城镇化（“村镇化”）和城镇化，分阶段目标推进城镇化。其中，“村镇化”主要针对具备一定条件的农村集中区域，如远离城镇，让城镇功能辐射需要有较长时间，而这些村庄自然就有少量的农产品交换场地，从一定意义上讲是农产品交易市场的雏形，对这样的地区可实行“村镇化”，即可谓“预城镇化”。“村镇化”的目标是为改善农村生产生活条件，投入一定的农村基本建设，使农民的生活向城镇生活过渡，而生产主要还是以从事农业为主，并兼从事经第二、三产业。特别是要强调发展绿色农业和生态农业。对“村镇化”地区可以提供定时路灯照明；提供洁净饮用水；村村通硬化道路；村村通广播、电话、电视等城镇居民基本的生活条件。我们要按我国“十一五”时期建设社会主义新农村的要求，探索村镇化实施的条件与基本内容和要求，当条件成熟时按城镇要求实施城镇化。

（五）多方式

城镇化实施的途径应多样化，不拘泥于某一方式。如浙江省基于产业集群的“浙江现象”，逐步实现城镇化；内蒙古走特色产业发展之路，利用“草原概念”，实现了城乡的协调发展，促进了城镇化。由此可受启发，为城镇化的途径开辟多样化之路，关键在于选择的道路是否有可行性和资源发挥最大效益性。如港口地区，如有天然良港就应以港口为依托，发展港口、仓储业、临港工业，从而带动周边地区，对封闭落后的农村地区通过港口建设及相关产业的发展使之成为临港工业区和开发区，如海南省的洋浦开发区，拥有天然良港，港口建成后，发展大型临港工业项目，这不仅会加速城市化，而且会成为海南省全省工业基地，创全省工业之龙头，工业中产值将达到300亿元以上，年利税将达到30多亿元。还有风景区的建设，具有旅游资源的地区，应以核心旅游景区为中心发展城镇化。如三亚市是我国的南大门，风景秀丽，开发的南山风景区，周边农村为景区服务提供旅游消费品、餐饮等服务，很快扩大了该地区城镇规模。如河北的白洋淀发挥红色旅游经典景区的优势，歌颂了淀区人民与日本侵略者作斗争的辉煌历史，成为国家AAAA级景区，目前通过围绕特色文化发展本地经济，大大促进了城镇化的进程。这种方式的城镇化，农民一般是本地城镇化，兼具城镇化，可减少农民进城异地城镇化的成本，比较具有稳定性。

（六）多功能

要形成城镇增长极核聚集力，以工促农，以城带乡是我国城镇化现阶段的经济基础和条件。人口进入城市的城市化是每个农业国家必经阶段，但它不包括城镇化的所有内容。城镇化由人口迁移意义的城镇化向城市功能意义上的城镇化发展，是城镇化的新的发展阶段和城镇化水平的提升。这是巩固城镇化成果，避免城镇化片面发展和消除社会贫富差距必须考虑的。为什么有的地方城镇化中出现新的“贫民窟”、“城中村”窘境现象，这与在实施城镇化过程中对功能阶段城镇化的思考和采取的对策欠妥有关。过去重视人口的“农转非”，现在重视土地的“农转非”，突出人、物、资金、信息、主导产业、科技教育等要素向城市聚集。城镇体系有特大城市、大、中、小城镇，功能则有城市的开放性功能、适应性功能、积累循环功能、对社会发展的加速功能、地域性生产力的集约性功能、对区域经济的带动功能、对现代化的形塑功能、创造新生活方式的功能、对个体人文化资本的重塑功能、吸纳人口并提供安居乐业环境的功能等，我们在推进城镇化的过程中，不可能一下子具备所有的功能，但根据城镇化发展的阶段和经济社会发展水平，要有前瞻性思维统筹在人口迁移到城镇的同时，还要相应地完善城镇功能实现功能意义上的高阶段的城镇化。如对“城中村”应区别形成的原因，从完善城镇功能方面考虑加以解决。如“城中村”缺水缺电，则要加大投入进行水电改造；如“城中村”居民的孩子上学难，则要从增强教育功能方面着手进行城镇化推进；如某地将建立工业区，为提前预防未来出现“城中村”的功能缺乏的问题，可从规划上提前考虑与避免；如工业按园区化布局，将农民居住相对集中，融入工业区内，分为几个功能区，有厂区，公共活动区、办公区、原居民相对集中的居住区、教育、商业区等，这样有利于原居农民就业，同时也能减少传统的大工业区产生的居住区与生产区分隔太远产生的交通问题。

四、促进城镇化的保障措施

实施城镇化是一项复杂的系统工程，要使城镇化过程中稳步推进，避免其逆转现象、脆弱性、不稳定性等情况，城镇化不仅要有产业发展为支撑措施，还要有政策与法律保障制度，社会公用事业投入保障及促进城镇化健康有序推进的体制和机制创新保障等措施。

（一）产业发展要为城镇化提供就业保障

按城镇化的基本规律，大力围绕城镇化的要求在以人为本的原则下，以市场为导向着力创造就业岗位。只有产业发展就业岗位增加，才能吸纳劳动力，劳动力转移才有相对稳定性。进城务工获得收入一方面满足自身的发展，一方面将所获的收入一部分带回到原籍农村投入城乡建设。我国现在已经进入到了以工补农，以城带乡的发展阶段，这是城镇化加速发展的有利时期。在这个时期，要以一切为了发展为原则，以经济建设为中心，大力发展第一、二、三产业，特别是要发展农业产业化经营，第二产业和第三产业的大力发展，创造更多的就业岗位，为城镇化提供经济基础保障。地方政府对企业不仅注重其税收对地方经济的贡献，还要制定政策要向新增就业岗位、提高企业人均收入水平等方面协调发展提供优惠和奖励政策倾斜。

（二）城镇基本建设要为城乡一体化协调发展提供保障

围绕提高城镇居民和农村居民的生活水平和改善生产条件，建设公共基础设施。融资渠道要多元化、多渠道。财政投入、公共资源市场化运作、鼓励社会、个人和民间按多赢目标参与投入。当前重点要完成城镇化所要求的村村通硬化道路，村村通水电，户户有广播电视，中小城镇有规模化较大的贸易市场，经济发展水平第一产业比重占第一位的地区，要尽快采取政策调控，让第二、三产业加快发展超过第一产业的比重。

（三）制度创新要为城镇化提供法制保障

小城镇制度创新要以社会主义市场经济理论为指导，为城镇化推进提供制度保障。重点要围绕：户籍管理制度创新，要改革城乡分离的二元人口管理制度，适当放开小城镇户口，鼓励有条件进城镇投资兴业的农民购房落户。办理大中城市的“临时户口”，对有固定职业和住所、在城镇有较长时间的进城居民给予办理常住户口，对科技人才引进不受户口限制，放宽夫妻分居和父母随子女迁入户口的限制。

土地使用管理制度创新，实现土地利用方式由粗放型向集约型转变，实施土地用途管制，完善征地程序，提高土地的利用率。对小城镇要按规划的合理扩大之要求积极向低产地、坡地、山地和劣质地发展。

行政管理制度创新，为适应城镇化的要求，创新行政管理体制。按照“小机构、大服务、政企分开、政事分开”的原则，建立服务型、责任型政府和高效廉洁的管理体制。切实转变政府职能，从具体管产业，管经济向搞好规划和调控，切实做好公共社会服务转变。

社会保险制度创新，由于“离土不离乡”的城镇化转移模式，一部分在城镇经商务工的农民，他们不轻易让出责任田和宅基地，担心失去退路。这种模式不是长远之计。解决的办法是要建立城镇社会保障机制，逐步推进养老、失业、医疗保障体制改革和创新，发展保险事业，引导和促进城镇居民的社会保障工作，实现社会保障的现代化管理并不断增加社会保障的覆盖面。

参考资料

1．仇保兴著.中国城镇化　机遇与挑战.北京：中国机械工业出版社，2005.

2．罗来武、汪德和等著.构建和谐社会　统筹江西城乡经济社会发展.北京：经济科学出版社，2005.

3．盛世豪、郑燕伟著.“浙江现象”　产业集群与区域经济发展.北京：清华大学出版社，2005.

4．中国城市科学研究会.城市发展研究（双月刊），2004（06）.

5．徐康宁著.文明与繁荣——中外城市经济发展环境比较研究.南京：东南大学出版社，2003.

6．李树琮著.中国城市化与小城镇发展.北京：中国财政经济出版社，2002.

7．姜建成著.家园城市.北京：中国计划出版社，2005.

8．金勇兴著.聚集与扩散——温州建制镇城市化研究.北京：社会科学文献出版社，2002.

课题组组长：

李锡海　河北省新乐市市长

课题组成员：

李锡海　河北省新乐市市长
闫　石　辽宁省新民市市长
金相镇　吉林省珲春市市长
卓晓静　安徽省桐城市市长
朱庆安　山东省邹城市市长
孙希刚　河南省舞钢市副市长
孙建科　湖南省浏阳市副市长
张德铜　海南省文昌市市长
许金刚　重庆市江津市市委常委、副市长
朱兴友　云南省宣威市市长

执笔人：

张德铜　海南省文昌市市长

研讨助理：

郑渝平　全国市长培训中心城市发展研究所副所长

实践篇

华北地区

《怀柔新城规划》解读

北京市怀柔区副区长 祝自河

（2009年5月）

科学发展观是十七大精神的灵魂，是关于发展的本质、目的、内涵和要求的总体看法和根本观点。有什么样的发展观，就会有什么样的发展道路、发展模式和发展战略，就会对发展的实践产生根本性、全局性的重大影响。

按照北京市委、市政府的统一部署，在落实国务院对《北京城市总体规划》批复的基础上，我区开展了《怀柔新城规划（2005—2020年）》（以下简称《怀柔新城规划》）的编制工作。在新城规划编制的过程中，自始至终以“科学发展观”作为规划编制的主线。

一、编制工作的指导思想和工作方式

此次编制工作的指导思想是：落实北京城市总体规划和区县功能定位，科学制定新城发展目标。科学分析资源环境承载能力，严格控制发展规模。高效集约配置城市发展资源，统筹协调城乡发展布局。促进经济社会环境协调发展，提高建设和谐社会能力。按照“五个统筹”的要求，统筹考虑区域、城乡、人口、资源、环境，注重人与自然、经济与社会的和谐发展，提高人居环境质量；按照“四节”的发展方针，形成集约型的发展模式，建设资源节约型社会，实现可持续发展；突出地方特色，展现城市魅力。

《怀柔新城规划》以“政府组织、专家领衔、部门合作、公众参与、科学决策、依法办事”的工作组织方式，以创新、整合、提高、细化为手段，落实新定位，深入分析怀柔新城发展的重要条件，特别是在明确资源环境承载能力的基础上，科学制定城市性质、目标和发展规模，高效集约配置城市发展资源，合理规划城乡发展布局，并与“十一五”规划和土地利用规划相协调，为保障怀柔新城可持续发展奠定基础。

本次规划，我区成立了由区长任组长的编制工作领导小组，并由北京市规划设计研究院承担了规划编制的具体工作。清华大学建筑学院安地建筑设计公司、北京二十一世纪城市生态研究院、南京大学城市科学研究中心等十余家研究机构参与了8项专题研究，同时委托权威的专业公司开展了发展需求专项调查与研究。强调公众积极参与，在规划编制过程中，广泛征求区属各单位、乡镇、人大代表、政协委员和离退休老干部以及社会各界意见，并与市属有关委办局进行了沟通，征求意见。

二、怀柔新城规划的主要内容

（一）《怀柔新城规划》的基本框架

《怀柔新城规划》共分为四部分、十三章。

《怀柔新城规划》的规划年限：2005—2020年。规划范围为怀柔区的行政辖区，总面积为2122.6平方公里，规划到2020年怀柔区总人口控制在49万人以内（2005年现状人口35.14万人，其中户籍人口27.37万人，暂住人口5.27万人）；怀柔新城的规划范围约为161.5平方公里，其中新城集中城市建设区的规划建设用地约为40平方公里（2005年现状19.5平方公里），2020年怀柔新城的非农业人口（包括城市户籍人口、居住半年以上流动人口）控制在35万人以内（2005年现状人口161891人、非农业人口94838人，暂住人口5.2万人）。区域及新城规划人口符合《东部发展带协调规划》确定的人口规模。

本次规划中所指的新城地区主要包括了怀柔行政辖区范围内的平原部分，规划面积约为249.4平方公里，怀柔新城地区的城市建设布局由“一城、两镇、一区”构成，城市建设用地主要为怀柔新城、怀北镇和桥梓镇的镇中心区、红螺山—雁栖湖市级风景旅游度假区。

区域城镇基本结构为：新城、重点镇、一般镇；结合现有乡镇所处的区位条件、自然资源条件、人文环境特征以及发展基础，怀柔区的城镇空间布局分为三个特征区域：北部山区生态型小城镇；中西部生态防护、旅游型小城镇和南部新城地区。

本次规划的重点为怀柔新城，其布局结构为分散组团式（两城区+两组团）。中心区（空间上主要包括原县城和核心区两个城市建设分区）、东部新区（空间上主要包括北房和杨宋两个城市建设分区）、雁栖组团和庙城组团。

（二）《怀柔新城规划》的主要特点

怀柔作为生态涵养发展区承担着双重任务：保证首都生态涵养、促进城乡统筹发展。依据《北京城市总体规划（2004—2020年）》，怀柔新城是京承生态经济走廊上的重要城市，是首都会议旅游休闲胜地；是怀柔区的政治、经济、文化中心。

一是与《北京市总体规划（2004—2020年）》的落实工作密切衔接，科学合理地确定发展目标。综合分析怀柔的自然生态环境、生态承载能力、旅游资源以及区位环境、交通便捷程度、经济发展水平等要素，南部平原已成为承担全区经济发展、人口集聚的主要区域，具有发展会议旅游休闲产业的良好基础；中科院研究生院的即将来怀以及中影数字影视基地的建设为科技研发、影视文化专业技术服务的集聚发展创造了良好的条件。

根据《北京市总体规划（2004—2020年）》确定的功能定位及市委、市政府对怀柔的要求，综合怀柔新城发展的重要条件分析，怀柔新城的发展目标是：生态休闲旅游胜地；研发创意产业新区；怀山柔水宜居名城。进一步巩固区域生态环境的核心优势，重点发展会议、休闲产业，建设首都坚实的生态屏障和市民休憩的怡人胜地。建设以高新技术和现代服务业为核心的生态友好型产业新区，重点加强对科技研发、影视文化创意等新兴产业的培育。弘扬“怀山柔水、拥胜揽翠、宜居怡游、活力创新”的鲜明城市特色，把怀柔新城建设成为经济发展、社会和谐、生态良好的宜居名城。

二是立足于资源环境，科学地确定城镇布局体系，合理确定产业布局体系，实现区域统筹发展。根据《北京城市总体规划（2004—2020年）》，在科学分析与评价区域生态承载力的基础上，从怀柔区现状产业结构和特征分析入手，提出区域的经济发展策略：发挥比较优势，促进区域三次产业布局的联动发展。优化第一产业，突出特色生态农业，构建绿色生态产业链。提升第二产业，发展以高新技术为核心的生态型现代都市产业基地。大力发展第三产业，构建以旅游休闲产业为龙头，影视文化创意、科技研发为动力的现代服务业。强化“三环五区”的旅游产业格局，加强旅游业与第一、第二产业的联系，形成围绕休闲旅游为主导的产业链。

充分依托生态环境优势，建立怀柔新城的生态循环型经济体系，积极培育具有高附加值的主导优势产业。重点发展以旅游休闲、会议培训、康体健身为主导的消费型服务业。积极发展以影视文化创意、科技研发为动力、以生态环境优势为依托的高端生产型服务业。中心区—区域公共服务中心；东部新区—影视文化创意基地；庙城组团—市级专业物流区；雁栖组团—生态型都市产业基地；红螺山雁栖湖旅游区—高品质旅游度假区；怀北镇—科技研发新区；桥梓镇—产业发展拓展区。

以生态适宜性分析为基础，进行山区生态分区，保障生态系统的高效稳定与涵养再生，生产和生活区成为嵌入自然系统的人居板块。规划将区域划分为：中山原始森林自然生态区、低山谷地水源涵养林与绿色农牧生态综合产业区、中山生态防护林自然生态区、山前旅游与绿色干鲜果品生态产业区、南部平原综合农业生态产业区和经济建设中心地区。

以科学发展观和城乡统筹发展为原则，构建与自然环境和谐共生的城镇布局。结合现有乡镇所处的区位、自然资源及人文环境特征等，城镇空间布局分为三个特征区域：北部山区生态型小城镇；中西部生态防护、旅游型小城镇和南部新城地区。采取与生态建设相结合的城乡发展策略，北部山区生态型小城镇地处深山区，承担着保持水土、涵养水源、减少风沙的重要作用。中西部生态防护、旅游型小城镇位于长城以南浅山地区，旅游资源丰富，是历史人文及自然景观的集聚区。发挥优势，重点发展旅游业，提高旅游项目的文化内涵，建设高品质的旅游风景区；大力发展生态农业以及特色养殖业，强化果品生产优势，建设农副产品生产及加工基地。南部平原地区的新城、红螺山—雁栖湖旅游区与两个重点镇（怀北和桥梓）从空间布局上形成以“新城”为核心、以“两镇”为双翼、以“景区”为引擎联动发展格局。成为优势互补的城镇群。

形成以交通干道为生长轴的城乡结构，构建新城、重点镇、一般镇的结构体系。采取与生态建设相结合的城乡发展策略，构建连续开放的绿化系统、组团式空间格局，形成新城地区重要生态及景观构架。建立城乡统筹的发展机制，逐步改变城乡“二元”结构，形成新城、重点镇、一般镇、中心村联动发展的良性循环。以建设社会主义新农村为目标，按照“保护村落风貌，整治生态环境，改善生活条件，促进旅游发展”的思路，充分尊重农民意愿，积极稳妥进行新农村建设。增强基层村的生态维护职能，对于山区生存及发展条件恶劣的村庄，积极稳妥地开展搬迁安置。鼓励发展民俗旅游业或者绿色农林业，采取适宜的旧村改造方式实现持续发展。利用科学技术手段和适宜的材料及建造方法，推进生态村落建设。促进中心村的基础设施配套建设和社会事业的发展，突出对周边基层村的服务辐射职能，吸引周边基层村村民逐步向中心村聚集，实现土地、资源集约发展。

三是以科学发展观为指导，突出生态环境建设，加强控制与引导，注重人口资源环境的协调，统筹经济社会协调发展。根据怀柔区“生态涵养发展区”的功能定位，怀柔区承担着改善首都大气环境质量，保护、供应、涵养北京饮用水水源的重要任务。坚持生态保育、生态恢复与生态建设并重的原则，保护自然山水格局，保护饮用水水源、改善空气质量。到2020年，全区林木覆盖率将达到80%。全区空气质量达到一级标准，特殊区域保持一级标准；所有水源区水质达到国家二级以上标准，农业污染得到全面控制，环境噪声符合相应国家标准，并建立起完善的生态环境监测网络和保护管理系统。

以节能、节水、节材、节地以及资源综合利用为重点，大力发展循环经济。按照减量化、资源化、无害化的原则，利用高新技术、先进节能降耗技术、清洁生产技术，带动对传统产业的改造和提升，重点培育科技含量高、经济效益好、资源消耗低、生态友好型产业。

按照“十分珍惜、合理利用土地、切实保护耕地”的原则，加强土地整理和保护。北部山区：加强荒山、荒坡治理，控制水土流失。中部浅山地区：加强绿化建设和生态恢复工作。南部平原地区：以生态环境保护与建设为前提，集约、高效发展，严格控制建设用地规模，合理安排功能布局，形成生态循环型经济体系。

加强水资源的保护。农业实行节水灌溉，工业水重复利用率96%，万元GDP耗水降到50方以下。加强对生活和工业废水进行深度处理及资源化利用。对现有河道进行全方位的综合治理，畅通河道，增加蓄水，确保水源安全。积极建设雨洪利用工程积蓄雨洪资源。加强地下水源的保护工作。推进节水的社会化管理，建立政府与社会连动的节水管理机制。

提高能源利用效率，开源节流并举，节能降耗并重。创建多元化的能源供应体系，确保能源供应安全。新建建筑实施节能新标准，对老建筑进行节能改造。积极发展新能源。

规划从建设规模、人均占有绿地面积、人均绿量值、水资源承载能力对区域生态承载力进行了分析，全区的人口容量有从48万~54万人动态调节的空间。另外，从区域功能定位、现状人口结构、产业发展与劳动就业等几个方面研究了怀柔适宜的人口规模：到2020年怀柔区总人口将控制在49万人，城市人口40万人，农村人口9万人左右，其中：新城人口为35万人。2020年全区人口规模分布：平原地区41.5万人（城市人口约38.5万人，农村人口3万人）；西、北部山区7.5万人（城市人口约1.5万人，农村人口6万人）。在人口结构方面，注重优化人口结构与素质，实施与经济发展相配套的人才引进政策，紧紧抓住首都人口向郊区转移的机遇，优化人口机械增长结构，加强高知识、高技能人才的引进和培养；加强对农村劳动力转移就业的技能培训；同时加强对流动人口的服务和管理。

集约发展、控制建设用地规模。根据人口规模和环境承载能力，规划新城建设用地规模控制在40平方公里以内，规划人均建设用地指标为114平方米。中心区16万人，14平方公里；东部新区10.5万人，10平方公里；雁栖组团5.5万人，13平方公里；庙城组团3万人，3平方公里。

完善城市公共服务体系。重视社会事业发展，适应宜居城市的发展目标。加强新城级文化馆、博物馆、影剧院等设施建设，配套和完善镇、村级图书馆（室）、文化站。全区规划综合医疗中心3个（1个改扩建、2个新建）。新城规划社区卫生服务中心13个。规划建设新城级体育中心1个。地区体育中心4个。重视科技事业的发展，积极吸纳市区外迁科研机构和大学，发展高等教育，带动科技发展。加强职业教育建设，提高人力资源素质。加快基础教育建设，普及巩固九年义务教育。加强区内文物保护工作，充分发挥怀柔区的历史文化资源优势，提高旅游产业的文化内涵。

建立以人为本、覆盖城乡的社会保障体系，推动社会和谐发展。养老服务机构：以社区服务为重点，主要在人口聚居区设置老年公寓、养老院、护理院、日间照料室等多种类型的服务机构，2020年将实现百名老人拥有2张床位数的目标。儿童福利机构：兴办主体多元化的儿童福利机构。救助管理设施：坚持“设施完善、方便救助、规范标准、自主建站”的原则，在新城设立1个救助管理（咨询）站，床位总数不低于20张，受助人员人均居住面积保证2~3平方米。残疾人事业：不断提高残疾人的生活质量和社会保障水平，加强无障碍设施建设，逐步完成重点景区、公共场所、服务窗口的无障碍改造任务。

在城市基础设施建设上，坚持以人为本、适度超前、优先发展的原则，与城市空间布局、土地利用相协调，建设以地面公共交通为主体的一体化公共交通系统，全面提升公共交通服务水平，改善出行环境。规划建设市郊铁路6号线和大容量快速公交（BRT）。加强服务于新城内部的客运系统建设。加强区域间的快速交通联系；强化与山区及景区的交通网络建设，促进城乡统筹，推动旅游产业发展。全区规划公路网总里程约为1025公里，公路网密度约为48.2公里/百平方公里。由国、市道系统构成的干线公路网总长度约为271公里。

建设生态化的市政基础设施。全面建设先进的节水型城市，加强水资源的循环利用，增加地下水补给量；加强水资源综合利用；提高新城供水保障。加强对重要输电、输气线路等能源输送走廊的规划控制，保证能源供应。按照开源节流并重的原则，完善城市燃气供应系统，新建1.6兆帕高压天然气管线。采暖用能鼓励采用清洁能源，实施节能标准，降低供热能源消耗；建设清洁卫生城市，生活垃圾处理要向减量化、资源化、无害化和产业化发展。

加快建立和健全现代化城市综合防灾减灾体系，提高城市整体防灾抗毁和救助能力，确保城市安全。强调景观视廊与自然山形水系以及重要城市标志空间的有机联系，营造城市特色风貌。

四是加强政策的保障，确保规划实施。以科学发展观为指导思想，以北京市城市功能布局调整为契机，构建区域稳健、和谐、可持续的产业支撑体系，按照“五个统筹”的原则，协调好怀柔新城规划与土地利用规划、“十一五”规划及相关专项规划的关系，抓好各项规划的落实工作。同时加快制定各项配套政策，重点支持城镇发展与生态保护的协调统筹。制定、完善、落实各项措施，逐步提升怀柔新城的核心竞争力。通过高标准建设功能布局合理、设施完善便捷、资源节约利用、特色鲜明的重点示范区，带动新城全面启动建设，促进新城空间布局和发展框架的形成。

落实生态涵养发展区的环境综合整治指标，提高区域生态环境整体功能。提高生态涵养能力。规划到2010年全区林木覆盖率达到77%，城区绿化覆盖率达到50%。加强小流域治理和防洪整治。建设清洁型小流域25条，使全区水土流失治理率达到90%以上。加快平原河网恢复建设，重点对区域内主要河道进行防洪整治及生态治理，治理总长度150公里，建设生态湿地300公顷。建设和完善区域污水处理设施。全区污水处理率提高到65%，污水资源化利用率提高到55%。提升区域大气环境质量。加快改善能源结构。大力发展清洁燃煤集中供热，有效削减燃煤污染。加快生活垃圾综合治理。全区城市和平原镇乡垃圾无害化处理率达到100%。切实加强水资源管理。全区农田节水灌溉率达到90%以上，工业用水重复利用率达到40%以上。

重点加强红螺山—雁栖湖市级风景旅游度假区建设。筹备、启动核心区的医疗、体育、文化中心等大型项目，建设怀河沿岸时尚创意文化基地、中影数字影视基地。启动中科院研究生院的建设。以雁栖工业开发区为载体，培育高新技术研发及成果转化基地建设。

新城地区近期建设重点。综合整治怀河、雁栖河、沙河，改善新城的水环境。新建万全至顺义500千伏输电线路（怀柔段）、顺义至顺义新城220千伏输电线路。结合环六环路天然气管线建设，加快建设顺怀密支线和1.6兆帕高中压调压站。扩建雁栖工业区水厂，新建庙城水厂。新建雁栖工业区（或北房）、杨宋110千伏变电站共两座。进行锅炉房天然气替煤改造工程，建设规模适度的清洁煤集中锅炉房。

加快怀柔新城地区的交通、市政基础配套设施的建设，提高建设标准与水平，为新城高效、安全发展提供有力保障。加快形成新城的路网主要骨架，加强新城各建设分区之间的交通联系，保证新城重点功能区域和重点项目的启动。

落实公共交通优先政策，加快公共交通系统建设步伐，通过大容量快速公交、新城公交线网以及公交场站建设，初步构建一体化的公共交通系统。依托京承高速公路，全面启动大容量公交线路，并完成怀柔南公交换乘枢纽（P+R）建设。为加强怀柔新城各个建设分区之间的便捷联系，在新城范围内初步建立联系各建设分区的公交线网。

以新城的控规的研究、编制为先导，扎实做好起步区内的生态环境治理、公共服务配套设施和市政交通条件的改善工作。结合城中村的改造工作，解决好农民的拆迁、安置问题，为怀柔新城建设的正式启动打好基础，稳步推动新城地区的开发建设。

加快制定各项配套政策，保证新城发展与区域生态保护的协调关系。制定、完善、落实各项措施，逐步提升怀柔新城的核心竞争力。产业发展要坚持集约、高效的原则，逐步建立科学合理的准入制度。新城土地开发确立“政府主导、企业主体、市场化运作”的开发模式。按照年度土地供应计划，统一制订土地一级开发计划。增强品牌意识，以品牌战略实现怀柔产业结构与市场的对接。加大“引智”力度，促进科技创新，以灵活多样的科技和人才引进方式为经济结构调整提供强有力的杠杆。

积极推进资源节约型与环境友好型城市建设

河北省邢台市市委常委、常务副市长 戴占银
（2009年5月）

党的十六届五中全会明确提出了建设资源节约型、环境友好型社会的发展目标，并写入了国家“十一五”规划，将“建设资源节约型、环境友好型社会”作为基本国策，提到前所未有的高度。十七大报告又再次强调，加强能源资源节约和生态环境保护，必须把建设资源节约型、环境友好型社会放在工业化、现代化发展战略的突出位置。21世纪是城市的世纪，美国经济学家、诺贝尔经济学奖获得者斯蒂格列茨把中国的城市化和美国的高科技并列为影响21世纪人类发展进程的两大关键因素。但是，城市化的快速发展在给社会带来巨大经济效益的同时，也造成了一些负面影响，即通常所说的“城市病”。“城市病”为城市的可持续发展蒙上了浓重的阴影，因此，推进资源节约型与环境友好型城市建设成为我们克服城市病、实现又好又快发展的有效途径。

一、资源节约型和环境友好型城市的内涵及联系

资源节约型城市，是指以能源资源高效利用的方式进行生产、以节约的方式进行消费为根本特性的城市。它不仅体现了经济增长方式的转变，更是一种新的社会发展模式，它要求在生产、流通、消费的各个领域，在经济社会发展的各个方面，以节约使用能源资源和提高能源资源利用效率为核心，以节能、节水、节材、节地、资源综合利用为重点，以尽可能小的资源消耗，获得尽可能大的经济和社会效益，从而保障经济社会的可持续发展。

环境友好型城市，是人与自然和谐发展的城市，通过人与自然的和谐来促进人与人、人与社会的和谐。它是一种以人与自然和谐相处为目标，以环境承载能力为基础，以遵循自然规律为核心，以绿色科技为支撑，坚持保护优先、开发有序，合

理进行功能区划分，倡导环境文化和生态文明，追求经济、社会、环境协调发展的社会体系。

资源节约型是环境友好型城市的重要组成部分，资源“节约”做好了，才能为实现环境“友好”创造条件。因此，大力发展循环经济，建设生态城市，既可实现资源节约和再利用，又可实现环境友好。

二、推进资源节约型与环境友好型城市建设应遵循的原则

（一）全面规划，周密设计

城市规划是一个巨大的系统工程，规划的浪费是最大的浪费。建设资源节约型与环境友好型城市必须有科学而全面的包括经济、社会、生态的总体发展规划、宏观战略安排和城市定位。它要体现经济与自然的协调配合，体现人与自然的和谐、人与社会文化的融合、人的本性的全面发展。城市规划必须遵循的一个重要思想是，人类必须在城市环境系统总体平衡所允许的范围内，更新现有城市和建设新的城市。

（二）调整城市产业结构与布局

产业发展是城市发展的一个重要问题，它关系到城市定位和城市整体发展目标。应该将控制与分散结合起来，严格限制严重污染的工业产业在市区内发展，只允许发展低物耗、低能耗、无污染或少污染的高技术产业和轻型、小型产业。尽可能将大量的工业迁入园区。工厂拆迁让出的土地多用于增加绿地，改善居所和周围环境。在中心城市周围兴建一些技术密集型、服务型的卫星城。这些城市不再走单纯的生产基地的老路，而是将产、学、住有机地结合，形成“环境友好型城市”的模式。

（三）要贯彻节约的原则

建设资源节约型与环境友好型城市是统一的。节约是我们优秀的传统文化，我们不仅在资源、能源匮乏时要强调节约，物质丰富时也要强调节约。节约是效率的基础，也有利于技术创新、制度创新。建设节约型社会、节约型城市、节约型政府、节约型社区、节约型企业是当前的紧迫任务，也是长远利益所在，必须放在重要的位置。

三、邢台市的推进措施

邢台市位于河北省南部，资源条件优越，现已发展成为煤化工、冶金机械装备

制造、硅材料和旅游业为战略支撑产业的冀南中心城市。如何真正走上可持续发展道路，邢台市坚持以科学发展观为统领，构建新型工业体系，延伸资源循环利用产业链条，狠抓城市基础设施建设和环境综合整治，从转变政府职能，强化政府的主导作用等六项工作入手，加快推进资源节约型、环境友好型城市建设。

（一）转变政府职能，强化政府的主导作用

温家宝总理指出："中国要实现经济增长方式的转变，关键在于政府职能的转变"。必须加快推进以转变政府职能为主要内容的政府管理体制改革，努力建设责任政府、服务政府和法治政府。

1. 转变政府职能，促进资源节约型和环境友好型城市建设，前提在于政府要牢固树立和落实科学发展观，切实转变执政理念。在邢台市目前的发展阶段上，体制模式和增长模式正处在质变时期，单纯经济量的增长不能反映经济运行形势的好坏。在经济结构战略性调整时期，只要结构性矛盾能够向好的方向转化，即使GDP为零或负增长也是好形势，可以避免短期行为对资源环境造成的破坏。

2. 转变政府职能，促进资源节约型和环境友好型城市建设，基础在于文化。政府应该利用自身的优势，统筹规划、率先垂范、厉行节约、保护环境，不断培育资源节约和环境友好的文化氛围，把"节约资源"与"保护环境"并列为基本国策，将资源节约和保护环境的内容编入中小学教材，倡导全体公民自觉树立尊重自然和珍惜资源的价值和道德观，逐步形成节约资源和保护环境的生活方式和消费模式。通过典型示范，形成资源节约型、坏境友好型的城市公共服务与消费体系。通过教育、文学、艺术和科学技术等支持和协助，使环境友好、资源节约的理念成为全社会的共识和奉行的价值观。

3. 转变政府职能，促进资源节约型和环境友好型城市建设，动力在于改革。政府转型的目标是实现由管制向服务型政府转变，由单一的经济建设政府向公共治理政府转变。要实现这种历史新跨越，促进资源节约型和环境友好型城市建设，只能通过改革。

4. 转变政府职能，促进资源节约型和环境友好型城市建设，依托在于公众参与。这是贯彻科学发展观的基本要求，也是建设资源节约型和环境友好型城市的内容需求。在资源节约型和环境友好型城市建设中，公众既是责任人，更是受益者。转变政府职能建立现代政府即公共服务型政府的重要标志之一是公众参与，因为按照新公共管理理论，只有公众或公民也是纳税人广泛地参与政府公共管理活动，政府为其提供的公共服务才能符合需求、更加有效，政府有关资源环境的决策才能科

学化、民主化、低风险化，真正体现以民为本、主权在民。也就是说，推进资源节约型和环境好型城市建设要以人为本。

（二）大力推广新的经济发展模式

立足我市特色资源优势，从战略上构建资源从生产、流通、分配到消费各个环节相互关联、相互制约的有机节约整体。坚持开发节约并重、节约优先，按照减量化、再利用、资源化的原则，大力发展循环经济。大力推进节能、节水、节地、节材，加强资源综合利用，完善再生资源回收利用体系，全面推行清洁生产，形成低投入、低消耗、低排放和高效率的节约型增长方式转换经济发展的路径和模式，培育生态企业，鼓励、支持、督促企业改进产品设计和生产工艺，提高资源利用效率。严格招商引资准入门槛，对高能耗、高污染等不利于可持续发展的投资项目一律不予以引进。加大监督检查力度，对资源消耗、污染物排放、资源综合利用等情况予以重点检查，对检查中发现的问题要采取有效措施，督促企业和有关单位及时进行整改，尽快实现由高消耗、高污染的粗放型经济增长方式向资源节约型增长方式转变，实现经济增长的效率性、协调性、可持续性和循环性的统一。培育循环经济链，将建滔、中煤旭阳煤化工和邢钢线材深加工工业区作为发展循环经济的重要载体，通过不同企业的资源共享、废物再利用，努力实现资源利用最大化、废物排放最小化、循环利用多次化。逐步建立起资源节约型产业体系和消费体系，尽快形成重效益、节时、节能、节约原材料的工业体系，以及节地、节水、节能的农业体系。大力发展以“郭守敬故里、太行山最绿的地方”为诉求的旅游、文化等环境友好型产业，努力让生态农业、观光农业成为新的旅游经济增长点，切实走新型工业化道路，实现可持续发展。

（三）加大资源和环境保护力度

市政府出台并经市人大常委会讨论通过《邢台市生态环境保护规划》，以法规形式强化生态环境保护。我们要彻底摒弃以牺牲环境换取经济增长的做法，坚持走以环境优化经济道路。坚持预防为主、综合治理，强化从源头防治污染和保护生态，坚决改变先污染后治理、边治理边污染的状况。严格执行国家的产业政策，把排污总量指标作为新建项目审批把关的“总闸门”和前置条件，把环保第一审批权落到实处。依法淘汰落后工艺技术，关闭破坏资源、污染环境和不具备安全生产条件的企业，开发利用可再生能源。采取严格有力的措施，降低污染物排放总量，切实解决影响经济社会发展特别是严重危害人民健康的突出问题。改善重点流域、重点区域的环境质量，积极防治农村面源污染，特别要保护好饮用水水源。加强工业污染防治，加快燃煤电厂二氧化硫治理，重视控制温室气体排放，妥善处理生活垃圾和危险废物。进一步健全环境监管体制，提高环境监管能力，加大环保执法力度，实施排放总量控制、排放许可和环境影响评价制度。大力发展环保产业，建立社会化多元化环保投融资机制，运用经济手段推进污染治理市场化进程。强化对水源、土地、森林、草原、海洋等自然资源的生态保护。加强自然保护区、重要生态功能区的生态保护与管理，保护生物多样性，促进自然生态恢复。

（四）突出规划的蓝图作用科学布局

一是在城市规划上求突破。城市规划是城市建设和发展的蓝图，是建设和管理城市的基本依据。传统意义上的城市规划仅仅是空间的布局和平面的分区，建设环境友好型城市，必须坚持从规划入手，就一个区域的资源总量和环境状况，充分利用现有资源，将资源重新进行优化配置，以实现资源最大程度的节约，达到集约化的要求。二是在观念转变上求突破。树立新的政绩观，杜绝以牺牲环境为代价的“政绩工程”，重点项目都应经过环境影响评价，推进绿色GDP统计试算，建立资源与环境信息制度、环境利用补偿机制，坚持把环境目标纳入各级各部门的考核范畴，采取有效措施打击乱占耕地、非法采矿、滥伐森林、污染水源等各种破坏和浪费资源的现象。三是在城市景观打造上求突破。充分把握城市特色，不搞“千城一面”，突出自己的特色，同时充分挖掘各个城市的历史文化沉淀，做好历史文化遗产的保护和修复，增强城市的“厚重感”，使城市的自然、环境、人文紧密结合，形成自然美、生态美、协调美的城市景观。

（五）进一步深化城市环境综合整治

一是深化城市大气环境综合治理。要重点抓好市区周边10大企业的大气污染防治，2009年，邢台市区拆除集中供热区域内50台燃煤锅炉。空气质量二级及好于二级天数稳定在320天以上，并达到国家二级空气质量标准。二是优化能源结构。建成区内居民炊事、餐饮服务业炉灶以及机关和企事业单位炊事炉灶禁止燃用原煤，全部改用清洁燃料。三是加快城市环境基础设施建设。市区新增集中供热面积230万平方米，增加天然气汽车500辆，新建汽车加气站3座。提高太阳能建筑城建设标准，新建太阳能小区19个，太阳能村庄17个，新增太阳能建筑一体化应用面积80万平方米。四是加大工业密集区综合治理力度。对列入省政府27个大气工业密集区的邢东小板材加工区、沙河市玻璃工业区和柏乡造纸区实施“拆锅炉、拔烟囱”的蓝天碧水专项整治行动，大力推广集中供热和清洁能源使用，改善区域大气环境质量。2008年，邢台市被河北省政府评为节能减排双冠军。

（六）加强对节约资源的宣传教育

运用各种手段和舆论工具，加强对资源节约型、环境友好型社会的宣传教育，提高公众的资源意识、节约意识和环保意识。通过群众喜闻乐见的形式，把宣传重要意义和相关常识结合起来，引导人们尽可能减少垃圾排放，进行绿色消费，优先购买经过生态设计或通过环境标志认证的产品，以及经过清洁生产审计的企业产品，鼓励节约使用、反复使用或多次使用所购买的物品。并在宣传教育中发放介绍垃圾处理知识和再生利用常识的小册子，鼓励人们积极参与废旧资源回收和垃圾减量工作。加强对中小学生的宣传教育，做到以教育形式影响学生，以学生影响家长，以家长影响社会。市环保局和电视台联合开办《环保前线》栏目，常年进行环保宣传。

国家保增长、调结构、扩内需的大形势，为推进资源节约型与环境友好型城市建设提供了一个良好的机遇，我们要牢牢抓住这个机遇，千方百计解决好影响城市健康发展的环境与资源问题，让邢台的天更蓝，水更清，山更绿，实现人与自然的和谐相处。

以人为本 突出特色
规划建设塞外最宜居最宜发展城市

山西省朔州市市委常委、副市长 雷建国

（2010年3月）

朔州市是1989年建市的，全市辖两区四县，面积1.06万平方公里，总人口153万人。

建市以来，历届市委、市政府都十分重视城市规划工作，始终把城市规划作为城市建设的龙头，实施高效的城市规划管理，使城市各项建设基本纳入了规划的控制之下。近年来，我市确立了“建设塞外最宜居最宜发展城市”的城市定位，在城市规划的修编和实施中，以“不求最大，但求最美”为原则，追求人与自然的和谐共存，注重保护和弘扬城市文脉，在规划的指导下，大力进行城市基础设施建设和城市生态环境建设，努力建设精品工程，着力提高城市品位，积极创建最佳人居环境，走出了一条具有朔州特色的城市规划之路。总结这几年城市规划的修编、实施和管理，我市主要有以下几个特点：

一、领导重视，健全机构，强化规划管理

我市历任领导对规划工作都很重视，书记、市长亲自抓规划，经常召集专家开论证会，共商城市发展方略，特别是重要地段的大型建筑从立项、规划设计都进行专题研讨论证，认真总结城市规划工作的经验教训，逐步对城市的规划布局形成了一套完整的思路。2005年成立了市规划委员会，市长亲自担任市规划委员会主任，经常定期、不定期召开规划委员会会议，对城市规划工作进行研讨和论证，综合各方面意见，解决具体问题，特别是对城市重要节点周围原则上要留下足够的广场位置，对有碍城市景观的项目坚决不予以批准，做到宁缺毋滥，使许多城市规划建设

中的疑难问题得到了及时解决，有效地保证了城市规划和建设的顺利进行。

建市以来，我市没有专门设置规划局，城市规划工作由市建设局负责实施。在建设局内部设有规划科，负责规划审批，在城管监察大队设立规划监察中队，具体实施规划监察。随着城市建设的快速发展和建成区面积的不断扩大，根据省、市政府关于加强和改进城乡规划工作，“城市规划和管理要集中统一”的要求。2006年8月14日，市政府以朔政办发（2006）76号文批准成立朔州市规划局，明确了职能配置、内设机构和人员编制。市规划局是市政府主管全市城市规划的工作部门，承担全市城市规划的编制、报批及监管工作，负责市区规划区范围内的规划及管理工作等，理顺了与市经济技术开发区和朔城区的关系。市规划局于2006年8月25日正式揭牌开始办公，实现了城市规划、管理的集中统一。

多年来，为确保城市规划的顺利实施，我们以制度建设为重点，在规划实施过程中以制度管事、管人。我们根据《山西省实施〈中华人民共和国城市规划法〉办法》，结合朔州实际，制定了《朔州市实施〈中华人民共和国城市规划法〉细则》，建立了规划强制性内容制度、建设项目选址审查管理制度和规划许可制度等。同时，我们坚持依法行政，强化规划的长期性和强制性，确保规划的严肃性和权威性。尽管我局组建时间短，执法监察人员少，但我们对批准的各类建设项目进行严格的批后管理，从开工放线、验线、建设日常监管以及规划竣工验收等每个环节都派专人查验，严格按批准规划执行。对于“城中村”的违法违章建筑采取多管齐下，严密监控，起到了有效的遏制作用。

二、思路清晰，科学决策，高起点编制规划

建市初，我市就编制了《朔州市城市总体规划》，1990年经省政府批准实施。在规划的指导下，我们以城市道路为先导大力进行城市基础设施建设和住宅小区的综合开发，使城市粗具规模。在城市建设有了一定基础的情况下，如何更好地实施城市规划，走出一条符合朔州经济和社会发展规律的、具有一定特色的城市规划之路，历届市委、市政府进行了不懈的探索。市主要领导深刻认识到，在城市规划上容不得半点败笔，必须认真调研，科学决策。为了确保规划的科学性和预见性，我们多次开展大型城市规划调查研究，并几次走出去学习、取经。遇到重大决策，总是聘请专家进行咨询论证。1997年、1998年，市委主要领导带领有关部门领导先后到温州、无锡、张家港、中山、厦门、大连等在规划、建设和管理方面各有特色的先进城市学习、取经。近两年，又先后到上海、珠海、包头、郑州等地学习、考

察。每次考察都要结合朔州实际进行讨论，写出考察报告，提出建议措施。在城市规划需要做出进一步调整的时候，多次邀请北京、上海和省内的规划专家进行指导，专家们提出了许多建设性的意见，为我们科学决策提供了依据。今年，市规划委员会聘请省建设厅总规划师李锦生同志担任我市城乡规划工作的特别顾问，负责我市城乡规划建设方面的决策论证和技术支撑。通过不断的调查、研究、论证，逐步形成了一系列经实践证明符合朔州实际的城市规划建设思路，确立了“不求最大，但求最美”的城市建设原则，形成了“建设塞外最宜居最宜发展城市”的城市定位。

省政府1990年批准的我市城市总体规划，对城市道路骨架、城市形态、功能布局等作出了超前的规划，在当时的条件下，起点比较高。随着城市建设的发展，旧有规划越来越不适应形势的要求。从1998年开始，我们对城市总体规划进行了修编。修编工作于2003年9月完成，11月由省建设厅组织评审通过，同年12月经朔州市人大常委会审议通过，在上报建设部核定人口用地规模后，于2005年4月27日经省政府批准实施。在完成城市总体规划修编的同时，通过招投标，引进国内外先进的规划设计单位，加强配套专业规划和控制性详细规划的编制工作。近年来，编制完成了《朔州市经济技术开发区总体规划》、《朔州市中心区城市消防规划》、《朔州市商业网点规划》、《朔州市公共交通规划》、《城市旧区集中供热改造规划》《朔州市城市绿地系统规划》等专业规划。安泰街两侧、民福东街两侧及开发区4平方公里区域的控制性详细规划和修建性详细规划已编制完成，编制完成了旧城区改造规划和开发南路（鄯阳街至南垣街）两侧的控制性详细规划和大运公路8.9公里市区段两侧的控制性详细规划。目前，按照规划实施的效果已尽呈眼前。各县区的总体规划修编已全部完成。同时开始了县域城镇体系规划和小城镇规划编制工作。应县、怀仁县县域城镇体系规划已编制完成，通过了省建设厅组织的评审，市政府已经审查批准。

三、以人为本，创造特色，高标准建设城市

近年来，在城市规划的实施和修编过程中，通过反复实践和思考，我们不断强化以人为本的理念，努力把这一理念贯穿于城市规划、建设和管理的始终，并且在具体的实施中，注重保护城市文脉，营造朔州特有的城市特色和文化氛围，具体表现在以下几个方面：

（一）以城市绿化为重点，追求人与自然的和谐发展

我们努力把朔州建设成为一座开阔、绿色的城市，使市民在享受城市生活便利

的同时，能够感受和亲近大自然。在规划实施中，不仅规划了大量的绿地，而且加强规划控制，防止过度开发。每一个建设项目在办理“一书两证”手续时，都要对其应当绿化的面积和区域作出规定，城市的重要地段都要预留绿地，并且实行严格的控制，防止侵占绿地现象发生。越是在繁华地段，我们越是注意规划控制不能因短期利益驱动而改变，要求建筑物退后红线足够宽。如民福街和开发路交叉十字路口西北角市物产公司，原有商业用地要建高楼，由市领导做工作，通过土地置换保留建成一个小广场，收到了较好的效果。我们在城市上风向——西北方向规划建设了3条环城防护林带，包括平鲁区防护林带、大运路两侧环城防护林带和城西生态公园、城北万亩苗圃，筑起了三道绿色屏障，有效地净化了城市空气，减少了风沙危害。在市区大力抓好道路绿化、广场公园绿化、单位庭院和居民区绿化，每项工程都要建成精品工程。

（二）规划建设广场，为城市创造开阔的空间

开发路是城市的主轴，在这条路上就建有市文化活动中心广场、市府中心广场和体育广场等大型广场，我们努力把广场建成精品工程、绿化工程，延续和弘扬城市文脉，体现人文关怀，提升城市品位，创造朔州特色。特别是今年建成的人民公园广场，位于图书馆、博物馆、广电大楼、五星级宾馆四大公共建筑中心区域，是城市规划的亮点之一，为市民提供了休闲、娱乐、健身的场所，有效地避免了城市拥挤，给人一种舒心、开阔、大气的感觉，正是践行了“以人为本”的理念。

（三）突出特色，保护文脉，形成城市的人文环境

朔州有古老的历史，秦始皇派大将蒙恬北击匈奴，在朔州筑城养马，故史称朔州为马邑。北齐的城墙，金代的崇福寺至今保存完好，我们在挖掘文脉，突出城市特色方面，做了大量尝试。围绕崇福寺进行大规模的旧城改造和围绕北齐古城墙进行的古城墙公园建设是近年来我市城市规划实施的又一特色，从历史文化和特征的不同侧面，展示了朔州人文特色和文化品位。

（四）大力推进“三化”工作，不断提升人居环境

多年来，市委、市政府以建设北方生态园林城市为目标，坚持“景观绿化上品位，街道绿化上层次，庭院绿化上水平，公共绿化上规模”的城市绿化方针，先后投资数亿元，建成了七里河公园、市中心广场、工行小游园为代表的一大批公共园林绿化精品工程；形成以开发路、市府街、建设北路、州北街、民福街为代表的“一路一树、一区一景”园林景观路城市道路绿化模式；通过拆墙透绿，建成市

委、市政府、市委党校、市气象局、市一中、市二小、平朔煤炭工业公司生活区、滨河小区、民福小区、佳园小区、雅秀园、怡景园、马邑小区等“园林式”单位和居民区；先后建成以万亩苗圃、金沙森林公园、恢河公园为代表的城市生态建设工程。形成天蓝、水清、地绿、景美的城市生活大环境，至2008年年底，市中心区域绿地面积由建市初的55万平方米增加到1996万平方米，绿化覆盖率达到了43.3%，中心城区公共绿地面积161.1万平方米，人均公共绿地面积达到18.85平方米。

近年来，市区又大力实施了城市亮化工程。仅2008年，在民福东街、南垣街、二级路、鄯阳街及西延线、开发南路综合段、开发路绿地、体育广场、网通广场、物产广场、过街天桥、府南小区、民福小区改造安装路灯、景观灯3677具。通过对市区的道路、广场游园、街头绿地、桥梁、公共建筑等全面实施美化亮化，使市区的亮化效果有了很大提升，城市照明设施装置率达98%以上，亮灯率达98%以上。

多年来，我们十分注重城市的净化工作。对市区主要街道120万平方米的路面全部实行了机械化清扫，全天候保洁，生活垃圾基本做到了日产日清，城市主干道和各种公共场所及居民生活区都达到了干净整洁。同时积极开展了整洁街道广告牌匾进，取缔马路市场、查处违章建筑等市容市貌等活动，为市民创造了一个宜居环境。

（五）以生态园林建设为突破口，建设“两宜”城市

朔州未来整个中心区建设面积达158平方公里，可满足未来50年发展需求。七里河和恢河自西向东穿城而过，像两条舞动的蓝色彩带，让整个城市平添几分灵气。

城北，将依托洪涛山和引黄工程耿庄水库，建设山水园林风格的生态公园，成为整座城市上风向的天然氧吧，彻底改变当地冬春两季风大沙多的不利环境。

城东，建设有经济开发区并将在高速公路朔州支线两侧，长期保持现有的沃野千里、烟柳绿浓田园风光特色。

城南，将首先打通开发南路，建立恢河生态公园，与红旗牧场、麻家梁工业园区相连接；继而在带动当地、吸引外资共同开发的基础上，新建一个城市组团，让这里成为创造产值、提供就业、兼顾环保的新的动力源，充分体现现代能源工业城市特色。

城西，在西环路和西山之间，将逐步营造一道东西宽5公里、南北近100公里的防风林带和金沙生态园。它南起朔城区窑子头乡，北至山阴县境内，将为中心市区构建长期稳定的绿色屏障。

上述四个区域，与中心区既相对独立、自成一体，又紧密贯通、相互映衬，是四方辐射、匠心独运的一个整体。

我们相信，不久的将来，朔州将成为一座具有深厚传统文化底蕴的塞外新城，一座拥有雄厚现代能源基础的晋北名城，一座充满改革活力、开放魅力的宜居城市、发展城市。

加强城市规划、建设和管理
促进地区经济又好又快发展

内蒙古自治区阿尔山市市长　白国才

（2009年10月）

城市规划、建设和管理是一个城市发展的基础和首要任务，三者环环相扣、相辅相成。城市规划是城市发展的战略、建设城市的纲领、管理城市的依据；城市建设是为城市经济社会发展创造物质条件的过程，包括城市基础设施建设、完善城市功能和提高城市品位，等等；城市管理则是一项社会性系统工程，它包罗万象，关系到千家万户，大到人们的生存环境，小到人们的衣、食、住、行。尽管不同的地区、不同的城市，因其历史文化、地理区位、经济状况、人文环境的不同，从而衍生出不同的城市发展方向和风格定位，但从根本上讲城市规划、建设和管理的最终目标都是改善城市人民的生产生活环境，让百姓安居乐业、享受幸福。

作为内蒙古自治区重点打造的新兴旅游口岸城市，阿尔山尽管1996年刚刚建市，人口不足6万人，但依托良好的原生态自然资源，几年来随着旅游业的快速发展，城市建设和管理也取得了一定的成效。

一、只有坚持科学的城市发展定位，打造出的城市才会彰显个性、更具特色

城市的发展定位是城市规划的基础，也是城市建设发展的基本导向。阿尔山市地处大兴安岭林区，辖天池、五岔沟、白狼三个镇，温泉、林海、新城三个街道，行政辖区内驻有阿尔山、白狼、五岔沟三大国有林业局，全市90%的居民为林业人口，7408平方公里辖区面积的64%被森林所覆盖。阿尔山市是全国优秀旅游城市，拥有两个国家级森林公园，一个国家级地质公园，阿尔山原生态旅游资源丰富而独

特，集原始性、自然性、神奇性和多样性于一身，堪称林瀚、草丰、石绝、池奇、泉神、湖秀、雪美、水碧。因其是以旅游业为主导产业的城市，在城市建设中必须体现出旅游服务的功能，而林业职工几代人长年在这里生产、生活、繁衍生息，他们更加崇尚的是自然、宁静与和谐，所以我市把城市风格定位为北欧式风情小镇，一座宜居宜旅的山水园林城市。

在温泉街，主要采取依林而建的方式，尽可能保留原生态的自然景观，减少人工雕琢的成分，总体上把建筑的体量控制在7层以下，适当扩大城市绿地和广场面积，大力实施楼宇亮化、美化工程，建设河滨公园，穿城而过的阿尔善河给城市增添了更多的灵气，阿尔山这样城在林中、人在景中、城市与自然交相辉映、浑然一体的景象深得百姓和旅客的喜爱和赞同。

在伊尔施地区（天池镇、林海街、新城街所在地），因其是全市主要的人口聚集区，阿尔山林业局所在地，同时承接机场和口岸的辐射带动作用，我市将这一区域规划设计为未来阿尔山市的行政、文化中心。在城市建设上，党政机关、企事业单位及教育、医疗园区都将向这里会聚，除逐步完善所有的城市功能外，重点还要考虑林业人生产、生活实际，充分利用林区棚户区改造这一契机，使林业职工逐步告别破旧的“板夹泥”房，迁进新居，同时还要规划建设各类种植、养殖园区和服务于旅游的相关产业，为他们充分就业提供有效的产业支撑。

在白狼、五岔沟镇，以打造林俗体验区为主，城市建设充满林俗元素，追求的是简洁大方、精致典雅，使人能够清晰地感受到几十年来森林小城发展的历史文脉。

城市是人民的城市，居民是城市的主人，只有赢得了广大人民群众的广泛认同和大力支持，所做的一切才有意义。十几年的建设实践证明，阿尔山这座祖国北疆的林海新城的确能给人带来清新、别致、舒适、和谐的感觉，作为国家优秀旅游城市、内蒙古自治区八星级文明城市的阿尔山也越来越多地被国内外游人所青睐和向往。

二、只有坚持理性的城市建设方针，打造出的城市才会功能完备、更具品位

城市建设必须为城市发展的战略目标服务。只有制定理性的、切合实际的城市发展战略目标，才能使城市沿着健康的轨道快速发展。当前，阿尔山市拥有加快城市建设的良好机遇。国家实施西部大开发、振兴东北老工业基地、扶持老少边穷地区等战略，以及被列为国家第二批资源枯竭型城市，这些都为阿尔山城市发展提供

了有力的政策保障；内蒙古自治区、兴安盟重点扶持阿尔山旅游业发展，把阿尔山作为全区旅游业发展的龙头和亮点来培育，也为阿尔山市的城市建设提供了良好的外部环境。在建设中，始终把做精、做强、做优城市作为发展战略目标，按照精品开发思路，在总体规划下合理安排建设布局，总体控制建设风格，使每一个建筑都是一处景点、一处精品，做精城市；以加快发展旅游服务业、绿色产品加工业、口岸物流业等产业为支撑，促进城市经济持续快速发展，做强城市；依托丰富的旅游资源和独特的森林、草原、温泉、冰雪和火山文化，不断优化城市内外环境，全力打造健康元素最多的城市品牌，做优城市。二是充分发挥基础设施建设引领城市发展的关键性、先导性作用，巩固和提升城市的中心地位。积极争取上级支持，广辟筹资渠道，逐步破解制约城市建设发展的“瓶预”问题。围绕加强“一个重点”，突出“两个特色”，全面推进城市建设工程。加强“一个重点”就是加强基础设施建设改造这一重点。坚持把改善人居环境、完善城市基础设施功能、增强城市可持续发展能力的市政公用基础设施作为建设的重点。加快伊尔施旧城区改造步伐，全面启动棚户区、廉租房、经济适用房建设工程和供热、给排水、污水处理、垃圾处理工程，城市基础设施逐步完善；加强城市交通建设，目前温泉街三纵三横路网结构、口岸公路、机场路、伊尔施—天池景区公路、省道S203公路、阿尔山—锡林浩特公路均已建成通车，乌兰浩特—阿尔山一级公路、伊尔施—伊敏铁路年内也将竣工，阿尔山机场明年将建成通航。四通八达的交通环境极大地带动了城市的快速发展。突出“两个特色”，一是突出旅游城市特色。全面实施河滨公园、城南公园、中心广场建设工程，加快星级宾馆、酒吧街等建设，目的就是为了增强旅游城市的服务功能，为丰富游客吃、住、购、娱创造条件；二是突出生态人居城市特色。以加强生态保护、植树造林、园林绿化为切入点，以开展“整脏治乱”活动为契机，全面开展城市绿化、美化、净化、亮化工作，为居民和游客营造出了良好的城市人居环境。正是理性的制定城市建设方针，牢牢抓住政策机遇，千方百计的赢得上级帮助和支持，阿尔山才会在林区小镇的基础上建成今天这样一座初具规模的新城。

三、只有坚持规范的城市管理体制，打造出的城市才会更加和谐、更具魅力

城市管理是城市建设的保证。随着城市建设的不断推进，加大城市管理力度，提高城市管理效能，既是巩固维护城市建设成果的需要，也是城市高效运行的客观要求。阿尔山作为旅游城市，每年接待国内外游客达50万人次，城市环境给游客留

下印象的好坏，将直接决定着地区发展的成败。为此，我市从理顺城市管理执法体制入手，科学合理地调整执法机构设置，从体制上首先形成行政处罚职能相对集中、执法机构相对独立、权力主体相互制约的格局。同时，全面启动全民素质提升工程，把加强城市管理与提高市民素质有机地结合起来，以科学的城市管理促进市民综合素质的不断提高，以高素质的市民来推动城市管理工作的不断进步，建立疏堵结合、以疏为主，教育惩戒结合、以教育为主的长效管理机制。要寓人性化于管理之中，寓亲和力于服务之中，变“以管为本”为“以人为本”。通过有效的管理，在阿尔山的街道上，没有乱停放和摆摊设点的现象，景区及街面也几乎没有乱丢垃圾的行为，宾馆、餐馆卫生环境良好，许多来阿尔山旅游的人都对城市干净整洁的面貌赞不绝口。

四、只有坚持正确的城市经营理念，打造出的城市才会持续发展、更具潜力

做好城市经营是推进城市建设和发展的有效途径。城市也可类比为一个经济实体，不仅需要很好地管理，更需要正确地经营，向经营要效益。目前，阿尔山旅游业尚处初级发展阶段，旅游业对经济的贡献率还不是很高。城市要发展建设，必须走经营城市之路。为此在经营城市过程中，一是从强化城市经营的理念入手，不断盘活城市存量资产，以存量换增量。特别是强化对土地一级市场的管理，通过市场竞争，有偿转让土地和部分设施的使用权。加大对城市土地资源的宏观调控，政府对土地使用要严格实行统一规划、统一储备、统一开发、统一管理。二是建立城市建设多元化投融资体制，积极与实力雄厚的投资担保中心合作，发挥城投体制作用，构建新的投融资平台。三是围绕旅游城市发展目标，不断开发服务于旅游发展的产业，在满足游客“吃、住、行、购、娱”上下工夫。先后启动一批如星级宾馆、民俗饭店、酒吧街、河滨公园、中心广场、别墅区等建设项目，机场、铁路、公路等交通基础设施建设也相继完工投入使用，城市功能进一步得到完善。通过不断地经营城市，旅游知名度和吸引力不断增强，城镇居民的生活水平有了明显提高，政府城市建设资金短缺问题有所缓解，城市发展也走上了良性循环的轨道。

东北地区

阜新市“三位一体”发展规划

辽宁省阜新市副市长 海淑兰

（2009年5月）

第一部分　阜新概况

阜新1940年建市，市名源于“物阜民丰，焕然一新”之意。位于辽宁省西北部，地处东经121° 01′ ~122° 56′ 、北纬41° 41′ ~42° 56′ 。东邻省会，距沈阳直线距离147.5公里；南邻锦州港，与大连港南北相望；西与朝阳、京津地区襟衣相连；北靠内蒙古自治区，是环渤海经济区的组成部分之一，是沈阳经济区的重要成员。

全市总面积10355平方公里，其中城市规划区面积674.02平方公里，建成区面积53平方公里。下辖两县五区，即阜新蒙古族自治县、彰武县和海州区、细河区、太平区、新邱区、清河门区。此外，还有省级经济开发区和高新技术产业园区。全市总人口193万，其中城市人口78万。全市有30个少数民族，共30.5万人，占总人口的15.8%，其中蒙古族人口22万，占总人口的11%。

阜新具有悠久的历史文化。境内的查海古人类遗址，距今已有7600年以上的历史，著名考古学家苏秉琦先生因此将阜新誉为“玉龙故乡，文明发端”。在辽代，阜新是契丹民族的主要活动区域，近年来发现了多处辽代契丹贵族的墓葬。位于阜新蒙古族自治县境内的懿州古城，是武当宗师张三丰的出生地。在清朝，阜新是藏传佛教的东方传播中心，境内的瑞应寺现有国务院册封的七世活佛，海棠山上至今还保留着267尊藏传佛教摩崖造像。

阜新农业资源和矿产资源比较丰富。现有耕地564万亩，农村人均占有耕地5.6亩，居全省第一位，是全国人均耕地的4倍。所辖两县均是全国和辽宁省的重要商品粮基地和畜牧业基地。全市有林地面积581万亩，森林覆盖率已达到30%以上。阜新地面和地下蕴藏着煤、金、铁、石灰石、玛瑙、硅砂、萤石、沸石、膨润土、玄武岩、地热、风力等40多种资源。其中，萤石、沸石、硅砂储量居全省第一位。阜新是全国玛瑙制品的集散地，玛瑙产量与销量占全国的一半，被誉为“中国玛瑙之都”。

阜新是一座“因煤而立、因煤而兴”的资源型城市，至今已有100多年的煤炭开采历史。“一五”时期，国家156个重点项目中有4个煤炭和电力工业项目建在阜新，包括当时亚洲最大的露天煤矿——海州露天煤矿，当时亚洲最大的火力发电厂阜新发电厂，从而使阜新成为了新中国最早建立起来的能源基地之一。50多年来，全市已累计生产煤炭6.5亿吨，发电1700亿千瓦时，为国家经济建设作出了重要贡献。全市已形成了煤炭、电力、电子、化工、食品、纺织、建材、机械、轻工、医药等多门类于一体的工业体系，出现了一批骨干企业和重要产品。中国第一颗原子弹、第一艘核潜艇、第一颗地球同步卫星、第一架高空侦察机上，都有阜新的电子产品。

阜新具有比较畅达的交通环境。地处东北和环渤海地区的中心地带，居于辽西蒙东地区的地理中心。阜新至沈阳、四平、朝阳高速公路建成通车，通过高速公路到北京只需5个小时。沈阳桃仙机场、锦州机场为阜新提供了便捷的空中通道。海上可通过大连、锦州、营口港出行，到锦州港只需40分钟。大郑铁路、新义铁路从境内穿过，旅客列车可直达北京、上海、沈阳、大连等城市。随着设计时速350公里途经阜新的京沈客专的建成，阜新到北京仅2小时，阜新到沈阳仅30分钟。彰武至通辽高速公路的即将建成通车，阜新至内蒙古自治区锡林郭勒盟的巴新铁路的全线开工，阜新将成为辽西蒙东地区的重要交通枢纽，成为连接东北与华北的第二条重要通道。

2001年年底，阜新被国务院确定为全国第一个资源型城市经济转型试点市，迎来了历史性发展机遇。几年来，阜新紧紧抓住这一难得机遇，以调整和优化经济结构为重点，致力于将以煤电为主的单一产业结构逐步调整为多元化的产业结构，在资源型城市经济转型道路上进行了积极的探索，并取得了初步成效。“十五”期间，全市生产总值年均增长17%，地方财政一般预算收入年均增长17.7%，累计实现就业19.5万人。

2008年，全市生产总值238亿元，增长15.2%，其中，第一、二、三产业分别增长16.9%、15.2%和14.3%；地方财政一般预算收入14.6亿元，增长32.9%；全社会固定资产投资140.5亿元，增长35%；社会消费品零售总额突破100亿元，增长22.1%；直接利用外资5000万美元；城市居民人均可支配收入突破万元，农村居民人均纯收入超过5000元，分别增长16.1%和22.3%。

下一步，阜新将牢牢抓住全国经济转型试点市、辽宁省实施“突破阜新”战略和阜新融入沈阳经济区的有利机遇，围绕推进转型振兴和构建和谐阜新两大主题，坚持走新型工业化道路，建设全国重要的农产品及食品加工供应基地、全国重要的新型能源基地、全国重要的煤化工基地“三大产业基地”，培育壮大林产品、皮革、液压、铸造、氟化工五个重点产业集群，构筑多元化经济格局，推动经济转型实现新突破。

第二部分 “三位一体”发展规划（简要）

一、“三位一体”发展的背景

党中央、国务院实施东北老工业基地振兴、环渤海地区开放与开发的战略部署，为地处辽宁省与内蒙古东部地区交接地带、紧邻沿海的资源型城市阜新提供了一个宏观的发展环境；同时，辽宁省沿海“五点一线”的建设、辽中城市群的快速发展、辽西沿海经济区的开放开发等为阜新的发展创造了中观环境；另外，阜新城市空间呈组团式、串珠状发展的格局，初步形成了“一体化”发展的雏形，客观上为阜新“三位一体”发展奠定了良好的微观环境基础。

阜新市地处辽西北，与内蒙古东部地区接壤，是东北地区典型的资源型城市，是国务院第一个批准的“全国资源型城市经济转型试点”。由于计划经济体制下煤电经济的单一性及煤炭资源的枯竭，发展相对滞后。随着东北老工业振兴、辽宁沿海城镇带开发开放战略的实施，辽宁中部城市群、辽宁沿海城镇带发展迅速，阜新市虽受到多重政策的支持，但限于自身的发展基础及发展条件，有被边缘化的趋势，长此以往将加剧区域发展不平衡的态势。“三位一体”区域是阜新市的政治中心、文化中心和经济中心所在，是辽西北及蒙东地区经济社会发展的高地，其开发建设具有重大的战略意义。

辽宁省委、省政府继构筑沿海经济带、建设辽宁中部城市群、建设沈西工业走廊、推进沈抚同城化等战略决策之后，审时度势提出了阜新市主城区、阜蒙县城、新邱区“三位一体”协调发展的战略构想。力求加快阜新市主城区、阜蒙县城、新邱区经济社会的“一体化”进程，拓展城市发展空间，强化阜新市中心城区的辐射带动作用，进而实现沿海与内陆、发达地区与落后地区的互动与协调发展。为落实科学发展观，贯彻国家及省委、省政府的区域发展战略，促进辽宁省乃至东北地区经济持续快速发展，加强阜新市“三位一体”空间的统筹、协调，提升阜新市的整体竞争力。

二、“三位一体”的内涵

阜新市“三位一体”，即阜新市主城区、阜蒙县城、新邱区“一体化”发展。城市间的“一体化”，一般是指在市场经济条件下，相邻城市之间各种要素自由流动、互为依托、功能融合、空间连绵的现象。该“一体化”是邻近城市发展到一定阶段，城市功能及要素外溢，相互吸引，最终实现“一体化”发展，其发展的动力更多地表现为城市的扩散力与城市间的引力。

阜新市属于辽宁省经济发展水平相对落后的地区，“三位一体”区域虽在阜新市经济发展水平较高，但按照经济社会发展的普遍规律而言，各城镇仍以中心集聚发展为主，扩散作用相对较弱。目前，城镇间空间的连续，更多的是交通通道的驱动与引导。因此，阜新市的“三位一体”与一般意义的城市“一体化”有本质的区别，其更多地表现为推力的作用，即通过外力创造“一体化”发展的条件，进而实现“一体化”发展。

在经济全球化，城市区域化的背景下，城市群、大都市区及城市联合体在区域经济发展中日益发挥着关键作用，它使地区或城市具有更好的投资环境和综合竞争力，从而发挥出更大的集聚效益。

阜新市“三位一体”发展，即通过政策引导等手段，搭建要素流动的平台，促进城镇融合，最终实现“一体化”发展。通过这种非均衡发展战略的实施，尽早实现与辽中城市群、辽宁沿海经济带“五点一线”、内蒙古东部地区乃至更广阔区域的互动发展，形成重要的区域经济增长极，进而辐射带动阜新市域、辽西北地区及内蒙古东部地区的发展，推进阜新资源型城市的成功转型，最终实现共同富裕。

阜新市“三位一体”发展主要体现在产业发展、空间整合、基础设施共建共享、生态环境共同保护与塑造和管理同步等领域。

三、“三位一体”发展的意义

（一）战略意义

1．落实国家区域发展战略的需要

振兴东北老工业基地、加快环渤海地区开发与开放，是国家“十一五”期间的重大战略部署。阜新市“三位一体”发展，有利于整合资源、促进接续产业的培育

与发展、解决大量劳动力的就业问题等，能够加快东北老工业基地振兴的重点及难点——资源型城市经济转型问题的解决；同时，阜新市紧邻沿海，属于海陆交接地带，“三位一体”发展，能够促进海陆互动，加快环渤海地区开放开发的步伐，具有重要的战略意义。

国务院关于《振兴东北地区规划》将内蒙古东部地区纳入，并将其作为东北地区尤其是辽宁省经济社会发展的资源及能源基地。阜新市位于辽宁省与内蒙古东部地区的对接区域，届时将成为资源及能源转移的枢纽，而阜新市“三位一体”区域为主要的空间载体。阜新市“三位一体”发展，将有利于振兴东北老工业基地规划的实施。

2. 统筹辽宁省协调发展的客观要求

以沈阳为中心的辽宁中部城市群为辽宁省经济社会发展的重心和中心，在良好的国内及国际环境下，发展迅速，作为辽宁省龙头的地位越加巩固；以大连为核心的辽宁沿海经济带，发展发展条件优越，在东北老工业基地振兴战略实施、沿海“五点一线”战略推进的背景下，发展更是突飞猛进；辽西地区虽得到了国家及省委、省政府多重政策的支持，但受发展条件与发展基础等因素的影响，发展速度缓慢，加剧了省域经济发展不平衡。阜新市地处辽西北内陆地区，存在被边缘化的可能。

阜新“三位一体”区域为阜新市乃至整个辽西内陆地区经济发展的高地，发展条件相对优越，具有形成区域经济增长极的潜力。“三位一体”区域凭借自身较好的发展条件及基础，把握千载难逢的发展机遇，通过对接与联动等战略，可带动阜新市乃至辽西北地区实现与“五点一线”沿海经济带及辽宁中部城市群等地互动，进而促进沿海与内陆、发达地区与落后地区的协调发展。

3. 培育阜新市自我增长能力的迫切需要

阜新市是一座因煤而建、因煤而兴的城市，受计划经济体制下煤电经济的单一性及煤炭资源枯竭等因素的影响，存在经济结构单一、企业破产、工人失业等一系列问题，自我增长能力相对不足。“三位一体”区域可依托良好的区域发展环境，充分挖掘自身的发展潜力，与沿海经济带、辽宁中部城市群及内蒙古东部地区联动发展，扩大对外开放水平，促进产业结构的优化和升级，进而培育并增强自我增长能力，实现阜新市的持续快速发展。

（二）现实意义

1. 城乡统筹发展的需要

阜新市主城区、阜蒙县城区、新邱区三大组团之间的城乡结合部，现状建设存在一定的无序性，居住环境、基础设施配套等相对较差，城乡二元结构的特征明显。“一体化”开发建设，将重新整合与规范城乡结合部的发展与建设，共同整治生态环境，实现基础设施的衔接与共建共享，进而推进阜新市的城镇化进程和社会主义新农村的建设步伐，实现城乡统筹发展，提供就业岗位。

2．资源型城市经济转型的需要

有利于安置就业和维持社会稳定。“三位一体”发展，加强了基础设施的建设，提高了产业发展的支撑力，可以促进第二、三产业的发展，必将增加就业岗位；旧城改造等房地产开发项目的实施，可提供大量的就业机会。初步预计，未来至少可提供7万多个就业岗位。

有利于产业结构的优化和升级。“三位一体”发展，提倡多业并举，通过第一、二、三产业的共同发展，极大地提高阜新市非煤产业的份额，培育科技含量较高和附加值较大的产业，增加地区财政收入和人均收入，可以较快地推进阜新市城市经济结构的改变。同时，“三位一体”发展，提倡用地及功能整合，推进产业园区建设，延长产业链，形成产业集群，凸显规模集聚效益，促进产业乃至区域经济整体的发展与壮大。

3．城市空间拓展的需要

城市发展空间的局促，相当程度上限制着城市的发展。近年来，阜新市主城区建设用地呈现明显不足的态势，阜蒙县城受机场等客观因素的影响用地紧张的问题日益凸显，而城市各大组团之间未利用地较多。通过“三位一体”开发，可以有效整合土地资源，开拓城镇发展空间。同时，通过区域资源整合以及生态环境改善，可极大地提升区域土地价值，形成级差地租，提高城市收益，有利于促进城镇社会经济发展。

4．阜蒙县民族经济发展的需要

阜蒙县是蒙古族聚居区，东藏文化底蕴深厚。“三位一体”发展，可有效协调区域资源，使得阜蒙县可以充分依托阜新市区的城市资源、基础设施、科技和人才优势，更加全面地发挥本区特色，促进民族经济快速发展。同时，通过与主城区、新邱区之间产业集群化发展，有利于扩大本区特色产业的影响范围，延长产业链条。而本区可挖掘民族区域的文化教育、蒙医蒙药等产业，进而为区域经济和社会发展服务，树立民族文化的品牌，发展壮大旅游业，助推阜新市产业升级，形成阜新市经济发展新的增长点。

5．新邱区经济社会恢复与发展的需要

新邱区依托煤矿资源而建，随着资源濒临枯竭，新邱区矿区破产，随之引发了一系列经济社会问题。“三位一体”的开发能够加强新邱区与阜新市区和阜蒙县城区的联系，有利于整合区域资源。通过重新定位各功能组团的职能，明确新邱区未来发展方向与目标，依托区域发展基础，发挥本区优势，成为“三位一体”区域中重要的功能节点，促进新邱区经济社会尽快恢复与发展。

6．增强城市综合竞争力的需要

阜新市主城区、阜蒙县城区、新邱区“三位一体”发展，可以促进区域联动，加速实现区域基础设施共建共享，有效的改善基础设施水平；可以加速阜蒙县城及新邱区城区的旧城改造和结合部边缘区的开发利用，拓展城市发展空间，改善城市发展环境；可以有效建设区域绿化廊道、节点，改善人居环境，提升区域发展要素集聚能力。通过基础设施、生态环境、城镇面貌的改善，为生产要素的转移提供良好的支撑，增加招商引资的吸引力，强化人口、人才的集聚力，进而增强阜新市整体的竞争力。

四、“三位一体”功能定位

（一）联辽蒙，通关内，区域性交通枢纽

巴新铁路的贯通及其向外蒙地区的延伸，将形成南以锦州为起点，经阜新及内蒙古东部地区，直达外蒙的一条欧亚大陆桥。阜新至朝阳、阜新至铁岭两条高速公路，向西对接朝阳——北京的铁路，向东对接达黑、吉两省，形成东北地区与关内联系的又一条大通道。届时，欧亚大陆桥和东北与关内联系通道的交会点将落于新邱区，“三位一体”区域将形成东通北京等关内地区、南接锦州港及辽宁沿海经济带、西通沈阳等辽中城市群城市及吉林、黑龙江等地，将成为区域性交通枢纽。

未来，“三位一体”应积极发挥区域性交通枢纽在人流、物流组织及集散过程中的作用，通过对外通道，加强与京津冀都市连绵区、辽宁沿海经济带、辽宁中部城市群、东北内陆及外蒙、俄罗斯等地的联系，促进要素的流通，将自身产业发展、城镇功能等与广域区域紧密结合，积极参与区域产业分工，凸显自身的特色与优势，最终形成区域发展新的重要经济增长点。

（二）处边塞，促辽蒙，区域经济增长极

阜新市地处辽蒙边塞，受自然条件、地理位置、资源枯竭等因素的影响，该地区与周边相比，属于经济社会发展的低谷区。目前，阜新“三位一体”区域较其他地区发展快。随着全球产业转移、东北老工业基地振兴战略的实施、辽宁中部城市群

及辽宁沿海经济带的发展等，阜新市发展面临着良好的机遇，特别是区域性大通道的建设、民族文化的挖掘，彻底改变了“三位一体”区域及阜新市整体的发展条件，未来将为区域经济发展注入强大的活力与动力，将成为区域经济发展的增长极。

区域性大通道的建设加强了辽蒙之间的联系，改变了“三位一体”的资源条件，使煤炭资源优势得以重现，且随着技术水平的提高，该区域的发展潜力被逐步挖掘，风能、太阳能、生物质能开发的前景乐观，未来将使阜新成为服务于辽宁沿海经济带、辽中城市群乃至辽宁省域的新型能源基地。

（三）扬民俗，传宗教，民族文化展现区

阜新市是一个多民族集聚的地区，少数民族人口占全市人口的五分之一以上，尤其以蒙古族为最。而“三位一体”区域内的阜蒙县城为蒙古族主要的聚居区，蒙医蒙药、民俗传统等文化特色鲜明。阜新市藏文化源远流长，曾有“东藏”之称。在清王朝时期，有著名的寺庙360多座，皇帝为4座庙宇赐了牌匾。瑞应寺为其中重要的寺庙，目前寺内有国务院正式批准的活佛。阜新为中国道教一代宗师张三丰的故乡，同时也是契丹族的故乡，道教文化及辽文化底蕴深厚。

未来，“三位一体”的发展，应积极打造民族品牌，弘扬民俗文化，传承藏传佛教及道教文化等，展现其特有的文化底蕴。同时，要将其梳理与整合，形成资源优势，发展旅游业，壮大地区经济规模。

（四）重生态，兼统筹，阜新生态宜居区

阜新市主城区、新邱区依托煤矿资源的开采而发展、建设，目前生态脆弱、环境质量较差。阜新市“三位一体”区域及其境内，既有自然山体，又有河流；既有城镇用地，也有农用地；既有废弃的矿区，也有多年堆积的煤矸石等。

未来，“三位一体”的开发建设，坚持统筹兼顾的理念，既考虑自然环境与人工建筑，又考虑城镇用地和农用地，同时兼顾现有用地的开发与原有用地的改造，打造阜新市的生态宜居区。

（五）促转型，壮经济，现代化产业基地

阜新资源型城市经济转型已取得一定的成果，农副产业加工业等接续产业发展良好。巴新铁路的建设不仅改变了“三位一体”的交通条件，同时又改变了“三位一体”乃至阜新市的资源条件，特别是拟从巴林右旗向阜新市内输入煤炭，将有利于阜新市煤电及煤化工产业的发展，未来形成重要的能源产业基地与煤化工产业基地。新邱区作为交通枢纽的节点，区域大通道的建设必将带动其物流业、出口加工

业等产业的发展，形成区域性物流中心。地区文化特色的挖掘，资源的整合有利于旅游业的发展，随之带动旅游服务等产业。

农副产品加工业、能源产业、煤化工业及物流、旅游等现代工业及现代服务业的发展，必然提供大量的就业岗位与就业机会，将有利于解决资源型城市转型过程中大量失业人口的就业问题。同时，产业的发展必然壮大经济规模，有利于阜新市经济的腾飞。

彰显城市特色　突出建管并举
打造山水林城四位一体的生态园林城市

吉林省辽源市副市长 魏启生

（2009年4月）

辽源市位于吉林省中南部，地处长白山和松辽平原过渡地带，与沈阳、长春两大经济圈相接。交通便利，四梅铁路横跨东西，直快列车直达北京。1902年设治，先为西安县，后改为西安市，1953年更名为辽源市。辖东丰、东辽两县，龙山、西安两区，设有一个省级经济开发区。辖区面积5139平方公里，130万人口，其中市区人口约50万人，建成区面积43平方公里。

辽源早在青铜器时期就有人类活动，是满族的重要发祥地，清代被辟为皇家盛京围场，康熙、乾隆皇帝曾到此狩猎，光绪皇帝敕封“皇家鹿苑”。辽源是典型的资源型城市，煤炭开采有近百年历史。辽源矿务局是省内重要煤炭基地，改制为辽源矿业集团后，正向千万吨大型煤炭企业目标迈进。辽源依托煤炭开采建立了较好的工业基础，20世纪六七十年代，曾因发达的轻纺工业获“东北小上海”的美誉。近几年，辽源市面临煤炭资源枯竭，市委、市政府把推进经济转型作为经济社会发展的工作主线，重新明确产业定位和城市发展定位。从市情出发，把培育壮大接续替代产业放在重中之重的地位，立足高位对接、高层次转型，遵循差异化竞争战略，确定了新材料、新型能源、健康产业、冶金建材、装备制造、纺织袜业6个接续替代产业；把加强城市规划、建设与管理作为推进转型发展的重要平台，提高转型发展的承载力，提出建设长春卫星城、吉林省中南部重要工业城市、打造山水林城四位一体的生态园林城市发展定位。积极推进棚户区改造、采煤沉陷区治理、城市供排水改造、环城公路、高速公路等重点工程建设。全面实施城市绿化、亮化工程和市容市貌、环境卫生、交通秩序整治。城市规模得到扩张，城市经济得到壮大，城市文化得到彰显，城市品位得到提高，城市面貌日新月异。

以东丰农民画、东辽剪纸、东北二人转、周显顺琵琶为代表的地方文化产业享誉海内外，先后被国家命名为“中国农民画之乡”、“东北二人转之乡”、“中国琵琶之乡”。2003年，辽源荣获国家建设部颁发的“中国人居环境范例奖”，2006年，入选“中国特色魅力城市200强”，2005年5月被国家确定为资源型城市经济转型试点城市，2008年3月又被国务院重新审定为全国首批12个资源枯竭型经济转型城市之一。随着招商引资力度的加大，一大批国际国内知名企业入驻，辽源吸纳生产要素集聚的能力显著增强，发展的内外环境明显提升，已成为海内外有识之士投资兴业的热土。

一、科学规划，明确城市发展定位

规划是城市建设的龙头和总纲，建设富有特色的城市，规划至关重要。为此，近年来，市委、市政府经过深入的调查研究，提出坚持经济转型与城市转型相结合，经济转型为城市转型提供有效的产业支撑，城市转型为经济转型提供有力的基础保证，并且城市规划率先转型，确立了打造吉林省东南部重要工业城市、长春卫星城、山水园林城的发展定位，并加强城市总体规划和各专项规划的修编完善，城市发展的方向目标更加明确。实践证明，这个定位完全符合辽源城市建设发展实际，而且效果已经有所显现。

科学定位，增强规划的前瞻性。在1983年升格为地级市以前，我市于1956年和1979年编制了二次城市总体规划，升格为地级市以后，于1985年和1996年编制了二次城市总体规划，并于2003年在1996年城市总体规划的基础上编制了城市近期建设规划（2003—2005年），规划到2005年城市建成区内实际居住人口44万人，规划建设用地规模42.92平方公里。随着经济结构、人口数量、社会发展的变化，原规划已经不能适应经济社会发展的需要。我们重新全方位审视辽源发展定位，与英国PA公司、北京泛华集团合作，立足做大辽源市区，集聚发展后劲，按照50年不落后的原则，编制城市战略、产业、空间、招商、融资规划，修编2010—2020年城市总体规划。规划到2020年市区面积将达到80平方公里，市区人口达到80万人，建设城区主路网“三环四纵六横”，拉开城市总体框架。规划突出辽源城区“五山四水”的山水林特色和产业、文化特色，把辽源特色充分体现到城市建设的每一个环节中，最终打造出依山傍水、显山露水、顺山顺水的自然原生态格局。

加强监管，确保规划的权威性。认真贯彻《中华人民共和国城乡规划法》，积极推行“阳光规划”，严格执行规划审批程序、审批例会制度和规划红线、绿线制度，及时配套编制完成了各区域性控制性详细规划和修建性详细规划。坚持先规划后建设、先审批后开工，杜绝开发建设单位随意调整规划的不正常现象，不让短期利益影响长期利益，个体项目影响整体规划。从2007年开始，对市区包括经济开发区建设项目进行规范化统一管理，统一开发，严禁任何单位和个人私自建设，对违反规划的行为坚决查处，在规划管理上没有特殊公民、特殊单位，规划一旦经法律程序确定，刚性组织实施，便确保了规划的连续性、权威性和严肃性。

二、精心建设，完善城市整体功能

坚持将城市建设作为扩内需、促增长，提高城市综合承载能力的主要途径，及时研究解决城市建设发展中的困难，坚持用发展的办法解决前进中的问题，努力在落实上下工夫，确保城市建设重点工程的顺利实施。

围绕提高群众的居住质量，强力推进了棚户区改造等重点工程建设。在国家的支持下，启动实施了总投资8.7亿元的采煤沉陷区治理一期工程，建设住宅72万平方米，5万居民迁入新居，补充工程正在实施中。实施了城市棚户区改造工程，到目前为止，拆迁棚户区居民4万户，面积176万平方米，建成住宅小区8个，累计开工建筑面积243万平方米，回迁居民1.5万户，总投资50多亿元。仅2008年，就投资17亿元对陈家沟等五个区域实施了集中改造，开工建设回迁住宅楼232栋，100万平方米，居民回迁率达90%以上。棚改工程量、回迁户数均创历史最高水平。完成了6.3万平方米廉租房建设任务，为 16913户低保家庭住房困难户发放了住房租赁补贴。通过棚户区改造、采煤沉陷区治理和廉租房建设，百姓居住质量得到提高，城市面貌得到显著改善。

大力增强城市吸纳承载生产要素功能，对道路、桥梁、供排水、供热、供电等基础设施实施全面建设和改造。建成42公里城市外环路，相继有六座城市互通立交桥、城市五大出口拓宽改造、城市中环路、城区东辽河景观带、音乐喷泉、体育场、杨木水库除险加固、六库一闸联合调水项目、东辽河斜拉桥、彩虹桥、福民桥、工农桥、幸福桥等工程相继竣工。正在建设辽伊高速公路和辽西铁路，今年将竣工通车。城区断头路基本打通，市区道路336条，总长度达263公里，初步形成了以老城区为中心，经济开发区、矿区、新城区为补充，以主路网“三环四纵六横”为框架的城市建设发展格局。老电厂成功关停，大唐辽源热电2台33万千瓦扩建机组实现投产，初步实现了由汽水交换向水水交换供热方式的转变，供热质量全面提升。域内有库容1亿立方米的大型水库1座，净水厂2座，日供水能力15万立方米，自来水普及率达99%。城区供水管网303公里，排水管网120公里，先后对供排水管网进行改造，仅2008年就改造110公里，城区供排水管网系统得到了较好完善。与美国AEI、北京新华联成功签署6亿元城市管道燃气项目特许经营协议，年内开工建设，届时我市居民用气局面将发生质的改变。1座污水处理厂已正式运营，各项排污指标符合国家标准。医疗垃圾废弃物处理厂和生活垃圾无害化处理厂将于年内正式启用，人民大街地下人防一期工程也将于2009年内竣工交付使用。建设步伐的加快，基础设施的完善，使城市的承载和服务功能显著增强。

三、强化管理，塑造城市新形象

城市是"三分建设、七分管理"，建管并重才能促进城市的可持续发展。近年来，我市结合经济转型，不断适应经济社会发展需求，逐步建立健全了管理的长效机制，整合有效执法资源，不断加大城市管理力度，连续两年开展了"两化工程、三项整治"活动，强化常态管理，提升城市管理水平，塑造城市新形象。

着力打造生态园林城市，实施了城区绿化工程。结合气候特点，突出地方特色，本着见缝插绿，能栽尽栽，植树成片成林的绿化原则，连续两年加大城区绿化力度，重点对城区主要路段进行了路树栽植和绿地改造，扩大了绿化覆盖面，绿化覆盖率和绿地率大幅提升，绿化工作取得了历史性的突破，并提出用3年时间创建国家级园林城的目标。仅2008年就完成城区植树43万余株，其中，完成路树栽植比2007年年底城区路树存量翻了一番左右，新建和改造了绿地29块。城区绿化覆盖率达到27.42%，绿地率达到26.77%，人均拥有公共绿地面积4.6平方米。注重城市广场、公园、景观带建设，对城区五座山、四条河进行了规划建设，改造了龙山公园并免费向社会开放，开工建设向阳山森林公园、黎明山公园，努力营造碧水绿岸，人与自然环境和谐相处的城市休闲活动空间，初步形成了城区街路、桥梁、庭院、公园、环城公路及河岸两侧的立体绿化体系，辽源山水林城的特色进一步体现，切实为市民群众提供了良好的人文环境和创业环境。

着力打造亮丽景观城市，实施了亮化工程。本着投资少、见效快、效果佳和谁建设、谁投资、谁受益的原则，鼓励、支持城区主要街路两侧机关、企事业单位等标志性建筑物实施了亮化。先后对城区19条次干巷路、1300余栋"黑楼道"和40个居民小区实施了亮化，极大地方便了居民出行，提升了社区安全度。城区主要街路两侧标志性建筑物亮化取得积极成效，形成了以主要街路亮化为框架，以道路两侧建筑物亮化为重点，以广场亮化为点缀，以广告亮化为烘托，具有我市风格、体现现代文明气息的城市夜色景观，亮丽、安全、和谐的辽源夜色景观已经展现。

着力打造规范有序城市，加大了市容市貌整治力度。依法查处私搭乱建行为，对市区各种违章建筑进行了拆除。规范整治了各种影响市容的线杆、管线及障碍设施，并逐步统一入地埋设。对主、次干路两侧乱摆乱放、乱堆乱挂、占道经营和沿街叫卖、市场外溢等现象进行了整治，形成了行商归市，坐商归店的有序局面。严格户外广告设置标准，加大了对乱贴乱画的清理整治力度。对城区内墙体广告、灯箱及门头牌进行了清理规范。对现有喷涂或张贴的非法广告进行了清洗清除，随意喷涂行为得到有效制止。加强了建筑工地围挡管理，严格实行统一标准围挡作业，保持建筑工地周边整洁。按照“疏堵结合、规范严管”的原则，在非主要街路设置临时露天市场或早市市场，为市民就近购物、促进灵活就业提供了方便。加强了占道破路审批，没有特殊的理由，一律不审批破路，严肃查处了各类破坏市政设施行为。通过加强市容市貌管理，为市民提供了规范有序的城市环境。

着力打造环境整洁城市，加大了环境卫生整治力度。严格按照责任区划分和环境卫生质量标准，结合春季爱国卫生活动，全力开展环境卫生整治活动。每年重点对市区主次干路积存的冰雪混合物、城乡结合部积存垃圾，以及专业市场周围、居民小区、建筑工地、城区河道和铁路、公路等垃圾进行彻底清理，并抓好日常管理，实施了常态保洁。加大了环卫设施的投入，提高机械化、专业化作业水平，增强了应急能力。完善了“门前三包”责任制，在全市范围内开展了“门前三包”评比活动，加大了社会对环境卫生等城市管理工作的参与和监督。通过加强环境卫生管理，为市民生活创造了整洁有序的城市环境。

着力打造安全顺畅城市，加大了交通秩序整治力度。充分运用宣传教育、严格管理、综合整治等手段，对影响道路交通安全和秩序的突出问题进行了全面整顿。从严查处无牌无证、报废、拼装、挪用号牌等上路行驶的各类机动车辆，规范了客运市场秩序，集中清理整治了非法营运车辆。对马路市场、占道经商等妨碍道路交通的问题进行了全面治理，城区各类交通标志、交通附属设施建设一次性规范配套到位。通过加强道路交通管理，为市民生活创造了通畅有序的城市环境。

近年来，我市在城市规划建设管理实践中进行了一些有益的探索和尝试，取得了一定成效，但规划建设管理水平还不高，与先进城市相比还有很大差距；城市建设资金短缺的矛盾仍然十分突出；城市基础设施建设相对滞后，市政道路标准低、路况差，市容卫生等公用设施需要完善的地方还很多；未改造的棚户区数量大，部分居民住房质量差、成套率低；城市管理的体制和机制还需进一步理顺和完善，清

理后反弹的现象依然存在，长效机制还没有完全建立；市民的城市意识、文明意识还有待进一步提高。在今后的工作中，我市将把统筹城乡发展，加快城市转型摆在更加突出的位置，进一步注重规划的导向，加大城市建设力度；创新拓宽融资渠道，确保建设投入；注重城市风貌设计，彰显城市特色；以创建国家级园林城、卫生城为载体，强化城市管理，促进经济社会持续健康发展，实现建设新辽源的宏伟目标。

数字齐齐哈尔地理信息公共服务平台建设情况汇报

黑龙江省齐齐哈尔市政府副秘书长　侯洪斌

（2009年3月）

齐齐哈尔市是黑龙江省西部区域的中心城市，是东北老工业基地和哈大齐工业走廊的重要节点，同时也是丹顶鹤故乡——国际著名湿地“扎龙自然保护区”的所在地。全市辖七区、九县，人口561万，总面积4.2万平方公里。2006年5月，数字齐齐哈尔地理信息公共服务平台项目通过国家测绘局立项，2006年7月，由国家测绘局、黑龙江省测绘局和市政府三方签约正式启动。项目技术设计与系统开发工作由国家测绘局黑龙江基础地理信息中心承担，项目覆盖齐齐哈尔市辖区。经过一年多的建设，按设计要求完成了省市两级的空间数据库以及专题数据库建设，开发管理和应用服务系统7个，并完成了相关技术文档的整理工作，2008年1月21日通过了省测绘局组织的专家鉴定，进入试运行阶段。该项目实现了省市两级空间信息资源的共享和协同服务，并以空间信息为载体为城市信息资源奠定了基础。

一、充分认识地理信息的基础性和公共性；以平台建设推动数字城市建设

测绘是国民经济建设的基础，测绘成果不仅仅是各行各业必需的基础性资料，同样也是百姓生活不可或缺的内容。数字城市建设是城市信息化的终极目标。作为数字城市建设的基础，地理空间信息的共享和广泛应用一直是制约城市信息化建设的瓶颈，重复建设问题、标准不统一的问题，以及部门保护问题既造成了已有的空间信息不能充分利用，也造成了政府资金的浪费与信息化的各自为政。地理信息公共服务平台利用GIS技术，通过网络将省市两级测绘部门管理的地理信息资源服务

于政府、公众和各行各业，同时也利用空间信息的特性为其他信息资源的整合和共享搭建了一个平台。这一建设模式不仅解决了一个城市地理空间信息资源在底层的公共性和统一性问题，而且也保障了各类信息的更新与维护。因此，在立项和整个建设过程当中，我们不仅把平台建设作为一个独立的项目来看待，而且作为城市信息化建设的组成部分来认识：地理信息公共服务平台既是城市信息化建设的主要内容，也是数字城市建设的信息基础。

二、平台建设需要有力的组织保障

（一）领导高度重视和支持，是平台建设的保证

平台项目从申请开始，就得到了市委、市政府主要领导的重视。市政府责成主管市长向黑龙江省测绘局作专题汇报，陈述我市开展平台建设的必要性、迫切性以及市政府的决心和态度，得到了省局的支持。在项目设计书评审阶段，市委和市政府主要领导、市政府常务市长、主管副市长都亲自参加项目签约，并将该项目列为“2007年度齐齐哈尔市大事实事项目”之一，在政策、资金、机构、人员等诸多方面给予倾斜。一是加强领导。根据平台建设需要，市政府组建平台建设工作领导小组，由主管市长任组长，决策、协调、指导平台的规划和推进工作。同时确定该平台是全市唯一的公共平台，避免重复建设。二是健全机构。市政府决定将市测绘管理处增加数字齐齐哈尔地理空间信息公共服务平台的建设、管理职能，加挂“齐齐哈尔地理信息中心”牌子，单位级别由科级升格为副县级，编制由5人增加到12人。根据平台项目急需专业人才的情况，市政府制定了多项措施及优惠政策吸引优秀专业人才，以满足平台运行的需要。三是资金保障。按照“政府引导与市场机制相结合”的原则，市政府按测算比例批准了平台专项资金，市财政在资金十分紧张的情况下，分两年安排资金用于平台建设，2007年10月到位资金一半，基本满足了软硬件采购和机房装修等前期工作需要，保证了工程按计划顺利进行，今年上半年全部资金将到位。

（二）选准基点多方协调，是平台建设的有效方法

针对平台建设涉及多个部门，技术性强，对测绘成果需求量大等特点，市政府在确定承办单位时，考虑到规划部门在全市综合性强，掌握基础资料多，专业技术力量强，与上级主管部门沟通顺畅等优势，决定将基点定在规划局，由我局承担平台建设的牵头工作。实践证明，这样做收到了利用资源、节约资金的效果。仅利用

原有测绘成果这一块就投资了275万元。我们在平台建设工作中，多次召开协调会、碰头会，统一思想认识，争得各相关部门的配合，确保平台建设涉及的控制测量成果、正射影像、数字高程、交通、旅游等基础数据要素采集到位。主动与市信息产业部门沟通，争得政务网、互联网、局域网等网络环境。积极配合技术支持单位国家测绘局黑龙江基础地理信息中心工作，认真向他们请教和学习，及时得到指导和把关。同时，我们协调环保和地下综合管网两个示范应用项目实施单位，积极配合省局地理信息中心和武汉大学完成平台《项目设计书》涉及的各项任务。组织本市勘测队伍历时近4个月，投入2670多工天，相继完成中心城区各等级公路、市区公交线路站点、全市旅游景点等信息的录入和城区控制点以及地下管线数据收集整理。同时，组织本市勘测队伍还完成了中心城区188km^2的地形图外业调绘工作。平台项目建设涉及的各相关部门，拧成一股绳，努力形成了无障碍工作模式，确保了工程的进度和质量。

（三）坚持目标保障服务，是平台建设的关键

按照国家测绘局立项批复中明确的“在市政府统一领导下，建成为齐齐哈尔市市政建设和各部门的管理提供基础地理信息保障与服务的统一空间信息共享平台”的目标，我们特别强调平台面向政府、面向行业，面向社会公众的空间信息服务功能。我们一方面要求对测绘部门掌握的地理信息、政府部门和各行业掌握的专题信息，既要保证在政务网和互联网应用权限的共享，又确保各自对信息的所有权、管理权和发布权；另一方面在项目开发过程当中，包括数据生产、数据库建库、应用系统开发、关键技术研究和数字城市地理空间框架建设工作，有国家标准的，我们坚持执行国家标准，没有标准的，在这次开发过程当中形成一个标准，为下一步维护、更新、推广服务探索一种成熟的技术模式。

（四）充分依靠技术支持单位的技术优势，确保工程质量

国家测绘局黑龙江基础地理信息中心是该项目的技术支持单位，在地理信息平台建设方面技术力量比较强，这次又与武汉大学重点实验室联合共同开发本项目，负责平台《项目设计书》涉及的各项任务，还负责提供有关数据生产、软硬件环境、网络环境与安全设施配置等全方位的技术指导和保障。我们在进行平台的每项工作时，都认真地向技术支持单位请示和学习，得到他们及时的指导。

（五）重视沟通和协调，确保工程建设环节顺畅

平台项目建设涉及的部门多、领域广，如果沟通协调不到位将会直接影响到工

程的进度和质量，因此，我们与相关部门联系时坚持两个原则：（1）首先是相互尊重相互理解，不能以我们这是国家、省、市的重点项目对方就应该必须支持你，只有尊重对方，开展有效的沟通，使对方了解项目的重要性，对方才能真正地认真对待你的项目，与你同心协力共渡难关。（2）沟通要及时，平台建设工期紧、任务重，又是试点项目，前面没有成型的经验可以借鉴，出现这样或那样一些实际问题是难免的，但关键是要争取及早发现及时处理，把问题消灭在萌芽之中。

三、平台目前的运行情况

（一）《齐齐哈尔市基础地理信息数据库管理系统》的建立，具备了对城市多尺度栅格和矢量地理信息数据的一体化管理、分发与交换服务功能，从而实现了城市大比例尺空间地理信息数据的科学管理。通过该平台可提取出框架地理信息数据，是建立政务版、公众版框架地理信息数据库对外提供公共地理信息服务的基础。

（二）目前，我市建立的《齐齐哈尔市公众地理信息服务平台》、《齐齐哈尔市政务地理信息服务平台》已经分别链接到“中国—齐齐哈尔”政府门户网站上和“齐齐哈尔市电子政务信息网”上发布，极大丰富了互联网和政务网环境上的政府门户网站内容，为政府部门、行业、公众提供了方便快捷的可视化地理信息服务。全市政府部门、行业还可将各自非空间专题信息与政务版、公众版的框架地理信息数据进行有效集成，形成专题应用系统，实现对本行业本部门内部的科学化管理及对外向社会提供可视化的宣传与服务。

（三）行业示范平台——《齐齐哈尔市地下综合管网信息网络发布平台》、《齐齐哈尔市环保政务地理信息服务平台》、《齐齐哈尔市环保公众地理信息服务平台》，以上三个行业应用平台已经建设完毕并在政务网、互联网上投入运行。

《环保（政务、公众）地理信息服务平台》建立的实际作用在于：（1）环境数据通过两个网络环境与框架地理信息有效集成形成专题应用系统，实现了环保专题信息可视化的共享和发布，更好地为各部门和公众服务。（2）平台实现了对污染源企业基本信息的查询，空间分布、总量控制管理、区域规划有直观的操作，对环境地理数据的规范管理具有指导意义。（3）建设项目管理及相关属性信息查询、信息维护、点位标注工具对环境地理数据的具体应用起到了示范作用，对百姓关心的热点问题以环保热线互动形式鼓励百姓参与，信访部门可以直接受理并提供及时反馈信息，提高政府的政务公开服务意识，使环境管理工作更加透明、便于接受百姓的监督。（4）有利于树立良好的政府形象，建立融洽的政群关系、促进社会的和谐发展。（5）使我市的环境管理更加科学、环境服务体系更加健全，为资源的有序利用、环境保护、生态文明、人与社会的和谐发展作出积极的贡献。

《齐齐哈尔市地下综合管网信息网络发布平台》建立的实际作用在于：

（1）使各产权单位及其他相关管理部门可以通过政务平台方便快捷地查询到相关管线信息，例如，规划审批部门通过该平台，可以清晰、准确、快速地了解具体位置的各种现有管线分布情况，既提高了工作效率又确保了规划审批质量，各管线产权单位通过利用该平台，可以对本部门的管线情况实现全面、直观的浏览、查询、统计，从而全面提高对本部门所属管线的管理、维护，更好地为用户提供优质的服务。（2）该平台系统服务器端通过权限管理控制不同用户看到不同的信息，各管线产权单位只能管理查询自己单位的管线信息，平台的后台管理员根据实际情况严格限制用户权限，保证了数据的安全性和保密性。（3）实现了对全市地下管线信息数据的集中管理和资源共享，既保证了管线数据的完整和统一，又满足了政府和各管线产权单位对数据信息的专业化需求，从而有效地促进了我市的城市建设、城市管理及行业服务水平向前发展。

以人为本　多措并举
确保棚户区改造顺利推进

黑龙江省齐齐哈尔市政府副秘书长　侯洪斌

（2009年3月）

按照省委、省政府“两棚一草”工作部署，我市把棚户区改造作为坚持以人为本、落实科学发展观的重要举措，举全市之力，攻坚克难，全力推进。2008年拆除棚户区100.6万平方米，建设棚户区改造回迁安居房88万平方米。主要做法是：

一、高度重视，为棚户区改造提供坚强保障

我市把棚户区改造工程作为“一把手”工程和“天字号”工程进行谋划、推进和落实，市委、市政府和各有关方面采取了一系列强有力的保障措施。

（一）加强领导，健全组织推进体系

在全省“两棚一草”工作会议之前，我市党政主要领导亲自带队赴抚顺、长春考察学习棚改经验，回来后又多次深入棚户区踏察走访，超前研究我市棚改的具体对策和措施。5月6日，我市召开“两改”工作动员大会，确定了4年内基本完成我市城区棚改任务的目标，成立了市委书记和市长任组长，7位常委和1位副市长任副组长，7个区和36个部门的主要领导为成员的全市棚改工作领导小组。棚改实施后，定期召开市委常委会、市政府常务会议听取棚改工作推进情况，市委书记杨信、市长刘刚同志经常深入拆迁、施工现场检查指导，及时解决工作中出现的问题。据统计，市委、市政府先后召开市委常委会、政府常务会、书记市长专题办公会、棚改领导小组会30多次，专题研究部署棚改工作。同时，我们抽调精兵强将，选派一批业务能力强、政治素质高的后备干部参与棚改工作，在棚改中培养、锻炼和识别干部，对工作业绩突出的给予重用。

（二）上下联动，合力推进

我们把棚改工程作为全市的共同任务，调动各方面力量，分工负责，全力推进。一是市区联动。市里负责总体规划、年度计划、出台政策、把关审批和建设资金。区里负责调查摸底、提出拆迁计划、抓好招商引资、组织拆迁动员、安排回迁安置、帮助困难户解决特殊困难。市政府与各区签订责任状，各区党政主要领导负总责，任务具体到人，一级抓一级，以严密的责任体系推进工作落实。二是部门联动。全市各部门按职责分工各司其职、各负其责，积极推进棚改工作。市建设局制订计划并组织棚改工程；市规划局研究制定棚改地段总体规划、控详规划、修详规划；市国土局和城投公司组织开展土地成本测算、土地供应和腾空土地收集；市政务大厅设立棚改窗口，开辟“绿色通道”；供水、供气、热力、电力、通信等单位免费组织实施工程建设配套；新闻宣传部门利用各种媒体进行多层次、广覆盖地宣传造势，广播电视报纸开辟棚改专栏专题进行跟踪报道。同时，各成员单位坚持密切配合，协同动作，定期或不定期组织召开互动联席会议，沟通情况，商讨问题，研究对策。三是社会联动。市人大和市政协对棚改工作也给予关心支持，分别组织人大代表、政协委员开展专题视察调研，建言献策，推动棚户区改造工作。

（三）以人为本，完善政策

我们在政策的制定上力求利民、依法、科学、管用。一是准确把握政策制定的依据。一方面认真学习省委关于棚户区改造工作的相关政策法规，充分借鉴兄弟地市在棚改工作中的有效做法，为我市制定政策提供参考。另一方面，我们立足市情实际，总结我市安居工程建设的经验，广泛征求社会各界对棚改工作的意见，把其作为制定政策的方向。二是出台了主体政策文件。出台了《棚户区改造实施方案》和《棚户区改造拆迁补偿安置办法》等主体性政策法规性文件。在制定拆迁政策上实行有证房拆一还一，无证房拆二还一；特困户直接上靠到保障户型40平方米，不用交任何费用；上不起楼的享受保底政策，住廉租房；上得起楼住不起楼的，在物业费、供暖、供气等方面适当减免，保证住得久、住得好；对孤寡老人制定更为优厚的政策，让他们住进公寓，从而为棚改迅速启动提供了保证。三是及时完善了政策规定。由于棚改工作涉及面广，情况比较复杂，随着工作的深入，不可避免地会出现许多新情况和新问题，为此，我们又在主体政策的基础上，研究出台了《房地产开发及施工企业投资棚户区改造实施意见》、《棚户区改造项目办理审批程序》、《棚户区改造管网等配套设施同步建设的意见》、《棚户区改造捐赠资金管理和使用办法》等配套的政策法规，这些配套政策法规的制定，弥补了主体政策所

不能细化的方面，为确保改造工作顺利实施提供了制度保障。

二、多措并举，积极破解棚改难题

我们针对棚户区改造中遇到的各种困难，重点围绕土地、资金两大难题加以破解。在建设用地规划上，采取了四种办法。一是政府收储的适合建设安置房的土地，无偿划拨用于棚改。二是开发商取得使用权的土地，由政府按照当时土地价格全部或部分回购用于棚改。三是对关停企业实施产改，政府收购闲置厂区用于棚改。四是边拆边建，腾空的部分急用土地建设回迁安置住宅。通过这四种办法，共解决122.3万平方米棚改建设用地。其中，政府无偿划拨71.7万平方米，开发商自行承建提供12.1万平方米，利用闲置厂区12.55万平方米，拆迁腾空26万平方米。在建设资金筹集上，采取了十二种办法。一是借款。由市棚改办向省市财政借款用于土地收储和前期建设费用。二是贷款。积极向金融机构争取贷款。三是现有土地变现。政府储备的建设用地出售一部分。四是垫资。用政府收储的土地或拆迁腾空的土地做抵押，由开发商、建筑商垫资。五是募集。按照法定程序发行债券募集社会资金。六是向拆迁居民收集。向有回迁意向的居民收取增加面积部分的资金。七是招商引资。引进外埠开发企业参与棚改。八是向上争取。积极争取国家和省财政支持。九是清理开发企业欠缴的土地出让金。十是与企事业联动。政府利用企事业单位自有资金，组织改造其自有棚户区住房。十一是城乡结合部改造土地出让收益。十二是募捐。组织全市机关、企事业单位和干部职工为棚改捐款。共筹集棚改资金12.87亿元，为棚户区改造的顺利推进提供了保证。

三、高效运作，全力抓好棚改关键环节

我们把棚改与全市产业结构调整、基础设施建设、社会事业发展和城市环境相结合，把握群众需求，全面抓好棚户区拆迁、建设和回迁工作。

（一）创新机制，拆迁工作平稳有序

为确保拆迁工作规范、和谐、顺利动迁，我们组织相关部门提前深入棚户区调查摸底，逐家逐户了解情况，掌握棚户区整体情况，包括地理位置、环境条件、设施状况、居民实际情况等，制定符合民意的棚改方案。设计部门通过摸底和民意调查，设计了40~70平方米4种回迁安置户型，既保证为居民提供优美、舒适的居住空间，又兼顾了居民的生活需求和经济承受能力。在拆迁过程中，各级领导干部坚决

执行市委、市政府决策，科学摆布分管工作，集中主要精力抓拆迁，靠前指挥，敢于负责，拍板决策，高效率解决难点问题。各部门顾全大局，密切协作，及时研究对策，创新工作程序，凡涉及棚改的审批事项和服务环节，打破常规，集中办理，现场办公。严格执行政策规定，科学确定拆迁补偿安置方案，切实保障人民群众利益。由于依法拆迁、规范运作，棚户区改造拆迁工作得到了居民的理解、支持和配合。通过努力，现已拆迁居民1.77万户，实现了“零上访”。

（二）阳光操作，规划建设优质高效

我们从实际出发，搞好棚户区改造的规划设计。在竭力给棚户区回迁居民创造良好居住环境的同时，充分考虑土地效益和降低成本，并通过各种形式广泛征求居民意见。在回迁住宅区规划设计上，统筹考虑，对小区环境、社区住户、物业管理用房及公厕等都精心安排，特别是为市民、为子孙后代留出了符合发展需要的公共绿地和公共活动场所。在回迁楼建设上，对回迁楼立项、规划设计、建设工程报批、施工队伍招标、材料采购乃至工程监理、竣工验收等各个环节都做到了依法合规运作；在施工队伍选用上，严格按照建设招标程序，实行公开招标；在建筑材料采购上，采取竞争性谈判的方式集中采购，做到阳光操作、透明运行，让棚户区改造工程也成为廉政建设工程。由于我们坚持面积小、环境优、功能全等原则，使回迁楼在结构、外观、设施及质量要求等方面，除户型面积标准外与一般商品住宅楼没有任何区别。在居住面积安排上，由于设计合理，95%以上被拆迁户选择了回迁安置形式，实现了棚改的第一个目标。

（三）公开公正，回迁安置稳步推进

我们从以人为本和稳定第一的目标出发，从一切以群众利益为重的立足点出发，坚持公平、公正、公开的原则，制定了《齐齐哈尔市棚户区回迁安置实施方案》。在回迁过程中，我们依据拆迁居民搬迁和交齐投资款时间排列选房顺序，顺序号在前的优先选房，顺序号相同的，再按各户人口年龄排列顺序，年龄大者顺序号在前。同时，做到七公开：改造区域的低保户名单公开、拆迁户回迁安置地点公开、搬迁顺序号公开、交差价款号公开、户口情况公开、选择楼层号公开、房屋评估价格公开，所有信息均在拆迁现场张榜公示，接受群众监督。12月10日，首批1017户居民已喜迁新居，春节前将有5980户居民喜迁新居。

虽然我市棚户区改造进展顺利，取得了阶段性成果。但是按照省委、省政府的要求，我市棚户区改造依然任重而道远。我们将攻坚克难，迎难而上，扎实工作，争取早日全面完成棚改任务，向省委、省政府和全市人民交上满意的答卷。

华东地区

坚持城乡一体发展　建设现代宜居城市

江苏省张家港市市长 徐美健

（2009年10月）

张家港市位于长江和沿海两大经济带交会处，是长江南岸一座新兴的港口工业城市，原名沙洲县，1962年由常熟、江阴两县各划出部分区域合并而成。1986年撤县建市，以境内天然良港——张家港而命名。全市总面积999平方公里（其中：陆域面积777平方公里，水域面积222平方公里），在“一城四片区”框架下辖8个镇1个现代农业示范园区，180个行政村，户籍人口89.8万，外来人口60万。综合实力连年位居全国同类城市前三名，2008年实现地区生产总值1250亿元，完成全口径财政收入253.8亿元，其中地方一般预算收入103.98亿元；城镇居民人均可支配收入达到24250元，农民人均纯收入达11600元。

多年来，我市围绕“富有特色和竞争实力的港口工业城市、富有内涵和独特个性的生态园林城市、富有精神和文化底蕴的文明法治城市”的城市发展定位，全力加快城市化和城市现代化建设步伐。城市化率由1986年的24.7%提高到了70%，市区建成区面积由9.94平方公里扩大到82平方公里，城市功能不断完善、城市环境持续优化，城市特色加快形成，获得了“联合国人居奖”、“国家园林城市”、“全国生态市”、“全国绿化模范城市”、“中国城市管理进步奖”、“国家卫生城市”等百余项国家级以上荣誉。张家港市已经从昔日贫穷封闭的农业县、破旧落后的农村集镇，发展成为经济繁荣、社会和谐、环境优美、文明开放的国际化、现代化港口城市。

概要而言，取得了三个方面的明显成效。

一是城市的发展思路更加科学、发展路径更加明晰。在科学规划的统领下，资源配置更加合理，城市建设更加有序。形成了“全覆盖”的规划体系。在完成城市总体规划和市域城镇体系规划的基础上，深化编制了片区总体规划、城镇控制性详细规划和农村居民住宅区规划，以及绿地系统、城市生态、消防、人防、抗震防灾等各项专业规划，基本形成了“层次分明、相互衔接、完整统一”的城镇规划体系。目前，城乡规划已经实现“四个全覆盖”，即市域规划全覆盖、各乡镇总体规划全覆盖、重点区域的控制性详细规划全覆盖、各项专业规划全覆盖。构建了“三集中”的空间布局。加快“人口向城镇集中”，通过五轮区划调整，建制镇从原有的26个调减为8个，形成了 “一城四片区”的城市发展新格局。加快“工业向园区集中”，形成了“两区一园”（张家港保税区、张家港经济开发区、扬子江国际冶金工业园）为主要载体的产业格局，全市90%的新办项目都集中到园区之中。加快“居住向社区集中”，通过自然过渡和拆迁形式推动农村居民入住城镇和农村集中居住区。我们规划到2020年左右，将全市5023个农村自然村庄逐步调减为620个集中居住区。

二是城市的基础设施不断完备、居住环境不断优化。大交通体系逐步形成。建成了“外部成环、内部成网、节点相通”的交通网络。目前，市区至各中心镇道路全部达到了六车道一级公路等级，中心镇至各办事处道路达到了四车道二级公路以上等级，办事处至各行政村道路达到了四级公路以上等级。全市等级公路密度达到1.8公里/平方公里，各镇至市区、镇村至一级以上公路的车程都在15分钟以内，并率先实现了“村村通公交”。全市任何一个点位（双山岛除外）都可以在半小时以内上高速。生态建设成效明显。通过大力建设“绿色通道、绿色家园、绿色基地”，形成了“贯通城乡、覆盖全境、城乡一体”的绿化格局，构建起“总量适宜、分布均衡、特色鲜明”的绿地系统。在缺少森林资源的情况下，全市森林覆盖率达20.4%；市区建成区绿化覆盖率达到45.5%，人均公共绿地面积达到13.31平方米。市区和各镇、村都建成污水处理设施，生活污水处理率分别达到85%、65%、20%以上，到2010年将分别超过95%、85%、40%。全面建立了村收集、镇转运、市处理的生活垃圾处置机制，生活垃圾减量化、无害化、资源化处理率达到100%。人居环境不断优化。新城区建设、老城区改造持续推进，夜景灯光亮化和街景整治工程有序实施，城市形象得到明显提升。农村道路硬化、河道净化、路灯亮化等“三化”工程深入开展，水电气、电信、数字电视等配套设施全面进村入户，农村的基础设施、基本功能、人居环境全面与城市接轨。全市8个镇全部建成国家卫生镇，180个农村社区全部创建成省级卫生社区，成为中国首家卫生镇、社区创建“满堂红”的县市。

三是城市的管理模式持续创新、文明水平持续提升。城乡一体管理网络日益健全。城区环境长效管理模式向农村延伸辐射，按照“城市管理重心下移”的理念和“二级政府、三级管理、四级网络”的要求，全面实施了“城管执法进社区”，组建了38个遍布市区、镇、街道的城管中队、分队，实现了城乡管理执法网络全覆盖。同时，将高科技、信息化元素引入城市管理，建成投用了数字化城管工程，并创造性地在乡镇设立数字化城管分中心，数字化城管新模式得到了国家住房和城乡建设部的高度肯定。农村社区化管理全部到位。从1999年开始，我市就率先把城市社区的理念引入农村，在农村全面推广了社区建设，社区的医疗保健、休闲娱乐、便利商务等生活性服务不断深化，社区的农技指导、市场信息、农技培训等生产性服务不断拓展。目前，全市180个村全部建立了村级社区，实现了“居民办事不出社区”，广大群众的城市意识、卫生意识、文明意识、市民意识得到了极大提高。今年8月，我市还被评为“全国农村社区建设实验全覆盖示范单位”。群众素质得到有效提升。制定了《张家港市市民素质提升工程实施计划》等一系列政策意见，确定了十大工作重点，对五大重点群体（公务员、农民、城镇劳动人口、未成年人、新张家港人）开展文明素养教育。连续3年共举办“文明礼仪百家讲坛”近1000场次，基本完成了对全市20万户家庭的礼仪培训；把科技、文化、卫生“三下乡”深化为“三入户”，常年开展科技早市、服务街市、文化夜市、社区书市“四个市”活动，深入推进农村“五星户”评比，连续主办了五届“长江文化艺术节”活动。通过持之以恒地开展城乡居民素质教育，城乡广大群众逐步接受了现代文明，充分享受了现代文明。

多年的城市发展实践，给了我们很多有益的启示。要加快建设现代化城市，推进城市持续快速健康发展，就必须牢牢把握以下四点：

一、必须以科学规划为龙头，引领城市统筹发展

规划是政府的第一资源，做好规划是政府的第一责任。实践已经反复证明，最大的损失是规划的损失、最大的浪费是规划的浪费、最大的遗憾是规划的遗憾。因此，在城市发展中，要牢固确立规划的龙头地位不动摇，坚持用规划统筹建设全局，充分发挥规划的控制与引导作用，具体做到“三个注重”：一是注重规划的前瞻性、长远性。规划需要长远的眼光、科学的布局和理性的控制。制定规划既要立足当前，又要预见未来，给当前发展指明方向，给未来发展留下空间。要从规划开始防止出现破坏性建设和建设性破坏，不能让今天做的规划，成为明天发展的障碍。二是注重规划的科学性、合理性。规划科学，才有权威。规划是否科学，关键看定位是否准确、布局是否合理、控制是否到位。要掌握并遵循城市发展的规律，对人口规模、资源承载、产业发展、交通组织等要科学预测，加强产业与就业、服

务与消费、人口增长与经济发展等关系的相互衔接，确保各类城市要素之间的协调匹配。三是注重规划的系统性、融合性。在科学制定城市总体规划的基础上，还要系统性地编制给水、供热、道路、河道、绿化等专业性规划，实现红线（道路）、蓝线（水域）、绿线（绿地）、紫线（文物保护）等的全面控制，确保建设规模与土地利用规划、总体规划与各专业规划的有机融合。

二、必须以功能品位为重点，不断提升建设水平

城市强不强，既在规模，更在功能、特色；不同等级、不同性质、不同区域的城市，应有不同的功能、不同的风格。首先，城市功能建设要与城市发展规模和发展水平相适应，要与城市功能定位和发展目标相符合。按照工业化、城市化、国际化“三化互动”的要求，按照“优先考虑服务人民群众、最大限度满足群众需求”的原则，全面促进城市功能升级，有效增强城市的承载力、集聚力、辐射力。其次，城市基础设施建设是城市功能建设的重要内容，必须适度超前，加快建设，逐步完善。注重发掘城市旅游、文化、会展、生态等优势资源，不断完善功能，增强城市的凝聚力和吸引力。再次，特色和品位是城市竞争力的核心要素。既要取人之长，但又立足本地，充分挖掘本地资源，体现城市风格，延续城市文脉，充分体现富有个性的城市特色；要把品位意识贯穿于设计、建设的各个环节中，从整体到局部、从建筑到环境、从外表到内涵，都要做到精雕细凿、精益求精，使城市建设真正做到“多留惊叹，少留遗憾”。最后，要高度重视城市安全，提高应对自然灾害、事故灾难、公共卫生、社会安全等突发事件的能力，切实维护人民群众的生命财产安全。

三、必须以严格管理为抓手，巩固深化建设成效

城市发展“三分建设、七分管理”。城市建设得再漂亮，如果管理跟不上，建设的效果也会黯然失色，公共设施服务效果只能事倍功半。提高城市现代化管理水平，要始终做到“四个一”。一是提高一个标准，就是坚持城乡一体的标准，实现城乡管理的无缝对接、城市管理的全面覆盖。二是完善一个模式，就是完善城市管理模式，健全完善城市管理协调联动机制，理顺城市管理的职能、明晰各部门的职责，强化街道社区的基础地位和作用。按照“条块结合，以块为主，责权统一，属地管理”的原则，将各项城市管理工作任务进行全面分解，细化落实到各级领导和每个管理人员。三是强化一个合力，就是要加强行政推动，发挥政府组织、部门共

建、行业促进等多方面的作用，把以政府为唯一主体的城市管理，转变为以政府为主导，社会、企业、公众多元主体参与的现代城市治理，真正形成“大城管”合力。四是用好一个手段，就是要充分利用高科技手段，推进数字化城市管理。做到既覆盖市区，又遍及乡镇；既发挥现代技术作用，又用好传统管理手段；既突出重点区域，又管好次级地段，真正实现“实时管理、精细管理、高效管理”。

四、必须以文化文明为灵魂，提升城市人文内涵

一个城市的建设和发展，离不开地域文化积淀成的人文环境；城市发展不能只注重外在形象，还应注重精神文明建设和市民素质提高。一要以文化丰富城市内涵。努力把地方历史文化、特色文化融会到城市建设的总体布局、形象设计、景观打造当中，让人时时处处都能感受到独特的城市风采。高度重视文化遗址发掘保护、文物古迹抢救性修复工作，使其成为展示城市文明发展史的重要窗口。完善公共文化设施，强化城市雕塑、建筑造型、街头小品等“视觉艺术”，不断增强城市的文化厚度，展现张家港民俗风情，实现城市建设形式与城市文化内涵的完美结合。二要以文明擦亮城市品牌。如果说高楼大厦是城市的“筋”与“骨”，那么城市文明则是城市的“精”、“气”、“神”。一个优秀的城市，只有形神兼备，才能熠熠生辉。要以建设文明城市为抓手，深入持久地开展“讲文明话、做文明事、当文明人”活动，大力营造积极向上的社会氛围，积极引导群众在优美的生活环境中陶冶情操，告别不文明行为和习惯，既成为城市文明成果的享受者，又成为城市文明的创造者。

五是以制度创新为根本，保障城市持续发展。城市的建设过程，就是各项制度建立完善的过程；制度和政策的不断创新又可以保障城市的持续健康发展。一是要建立法制化的城乡建设机制。要完善政策，根据城乡建设工作的实际需要，适时制定实施相关政策措施；及时总结成功的做法和经验，并用文件和政策的形式固定下来，指导实际工作。要规范行为，确保各种建设行为在法律的框架内运行，使城乡建设的各项工作依法合规。要加强执法，对严重违反城市规划的违法建筑，不能“以罚代拆”，必须坚决依法拆除，以严格执法警示违法违规者，切实把城乡建设工作纳入法制化轨道。二是要建立经营城市的市场机制。城乡建设投入很大，不可能完全依靠财政资金，必须要做好城市经营这篇文章。要把握好“四先四后”的关系，做到先规划后建设，先征地后配套，先储备后开发，先做环境后出让，实现城市资产效益最大化。要把握好政府与市场的关系，市场能做的放给市场做，企业

可做的就让企业去做；加快公用事业改革步伐，强化推进公用事业特许经营，不断拓宽经营领域，吸引更多的社会资本进入公用事业领域。要把握好效率与公平的关系，在城市经营中要兼顾企业、个人、社会等各方利益，政府要更多地承担经济效益不高，但社会效益较高的基础设施项目，充分体现效率与公平。三是要建立城乡互动发展机制。城乡一体化不是城乡一样化，不是把农村变成城镇，而是形成城乡互动的发展机制、城乡资源互通的交流渠道和城乡各有所长的生活环境。要统筹考虑城市建设和农村建设的序时安排、资金安排、设施对接，尽快形成城乡互动发展的新格局；要根据地方实际，研究和制定完善农民安置房建设用地、宅基地重复利用、承包地依法流转等相关政策，使之与城市的相关政策衔接；要创新农村社区管理机制，推动城市公共服务向农村社区覆盖，做到城乡互动、协调发展、共同繁荣。

当前，我们的城市规划建设正面临着难得的历史机遇，未来几年内，我们将围绕全面建设“协调张家港”的目标，坚持城乡统筹的建设方向，以现代化的要求建设城市，以城市化的理念建设新农村，不断完善城市功能、丰富城市内涵、提升城市品位，加快提升城市国际化、现代化水平，努力走出一条具有张家港特色的城市化发展道路。

浙江省台州城市建设管理情况介绍

浙江省台州市副市长 叶阿东

（2009年3月）

台州是一座年轻的滨海城市，位于浙江沿海中部，上海经济区南翼，东濒东海，南邻温州，西连金华、丽水，北接宁波、绍兴，陆地面积9411平方公里，海域面积8万多平方公里，总人口571万。下辖椒江、黄岩、路桥3个区，临海、温岭两个县级市，玉环、天台、仙居、三门四个县。台州历史悠久，源远流长，是五千多年前新石器时代下汤文化的发祥地，秦始皇时设回浦乡，唐高祖武德五年起始称台州，至今有1380多年历史。1994年8月，台州撤地设市，市政府驻地从临海迁建至椒江，为组合式环绿心滨海城市。在浙江的城市化总体规划中，台州被确定为省域大城市和一级经济亚区中心。2008年全市生产总值1965.27亿元、同比增长9.6%，财政总收入248.02亿元、同比增长13.6%，其中地方财政收入126.05亿元、同比增长15.8%，城镇人均可支配收入22738元，农民人均纯收入9180元。

台州是中国股份合作经济的发源地。改革开放以来，坚持走“民营主导+政府推动”独具特色的发展道路，创造了令人瞩目的“台州现象”，成为中国最佳商业城市（第18位）、中国金融生态城市（第6位），在中国大陆城市竞争力排名中居第35位。最近被评为中国优秀旅游城市、中国十大最具幸福感城市。

以撤地设市为标志，台州开始进入以中心城市发展为主导的阶段，这几年来城市建设力度不断加大，城市面貌发生了很大的变化。主要做法是：

一、以转变观念为起点，深化城市规划

规划是城市建设的龙头、总纲，也是政府宏观调控的重要手段之一。近几年来，按照推进规划工作“五个转变”的思路，切实加强城市规划工作。一是从城乡规划分割向区域规划转变。我们在台州市总体规划修编中，突破常规总体规划编制

的做法，不是局限于城市规划范围（165平方公里）编制总体规划，而是按照城乡统筹、区域统筹的要求，在880平方公里（含椒北、温岭泽国规划协调区为1021平方公里）范围内统一考虑，长远谋划，来安排城市规划区（320平方公里）的建设用地。也就是说，是按照"4个组团+绿心"的百万以上人口大城市的目标，来编制台州市总体规划，使总规更有前瞻性、整体性和长远性；二是从注重建设用地规划向建设用地与非建设用地规划并举转变。2004年在省内首次开展了城市生态基础设施规划暨城市开放空间规划研究，也就是通常所说的反规划，即非建设用地规划，通过逆向的规划过程，先于城市建设把区域内战略性的自然、生物、文化遗产景观资源控制起来，为城市提供持久的生态系统服务，引导城市空间的有序增长；三是从注重单体建筑向维护公共资源、公共安全与建筑单体并举转变。城市规划赋有保护自然环境、历史文化和公共利益、公共安全的责任，理应成为对生态环境、历史文化、公共权益的保护神。在重视建筑单体设计的同时，我们把维护公共利益作为规划工作的重点，相继编制了城市绿地系统规划、城市公共停车设施规划、城市中小学布局规划、城市消防专项规划等，加强对城市绿线、蓝线、紫线、城市公共空间等的管制，四是从注重批前管理向批前与批后跟踪监管并举转变。全面实施建设项目规划批后全程跟踪监察制度、商品房建筑面积预测、 实测制度，减少规划指标调整的随意性，提高规划执行的刚性，五是从闭门规划向"阳光规划"转变。阳光规划首先是民主规划，建立总体规划、分区规划、重要区块详细规划等的专家评审、规划委审议、人大（政协）汇报、政府审批制度，实现规划决策的民主化、程序化。阳光规划同时也是开放的规划，落实"三公示、三公告、一汇报"制度，扩大公众参与面，增强规划审批和实施的透明度。

二、以基础设施建设为重点，完善城市功能

近几年来，坚持城市功能建设与城市形象塑造并举，并把完善城市功能的基本要素摆在首位，大力推进城市基础设施和功能区块建设，增强城市的承载能力。主要抓了5项工程：1.城市路网工程。坚持内外结合、主次结合、动静结合，加强城市道路建设，改善城市交通条件。内外结合即外成环内成网，建成市区大环线、中心大道、市府大道、白云山路一批城市主干道。主次结合即既抓主干道，重抓快速路，又抓次干道，加密路网，优化接口，接通断头路。动静结合就是严格停车设施规划建设，做到新账不欠，老账逐步还清。2.城市污水工程。市区投资4.63亿元，建成了椒江（5万吨/日）、黄岩（8万吨/日）、路桥（4万吨/日）3个污水处理厂，污水

处理能力提高到17万吨/日。2004年起针对有污水处理厂但截污率低的突出问题，痛下决心抓截污管网的配套建设，连续3年列入市政府为民办10件实事之一强势推进，市区建成一、二、三级污水管网300公里，截污量提高到13.2万吨/日，市区生活污水处理率提高到65%。3.商务街区工程。商务是城市的基本功能，也是重要功能。近几年来，结合城市规模的拓展，成区块规划开发商业街区，一方面打造市、区商务中心，提升第三产业和商务水平；另一方面按照以路带房、房路结合的原则，加快以主干道为轴线的街区建设。4.住宅安居工程。居住是城市的基本功能，住宅建设是城市功能建设的重要内容。近几年来，我们狠抓住宅小区的规模开发，改善了居住环境。市区建成了一大批规模住宅小区。5.休闲景观工程。重视城市景观建设，近几年来结合城区河道综合整治，相继建成了市民广场、葭沚泾文化长廊、白云山公园、椒江江滨公园、黄岩永宁公园、路桥石浜公园等37个广场、公园。

三、以数字城管建设为抓手，促进城市管理的改革和创新

以现代信息技术为支撑，推进“数字城管”，是实现城市管理法制化、现代化的有效途径。台州市于2006年4月被建设部列入第二批数字化城市管理新模式试点城市之一，到目前市区已全面建成数字城管系统。第一时间处理问题是“数字城管”的生命。我们认真按照建设部颁布的标准和经市政府明确的城市管理部件、事件问题管理标准和处置时限要求，发挥中心组织、协调、指挥、监督的作用，加强部门间的协调联动，快速高效处理城管问题。

重点抓了四项工作。一是抓整理，开展街容示范路创建。二是抓延伸，开展小街小巷和城中村整治。三是抓重点，开展专项整治。根据城市管理阶段性工作重点，定期或不定期组织专项整治，相继开展了施工围墙整治、抛洒滴漏整治、乱停车整治、“牛皮癣”整治等，集中解决城市管理方面的突出问题，为正常性管理奠定基础。四是抓提升，开展城市亮化改造建设。这几年加强了城市景观灯光设置的规划管理，建立新建、改建、扩建建筑物景观灯光亮化与主体工程建设“三同步”制度，对城市主要道路两侧已建的高层建筑、绿地、水体进行了亮化改造，现市区主要街道、主要节点、主要绿地水体都可以启亮。今年又狠抓有序亮化与重点亮化工作，以实现节日期间全面启亮，平时重要节点、建筑重点部位能亮起来，使城市亮化与节能省电结合起来。

四、以“百分之一”文化计划为突破点，推进城市文化建设

文化是城市的灵魂。近几年来，我们高度重视城市文化建设，以全面实施“百分之一”文化计划为出发点，逐步推动城市文化建设。把城市文化贯穿于规划、建设、管理全过程，贴近群众生活，建设文化产品，不断增强城市软实力。一是建设城市雕塑。把城市雕塑作为城市文化建设的重点之一，通过雕塑再现台州历史事件、历史人物、地方文化。2004年编制完成台州市城市雕塑总体规划，2003举办中外城市雕塑家台州采风活动和中外城市雕塑设计大赛，并在市区建成了抗台纪念雕塑等一批雕塑与建筑小品。二是凸显山水文化。台州城市多山多水，自然生态资源独特，历史积淀深厚。在城市建设中我们把显山露水作为城市文化、城市建设的重点之一，做好山、水文章。市区重点实施了白云山整治，加快凤凰山、太湖山、中央山园路等设施建设，加强绿心外围沿山地区建筑控制，使山体“显”出来。同时实施城区河道综合整治，让河水“露”出来。三是保护历史遗存。加强古建筑、古街区的保护，相继完成黄岩桥上街区保护规划、章安古镇保护规划、葭芷古街保护规划，建成了路桥十里长街、椒江北新椒街等保护工程。四是规划、引导城市建筑风格和城市色彩。城市建筑风格和色彩是城市文化建设的重点之一，开展了城市建筑风格和建筑色彩的规划研究，以明确主基调，确定主色彩，加强引导和管制，塑造台州城市个性。

五、以统筹发展为切入点，推进城乡一体化发展

城乡一体化是城乡统筹、区域统筹的重点。近几年来，我们牢固树立全面的城市化观，在大力推进城市化的同时，狠抓城乡一体化不放松，全力推进社会主义新农村建设。一是全面开展县（市）域总体规划的编制工作。城乡一体化首先要从城乡规划一体化做起，按照“城乡全覆盖、规划一盘棋”的要求，基本完成了县（市）域总体规划的编制工作。在此基础上，又部署开展了城乡供排水专项规划、城乡环境卫生专项规划的编制工作，以此来引导公共服务设施向城镇和农村延伸。二是推进城乡环卫一体化。农村垃圾遍地，这是当前一个非常突出的问题，也是近期必须认真解决的问题，推进城乡一体化必须从城乡环卫一体化切入。为此，我们制定了《推进城乡环卫一体化实施方案》，并召开会议进行专项部署，着力构建覆盖城乡的村居收集、乡镇中转、县域集中处理的环卫保洁机制。目前，全市除少数偏远山村、海岛渔村外基本实现城乡环卫一体化。三是实施农房平安工程。针对台州台灾多发的实际，以“有图施工、内行人建房”为近期目标，全面实施农房平

安工程，在完成农房通用图的编制工作的基础上，又重点指导乡镇（街道）筛选确定一批建筑工匠并组织培训，并建立农房建设凭通用图（施工图）、凭与工匠签订的合同审批制度，以此来保证农房建设的质量与安全。与此同时，开展沿海地区农村住宅防灾能力普查，用两年时间基本完成普查任务。四是推进“百村示范、千村整治”。全面开展了县（市）域、镇（乡）域村庄布局规划，完成了当年实施的示范、整治村建设规划，根据规划试点开展了村庄整治工作。

顺其自然　因势利导
科学规划现代国际旅游城市

安徽省黄山市市长　陈　强

（2009年3月）

城乡规划是城乡发展的总纲、建设的蓝图，必须立足实际、扬优展长，不断提升和发挥自身的比较优势。黄山市在城乡规划建设中，始终坚持顺其自然、因势利导、科学规划，着力推动生态、文化、旅游的“三位一体”，加快建设黄山特色的现代国际旅游城市。

一、顺其自然，切实遵循规律，着力构建和谐城市

作为规划的最高境界，顺其自然要求我们必须尊重客观事实，遵循规律，少一点人定胜天，多一点自然和谐。

要顺山水这个自然特色。黄山市是一座山水园林城市。境内山峦叠嶂、碧水环绕，森林覆盖率达77.4%，水资源拥有量为全国平均水平的2.5倍，国家级自然保护区、风景名胜区、森林公园、地质公园占国土面积的12.38%。

要顺自然特色，要求我们用更谦和的心态看山水，以更稳健的姿态抓发展。在设计导向上注重自然美，选址依山傍水，建设因境而成，留出足够的自然空间，用建筑来点缀山水。在层高控制上注重轮廓美，以自然山水为背景，合理划分建筑高度控制区域，畅通景观视廊，用层次来映衬景观。在道路选型上注重柔和美，保障交通顺畅、便捷的同时，尽量避免开山炸石和刻意的裁弯取直，用线条来勾勒自然。

要顺人文这个自然特质。黄山市是一座人文荟萃城市。建制始于2200年前，悠久的历史孕育了灿烂的徽文化，缔造了“无学不成派、无商不成帮、无徽不成镇”的传奇。全市现存地面文物古迹1万多处，馆藏文物20余万件；国保单位17处、国家

级非物质文化遗产15项，分别居全国同类城市第10位、第9位，是全国第二个文化生态保护试验区。

要顺自然特质，要求我们循着徽文化的脉络，以朴素的建筑理论抓规划。积极保护一批，对具有历史与艺术价值的古建筑及其风貌环境，对历史文化名城、名街、名镇、名村，编制保护利用专项规划，明确保护目标、保护策略和保护范围。综合整治一批，对与整体风貌不协调的现代建筑形态，明确整治原则、整治方案和整治措施，目前正重点推进屯溪老街和万安、许村古镇的综合整治规划。适度改善一批，对水电、道路、环卫等基础设施条件进行适应性改造，以契合现代生活和产业发展的需要，更好地促进古村落的保护与更新。

要顺旅游这个自然特长。黄山市是一座新兴旅游城市。兼得山水人文之禀赋，旅游资源得天独厚。“国之瑰宝”黄山风景区，集世界自然遗产、文化遗产和地质公园“三冠”于一身，皖南古村落西递、宏村位列世界文化遗产名录，市域国家级以上旅游资源密度，约为全国平均水平的40倍。

顺自然特长，要求我们以自然环境为基础，以人文景观为重点，以城镇发展为支撑，以交通建设为框架，综合考虑旅游要素在特殊地域、特色资源上的实现途径，制定实施科学合理的发展规划。近年来，我们统筹编制实施了全市旅游发展总体规划等宏观战略规划，乡村旅游、文化产业等业态发展规划，以及黄山、齐云山、花山迷窟、太平湖等风景名胜区总体规划，为黄山旅游的转型升级提供了依据，明确了方向，奠定了基础。

二、因势利导，着力打造特色，促进科学发展

作为规划的基本原则，因势利导要求我们在顺其自然的基础上，开展有效调控，推进积极校正，打造特色优势。

要因业态发展之势。山水人文的自然禀赋，现代旅游城市的战略定位，对优化城乡环境、提升产业层次提出了更高要求。

在规划建设中，我们更加重视处理山、水、城之间的关系，努力做到“山在城边、城在山下、水绕城过、城傍水建”。总投资100亿元的雨润商务度假区项目，就是利用已有地形地貌，依山就山开展的建设，工程建筑体量、色彩、线条与周边环境融为一体；新安江综合开发工程规划建设，运用原有水体形态，统筹考虑山、水、路、建筑、绿化、亮化等各项要素，依水临水推进整治，其中南滨江水景观综合整治项目被授予“中国人居环境范例奖”。更加重视处理生态保护与产业发展之

间的关系。在大力发展旅游业的同时，编制实施了生态农业与生态工业发展规划。全市绿色、有机和无公害农产品认证面积扩大到87.9万亩；其中“三茶”认证面积68.4万亩，占安徽省的40%以上。生态工业较好起步，初步形成了绿色包装材料、机械电子、纺织服装、农副产品深加工、生物医药、旅游商品等主导产业。2008年，三次产业结构调整为：13.7∶39.5∶46.8。

要因文化传承之势。促进传统文化与现代化建设的协调发展，与时俱进提升文化软实力。

保护和利用徽州传统文化，保持和弘扬徽派建筑风貌，是黄山规划建设秉承的根本原则。我们更加注重处理自然生态与人文生态之间的关系，努力把物质因素和精神需求结合起来，把建设风貌与建筑形态融合起来。1000多座古村落形态各异，既有文风浓郁、园林情调的文化村落，又有大气洒脱、规模宏大的聚居村镇，还有小巧玲珑、精巧雅致的“临溪别墅”，但“粉墙黛瓦”的建筑风貌，却始终给人水墨画般的清新与凝重，穿越时空般的温馨与感动。我们更加注重处理好文化保护与传承的关系。编制实施了文化产业发展规划，加快建设徽文化艺术长廊，规划发展特色博物馆群、文化艺术创作基地、“徽州四雕”生产展销基地和文化娱乐产业基地。加快屯溪老街等区域文化旅游开发，拓展文娱休闲功能。推进徽州府衙暨徽州历史博物馆建设，打造徽州古城品牌。规划建设文化创意产业园项目，支持示范性、特色性、先导性项目研发。

要因特色竞争之势。旅游经济是黄山最有特色、最具优势的产业，必须高水准规划、高品位建设，全面提升旅游经济的综合竞争力。

多年来，我们始终坚持旅游经济的中心地位不动摇，始终强化规划的龙头作用不动摇。在构建旅游规划体系的同时，狠抓新型业态规划的编制和实施，大力推进新安江、太平湖、东黄山、雨润等一批高水准旅游度假区建设，发展以高尔夫温泉为主题的休闲游，以徽州乡村文化为主题的体验游，以会展节庆为主题的商务游和以户外运动为主题的康体游；壮大旅游衍生型服务业态，打造旅游特色板块和功能区，推进生产、生活性服务业互动发展，全面加快旅游城市建设的步伐。

目前，全市共有4A级以上景区19处、其中5A级1处；年接待游客突破1800万人次，旅游总收入超过140亿元；旅游总收入相当于GDP的比重、以旅游为主的三产提供的税收占财政收入的比重均达到50%以上，旅游服务从业人员占全部从业人员的40%以上。先后荣获首批中国优秀旅游城市、中国魅力城市、中国旅游竞争力百强城市、最佳国际休闲城市等称号，黄山旅游管理与可持续发展经验被联合国教科文组织和世界旅游组织誉为示范。

三、科学规划，把握关键环节，解决突出问题

作为规划的本质要求，科学规划要求我们必须抓重点、解难点，推动规划科学、合理、有序，建设持续、健康、发展。

要解决好山水城市建设中的突出问题。推山造地，破坏了山体环境；水土流失，破坏了水体风貌；工业发展，带来了一定的环境污染。这种经济欠发达、发展张力强与环境要求高、生态压力大的矛盾，具有一定普遍性，但在黄山更有其特殊影响，对城乡规划建设的要求也更高。

伴随黄山城市化进程的加快，我们将始终坚持“保护优先、科学规划、合理开发、永续利用”的方针，强化规划的宏观调控手段和作用，不断优化生态环境。以争创国家环保模范城市和联合国人居环境奖城市为抓手，推进生态治理，推行清洁生产，推动产业集聚和区域集中，坚决做到“不符合产业导向的项目不上，能源资源高消耗的项目不上，不利于环境保护的项目不上”。大力发展生态产业，在壮大生态旅游、培育衍生型服务业的同时，突出发展文化创意、生物制药、食品加工、旅游商品等生态工业，着力发展茶叶、木竹、蚕桑、果蔬、油茶、贡菊等生态农业，不断强化山水城市建设的产业支撑。

要解决好文化城市建设中的突出问题。以徽州“四雕”为主要特征的徽派建筑遗存，正面临着快速变化、亟待保护的严峻形势；徽派建筑风貌、地域建筑特色，正受到现代建筑、欧式建筑风格的强烈冲击。这种文化积淀厚重、建筑风貌价值高与经济全球化、区域一体化背景下城市建设趋洋、趋大、趋同的矛盾，是文化城市建设中遇到的突出问题，黄山规划工作同样面临挑战。

对此，我们将增强“在保护中发展、在发展中保护，保护是前提、发展是根本”的认识，在打造城市特色上下工夫。加紧编制实施徽州文化生态保护试验区总体规划，深入挖掘徽文化资源，遵循人文脉络，整治周边环境，扎实开展“保徽、改徽、建徽”行动，切实强化城乡建筑风貌的控制和管理。在发展文化产业上下工夫。加快推进徽文化艺术长廊、文化创意产业园等骨干项目建设，着力培育一批旅游商品生产企业、拳头产品和专业市场，开发文化旅游系列产品，打造徽文化城市品牌，加快文化城市建设步伐。

要解决好旅游城市建设中的突出问题。由于旅游项目用地有其特殊性，而山区城市人口基数有限，大量的旅游流动人口又不纳入城市人口规划范畴，这就给城市

用地、配套设施建设等带来了巨大压力，建设用地指标更紧，供需矛盾更突出。

我们将在积极争取用地指标的同时，在用地比例上，通过规划技术手段和方法的创新，推动城市土地资源的节约利用，促进城镇建设的集约发展。在用地结构上，区别对待、不搞一刀切，更多地将城市用地和空间的资源配置向旅游基础设施、公共服务设施倾斜，着力保障旅游城市建设需求。

新余市城区拆迁农民安置的经验和做法

江西省新余市副市长 林彬杨
（2009年4月）

新余市地处江西省中部偏西，辖一县一区（分宜县、渝水区），总面积3178平方公里，总人口112万。目前，建城区面积60平方公里，城区人口42万，城市化率达56%。历年来，我市在加快工业化和城市化进程中，对城区内集体土地上拆迁农民的安置一般都采取宅基地安置模式，但随着我市打造江西最美丽城市，建设资源节约型、环境友好型生态园林城市目标的有力推进，现行的宅基地安置模式与新余城市发展目标越来越不相适应，制约了城市的发展，影响了城市的形象和品位。为切实加强城市规划区内集体土地上村民房屋拆迁的安置管理，全面提升城市品位和建设档次，提高城市土地利用率，让更多的老百姓享受到经济社会和谐发展的成果，我市改革了城区农民房屋拆迁安置方式，变宅基地安置为集中小区安置，采取由市政府统一组织建设、拆迁农民购买的统建分购建设模式，对拆迁农民实行“拆一栋房屋补三套房子”的安置政策，把城区内集体土地上拆迁农民的安置工作纳入了规范化运作轨道。

一、主要做法

（一）开展详细的户数调查

开展详细的户数调查，是成功推进拆迁农民集中小区安置的最基础也是最关键的前提条件。我市在建设拆迁农民安置小区前，组织公安、纪检监察和房管等部门组成调查组进行入户调查，以村民小组为单位建立拆迁农民户数档案。通过详细的调查，掌握实际的数据，为确定集中居住区规模、制定可行性建设方案奠定基础。

（二）制定统一安置政策

1.房屋安置条件。以调查组调查认定的户数为准，被拆迁户每栋享受安置房屋三套，被拆迁户有多栋房屋的，只按一栋安置；(2)对被拆迁户其他不同的情况，都有针对性提出安置房屋套数。

2.安置房屋费用。第一套多层安置房费用按房屋拆迁砖混结构补偿价360元/㎡计算；第二套、第三套安置房屋，属多层的其费用按建筑安装直接发生的成本费450元/㎡计算，小高层按建筑安装直接发生的成本费不高于650元/㎡计算，高层按不高于850元/㎡计算；对特别困难的，购不起安置房的村民，可以用已安置的房屋向市政府指定的银行抵押贷款进行购买；也可以免费安置两套多层房屋，第三套房屋由拆迁人收回，或按360元/㎡购买一套多层安置房屋，另两套房屋，由拆迁人按800元/㎡的标准予以货币补偿。

（三）统一规划集中居住点

根据调查的户数情况，按照新余市城市总体规划和控制性详细规划，确定集中居民点建设的位置和规模。在集中居住区规划过程中，为建设现代居住小区，采用多层和高层结合的规划方案，同时强化住宅建设套型标准研究，确定每套安置房屋建筑面积为110平方米，满足农民的购买需求，并将规划方案、套型向农民公示。

（四）统一征地、统一建设

对规划确定的村民集中居住点进行选址，由项目建设单位统一办理集体土地征用工作，使其成为建设用地，并根据审批的设计方案统一建设、统一房型、统一施工，确保集中居住区建筑的风格统一。

（五）积极稳妥组织分房

1. 核定安置户数。对调查统计的拆迁农民户数进行“三榜公示”，进一步核定拆迁农民安置户数，并对无房户和村民需要的安置房套数进行调查摸底。

2. 制定分房工作方案和分房办法。按照“公开、公平、公正”和“先拆迁先安置、无房户先安置”的原则，在广泛征求村民意见并经村民小组长签字认可的基础上，根据核定的拆迁农民安置户数和无房户及村民需要的安置房套数调查摸底，制定具体的分房工作方案和分房办法。

3. 组织分房。由拆迁农民安置领导小组办公室组织拆迁农民按照制定的分房办法逐村进行分房，市公证处进行现场监督和公证。对有群众举报的抽签户，允许先参与抽签选房，但不准拿房，需经安置办公室调查核实后再行确定。我市第一个拆迁农

民安置小区——茶山新城的分房工作，由于前期准备工作扎实，并充分征求了村民和村民小组长的意见，坚持做到了“公开、公平、公正”，取得了圆满成功。

二、主要启示

（一）集中小区安置有利于节约和集约使用土地

宅基地安置方式，不但会形成新的城中村，而且占用大量的土地，浪费有限的土地资源，凌乱分散的土地使用状况无法改变，土地集约使用也无从谈起，城市发展受到限制。而且，随着城市建设的不断推进，建设用地和产业项目用地的供求矛盾将日益突出。通过拆迁农民集中小区安置，可以有效增加建筑密度，减少农民住宅用地总量（据估测至少可节约土地40%以上），使零星土地连片成块，从而盘活大量农村集体非农建设用地，为建设和发展需要腾出空间。

（二）集中小区安置有利于提升城市形象和品位

传统的宅基地安置模式，不仅使城中村建设难以统一规划，即使有了规划也难以真正落实，基础设施难以配套，城中村违法建筑和脏乱差的现象普遍存在。实施拆迁农民集中小区安置，通过垃圾收集、污水处理等设施配套，可以集中处理城中村生活污染，改善人居环境，而且从根本上杜绝新的城中村的产生，从而提升城市形象和品位。

（三）集中小区安置有利于拆迁农民得到实惠

长期以来，农村宅基地本身蕴涵的经济价值一直未能得到充分体现。通过集中小区安置，拆迁农民可获得三套安置住房，可以住一套、租一套、卖一套，出卖的安置住房，在向国土部门按评估地价标准交纳该房屋所分摊的土地出让金后就可以上市交易，其经济价值将得到有效显化，农民将因此得到一笔财产性收入。另外，拆迁农民也选择性地免费得到两套，第三套由政府收回；或按360元/㎡购买一套多层安置房屋，另两套房屋由政府按800元/㎡的标准予以货币补偿，得到近20万元的现金收入。此外，农民通过集中安置后，可以充分享受完善的基础设施配套和社会公共服务，实实在在地共享改革发展的成果。

科学规划决策　实施一体化发展
努力提高城市规划建设水平

山东省枣庄市副市长　潘　强

（2009年4月）

枣庄市位于山东省南部，建市于1961年。作为一个组团型城市，现辖市中、薛城、山亭、峄城、台儿庄五区和滕州市，面积4563平方公里，人口382万。枣庄历史文化悠久，可以概括为“四个数字”：一是7300年的始祖文化。早在7300年前，这里就创造了灿烂的“北辛文化”，是迄今为止黄淮地区考古发现最古老的文化，也是东夷文化的源头。二是4300年的城邦文化。先秦时期，枣庄境内分布着7座古城邦，是我国古都城分布最密集的两个地区之一。三是2700年的运河文化。境内最早的运河开凿于春秋时期，拥有京杭大运河上南北文化交融、中西文化合璧特征最鲜明的台儿庄古城。四是130年的工业文化。枣庄是近代民族工业文化的发源地，我国历史上第一家股份制企业——中兴公司在这里诞生，并发行了我国第一张股票。枣庄自然风光秀美，可以概括为“四个最”：拥有我国最大最美的国家级湖泊类湿地——微山湖湿地、华夏最长的地震大裂谷——熊耳山国家地质公园、最负盛名的天下第一崮——抱犊崮国家森林公园、世界上最大的石榴园——十二万亩“冠世榴园”。

枣庄因煤而兴，形成了以煤炭、水泥、电力等为主体的重型产业结构，工业增加值占GDP的一半以上。2008年，全市经济发展实现了“四个上台阶”：GDP突破1000亿元，规模以上工业增加值突破500亿元，境内财政总收入突破100亿元，地方财政收入突破50亿元。近年来，我市坚定不移地实施城市转型战略，加大中心城建设力度，凸显中心城辐射作用，增强发展后劲，针对影响和制约城市未来发展的重大问题和薄弱环节，未雨绸缪，超前谋划，在如何有效地提高规划设计水平、如何提升中心城区辐射作用，实现科学民主决策，确保城市快速、健康、持续发展等方面，进行了积极的探索和实践。

一、建立科学民主的规划决策机制

（一）坚持谋断分开，先谋后断的决策原则

目前，城市政府的领导不仅非常重视城市规划工作，更认识到了决策城市规划及建设目标的重要性，不断创新工作机制，努力避免决策失误，达到科学决策的目的。谋断分开、先谋后断是现代领导决策的突出特征，也是现代领导决策的原则，能有效地避免决策失误。先断后谋不符合现代决策原则，极易导致决策失误。我们认为“谋”即策划，对规划工作而言，是指把握法律法规、应用先进理念、推动科技进步等技术层面，主体是专家、学者；“断”即决断，是指把握发展大局、促进经济发展、有利于社会进步等决策层面，主体是领导。实施谋划的过程，是一个集思广益、咨询良策、智力转移、参谋策划、参与决策的过程，这个过程是不能缺少的。对各类建设项目或规划设计，要组织不同专业的专家、学者为领导决策出谋划策、提供思路、提供方案，给领导科学决策创造条件，提供依据，这是城市规划的重要工作。我们先后聘请了清华大学、北京大学、东南大学、同济大学、天津大学、中国城规院、中国矿业大学、省建筑大学等省内外知名院士、教授、专家近300人次到我市参与重点工程、重大项目、城市规划与建筑设计的咨询、研究、论证及评审工作，为政府确定建设目标出谋划策，为优选规划设计方案、科学决策建设目标，提供真实信息和科学依据，收到了很好的效果。

（二）全面放开设计市场，提高规划设计水平

我市从事规划设计与建筑设计的专业人才少，高层次人才少，规划设计水平不高，优秀设计、精品工程不多的问题比较突出，这也是制约我市城市规划水平的瓶颈。对于我市来讲，最根本的还是全面放开规划设计与建筑设计市场，建立市场竞争机制，积极创造条件吸引邀请省内外优秀设计单位、研究机构、著名专家学者参与规划与建筑设计方案的竞选。单一的设计方案，容易诱导或左右领导的决策，产生无选择余地的选择，影响决策水平。因此对重大项目和重点工程，组织拟定两个以上甚至达到五个备选方案，给专家、领导选择方案提供广阔空间，实现多中选良、良中选优、择优决策。近几年来，先后通过委托、邀标、招标等方式为东沙河综合治理工程、东湖公园、凤鸣湖植物园、技术学院、客货运中心等一大批重点规划建设项目提供了优秀设计方案。先后有天大、东南、同济、华南理工、中规院、中建院及北京、上海、深圳等几十个设计研究机构来我市参与方案竞选活动，使我市规划设计水平有了显著的提高。实践证明，借助外来人才、知识和智慧，是提高规划设计水平行之有

效的好办法。

（三）注重城市建设与发展的调研工作

围绕着城市建设与发展需要解决的问题和决策目标，积极开展调研工作，为决策建设目标和制定发展政策提供可靠依据。针对新城区“城中村”严重影响新城区各类基础设施建设和项目建设，制约新城区快速发展的突出问题，开展并完成了枣庄新城区“城中村”搬迁改造的调研工作。针对老城区道路不畅、交通拥挤、供热不足、环卫设施缺失等突出问题，开展了基础设施改造建设的调研工作。围绕创建园林城市开展了城市绿化系统调研，为编制规划部署创建达标任务提供依据。针对国家严格的土地政策和城市建设用地供需矛盾，开展城市存量土地的调研工作，提出城区内存量土地的综合利用措施，有效指导了旧城改造、住房建设和服务业的发展。围绕城市社会转型，制定和调整城市发展战略，开展鲁南门户城市发展策略研究，为制定各类规划和确定重大基础设施提供了依据。

（四）加大规划编制力度，努力实施城乡规划全覆盖

全面落实省政府办公厅《关于推进城乡规划全覆盖工作 进一步提高规划管理水平的意见》，大力推进规划编制工作。相继编制完成了新城区文体中心、商务中心2平方公里的城市设计，三角花园商务区3平方公里的控制性规划，台儿庄3平方公里的古城恢复重建修建性详细规划，滕州市北区11平方公里控制性详细规划等。同时加大了各类专项规划、专业规划的编制力度，相继编制的规划有：城市绿地系统规划、城市综合交通规划、住房建设规划、环境卫生设施规划、公共服务设施布局规划、中心城水系规划、中心城给水、排水、供热、燃气、综合管网规划、蟠龙河湿地规划、滕州绿地系统规划等几十项规划。各类详细规划、专业规划、专项规划的编制，为城市建设提供了科学依据，有效地促进了城市的建设与发展。

（五）坚持依法行政，强化规划管理

城市规划管理的过程是一个执法的过程，在城市规划管理过程中，要以《城市规划法》、《行政许可证》为依据，严格执行城市总体规划、详细规划、专业规划和技术规定，坚持规划一张图、审批一支笔、建设一盘棋的原则，对各类建设工程项目，对照总体规划严格审查把关，对重要建设项目实行分级审查，及时进行逐级汇报，保证了城市总体规划的顺利实施。建立四项工作制度，即城市规划公示制、建设项目审批例会制、建设项目批后跟踪管理制、规划审批窗口制，确保了规划决策更加科学、合理、民主。

二、实施城市一体化发展

枣庄是组团型城市，各城区布局分散，出现了局部与整体不协调、中心城辐射作用不突出等现象。为此，我们把中心城区作为城市建设的重中之重，促进薛城、市中、峄城三片城区一体化发展，壮大城区规模，完善城区功能，促进新老城区共同繁荣，提出了“老城做新、新城做亮、打造鲁南门户城市”的城建目标。

（一）围绕聚集人气，把新城做亮

近几年，紧紧围绕完善基础设施、优化生态环境、实施安居工程、完善教育体系、发展总部经济等重点，实施大项目建设，加快新城各项建设，综合载体功能显著增强。从实施城市路网、办公楼宇、安居工程、生态景观、公用配套设施及城中村搬迁6个方面入手，全力加快新城建设步伐，聚集人气。目前，我市新城区已累计完成投资约45亿元，建成区面积4.8平方公里。新城区已建成25条道路，拉开了发展框架，基本实现了同薛城区、高新区的连接。相继建成新城行政中心区及20幢部门办公楼、写字楼，累计建成行政办公设施约50万平方米。积极打造山水园林城市，相继建成了南方植物园、翠竹谷、凤鸣湖公园，其中南方植物园综合整治工程被评为“山东省人居环境范例奖”。大力实施道路绿化和单位庭院绿化，累计建成城市绿地160万平方米，建成区绿化覆盖率达到45%。大力实施安居工程，相继建成凤凰山庄、金地花苑等住宅小区59.2万平方米，中央花城、凯润花园等在建住宅项目30万平方米。加快配套教育、医疗设施，新城实验学校、枣庄职业学院建成实现招生；新城医疗保健中心病房楼、门诊楼基本建成，新城中医院已开工建设。实施大项目战略，中心商务区前期工作已经展开，新城接待中心贵宾楼已经封顶，主楼基础和室外景观建设已经开工。市民中心一期工程和京沪高铁站前广场规划建设工作已着手开展。为解决新城发展空间和土地制约瓶颈，去年5月份以来对新城区8个村庄开展了调查摸底、政策研究等工作，为今年全面启动村庄搬迁打下了基础。

（二）围绕完善功能，把老城做新

着眼于提升城市功能、优化人居环境，突出抓好基础设施建设、生态环境建设、保障性住房建设三个方面的工作，大力提升老城服务功能，着力加快旧城改造步伐。

一是抓好城市基础设施建设。近两年来，投资2亿元实施了城区道路畅通工程，综合整治背街小巷190余条，构建了方便快捷的城市道路交通体系，市民出行条件大大改善。积极推进环保基础设施建设，累计建成9座污水处理厂，污水处理能力达到33万吨/日，实现了“一区（市）一厂”，服务区域覆盖全部城市建成区，累计配套污水管网428.67公里，城市污水集中处理率达到86.99%。建成枣庄生活垃圾处理厂，医疗垃圾处理厂实现正常运营；滕州、陶庄、台儿庄生活垃圾处理厂一期工程建成，总规模1040吨/日，基本具备运行条件。加快实施供水、燃气、热力管网改造，完成了东、西城区供水贯通一期工程，累计完成供水“一户一表”改造2.05万户，中心城累计置换天然气用户1.46万户，城区燃气普及率达到99%，全市集中供热面积达到980万平方米，供热普及率达到56%。

二是突出抓好生态环境建设。积极创建省级园林城市，着力提升重点道路和关键部位的绿化水平。近两年来，城区新增绿地面积260公顷，人均公共绿地面积达到7.25平方米，绿化覆盖率达到28.1%，绿地率、绿化覆盖率比2007年遥感数据提高了3个百分点。立足资源优势，抓好水系治理，注重引水入城，打造亲水空间。完成了市中东沙河、薛城小沙河、峄城大沙河、台儿庄月河的综合治理，市中区开发建设了全民健身中心，城区生态环境得到明显改善。

三是突出抓好住宅开发和保障性住房建设。大力实施安康居住工程，着力改善市民居住条件。一方面，加强宏观调控和市场监管，促进住宅与房地产业持续健康发展。近两年完成房地产开发投资77.68亿元，施工面积1016.13万平方米，竣工面积326.47万平方米，城市人均居住建筑面积达到了32.8平方米；另一方面，加快保障性住房建设，解决城市低收入家庭住房困难问题。重点加快经济适用房建设，健全廉租住房制度，积极实施棚户区改造，重点推进中低价位、中小套型普通商品房供应。

（三）围绕提高效率，积极推进建设管理体制改革

一是加快建设管理体制改革步伐。在规划上，建立高度集中统一的规划管理体制，特别是确保中心城各组团间实现统一规划，统筹建设，协调发展。在市、区两级管理职责上，坚持属地管理、权责统一、管干分离的原则，充分整合和优化城市管理资源。对市政管养、园林绿化、环境卫生等不涉及公用资源统一配置的管理事权，坚决下放到区里；对供水、供气、供热、公交等重大基础设施涉及资源统一配置的，由市级统一管理。在城建资金的分配机制上，坚持权随事转、费随事走、以费养事、权责统一。二是稳步推进公用事业改革。坚持市场化取向，放开供水、燃气、污水处理、垃圾处理等经营性行业投资市场，最大限度地吸引社会投资；理顺公交、供热等价格形成和争取政府适度补贴机制，稳步推向市场；市政管养、园林绿化、环境卫生等非经营性行业，建管分开、事企分离，其作业层面采取招标等方式逐步推向市场。三是深化建设系统内部管理体制改革。根据政府各部门承担的职能，科学调整内部机构，整合行政职能和管理权限，建立健全协调机制和监督机制，形成工作合力，提高工作效率。

华中地区

建设美丽天中　打造宜居城市

河南省驻马店市副市长 刘金志
（2009年3月）

城市是人类文明建设的成果，是一个国家和地区现代化水平的标志。近年来，我市以推动城镇化进程为主线，以创建优美和谐的宜居城市为目标，以“四城联创”为契机，坚持高起点规划、高标准建设、精细化管理原则，不断加大城市基础设施建设投资，加快园林绿化建设步伐，深入开展城市环境综合治理，建立城市管理的长效机制，使城市框架进一步拉大，城市功能日臻完善，城市品位得到提高，城市面貌日新月异，城市的生态环境不断优化。

到2008年年底，我市中心城区建成区面积已由2000年撤地设市时的23.5平方公里扩展到50平方公里，城区人口由24万增加到45万，城镇化率由12.1%提高到27.8%，建筑业产值由2.7亿增加到68亿。中心城区完成城建投资由5000万元增加到22.3亿。2006年顺利实现省级园林城、省级卫生城的创建目标。2008年又通过了中国优秀旅游城市省级验收。目前正在向国家园林城、国家卫生城、中国优秀旅游城市创建目标迈进。

实施项目带动　加快城市硬件设施建设

围绕做大、做强、做美中心城市这个目标，我市认真实施项目带动战略，坚持新区建设与旧城改造并重的原则，多渠道筹集建设资金，加大城市基础设施建设投资，相继启动实施了一大批城建重点项目。

加快新区建设，培育城市亮点。2003年年底，我市聘请上海同济规划设计研究院为我市高起点、高标准编制了新中心区5.9平方公里控规及1.2平方公里的核心区修规。2005年新区建设启动以来，已相继建成天中广场、会展中心、新一代雷达气象塔、天中塔、开源河带形公园、开源桥等30多个重点项目和一批标志性建筑。

翡翠城、置地华庭、建业绿色花园、金淮阳光花园等一批设计新颖、造型美观的商住小区也乘势而上，成为新区一道亮丽的风景。今年将在新区建设50栋以上的高层建筑，争取用3年的时间建成100栋以上。目前在建工程有工人文化宫、博物馆、体育馆、天中第一城和冷水河景观带改造等工程项目。如今，一个功能完善、设施齐全、生态优美、品位高雅的新城区正引领着我市城市建设向更高的水平迈进，新区已成为我市对外展示形象的窗口和推进城市化进程的平台。

实施旧城改造，突破发展难点。我们坚持“提高品位、突出个性、打造精品”的原则，以城中村、主次干道、重点公用建筑为改造重点，相继实施了金色置地广场、豪德贸易广场、温州步行街、建业绿色家园、天方商城、西湖华达、乐山商场、东高国际花园等一批旧城改造项目，充分挖掘现有城市资源，进一步扩大城市容量，使市区环境面貌、道路通透度发生了显著的变化，解决了多年难以解决的问题，满足了群众不断增长的生活需求。

完善市政道路网络，拓展发展空间。以拉大城市框架、方便市民出行为目标，先后新建、改造了开源大道、练江大道、淮河大道、驿城大道、中华大道、铜山大道等20多条主次干道。特别近两年来，以贯通主干道、打通断头路、修通民心路为重点，逐步提高城市道路的通透性和便捷度。加快道路和排水工程项目建设，完善市政基础设施配套，改造背街小巷20多条，市区部分低洼和汛期排水不畅的问题得到有效解决。加大市区景观路人行道升级改造力度，使解放大道、开源大道、天中山大道等6条市政道路成为省级达标道路。去年我市以“三河”、“三路”为主线，重点实施20多条市政道路建设与改造工程。目前，市区主次干道已有40多条，道路总长度300多公里，已形成一个以主干道为骨架，次干道和生活支路相连接，纵横有序、交通便捷的路网体系。

加快基础设施建设，打造民心工程。近年来，我市进一步完善了水、电、气供应系统，铺设供水管网207公里，铺设燃气管道总共203公里，建成集中供热管道35公里，使集中供热面积达100万平方米。同时，兴建了高标准的城市污水处理厂、垃圾处理场。在道路养护、路灯建设、疏通排水、干道主线入地、垃圾中转站和公厕建设、发展城市公共交通方面做了大量的工作，保障了城市服务功能的发挥，满足了居民生产生活的需要。2006年以来，按照省级卫生城市和省级文明城市标准，大力推进市区环卫基础设施建设，重点加快了垃圾中转站、公厕、果皮箱等配套建设，并动员市区多家单位改造内部厕所并对外开放。目前，市区垃圾中转站和公厕已达到中国优秀旅游城市标准。

综合整治城市环境　城市面貌焕然一新

我市从落实科学发展观、坚持以人为本、加快城市化进程、构建和谐社会出发，把建设良好的城市秩序和科学的管理机制当做一件大事来抓，以“治脏、治乱、治差”为重点，以“绿化、美化、亮化”为目标，深入持久地开展城市环境综合整治，年年都有新举措，年年都有新变化。

特别是2005年以来，在城市框架拉大和城市规模扩张的基础上，我市先后开展了“城市环境卫生百日综合整治”、“门前三包”、“四城联创”等一个个重大活动，城市管理的热潮一浪高过一浪，城市面貌发生了根本性变化，广大市民参与城市管理的积极性空前高涨。一是深入开展“四城联创”活动，建立完善了“门前三包”责任制和监督人员岗位责任制相结合的长效管理机制，极大地调动了市区各单位、沿街各门店和广大市民参与城市管理的积极性。二是建立健全道路清扫保洁和垃圾转运的长效机制。坚持对城区主次干道做到每天两清扫、全天保洁，生活垃圾日产日清，使市区道路保洁率和垃圾清运率均达100%。对广场、社区、市场等部位加强力量，重点保障，基本达到了全天干净整洁。三是深入开展集中整治和专项治理活动，先后开展了拆除违章违法建筑、整治马路市场店外经营、整治交通秩序、整治公交场站秩序、规范早夜市摊点、取缔非法营运三轮车、整顿卫生秩序、整顿户外广告等一系列集中活动，打好城市管理攻坚战。四是大力实施城市亮化工程，市区主次街道都添置了大批景观灯、过街灯桥，背街小巷装上了路灯，高层建筑、沿街单位和公共场所都配备了射灯、轮廓灯、霓虹灯。每到夜晚，市区华灯齐放，流光溢彩，不仅方便了市民夜间出行，而且亮化美化了城市环境。五是加强城市执法，做到依法行政，文明执法。坚持严格管理与规范管理相结合，依法办事与人性化执法相结合，严厉处罚与教育宣传相结合，对流动经营、占道经营的商贩，积极引导他们入市、进场、归店经营，实施“一教育、二劝阻、三警告、四处罚”的工作程序，既达到了管理的目的，又避免了冲突和纠纷。在每年夏季瓜果上市期间，在市区主要出入口设立服务台，配备引导车，引导瓜农定点销售。在中招、高招期间，注重加大对学校周边占道、店外、流动经营的治理，保证交通畅通，并设立服务台，免费提供茶水，在执法过程中体现服务，在服务中提高执法效果。

通过环境综合整治，城市管理由粗放趋于精细，城市面貌发生了很大变化。占道经营、马路市场、沿街叫卖、乱堆乱倒、乱贴乱画、乱停乱放等脏乱杂现象和不文明行为得到了基本治理，环境卫生状况、交通秩序、经营秩序明显改善，群众的民众意识和文明素质得到逐步提高。

全方位推进绿化建设　打造国家级园林城

城市绿化对于改善生态环境、丰富城市文化、提高城市品位、促进可持续发展具有重要意义。近年来，我市以“四城联创”为载体，从坚持科学发展观的要求出发，积极贯彻以人为本的规划理念，按照“城市与自然共存”的原则，以建设生态园林城市为目标，以城市公园、广场、游园、道路、社区庭院绿化为重点，全社会广泛动员，多渠道筹集建设资金，广植花草树木，全方位推进城市绿化建设。

2005年，市委、市政府提出创建省级园林城市的目标后，我市调动全社会的力量，实施园林绿化全民共建，迅速增加市区绿化量。一是提升规划增绿。本着“四统一”（功能与景观统一、共性与个性统一、大气与灵气统一、经济与实用统一）、“三为主”（面上以街头游园为主、道路以乔木为主、广场公园以灌木和花草为主）、“两要两不要”（要丰富多彩，不要杂乱无章；要简洁明快，不要呆板单调）的指导思想和绿化设计原则，邀请苏州市风景园林规划设计院和河南豫新风景园林规划设计有限公司共同合作，编制完成了《驻马店市城市绿地系统规划》，开展了30多处小游园、23条景观路等专项规划的编制，制定了《驻马店市城市绿化管理办法》、《驻马店市城市义务植树实施办法》等政策措施，使规划的龙头和先导作用得到了较好的发挥。

二是突出以路带绿。道路是城市的脉络，脉络绿则城市秀。我们按照“造一房、绿一点；建一区，绿一片；筑一路，绿一线”的工作思路，对市区原有道路进行补栽，对解放大道、文明大道、乐山大道、天中山大道、中华大道、交通路6条景观大道实施高标准绿化升级改造，对开源大道、驿城大道、洪河大道、淮河大道等新建道路进行高起点绿化建设，绿化道路50多条，中心城区道路绿化率达到100%。

三是坚持以园显绿。公园、游园是城市的亮点，也是体现市民受益的结合点。我们以此为重点，瞄准“丰富绿化层次、提高绿化档次”的目标，先后对天中广场、世纪广场、置地公园、杨靖宇广场、南海公园、儿童公园等一批开放式绿地进行了高标准的升级改造。按照“打造精品、突出亮点”的要求，高标准规划建设街头游园。同时，以建设、改造公园、广场、游园为突破口，结合实际适当配置雕塑和亭台园林小品，丰富绿地内涵，体现天中文化，提升绿化品位。

四是落实以居养绿。单位、庭院、居住小区是城市绿化的细胞，我市深入开展庭院绿化达标活动和拆墙透绿，创建市级以上绿化达标庭院103个、省级园林式单位和小区12个，主要街道拆墙透绿达80%。通过大力植绿、布绿、护绿，使市区“三绿”指标快速增加。目前，中心城区绿化率、绿化覆盖率和人均绿地面积分别达到

31.9%、36.6%和8.2平方米，“三绿”指标已接近和部分达到国家园林城市的标准。我市初步形成了以庭院、居住区绿化为基础，以道路绿化为网络，以公园、广场、游园、街头绿地为亮点，乔、灌、花、木相结合的城市的绿化体系，并顺利实现省级园林城市创建目标，正在向国家级园林城市目标迈进。

搞活城市经营　推动城市可持续发展

撤地设市以来，我市顺应城市化发展的要求，积极贯彻经营城市的理念，逐步加大改革开放力度，增强了城镇的发展活力。城市基础设施投融资体制、市政公用事业改革步伐加快，特别是在城市建设和管理方面普遍引入了市场机制。组建了城市建设招商引资平台，引导社会资金参与城镇基础设施建设，走上了以城养城、以地建城的路子。我市对于商业、旅游、娱乐、商品住宅等经营性用地的使用权，一律以招标、拍卖方式出让；对于城市道路、桥梁、广场等通过拍卖冠名权、开发权、经营权等形式实施市场化经营；对于城市供水、供热、供气和污水垃圾处理等经营性公用事业实施统一规划开发，多种形式经营，提高了城市经营效益。通过城市经营和市场化运作，一批民营外资、市外企业进入城市燃气、电力、供水、公交、交通等领域，有效地扩充了城市建设资金，推进了城市的可持续发展。

一是成功实施了森林公园、淮河大道、练江大道等商业冠名权的拍卖，完成了解放大道、开源大道、雪松大道、乐山大道等道路和部分广场游园广告经营权的拍卖转让，筹措城市建设资金近500万元，迈开了城建社会融资的第一步。二是通过招商引资，完成了练江大道立交桥、乐山大道北段、蓝天大道、南海路北段、仓库路东段等道路建设及污水处理厂项目建设，新建了驻马店新型建材厂、驻马店水果蔬菜批发市场、天中建材城等项目。三是引进江西民生集团15亿元资金用于市政建设和房地产开发，不仅促进了我市城市发展，而且起到了较好的示范和引导作用。四是利用社会资金实施了温州步行街、金色置地广场、置地华庭、天方商城、乐山商场、建业绿色家园、翡翠城、八二〇旧址、中南阳光城等一批新区开发和旧城改造重点项目，实现了投资、建设与发展的多赢目标。

科学定位　快速发展
努力建设滨江风情浓郁的魅力城市

湖北省老河口市市长 王世荣

（2009年10月）

老河口市位于湖北省西北部，居汉水中游东岸，是一座具有两千多年历史的文化名城。因地处鄂、豫、陕三省要冲，素有“襄郧要道，秦楚通衢”之称。近年来，我们立足环境优势，突出滨江特色，以创建鄂西北滨江风情浓郁的魅力城市和最佳宜居城市为目标，科学规划、快速建设、灵活经营、高效管理，城市功能日臻完善，城市面貌显著改观，先后获得了“国家级生态示范区”、“湖北省级文明城市”、“湖北省级园林城市”等殊荣，并蝉联“湖北省城镇规划建设管理楚天杯”。主要经验是：

一、实行差异竞争，做活滨江文章

我市位于中部省份的欠发达地区，城市规模小、可利用资源少，自然禀赋无法与东部、沿海发达地区城市相比，加之我市周边小城市众多，所处环境相似，同质化发展倾向明显。这些不利因素，决定了我市必须走差异竞争的城市发展之路。经过深入考察，我们发现，老河口东临南阳卧龙岗，西接道教圣地武当山，南有襄阳古隆中，北邻南水北调中线工程源头丹江口水利枢纽，区位优势明显；百里汉江穿城而过，在城区西北侧形成了42平方公里的省级风景名胜区梨花湖，发展旅游潜力巨大；汉江水运、汉十高速公路、襄渝、汉丹铁路、老河口机场等交通渠道畅通，人员货物来往便利。可谓山水相依、地理优越，而这正是我市的个性和特色。以此为基础，我市确立了建设“滨江风情浓郁的魅力城市”的发展目标。

实践中，我市以水为媒，做活规划。一是完善体系。按照沿江发展的原则，先后聘请清华大学、湖南长沙规划设计院、华中科技大学等设计单位，编制了城市发展战略规划、生态建设规划、循环经济发展规划等重要规划，并启动了第五次城市总体规划修编，形成了“东南工、中部城、西休闲”的泾渭分明、层次清晰的城市发展框架，描绘出一幅独具特色的现代化花园式滨江城市蓝图。二是精心布局。本着“不求最大，力求最佳、最精、最美、最特”的思路，规划了全长5公里的滨江景观带，并据此对城市的一街一巷、一厂一区、一路一桥、一楼一舍、一花一草进行了精心规划、精心设计，实现了单体设计与滨江景观协调一致，体现了城市的精巧性、雅致性。详规覆盖率达到90%以上。三是留足空间。沿江划定了禁止开发、有限开发区域，为后续发展留出足够空间。对突破规划、乱占滥建行为，发现一处纠正一处，有力地保障了规划的权威性。

二、坚持统筹兼顾，促进协调发展

精心的设计，尤其需要高水平的建设来呈现。老河口市虽然建城较早，也一度辉煌，但自20世纪90年代之后，城市建设即陷于停滞，基础设施老化严重，欠账较多。如何通过建设重现城市的生机与活力，实现率先崛起，跨越式发展？我市反复摸索，最终确立了“旧城新区统筹兼顾，协调推进”的建设思路。建设中，又提出并实施了“健全骨架，完善功能，衔接产业，促进发展”的十六字方略，极大地优化了人居环境，有力地支撑了城市经济的进一步发展。目前，我市城市建成区面积由原来的20平方公里逐步扩大到31平方公里，增加了55%，形成了机械汽车、纺织服装、食品加工、精细化工、建材五大支柱产业，2008年，我市县域经济综合排名前进13位，增长幅度居全省之首。

具体工作中，我市一方面改造旧城，完善功能。按照先改造道路，再健全设施，后拆迁开发的原则，对城区所有主干道进行了拓宽、改造和刷黑，对城区南、北部主、次干道进行了填平补齐，使全市主干道总长达65公里，高标准刷黑62公里，形成了“四纵五横”的交通格局。实施了人行道改造工程、背街小巷硬化工程、供水供电管网和环卫设施配套工程、园林绿化工程，城市道路、供水、供电、环卫等设施服务半径均达到或超过国家标准。城市人均公共绿地面积达9.33平方米，城市绿化覆盖率达41.5%，形成了绿在城中、城在林中、人在景中的生态花园城市美景。在此基础上，我市按照规划，对指定地域进行了大刀阔斧的拆迁改造和开发建设。采取拆迁改造与经济适用房、廉租住房建设相结合的办法，先期建设26栋16万平方米的安置房安置拆迁户，一举破解拆迁难题，为后续工程建设扫清了障碍，开发建设的奥华小区、美景小区、锦绣山河小区成为城区新景观。另一方面建设新区，壮大产业。在改造旧城的同时，我市大胆决策，大力实施了“南进、北延、东扩、西改”发展战略，适时筹划并启动了新区建设。具体过程中，充分考虑新区建设对城市产业的吸纳和承载能力，细化了功能分区。先后在城东构建了总面积达15平方公里的工业集中区，重点发展食品加工、汽车机械制造和冶金；在城东南构建了总面积达14.5平方公里的科技产业园区，重点发展高新技术产品、精细化工产品；在城东北构建了总面积达1平方公里的光化创业园，重点发展中小企业；在城北构建了总面积达9.1平方公里的洪山嘴建材工业园，重点发展新型建材；在城南构建了总面积达2.5平方公里的住宅办公活动区。新区框架形成后，我市又迅速出台了扶持政策，鼓励企业特别是工业企业由旧城迁出向新区集聚，吸引省外、境外企业到新区发展，取得了良好成效。目前，上述新区已入驻企业41家，启动项目48个，总投资66亿元。2008年，新区工业产值占全市工业总产值的比重超过了50%，利税占全市工业利税的比重超过了30%。

三、善用经营手段，盘活有限资源

土地和资金是城市建设不可或缺的关键因素，更是制约城市发展的主要瓶颈。作为中部省份欠发达地区的小城市，土地、资金对我市城市建设与发展的制约尤为明显。破除这一制约，必须将城市作为一个整体、一种资源去经营、配置，走以城建城、以城养城、滚动发展的新路子。实践中，我市通过腾笼换鸟的办法集并土地，较好地缓解了土地供需矛盾；通过招商引资的措施筹集资金，较好地满足了城市建设需求；通过搭建融资平台，较好地加快了建设步伐。

一是实施迁村腾地，突破土地瓶颈。2007年以来，国家持续收拢土地闸门，新增建设用地审批日益严格。而此时正是我市加快发展的关键时期，土地需求日甚一日。为此，我市积极向内挖潜，自力更生，人为“造”地。经多方考察、论证，我市决定，迁移城中村住户，集并土地，实施迁村腾地工程。2008年年底，我市对城东工业集中区核心区内童营社区的三个自然村762户村民进行了动迁。工作中，我市实行了“政府主导、市场运作、部门负责、整体联动”的工作机制，还建房建设享受经济适用住房政策，政府提供建设用地，行政规费全免，开发商垫资建设，腾置盘活的商业用地及时出让，出让收益回购还建房供被拆迁户居住。目前，拆迁工作已完成50%，已腾置、盘活土地838.9亩。整个工程完工后，将腾置、盘活土地1302亩。通过迁村腾地工程，贯通城区的一环线主干道建设得以实施，城东工业集中区5

家企业得以入驻，农民群众也因此住上了宽敞明亮的单元房，同时，还为未来建设预留了土地，提供了空间，可谓“一举四得”。

二是开展招商引资，弥补资金短板。按照“我出政策你出钱，你得实惠我发展”的思路，深入开展招商引资，吸引外地开发商投资城市建设。我市中山公园始建于1933年，一直实行封闭式管理。商业店铺围绕四周，园内设施陈旧老化，随着改革开放的深入，特别是我市城市建设的不断加快和人民生活水平的不断提高，社会各界要求拆墙透绿的呼声日益高涨。2008年年底，我市适时引进投资商，采取无偿提供中山公园西南两侧土地，由其进行商业开发的办法，换取投资商无偿对中山公园进行公益性改造，实现了政府不拿钱，旧貌换新颜。改造后的中山公园四周通透，绿地面积增加了27%，绿地率提高了12.8%，形成了4区7景，成为城市开放式“空中花园”新景观。公园免费开放后，群众来往如织，社会效益凸显。通过类似办法，我市还引进了湖北明想集团有限公司，无偿投资实施天然气利用工程。目前，城区管道铺装率达到70%以上，入户率达到40%以上，使城区居民用上了清洁、高效的新能源。

三是搭建融资平台，加快建设步伐。我市注重发挥融资平台的作用，组建了老河口市建设投资经营有限责任公司，吸纳金融机构资金建设城市。先后与中国建设银行湖北省分行、中国银行湖北省分行、国家开发银行湖北省分行等金融机构建立了战略合作关系。3年来，融资收储闲置土地1320亩。通过环境整理、周边开发，将生地做熟、旧地盘新；通过公开招标、拍卖、挂牌、出让，使土地升值。3年来，出让土地平均增值超过60%以上，实现了财政增收，城建提速。同时，借助融资平台，我市还快速建设了城市污水处理厂、滨江大道、城东工业集中区、316国道绕城公路等重要基础设施，收到了政府短期不花钱，设施快速配齐全的良好效果。

四、创新管理机制，重塑城市秩序

城市“三分靠建、七分靠管”。认真、精细、科学的管理，是城市“脸面”整齐亮丽、容光焕发的根本保证。我市尽管城区不大，但路巷众多，各类设施相对齐全，加之近3年来城市建设步伐大、速度快，又新增了一些道路和设施，在一定程度上加大了管理难度。而群众素质参差不齐，更进一步增加了日常管理的工作量。为此，我市秉持改革理念，大胆创新管理机制，科学推进城市管理，塑造了秩序井然、环境优美的城市新形象。

一是归并职能，集权管理。城市行政执法部门多，其本意是加强管理。但由于职能交叉，权限不清，常常是7个大盖帽管不住1个小草帽。为解决这一矛盾，我市解放思想，果断革新，组建了城市管理行政执法局，实行“7+1”管理模式，即将市容、绿化、市政、规划、环保、工商和公安7个部门的有关管理职能，以及省、市人民政府赋予的其他职责统一归并到城市管理行政执法局，并公开招聘60名协管员加强城管，实现了集权管理，常态管理。

二是明确责任，精细管理。推行了网格化精细化管理模式。把管理范围细分为网格，组建了清扫保洁、垃圾处理、环卫物业公司，管理网格内事务，并建立了完整的岗位执法管理和考核体系，制定了《城市环境卫生规划》、《城市容貌管理标准》，实行了定点、定路段、定责任的分片包干责任制，明确各级人员岗位责任，经常对工作绩效进行督查，设立曝光台接受社会监督，发现问题后“板子”直接打到具体人员身上，使精细化管理落到了实处。

三是以人为本，科学管理。“以人为本”体现在城市发展中，就是在城市管理中充分考虑人的需要。我市注重发挥人民群众的城市管理主体作用，调动社会各界参与城管的积极性。大力推进社区建设，实行社区居民自治。鼓励中介服务组织、民营企业、社会公众等多元主体参与城市管理，使广大群众的环境意识、城管意识明显增强，使城市管理的满意率不断提高。

通过近年来的实践，我们体会到，城市建设，理念必须先行。首要结合实际，看清特色，追求个性，科学划定城市建设的方向和目标，并一以贯之，矢志不渝。其次，要对照目标，通过高水平、高质量的建设，还原规划甚至拔高规划，使纸上的美景变成现实，使我们现在建设的成果变成历史文化的财富。再次，手段要灵活，注重挖掘存量资源，变存量为增量，化腐朽为神奇。最后，日常管理要高效得力，规范有序。要向管理要效益，通过管理巩固乃至放大建设成果，提升城市品位。

推行城区公交免费　全民共享发展成果

湖南省常宁市市长　周正雄

（2009年10月）

常宁市位于湖南省南部，湘江中游南岸，是隶属于衡阳市的县级市。全市土地总面积2046平方公里，总人口90万人，其中城区人口13万。近年来，我市坚持以人为本、民生为重的执政理念，优先发展城市公共交通，使公共财政普惠于民。2007年，我市邀请省内专家制定了《常宁市城市公共交通专业规划》，设定一批公交线路，并通过《常宁报》、电视台向市民广泛征求意见，经过8个月时间的筹备，市财政投入700余万元，于2008年7月1日正式开通城区免费公交车，首次投入运营的线路3条，投入营运的车辆72台，全部里程15.2公里，初步形成"两横两纵"的城区免费公交网络。运行一年多来，免费公交得到巩固和发展，新建52个候车亭，新增6台超长车辆，基本满足市民的出行要求，深受了各方的广泛关注和好评，产生了良好的社会效益，超出了预期效果。

一、实行免费公交的初衷

首先，"公交免费"是我们坚持民本理念，普惠于民的具体体现。近几年，常宁市几家班子坚持争创全省经济强市目标不动摇，围绕民生抓财政，围绕财政抓项目，围绕项目抓招商，围绕招商抓服务，经济社会实现了又好又快发展。地区生产总值连续5年保持两位数增长，财政收入连续4年以1个亿的增幅攀升，2008年财政总收入6.22亿元，跻身湖南省综合经济实力前20强。在市域经济加快发展的同时，我们始终坚持发展成果全民共享，致力于建设公共财政、民生财政、阳光财政、效益财政，对农村，我们由市财政每年投入2000万元以上用于乡村公路建设，每年为70万农户代交10元新农合参合基金，每年免交农民每亩23元的农田灌溉水费，按湖南省确定的最高参保标准启动农村低保，并逐年提标扩面，在湖南省率先把农村中小学校债务全部剥离到本级财政，解决农村安全饮水问题等多件事情，广大农民群众普遍得到实惠。顺着这一思路，为了全市城乡居民之间大致均衡享受发展成果，我们决定在城区实行公交免费。这是一件水到渠成的事情，不是一时心血来潮、突发奇想。我们的最终目的，就是让更多的市民共享发展成果。只要人民群众高兴的事，我们就大胆去做；只要人民群众满意的事，我们就坚决去做；只要人民群众拥护的事，我们就一做到底。

其次，“公交免费”是我们坚持创建文明城市、规范城区交通秩序的现实需要。公共交通是一个城市文明程度的一面镜子。优先发展公共交通既是规范交通秩序的需要，更是提升城市文明的需要。常宁撤县设市已经有11个年头了，我们1998年开通了公交车，已经有10年公交车历史，但是市内还有一些市民从来没有坐过公交车，部分市民的公交意识淡薄，对红绿灯、双黄线视而不见。特别是一批黑摩的非法载客，严重扰乱了城区的交通秩序。前些年，我们为了在城区禁黑摩的，花了很大的力气，投入了大量的人力、物力和财力，但效果不理想。因为这些黑摩的经营者大多为周边乡镇农村剩余劳动力、城区下岗职工或待业人员，采取行政干预措施去整治，容易激发矛盾、引发社会群体事件。过去在整治过程中，就曾经发生过几起“老爷车”司机到衡阳市委市政府、省委省政府群体上访事件，曾经发生过多次“老爷车”司机围阻市政府大门、围攻主管副市长私人住宅等恶性事件。最近几年，黑摩的反弹现象突出。据统计，2007年，常宁城区内有国家明令禁止的载客两轮摩托车约1000辆，三轮老爷车约400辆，严重干扰了公交营运秩序，破坏了城区交通安全，影响了城市形象，社会各方面对此反响强烈。随着城市基础设施建设和配套功能的不断完善，我们对城区内10多条主要交通干道全部沥青化，减少了灰尘，降低了道路噪声，极大改善了城市面貌。我们实行“公交免费”的主要目的，就是唤醒广大市民的公交意识，保障城区交通秩序，改善市容市貌，提升城市品位。

最后，“公交免费”是我们坚持解放思想，强化公交车营运管理的探索创新。发展公共交通是我市财政对公共产品、公共服务、公共管理的主动补位。一直以来，我市公交车的管理营运由市公共交通运输有限公司负责，公交车的经营模式比较松散。由个体业主购置车辆，挂靠公交运输公司营运，个体业主自负盈亏，公交运输公司进行监管和调度。如此一来，各公交车业主包括公交运输公司在内，为追求经济效益的最大化，常常“铤而走险”，营运管理不太理想。虽然制定了许多管理制度，例如按车辆数量编排运营间隔；必须在公交车停靠点上下乘客；公交车司机必须有A2驾驶执照、连续多年的驾龄等。但各公交车并没有严格遵守，招手即停现象突出，公交车司机交通意识淡薄。一定程度上造成了城区交通堵塞，危及乘客与路人及其他车辆的安全，市民对此呼声较大。基于以上三点考虑，我们实行公交免费，是一件合乎市情、顺应民心、顺理成章的决策，而不是一件难以办到、无法办好的事。

二、运行一年多来的效果

免费公交运行一年来，在以下五个方面取得了比较好的效果。

第一，降低了行车成本。事实证明，这3路公交车免费以后，一方面，载客量急剧上升。按今年7月2日载客量统计：3路为160人次/趟×15趟/日·辆×14辆＝33600人次/日；4路为100人次/趟×11趟/日·辆×16辆＝17600人次/日；11路为60人次/趟×14趟/日·辆×10辆＝8400人次/日。三条公交线日总载客量为59600人次，是免费前的5.7倍。另一方面，黑摩的上路载客呈下降趋势。据今年7月4日下午3点统计：城区内非法上路营运的两轮摩托车为300辆左右，三轮老爷车为150辆左右，减少了一半以上。尽管这3路公交车比实行免费以前多开出6辆，按每辆每日多支出360元（包括油钱165元、司机工资100元、汽车折旧费95元）计算，较以往多支出行车成本2100元，但是，我们按减少黑摩的上路营运500台次，每台每日耗油20元、车体折旧5元计算，每日可节省行车成本12500元；按票价1元的标准，乘坐市民每天可以节省5900多元开支。由此可见，公交车免费后，城区公交运输效率大幅提高，成本不断减少，节约了社会资源，降低了行车成本。

第二，规范了交通秩序。据交警部门统计，实行免费公交车后，市区几条主要道路上的行人量较以往减少20%以上，车流量减少了10%左右，交通秩序明显改观。在群英路、青阳路、泉峰路等主要干道，由于黑摩的减少、公交车按站停靠，按时始发，自觉遵守交通规则，城区内交通秩序大为改观。特别是东风广场三岔路口，车流量明显减少，交通秩序大为好转。

第三，提升了市民素质。公交车是一个展示城市形象和市民素质的窗口。为了帮助广大市民形成公交意识，提高文明素质，我们切实加强对免费公交的管理。一是严把公交车司机入口关，要求司机必须具有A2驾驶执照、连续驾龄超过三年，必须通过招考才能上岗上车。二是严把公交车质量关，整体收购市公共交通运输公司的公交车后，按车况实行报废或整修维护，并新添置20台中型客车，坚决杜绝病车上路。三是加强候车亭、支干道站牌以及公交车停车场等配套设施的建设。四是始终坚持按站停靠，按时始发，做到“安全、正点、舒适、方便”。通过我们的带头影响，广大乘车市民以前对公交车的看法明显改观，对文明城市创建的认识更加深刻，市民自觉遵守乘车秩序、交通秩序蔚然成风。公交车候车亭、等候公交车的市民已经成为文明城市中的一道亮丽风景。

第四，保护了人居环境。在油价畸高、原油紧缺条件下，在越来越多的人拥有私家车的背景下，公共道路的安全、快捷、畅通已成为当前大家的谈论话题。实行公交免费，在一定程度上，能够缓解这两个方面的压力。免费公交车本身耗油不会增加，许多上学族、上班族，还有相当一部分有车族加入到坐公交车的行列，这样，既节约了原油这一宝贵资源，又减少了尾气排放，减少了大气污染和噪声污染，腾出了足够的公共道路通道，这对构建山水园林城市、打造适宜的常宁人居环境起到了一个很好的促进作用。

第五，提升了城市形象。实行免费公交以来，常宁作为一个地处湘南的县级市，受到了前所未有的关注。媒体在聚焦，客商在留意，市民在期盼，兄弟县市在效仿。短短一年时间内，我市接待前来考察免费公交的县市25个，不少县市如陕西省吴起县、山西省长治县、衡阳市南岳区相继开通了或正在筹备免费公交。不少常宁籍在外人士纷纷致电或来信，对家乡率先实行免费公交一事欢欣鼓舞。不少媒体跟踪报道，对我市城市建设和市域经济发展情况进行全方位介绍，其中中央电视台在一个月时间内针对我市免费公交就做了三次专题报道，由最初的质疑、观望到最后的全面肯定。常宁的对外形象有了明显提升，常宁人的自豪感和自信心明显增强，干部职工的整体精神面貌上了一个台阶，“一心一意谋发展，聚精会神搞建设”的氛围浓厚，在今年的衡桂高速公路建设等各项社会事业建设中，创造了一大批“常宁速度”，打造了“常宁模式”，形成了“常宁经验”。

三、下阶段需要进一步完善的地方

免费公交车运行以来，客观存在乘客过于拥挤、乘车秩序偏乱、存在一定安全隐患、营运线路覆盖过窄、财政负担偏重等实际问题。下阶段，我们将继续把好事办实，实事办好，促进免费公交持续健康运行。一是需要进一步增加投入力度。近几年我市经济发展较快，财政收入连年增长，但可用财力并不宽裕，特别是受金融危机和宏观经济环境影响，今年我市财政减收，保工资、保支出的压力特别大。实行免费公交车，每年至少投入600万元，对全市的财政支出是一个较重的负担。尽管如此，惠民政策只能做加法，不能做减法，看准了的事，对群众有利的事，就要一抓到底，我们将克服重重困难，保障公共财政的投入，把免费公交车作为一项惠民

举措长期坚持下去，绝不松懈，绝不放弃。二是需要进一步提高覆盖率。按照《常宁市城市公共交通专业规划》的要求，现开通的3条免费公交线路还不能满足市民乘车的需求，且线路未构成网络，存在公交车服务盲区。今后，随着城市的扩大，市民对免费公交车的期望和需求会更大。我们将根据实际需要逐步增开线路，扩大免费公交车覆盖面，使更多的市民受益。三是需要进一步加强管理。狠抓免费公交车客运服务，健全服务管理机制，层层签订服务责任状，定期进行优质服务培训，开展灵活多样的服务创优活动。要以人为本，完善电子语言报站系统、车载电视等设施，提高司乘人员素质，保护司机的积极性，营造良好的乘坐环境。要规范市民乘坐秩序和车辆运行秩序，加强安全教育，落实安全措施，确保免费公交车正点、有序、安全运行。

站在城市建设与管理的高度来看，公交免费只是其中的一项工作，下阶段，我市将充分发挥公交免费的导向作用，努力提高市民的文明素质，积极争创省级文明城市，精心打造一个宜居宜游的山水园林城市。

华南地区

创新模式建工程　集中管理见成效

广东省东莞市副市长 梁国英

（2009年3月）

东莞市位于珠江口东岸，粤港经济走廊中段，面积2465平方公里，户籍人口170多万，外来投资者、劳动者600多万。自2001年以来，东莞市委、市政府将城市建设摆在突出位置，提出了“建城、修路、整山、治水”的八字方针，开始实施大规模城市工程建设。为了高质量、高速度、高标准地建好市财政投资的工程项目，东莞市大胆创新政府工程管理模式，对市财政投资的市属工程实行统一领导、统一机构、统一财务、统一运作的集中代建管理模式，以市城建工程管理局作为专业代建机构，充分发挥市建设工程交易中心、市会计核算中心、市财政投资审核中心三大平台作用，对工程实施规模化推进、专业化建设、规范化管理，有效保证了市属工程的优质、高效、廉洁，有力推动了东莞城市现代化的进程，城市的竞争力、聚集力和辐射力明显增强，东莞先后荣获“全国文明城市”、“国际花园城市”、“中国十大魅力城市”、“国家卫生城市”和“国家绿化模范城市”等称号。主要做法是：

一、实行集中代建，政府工程建设既好又快

实施专业化管理，改变以往工程建设中临时搭建班子，“医生建医院、教师建学校”的做法，才能保证工程的质量、进度、投资和廉洁。为此，2001年7月，我市成立了市属重点工程集中代建机构——市城市建设工程总指挥部（副处级），负责对28项市属重点工程实行集中建设管理。经过两年的实践，2003年5月总指挥部更名为东莞市城建工程管理局（以下简称“市城建局”），为市政府直属正处级事业单位，专门负责对市财政投资的市属基建工程实行集中代建，严格控制工程的进度、质量、投资，建好后“交钥匙”给使用单位。

（一）下达“硬任务”，以集中攻坚保证工程进度

市属重点工程建设任务重、时间要求紧，确保工程进度是一项硬任务。市委、市政府对市属重点工程建设极为重视，积极采取各项措施，集中攻坚，全力确保工程建设进度。为了保证工程按期完成，市城建局坚持以工期统筹工程建设计划，紧咬工期目标，狠抓节点控制，严抓进度管理，科学安排作业方式，确保工程建设按目标计划有序进行。对一些工期紧、任务急的工程，实行科学调配，做到工期安排紧凑，计划留有余地，整体按计划推进，工程多而不乱，忙而有序。在工程筹建阶段，实行设计与核查一条线、招投标一条线、基建程序一条线、征地拆迁一条线“四条主线”平行交叉作业，还根据工程实际情况，将工程细分为若干标段，实行同时招标、同时动工建设或梯次作业，有效地加快了工程筹建进度。自成立以来，市城建局共组织实施市属工程175项，总投资约400亿元，已完工92项，在建35项，筹建48项，实际完成投资160多亿元。

（二）提高“硬本领”，以专业管理保证工程质量

市城建局加强专业化队伍建设，通过面向社会公开招聘，目前已拥有各类工程技术人员100多名，其中具有中、高级以上专业技术职称80多名，建立起了一支本领过硬、业务过硬的专业管理队伍，实现了对工程的专业化管理。所有重点工程按照国内同类项目领先的标准，加强工程设计把关，大胆优化方案，坚持做到高起点设计。每个工程都成立专业的项目组，加强工程现场管理，全天候驻扎现场，及时解决工程建设中的有关技术和协调问题，监督施工、监理单位履行合同。对一些技术难度大、专业性强的工程，聘请资深的技术顾问，加强技术指导，为工程建设提供技术保障，先后聘请了北京保利集团、香港CDA公司、北京道勤公司、华体集团等多家技术顾问，为工程质量提供了有力的技术保障。为加强工程质量监控，市城建局建立了一套质量管理体系，成立了独立的质量安全督查组，专门负责对工程质量进行巡查检查；在工程竣工后半年进行使用回访，及时整改发现的问题；实行工地远程视频监控和指纹考勤，全面监控施工和监理单位履行合同情况，保证工程建设质量。已完成的代建工程中有30多项工程获优质工程，其中玉兰大剧院获“鲁班奖”，展览馆幕墙、会议大厦室内装饰工程荣获“全国建筑工程装饰奖”，东莞水道特大桥获铁道部“火车头”奖。

（三）执行“硬指标”，以严格约束确保投资控制

坚持“统筹兼顾、量力而行、集中财力、突出重点”的原则，市属重点工程预算安排不留缺口，不借银行一分钱，依靠自身财政实力来全面推进城市建设。每一

项工程在确定上马的同时，确定投资规模，要求代建单位作为硬指标实行限额建设，作为一项硬纪律原则上不得突破。在工程设计方面，严格实行限额设计，设计前进行投资分解，要求设计单位按照投资分解表进行限额设计，不得突破。对因设计考虑不周而导致单项工程增加费用超过50万元，或增加费用累计超过该项目设计预算的5%的，扣减设计单位设计费。与此同时，大胆优化设计方案，发挥专业优势，合理降低工程造价。在工程变更方面，针对工程变更容易增加工程投资的情况，专门成立工程变更审核小组和财务专责小组，对每一项工程变更都进行反复审核，超过50万元的还要报市审批。同时，积极试行现场“零签证”，实行风险包干，尽最大可能减少管理中的人为因素，使工程投资控制更加心中有数。目前，已建成并交付使用的工程，不仅没有一项工程超预算，而且节省了大量资金，其中结算完成的51项工程，结算价为100亿元，比概算节省投资18.9亿元，节约率为15.9%。

（四）满足“硬要求”，以促进和谐树立良好形象

坚持加快工程竣工验收和工程结算进度，根据工程进度的实际情况，适当提高工程款的支付比例，确保所有应付的工程款及时支付给施工单位，绝不拖欠施工单位一分钱。坚持以人为本，按照“岗前有培训，劳动有合同，工资有保障，工伤有保险，维权有渠道，生活有改善”的“六有”目标，大力开展和谐工地建设，全面改善工地工人工作生活环境，每个工地做到有硬化场地、有标准板房、有专门活动场所、有专用食堂、有独立卫生间和冲凉房、有工地宣传栏和举报箱；维护民工合法权益，重点加强对工人工资发放管理和教育培训，积极推行工人欠薪接访制、工人工资兑付公示制和工资保障金制度，严格控制拖欠工资行为的发生；在条件具备的工地设立工地临时党支部、民工业余学校，对工地工人进行理论、技术、维权等知识的教育培训，丰富工地工人的精神文化生活。坚持安全文明施工，建立健全安全文明施工规范，所有施工项目实行标准化建设、规范化作业、人性化管理。几年来，工程建设涌现出了一批安全文明施工样板工地，在施工过程中很少收到投诉，没有发生过一起重大质量安全事故。

二、强化政府投资管理，资金使用既安全又高效

建设资金管理是工程投资管理的重要环节。为管好市属重点工程建设资金，保证纳税人的钱用得安全、用出效益，东莞市成立了市建设工程交易中心、市会计核算中心和市财政投资审核中心进行监管，通过实行公开招标、会计委派和投资评审等制度，确保了财政资金使用的规范、安全、有效。

（一）实行公开招标，确保工程造价合理

为了规范工程招投标管理，结合自身实际，制定了《东莞市建设工程招标投标管理办法》，引入公开竞争、优胜劣汰的市场竞争机制，有效控制了工程造价，合理降低了建设成本。所有政府投资重点工程项目，凡依法应当公开招标的，一律到市建设工程交易中心进行公开招标；国家没有要求公开招标的，如沉降观测、智能建筑顾问咨询等也严格实行公开招标，绝不允许“暗箱”操作。此外还规定，建设单位使用财政性资金采购属于市政府集中采购目录以内或采购限额标准以上的零星工程建设项目，如勘察、设计、监理、咨询以及相关材料设备采购等，必须纳入政府集中采购范围，按规定程序进行采购。八年来，仅市城建局完成工程招投标项目1535个，中标价比预算价或最高限价平均下浮19%，节约财政性资金27.9亿元。

（二）实行会计委派，确保资金使用规范安全

为了加强对工程建设资金使用的监管，对市城建局组织实施的市属重点工程实行会计委派制度，由市财政局派出专职财务人员，对工程财务实行严格的核算监督，对工程款实行国库集中支付。通过对工程财务进行统一核算，完善会计账务处理，强化工程投资分析，加强概预算控制，工程进度监控，严把工程招投标关、拆迁补偿关、工程变更关和工程款审批关，实行国库单一账户支付体系，实现了工程建设资金事前、事中、事后的全过程、全方位监督，保证了每一笔工程用款严格按照规定程序运作。几年来，通过实行会计委派，市属重点工程建设资金实现了安全高效运行，没有出现过一笔工程款被截留、挪用，没有发生过一宗重大资金安全事件，而且还有效防止了市属重点工程税源流失，增加了地方财政收入。

（三）实行投资评审，提高资金使用效益

成立市财政投资审核中心，坚持以审核为基础，以评价促提高，通过对市属重点工程项目设计方案和工程概预算进行技术可行性和经济合理性分析，努力达到节约投资成本、提高工程质量、满足使用功能要求的目标。坚持以预算定额为基础，根据政府批复的工程投资规模、市场价格水平、项目的特殊要求等因素确定工程最高限价，所有市属重点工程最高限价必须经市财政投资审核中心审核，才能进入市建设工程交易中心进行公开招标，从源头上合理控制了工程造价，防止高估冒算。坚持对市属重点工程项目实行跟踪评审，及时掌握工程变更签证情况，加强对追加预算资金使用情况的监督，单项变更工程预算价超过限额的，由建设单位及其主管部门初审后送市财政投资审核中心审定，以审核结果作为预付变更工程价款的依据。坚持“审核—复审—抽审”三级复核制度，对市属重点工程项目概（预）算、

结算、竣工财务决算实行全过程监督，按照客观、公正、科学、合理的原则，严把支出审核质量关，确保工程资金安全高效运行。

三、坚持标本兼治，廉政建设既防又堵

实行代建制以来，我市坚持标本兼治、防堵结合的原则，不断建立健全预防和治理工程腐败的监管机制，工程廉政建设取得了明显成效。几年来，市属重点工程建设中，没有发生过一起工程腐败案件，没有倒下一个干部，实现了工程建设和廉政建设“双优”。

（一）坚持齐抓共管，共筑防腐拒变制度防线

坚持统一领导，成立市城市建设工作领导小组，由市委书记担任组长，负责研究制定全市建设发展战略、总体规划和用地规划，确定全市大型城市基础设施项目、重大建设开发项目等。坚持民主决策，所有市属重点工程方案、重大设备材料选型须由市党政领导班子联席会议集体讨论决定。坚持集中管理，所有市财政投资的工程由市城建局统一组织实施，有效切断工程建设相关部门的利益关系，实现了“建、管、用”三分离。坚持合力监督，各相关部门之间定位清晰、职责明确、各司其职，对工程建设实施全方位、多层次的监督。市人大和市政协定期组织人大代表和政协委员深入施工现场视察市属重点工程建设情况，年终听取工程建设、工程资金运作等情况汇报；市纪委把城建局定为预防和治理腐败的重要部门，实行实时跟踪监督；市检察机关在市城建局设置了联络办公室，把其作为重点盯防对象，共同开展预防职务犯罪活动；市财政审计部门派员常驻市城建局，对市属重点工程资金使用情况进行跟踪审查；使用单位派人参与工程项目的设计审定、竣工验收等过程，对工程建设实施有效的监督。

（二）坚持政务公开，全力建设政府阳光工程

坚持政府投资项目公开，所有市属重点工程项目，不论是财政全额投入还是补助投入的，全部通过东莞日报政务公开栏、东莞城建信息网等媒体向社会公示，接受公众和新闻媒体的监督。坚持工程财务公开，每月将市属重点工程款项的支付情况报送市城市建设工作领导小组审阅，每年将工程投入、项目实施、竣工结算等情况编制成详细报表向人大报告，大到组成项目、工程预算总额，小到一棵树的购置价格和购置点，都作了详细说明；而且通过实时在线财政预算监督系统，市人大只要轻点鼠标就能清楚地看到每一笔工程款的支付情况，增强了资金使用的透明度。坚持工程招投标公开，所有市属重点工程建设项目必须实行公开招标，招投标前在

相关新闻媒体和网站刊登招标公告，招投标结束后将招标结果、中标价、中标单位等情况进行公示，实行中标跟踪监督。坚持工程变更公开，对所有工程变更的原因、设计要求、工程用款等情况都实行公开，严防了个人拍板和人情签证。

（三）坚持健全制度，着力构建防腐保廉长效机制

针对工程建设过程中容易出现腐败的重点领域和关键环节，不断建立健全规章制度，堵塞工程管理漏洞，使权力运行到哪里，监督就延伸到哪里，构建了使人不能腐败的长效机制。几年来，先后制定和完善了《关于进一步加快推进市财政投资建设项目的实施意见》、《东莞市财政性资金投资建设项目管理暂行办法》、《市属重点工程廉政协议制度》、《工程用款八项原则》等一系列规章制度，市属重点工程投资管理逐步走上了规范化、制度化的轨道，确保了工程建设过程中凡事有规矩、遇事有规则、处事有规程。为了切实防止工程集中代建带来的集中腐败问题，代建单位结合自身实际，制定了《招投标管理细则》、《工程变更程序》、《廉政“双签”制度》、《项目管理工作指引》等40余项管理制度，形成了既分工协作又相互制约的内控机制。通过不断完善工程廉政制度建设，真正做到了用制度管权、用制度管事、用制度管人，实现了工程建设与廉政建设的“双丰收”。

实施城市风貌改造　建设国门特色城市

广西壮族自治区凭祥市市长 廖应灿
（2009年10月）

广西凭祥市地处祖国“南大门”，境内有中国九大名关之一的友谊关，1956年建市，是广西第五个建市的城市，1992年6月被国务院批准为沿边对外开放城市，2002年12月被批准为自治区直辖市，由地级崇左市代管，现下辖4个镇，总面积650平方公里，户籍人口11万人。凭祥的区位优势明显，是“一轴两翼”中南宁—新加坡经济走廊的重要节点城市，是广西北部湾经济区的重要功能组团，辖区内有1个综合保税区，2个国家一类口岸，1个地方二类口岸，4个边民互市点，是广西口岸数量最多、种类最全、规模最大的边境口岸城市。凭祥的交通十分便捷，素有“南疆国门第一路”之称的南友高速公路和322国道终点与越南一号公路对接，湘桂铁路和322国道贯穿市区，距广西首府南宁、越南首都河内分别为160公里和172公里，是中国通往越南乃至东盟最大、最便捷的陆路通道。

近年来，凭祥市紧紧抓住南友高速公路开通、国家批准设立广西凭祥综合保税区、中国—东盟自由贸易区加快推进所带来的历史性发展机遇，坚持“特色立城、特色建城、特色兴城”的原则，以实施城市风貌改造和“城乡清洁工程”为载体，狠抓城市规划建设管理，城镇化建设取得明显进步，国际口岸城市初具雏形。主要做法和体会是：

一、高起点编制城市规划

规划是城镇化建设的前提，是城市建设成败的关键。近几年来，凭祥城市建设始终坚持规划先行原则，严格执行《城乡规划法》，做到先规划再建设。同时做到规划起点较高，并适度超前，以满足城市未来发展的需要。在城市规划方面，市委、市政府着重抓住几个关键环节。一是明确城市发展定位。城市定位的高低决定着规划的广度和深度，要建一座什么样的城市，也是广大市民关注的焦点和热点。结合凭祥市的区位优势及面临机遇，市委、市政府经过反复调查研究，提出了“建设面向东盟开放合作的区域性国际口岸城市”的城市发展定位。这一定位体现了“特”、“边”、“高”功能，“特”就是明确了城市的特点，也就是要有东盟特色，尤其要有越南和壮民族元素；“边”就是明确了城市所处的地位，也就是边关和口岸；“高”就是明确了城市建设的标准，也就是建设区域性国际城市，要有国际都市的功能和形象。二是理清城市发展思路。根据凭祥的地形特点和城市发展状况，市委、市政府确定了“拉开框架，扩大规模，提升形象，完善功能”的城市建设总体思路，明确城区建设向南、向西扩展，整合保税区、边贸区及口岸区等沿线区域，形成一个“葡萄串式”的城区。三是搞好系统规划布局。高标准完成了《凭祥市总体规划》修编，完成了保税区、口岸区、白云新区、友谊关工业园区等片区规划及控制性详细规划，完成了全国小城镇改革试点镇夏石镇规划。在抓好总体规划的同时，统筹编制专项规划，先后完成了旅游发展规划、物流发展规划等，促使相关产业健康发展。四是加强历史文化研究。凭祥市自汉代就有记载，至今已经有2000多年的历史，把凭祥的历史文化底蕴融入城市建设是市委、市政府一贯坚持的做法。为此，我们成立了城市规划建设咨询委员会，专门研究凭祥历史、文化、民族及规划发展方向等内容，为城市规划建设提供咨询服务。

二、高标准做好城市建设

一是突出抓好旧城区风貌改造，提升城市形象。凭祥市的城市风貌改造工程分为四个阶段进行，计划投资1.67亿元，立面改造面积为12.5万平方米，路段长约7500米。自2007年5月实施城市风貌改造工程以来，我市已完成了城市风貌改造一、二、三期工程，现正在加紧进行城市风貌改造第四期工程，预计今年年底全面完成。凭祥城市风貌改造采用“一街一景”的规划设计理念，即一条街道一种建筑风格。经过专家多次评审，凭祥市风貌改造工程由三种不同风格构成，分别是现代建筑设计风格、江南水乡青瓦灰白墙的徽派风格和越南法式建筑风格。在进行立面改造的同时，统筹抓好城市美化、绿化、亮化。“美化”方面，在广西县级市中率先实施城区强弱电管线下地工程，改造后在凭祥城区主街道将看不到电线杆和“蜘蛛网”；实施人行道改造工程，增加历史人文景观和休憩小景，与立面改造协调统一；实施街道路面沥青化工程，市区街道路面全部铺上沥青；实施招牌广告和路标改造工程，统一制作店面招牌和路标广告，提升城市品位。“绿化”方面，以城市主街道为重点，以创建“绿城”为目标，积极做好道路绿化带建设工作，在绿化布局上，以植物造景为主，主要种植亚热带植物（龙眼树、扁桃树等）。“亮化”方面，主要实施旧城区和新区整体亮化工程，重点对主要山体、高层建筑、河水进行亮化，打造一个边关不夜城。立面改造和美化、绿化、亮化完成后，凭祥市有望成为广西第一个完成城市风貌改造任务的县级市。二是突出抓好行政新区建设，拉开城市框架。抓好行政新区路网建设，为新区开发创造条件。开工建设白云景观大道，打通新旧城区之间的交通联系；开工建设狮子山路，建成凭祥市第二条南北走向的交通要道；做好西环路建设前期工作，为进一步拉开城市框架奠定基础。启动行政新区项目建设，加快行政新区建设步伐。启动劳动力市场、友谊关会晤中心、海关大楼、中国移动大楼、检察院综合楼、国土局综合楼等市直机关业务用房建设，掀起新区项目建设新高潮；引进中越国际花园、今朝花园、金地花园等房地产项目，尽快凝聚新区人气；开工建设好日子国际酒店、东盟商业街等项目，完善新区服务功能。三是突出抓好市政设施建设，完善城市功能。开工建设生活污水处理厂和生活垃圾处理厂，提高生活污水和生活垃圾日处理能力；抓好凭祥河综合治理，实现雨污分流，还凭祥母亲河水清鱼跃面目；建成凭祥河休闲广场和行政新区休闲广场，正在建设白云山公园和大连城景区，重点推进“三馆一湖三中心”（即博物馆、图书馆、体育馆“三馆”，一个生态休闲湖，中越文化交流中心、壮族文化展示中心、友谊关口岸会晤中心“三中心”）建设，不断丰富人民群众文化生活；已经建成南山红木文化一条街，正在规划建设东盟风情园和壮族文化一条街、家用电器一条街、高档服装购物一条街，着力打造中越游客旅游购物的目的地和集散地。

三、高质量抓好城市管理，城市发展“三分建、七分管”

2006年9月在广西全面实施城乡清洁工程以来，凭祥市加大了城市管理力度，市容市貌明显转变，实现了“山清水秀地干净”的目标。总结我市城乡清洁工程管理，主要体现在“五个一”措施：组建一支队伍。成立城乡清洁工程领导小组办公室，抽调一批人员进驻办公，统一协调城市管理。城乡清洁工程领导小组办公室又下辖三支队伍，一是综合执法大队，由相关执法部门组成，负责对城市管理违章行为进行执法检查；二是保洁队伍，由环卫工人组成，负责对城区环境卫生进行24小时保洁，2006年以来，我市新招聘一批环卫工人，增加了保洁的强度和密度；三是军民突击队，由部队官兵和民兵组成，主要负责对急难任务进行突击清理。签订一个责任状。市政府将城乡清洁工程任务分解到市四家班子领导和各镇、各部门身上，实行责任领导、责任单位分片包干负责制，并签订责任状，落实奖惩。完善一批设施。加大政府资金投入，在各个社区、四个镇、浦寨和弄尧边贸点建有垃圾中转站，全市实现垃圾集中清运；加大镇村垃圾池建设力度，基本实现了屯屯都建有垃圾池。出台一套长效机制。建立健全城乡清洁工程长效管理机制，出台了《实施"城乡清洁工程"考核办法》等一系列规章制度，明确了问责、奖励等条件。走出一条市场化运作道路。积极引进民间资本参与城市管理，对于能够放开的领域，我市全面放开，激发城市管理的活力。目前，我市行政中心大楼和广场、各住宅小区已全部实现物业化管理，户外广告、灯箱等已经全部实现市场化，园林绿化、路灯维修等正逐步推向市场。凭祥河在承包管理前，市区河道脏乱差，曾被广西电视台批评曝光；后来实施河道保洁管理权公开招标后，河道保洁实现了质的飞跃，中标公司实现了24小时保洁，凭祥河再也没有一天脏乱差，充分体现了市场配置在城市管理中的作用。

四、高水平搞好城市经营

搞好城市建设，必须有大量的建设资金作为保障。在城市建设融资方面，我市也进行了一些有益探索。一是成立城市投资有限责任公司，搭建政府投融资平台。发挥城投公司在政府融资中的核心作用，通过投资经营、借款、担保等方式，建立新型的城市建设投融资体制及贷款运作机制，提高政府的融资能力。二是营运国有资产，实现国有资产保值、增值。对分散在各部门、各单位国有资产进行普查、核实、登记，统一回收到城市投资有限责任公司名下。对于经营性国有资产，在政府的统一领导、策划下，按市场经济来经营，尽快变为可变现的资本、可流转的资本，实现其回报或增值。今年我市拟对城投公司名下的弄尧200间铺面进行处置，评估价达6000多万元。三是加强土地收储和经营。控制土地一级市场，放开搞活土地二级市场，通过土地经营筹措城市建设资金。四是引进民间资本，解决政府投入不足问题。对于棚户区、城中村改造，我市主要引进民间资本投资。法式一条街建设就是一个成功案例，法式一条街所在的街区原来就是低矮破旧的棚户区，在这条街改造过程中，政府不掏一分钱，引进客商以18年房屋使用权给群众代建商铺，实现了"政府规划引导、客商投资盈利、群众免费住房"的"多赢"目的。正在推进的莲塘村改造也将采用这一模式。

近几年，我市城市建设驶入了发展的快车道，取得了群众满意、社会满意、政府满意的效果。一是国门形象得到良好树立。凭祥不仅是凭祥人的凭祥，在某种特定环境下还代表着中国的形象。通过城市建设，凭祥的口岸、酒店、交通等各方面明显改善，国际性口岸城市形象初显，越南和国内很多游客都向往到凭祥旅游，今年前三季度，凭祥市接待游客达186.8万人次，其中越南游客达62.5万人次。二是人民群众得到明显实惠。随着城市风貌改造的全面完成和外来游客的增加，居民户门面租金大幅上涨，人民群众收入明显提高。据不完全统计，居民出租房（$100m^2$）租金由过去的400元/月提高到现在的650元/月，门面（$40m^2$）租金由过去的500元/月提高到现在的1500　　元/月。就业形势持续趋好，今年新开张的园林国际大酒店、假日酒店等服务业新增就业岗位达600多个，丽景花园、一品名府等房地产项目新增铺面达200多个。三是文化生活明显提升。随着亮化工程和白云山公园的建成，休闲娱乐、群众体育已成为凭祥市民新时尚，交谊舞协会、山歌协会每天晚上定点演出，登山比赛、自行车越野赛经常举行，购物步行街让游客流连忘返，“一条路两排树，到了凭祥没吃住”已永远成为历史。四是城市综合竞争力明显增强。城市发展也带动了相关产业发展，城市综合实力明显增强。2007—2008年凭祥市荣获了“中国优秀旅游城市”、“全国科普示范市”、“全国平安建设先进县（市）”和“广西壮族自治区第六届南珠杯C类（县级市）特等奖”。2008年全市完成地区生产总值21.64亿元，地方财政收入实现3.55亿元。友谊关口岸是广西第一个电子口岸，凭祥物流园是西南地区最大的物流园。依托口岸和物流优势，凭祥市对外贸易特别是对越贸易规模逐年扩大，2008年对越贸易成交额占全国的1/10，广西的1/3，其中浦寨边民互市点是中越边境最大的红木家具以及红木工艺品专业市场、最大的东盟进出口水果交易市场。一座多种文化融合，有品位、有特色，充满生机与活力的国际口岸城市正在崛起。

海棠湾"国家海岸"规划及其实践思考

海南省三亚市市长 王 勇

（2009年3月）

一、海棠湾在三亚城市发展中承担的角色

1. 三亚资源特色与城市发展阶段

三亚是中国最南端的城市，全市总面积1919.6平方公里，全市常住人口55万，城区建成区面积25平方公里。三亚具有四大自然资源特色，即天、海、山、河以及得天独厚的十大旅游资源（阳光、海水、沙滩、气候、森林、动物、温泉、岩洞、田园、风情等）。作为我国唯一的热带滨海城市，三亚所处纬度与美国夏威夷相当，同属于热带海洋性季风气候。全年平均气温为25.4℃，最热的7月份平均气温为28. 5℃，最冷的1月份平均气温为20.7℃，全年均可下海游泳。世界环保组织曾对52个国家的158座城市大气环境质量进行监测，三亚连续两次名列世界第二，仅次于古巴的哈瓦那市，是一个天然的大氧吧。三亚境内海岸线长209公里，有大小港湾19个。海水能见度达到8~12米，是观海、海上活动、海底旅游的最佳场所。

上述资源特色，决定了三亚作为我国唯一的热带滨海旅游城市，其资源条件具有较强的唯一性和不可替代性。因此，三亚总体规划中确定的城市性质为国际性热带海滨旅游城市。这个定位一是基于三亚的特色和旅游资源，二是这样的定位使三亚区别于综合性和区域性的城市，有利于城市充分发挥自然资源特点，在国际化分工中占据独有的位置。

在这一专业化旅游城市定位指导下，近些年来，三亚的社会经济发展与城市建设均发生了巨大的变化，城市进入了一个快速发展的时期。与此同时，我们也清醒地认识到，三亚目前仍处于城市发展的初中级阶段。面临的问题仍然很多，特别是在旅游产业的可持续发展与升级转型方面需要做的工作仍然非常艰巨。

按照海南省委省政府的要求，三亚要在全省“领先消除城乡二元结构，率先实现全面小康目标”。作为全省的城乡一体化试点区，三亚市从2007年7月起开展了一系列城乡统筹发展研究工作，先后完成了《海南·三亚统筹城乡全面建设小康社会发展战略研究》课题研究、《三亚市城乡统筹概念规划》国际竞赛，目前正在进行国际竞赛方案综合。在此基础上，我们还启动了《三亚市城乡总体规划》重新修编工作。

通过一系列的研究论证，我们认为旅游产业的可持续健康发展是实现三亚城乡统筹发展的关键支撑与主要入手点。三亚城乡统筹发展的一个不可忽略的因素就是其“国际热带海滨风景旅游城市”的高端目标定位。这将直接影响到三亚的发展模式及城乡统筹的模式，基于此，三亚的城乡统筹发展模式必然是一条具有自身特色的、与众不同的模式，走出一条“以城带乡、以旅促农、城乡互动、协调发展”跨越式发展的新路子。其主要表现为基于“国际热带海滨风景旅游城市”的高端目标定位，不是传统的工业化推动城镇化模式，而是旅游推动的模式，直接从一产向三产跳跃的跨越式发展的模式。

按照经济发展规律和城市成长规律，三亚当前正处于发展的初中级阶段。未来三五年将是三亚城市建设加速发展、城市功能不断完善、城市文明加速普及、城乡发展加速融合、城乡一体化加速推进的时期。这是一个具有巨大发展潜力和动力的时期。

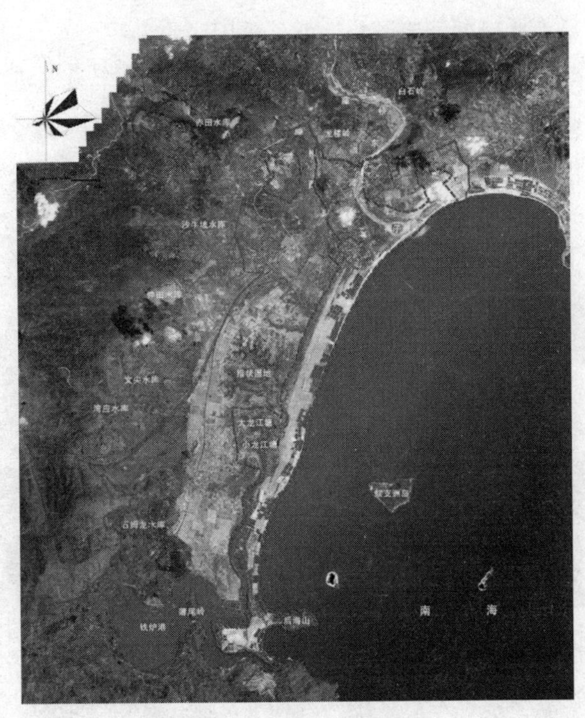

2．海棠湾资源条件

海棠湾位于三亚市东部，距市区28公里，规划区面积约为98.7平方公里，南北长约30公里，东西宽约8.4公里。区内行政建制有海棠湾镇和南田农场，现状总人口约6.9万人。其地势总体上由西向东倾斜，西部多为山地，东部为较平坦的冲积平原。该区域依山傍海、风光秀丽、海水湛蓝、沙滩洁白、椰林连片成荫，拥有22.4公里的优美海

岸线、拥有“神州第一泉”的南田温泉，蜈支洲岛、椰子洲岛、伊斯兰古墓群、新千年观日出的藤海湾等旅游胜地，具备十分优越的旅游开发潜力。

3．海棠湾启动时机判断

根据三亚国际性热带滨海旅游城市发展的战略规划，滨海一线将重点发展旅游度假，承载着全市发展以旅游业为龙头的现代服务业的重任。海棠湾的开发建设是海南“十一五”重点建设项目之一，也是三亚五大名湾中唯一没有进行大规模开发的处女地。目前，三亚城区组团开发趋于饱和，三亚市委、市政府制定了西向南山拓展，东向海棠湾开发的发展战略，以此拓展海滨度假区的发展空间。海棠湾的区位和资源特性决定了具有建成世界高端旅游休闲度假区的优越条件，是三亚成为世界级旅游度假目的地的希望，也是三亚海滨度假区拓展的“重中之重”。

综上，三亚市将海棠湾的开发建设作为促进城乡经济统筹发展和新农村建设的重要契机。鉴于海棠湾开发建设的启动时机已经成熟，内外部条件均已具备，2005年我市正式启动了海棠湾的规划编制工作。在未来的三亚城市发展蓝图中，海棠湾

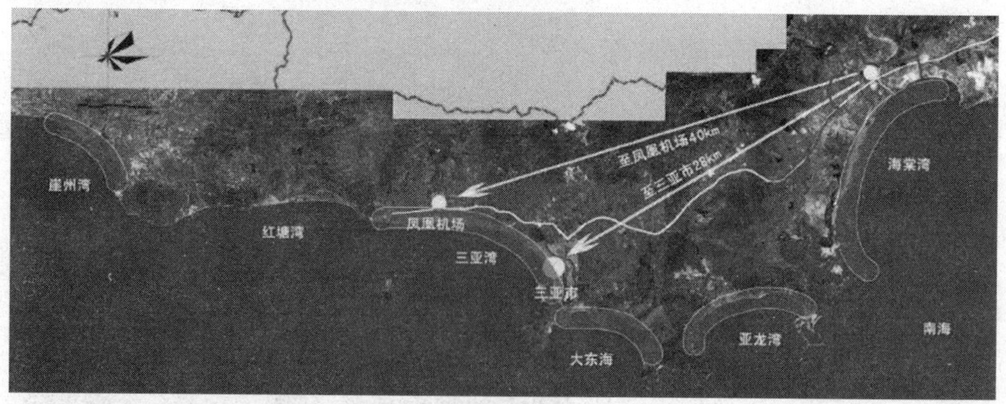

将对三亚的全局产生重要影响，发挥重要作用。通过打造城乡一体化的新型国家级旅游度假区，海棠湾将建设成三亚的城乡统筹示范区，成为三亚社会经济增长的新

引擎，发挥旅游产业升级的重要载体作用。

二、海棠湾的规划编制

应该说，20世纪90年代房地产经济泡沫破灭，城市沦为挤压房地产重灾区以来，在短短的数年内能够迅速走出低谷，进入一个快速发展周期，科学规划特别是城市总体规划发挥了极其重要的指导作用。也正因为如此，三亚一贯非常强调在城市规划编制方面要高标准、高质量，即使在地方财政并不富裕的情况下，仍然坚持不惜重金就规划方案面向国内外举办征集活动。海棠湾规划开始于2005年，这一年我市邀请了包括美国SASAKI、霍克、英国阿特金斯、同济大学在内的四家国内外著名设计单位组织了概念规划国际竞赛，其后由美国EDSA公司负责完成了国际竞赛的方案综合。随后，在法定规划层面由中国城市规划设计院编制完成了海棠湾分区规划，至2007年5月海棠湾已实现了控制性详细规划全覆盖，从而为下一阶段的开发建设打下了坚实的基础。

1. 规划定位

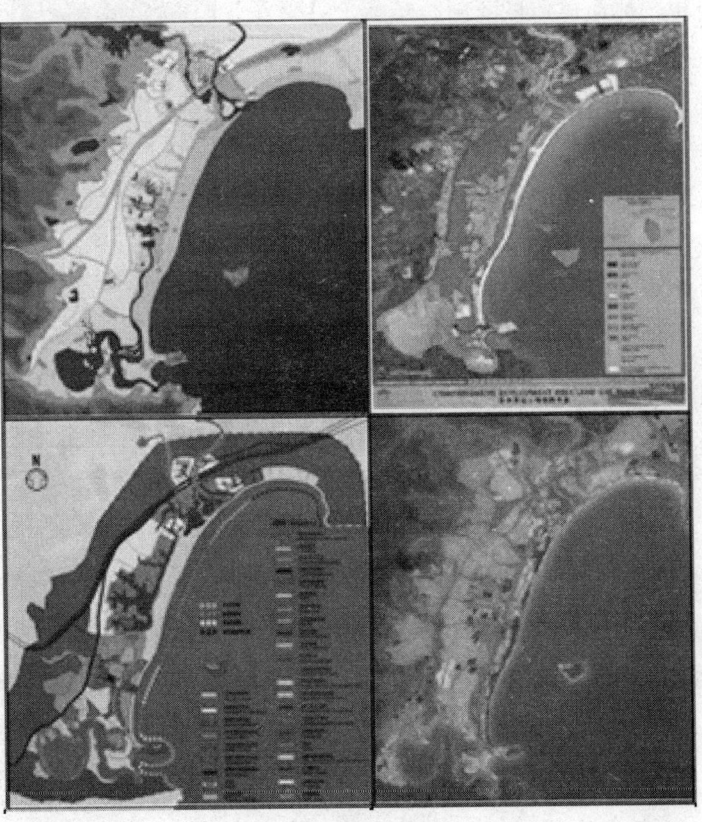

“国家海岸”——国际休闲度假区、世界级的旅游度假天堂、面向国内外市场的多元化热带滨海旅游休闲度假区，及国家海洋科研、教育、博览综合体。根据这一总体定位，海棠湾的核心功能是建设三大国家级和世界级品牌：国家顶级品牌滨海酒店带——二三十个滨海高级酒店；世界级的游艇休闲社区——包括全天候游艇港、主题游艇

社区、游艇俱乐部等；国家级海洋科研与博览中心——世界第一的海洋公园和水族馆、国家海洋研究院与国际海洋科学中心、国家海岸湿地公园等。

“国家海岸”这一定位将海棠湾的开发放在了国家战略地位的高度，如同夏威夷之于美国，坎昆之于墨西哥，迪拜之于阿联酋，海棠湾的定位最终决定了其发展目标是成为世界旅游度假的一极。海棠湾是国家稀缺资源，区位和场地资源特性决定了它的基本功能必然是热带滨海旅游度假区，必须建设成为国家级、世界级的旅游休闲度假区，成为国家品牌，承载国家热带滨海旅游形象。这一定位突出强调了对国家层面而言，该区域资源在独特性和唯一性方面具有的重要意义，也突出强调了海棠湾开发对三亚市以及全省所起到的带动效应和影响力。

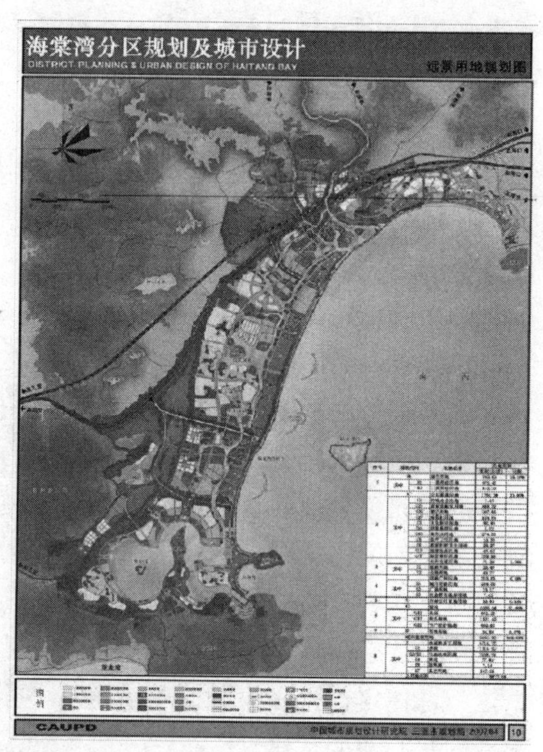

与此同时，我们还要注意到这一定位既不同于类似三亚主城区这样的城市，也不同于类似亚龙湾形式的单纯旅游度假区，其定位应介于城市与单纯旅游度假区之间，是一个具有多样性的旅游度假新城。这样的定位一是比较符合海棠湾的市场定位和资源条件，二是可以使海棠湾的自然环境和生态环境与开发建设相互协调，避免城市型开发所造成对自然环境与生态环境的破坏，三是可以规避大规模的城市基础设施投入所带来的市场风险。

从城市发展的阶段来看，今天已经由汽车时代发展到信息时代，下一步是进入生态时代。生态时代将更加强调社会生态的平衡，人与自然的和谐发展，环境作为一种新的生产力，成为可持续发展的重要保障。我们看到，每一个新时代的到来，都会引发对传统房地产理论的突破与创新。汽车时代突破了传统房地产市场的地域性限制，带来了“距离的消失”；信息时代带来了“全球一体化的趋势”；生态时代则带来了“都市融合现象”。都市融合是以城市分工为基础的，已率先进入生态时代的三亚，必将参与到城市分工中来，在中国承担起滨海旅游度假的功能。在新的历史发展机遇中，海棠湾将对三亚的区域核心价值重构发挥关键作用。这也就要求我们必须以社会生态及科学的发展观来面对未来，以创新城市发展体系来保证海棠湾成为新的发展极，建立融合的、复合的城市功能，即休闲、度假与居住融合，公共服务配套国际化、品质化。此外，城市发展形态要由传统“内陆都市”向“岸线都市”转变。三亚的未来一定是沿岸线发展，主要城市配套沿岸线分布，从岸线向纵深开发强度递减，形成价值峰值，更加凸显出岸线物业的稀缺价值。

2．规划特点

（1）突出生态保护与开发建设并重理念。规划在保护与利用自然景观和生态方面作了较为深入的研究，强调了海棠湾的国际特色就是自然生态特色。体现在规划布局上：一是对自然景观资源和生态资源作了分析，没有对自然景观资源和生态资源作大的改变，而是将各旅游产品和自然资源有机穿插，形成围绕自然景观资源和生态资源的多组团“浮岛”形态，既保护了自然景观资源和生态资源，又提升了旅游度假产品自然品牌，一举两得；二是对生态敏感区进行了分析，对重要的生态景观廊道及生态敏感区域，也提出了较为明确的开发指导要求；三是体现了“三低一高”精神，即低密度、低容积率、低层和高绿地率，在开发强度上进行了控制。

（2）强调旅游产品多样性与单一性、多元化与差异性相结合。多样性是指整个海棠湾的旅游产品应该参照国际上流行的旅游度假产品并结合海棠湾的资源条件进行选择；单一性是指根据海、湖、温泉、山林等不同的旅游资源在旅游度假产品布局上采取功能区划相对单一的分工，避免开发中的只顾近期利益的重复建设和无序竞争，同时避免功能混杂降低了旅游项目的品牌。多样性旅游产品与不同的功能区形成了多样性与单一性的结合。在项目设置上，我们参照国际上流行的旅游产品类型，并结合海棠湾的资源条件，在项目安排方面着力打

造多元化特色。例如，在旅游产品选择方面，一是结合海棠湾的资源条件引入国际流行的旅游度假产品，如结合滨海布置度假酒店，结合泻湖设置游艇社区，结合地热资源设置温泉社区，结合坡地设置高尔夫球场和高档别墅，结合保留农田设置田园生态度假村等；

二是同一产品具有不同特色，如高尔夫球场既有滨海高尔夫又有湖畔高尔夫和山地高尔夫，度假酒店既有滨海度假酒店又有湖畔度假酒店、山地温泉度假酒店等。其目标是塑造一个多元化与差异性完美结合的国际性综合旅游度假区。

（3）突出强调国际性。这其中不仅包括了旅游产品选择的国际性、规划标准的国际性、项目建设标准的国际性，更重要的是体现了在未来建设中的开发主体、开发资金和游客来源国际化。海棠湾规划在项目设置上选择了滨海酒店、高尔夫运动、游艇社区、旅游小镇、温泉疗养、生态农业、海洋主题公园等项目，都是符合国际潮流与旅游市场发展需求的，在旅游产品选择上达到了国际性。在规划标准方面，强调的是旅游度假与自然景观与生态景观相融合的国际上先进旅游度假理念，在规划布局上利用自然资源和生态资源布局各项目，为今后每一个项目在规划建设中能够充分利用自然资源和生态资源打下基础，并最终形成以自然景观和生态景观为特色的符合国际潮流的旅游度假新城。

（4）优地优用、统筹一线二线开发。一是从用地资源角度充分挖掘土地利用的价值，并以此安排旅游度假项目。一线用地主要体现其公共性，例如度假酒店、公共活动区、海洋公园等，将具有持续税收的项目优先使用最佳土地。二是通过预留通海通道、生态廊道、观光轴线等措施，来缓解二线用地在海岸资源利用上的劣势。三是通过找出二线用地中不可替代的价值点所在，例如温泉、农田、泻湖等，切实利用好二线特有资源来开发不同于一线的旅游产品。使一、二线在价值上有不同的体现、在功能上能有所区分和相互补充，避免一、二线旅游产品对海岸资源的争抢，避免出现挤占一线不顾二线的开发行为。

（5）推动小城镇建设，统筹城乡一体化发展。

目前海南广大农村地区仍长期处于经济欠发达状况，在我国来讲属于城镇化水平并不高的一个省份。三亚市由于在高标准的特殊城市定位和农村现状条件之间存在的巨大反差，决定了三亚的城镇化进程必须是跳跃式的。三亚作为旅游专业化城市，其城镇化进程具有一定的特殊性，本地农民往往还未经历一定的产业化进程，便被动地卷入了区域旅游经济发展的巨大惯性之中，直接从第一产业跨入第三产业。如不能在发展过程中提前考虑到他们的就业转型及拆迁安置问题，为其寻找出路，本地农民失地后则将面临被抛离区域经济发展的列车之外。

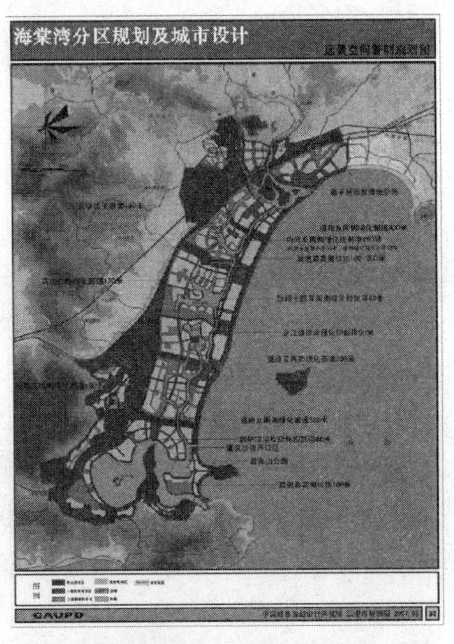

为此三亚从2005年规划编制之初即开始着手研究该区域的城乡统筹发展问题。在规划中将拆迁安置适度向海棠湾、林旺两个现有集镇集中，适度扩大城镇人口规模。在产业方面，将主要的海棠湾观光项目海洋公园安排在林旺对面的滨海地区，对林旺今后发展旅游观光产业有所带动；将紧靠藤桥的风塘地区开发为面向国内中端市场具有一定人口规模的以度假公寓为主的度假区，便于推动藤桥镇区度假及其相关产业的发展。同时加强了对藤桥和林旺在海棠湾中的定位和城镇建设发展以及新农村建设方面的研究，以妥善解决失地农民生产转型问题。

海棠湾的规划方案中，在符合整个区域高档旅游度假定位的前提下，非常强调用地功能安排和项目设置的多元化和混合化。其用意在于一方面保持整个区域的发展活力，同时可以为本地农民的就业转型多创造空间

和可能性，包括配套安排在相关项目中解决和自行经营都是可能的。其中在椰子洲北侧的部分旅游产业发展用地，其用意即是为藤桥未来发展留有余地。因此，未来该区域农民富余劳动力的转移方向应当包括以下几个方面：一是经必要培训后脱离农业进入各旅游企业工作；二是依托林旺、藤桥等旅游服务小镇发展包括旅游服务在内的相关第三产业；三是在原有村庄经环境整治后经营包括家庭旅馆、生态农庄在内的自营产业。

三、海棠湾的规划实施

1．高标准规划是成功的前提

三亚作为一个典型的外来投资拉动型经济体，对目前面临的历史发展机遇而言，能否准确把握城市发展的内外部环境和时机，对于三亚能否顺利实现产业升级至关重要。随着三亚国际知名度的提升，随着俄罗斯、日、韩游客纷至沓来，随着欧美市场的促销成果的悄然显现，到2007年6月，三亚高端游客数量已连续17个月实现了高于80%的增长。对政府而言，一边是高端游客增加的喜悦，一边是高星级酒店用地紧张的压力，亚龙湾、大东海、三亚湾这几个成熟景区几乎没有存量土地用于新酒店建设了。面对旅游业发展的迫切要求，三亚并没有急于对海棠湾进行开发建设，而是选择了规划先行。事实证明，前期翔实细致的调查研究、科学合理的规划设计，对后期海棠湾的高调启动发挥了极其重要的作用。通过一系列前期规划编制过程中的预热和策划，配合大量的媒体曝光宣传，到海棠湾土地推出时，市场已经高度认可了“国家海岸”的高端规划定位。我们将其称之为“高调规划吊足胃口，高质规划拉高门槛”。既保证了严格按照规划实施，也保证了项目引进的品质。

2．政府主导，成片开发

客观地讲，政府主导的新区成片开发模式在国内并不属于新鲜事物，其他城市也多有成功案例。但在海南，很长一段时间以来，限于政府财力有限往往采取的是企业承担土地一级开发的模式。目前海南沿海市县已达成或积极争取达成与企业成片开发意向的项目包括博鳌（二期）、神州半岛、盈滨半岛、铜鼓岭、木兰湾、陵水滨海风景区、石梅湾等有十多个，开发土地计划面积超过三百多平方公里，虽然这些项目中有不少已开始开发建设，但和省委省政府的预期和海南经济社会发展的需要还有一定差距。20世纪90年代初，海南的企业成片开发区域有93个，总面积上千平方公里。但截至2004年年底，这些开发区成片开发实际仅使用土地面积49平方公里。造成这种现象的一个主要原因就是海南地价偏低，而海南的土地尤其是滨海土地更是稀缺资源，潜在价值和增值空间巨大，同时以开发名义圈占土地的财务成本，远远低于土地的升值潜力。

海棠湾规划出台后，国内外媒体关注度急剧升高，各大财团纷至沓来希望介入海棠湾的土地一级开发。但三亚却放弃了过去与企业合作进行一级土地开发的模式，转而由政府对海棠湾进行深度规划，投入基础设施建设，策划出一个个具体的开发项目，然后通过项目带土地的模式进行出让。这一模式的核心内容包括：一是坚持政府主导规划；二是坚持政府主导海棠湾征地、拆迁、安置；三是坚持政府主导海棠湾基础设施建设；四是坚持政府主导海棠湾招商引资。

这一开发模式的转变大大减少了开发周期，把开发建设与改善农民的生活生产结合在了一起；把政府主导有效的推介和外部市场认可结合在了一起；把生态资源的保护与实现国家海岸的定位及目标结合在了一起；把利用金融机构对政府的支持与促进基础设施建设结合在了一起。最重要的是，大大增强了政府对成片开发中建设时序、项目搭配的控制力。在海棠湾的开发中，基础设施与滨海高星级酒店是首期开发项目，对综合性旅游度假新区迅速形成一定人气、实现规模经济具有重要意义。目前，由政府主导的基础设施与安置区建设已全面铺开。与此同时，通过变批发为零售，大大提高了政府的滨海一线酒店土地收益。海棠湾首期7宗“生地”通过公开招标出让，获得21亿元土地出让金，创下海南一次性出让土地收益的最高纪录。其后不到半年时间，到第二批项目挂牌时，土地价格就翻了一番，达到了232万元/亩。海棠湾开发已成为三亚建设发展的最新投资热点。

3．项目入库，有的放矢

在当前市场经济体制下，项目投资主体越来越多元化。传统城市规划编制流程及理论往往在应对外部市场层面比较被动，具体可表现为规划地块的设置与市场运营结合较弱。往往一个好的规划编制完成后，真正到了实施阶段便会因为利益相关方的介入而变得面目全非。对于此类问题，三亚过去曾尝试在国内率先编制了总体规划层面的行动规划。将城市总规确定的近期建设阶段需重点完成的工作分解为一个个项目，再有针对性地进行市场层面分析，实施效果比较好。因此，在海棠湾规划中，我们同样延续了此规划手法，即市场营销、项目策划、财务分析向前延伸到规划方案编制阶段，中国城市规划设计研究院在制定规划方案时，将所有的可建设地块全部打包成项目库。库中详细规定了每个项目的定位、规模、建设内容和标准，并进行了必要的市场运行层面分析，以确保一定的投资回报率。这一规划手法的优点在于：（1）综合生态承载力与市场财务分析合理确定地块开发强度，增强了规划的可操作性与实施性，避免出现规划指标频繁调整的现象；（2）将项目包装前置后，大大缩短了项目从策划到推出、建设的周期，大大增强了政府服务效率，招商引资更加具有针对性；（3）规划不再仅仅是图上的色块，而是一个个定位明确的项目，变招商引资为招商选资，大大增强了政府的管控能力。

海棠湾规划出台后，我们根据一线酒店先行启动的开发时序，先后分三期推出了12个滨海五星级酒店项目。由于在规划编制阶段的项目前期策划到位、指标合理，受到了市场的热烈欢迎。在土地单价大幅攀升的同时，12个酒店均顺利出让。目前，已先后进入建设阶段。

4．关注民生，和谐拆迁

拆迁安置问题历来是土地开发与建设中碰到的硬骨头，能否妥善解决原住民的安居与乐业，直接影响到项目建设与投资环境。海棠湾开发建设启动后，三亚市坚持开发工程进度与失地农民就业“两手”一起抓、工作同步走，积极推进失地农民社会保障、就业培训等专项工作，确保失地农民的合法权益。重点从保障群众利益、促进村民生产生活转型方面入手，与此同时，在海棠湾安置区建设标准等诸多方面也制定了较为优惠的政策。

例如，林旺安置区采取前街后院式布局，以保证每个铺面都临街，增加群众经济效益；围合式院落为居民提供休闲娱乐活动场所；设置有社区活动中心、出租公寓和小酒店。安置公寓楼底层为商铺，2~6层为住宅（其中五六层为安置周转用房），部分沿街纯商铺建筑层数为二层。按照规划搬迁安置的每户奖励一个约20平方米的铺面，并奖励一个出租房，出

租房标准按每人约10平方米计算，可以自住或经营，从而受到了群众的普遍欢迎与支持。在安置区建设期间，由政府统一建设并提供周转住房。在海棠湾已完成的一期征地中，涉及庄大村近300户1500人的拆迁安置。在征地期间，该村没有乱搭滥建、聚众闹事的现象发生，这在我市开发建设历史上是绝无仅有的。

例如，政府对丧失劳动力的村民，按照有关政策实行农村低保，做到应保尽保，政府扶持50%，村委会出资30%，个人缴纳20%的办法，解决他们的后顾之忧。目前正在着手进一步完善养老、医疗等其他失地农民社会保障内容。

又例如，由政府组织被征地农民参加就业培训，主要有汽车驾驶、酒店服务管理等技能项目，参加培训人员就业率达90%以上。培训人员除汽车驾驶项目需缴纳一定费用外，其他63个培训项目全部是免费培训，免费提供教材和食宿，获得结业证书和相关资质证书的学员免费推荐就业。此外，政府对凡是积极参加培训的学员每人奖励100元，对认真学习并获得结业证书的学员每人奖励300元，对获得汽车驾照的学员每人奖励500元。

发展中的酉阳城市规划建设管理工作

重庆市酉阳土家族苗族自治县县委常委、常务副县长 刘 毅

（2009年4月）

一、酉阳县情简介

重庆市酉阳土家族苗族自治县地处渝、鄂、湘、黔四省市边区结合部，具有渝东南民族地区“老、少、边、山、穷”的共性，更具独特县情：一是辖区面积全市最大。全县5173平方公里，下辖39个乡镇、278个村（社区）。二是少数民族人口全市最多。全县总人口77万，聚居着17个民族，少数民族人口占全县总人口的 84%，占全市少数民族人口的1/3。三是全国闻名的革命老区。境内南腰界是贺龙、任弼时、关向应等老一辈无产阶级革命家率中国工农红军二、六军团胜利会师并创建的老革命根据地。四是历史文化底蕴深厚。建县制2200多年，曾是800年州府所在地；是我国早期工人运动的杰出领袖赵世炎烈士的故乡，境内龙潭古镇为“全国历史文化名镇”。五是旅游资源富集。酉阳是重庆市重点打造的三大旅游目的地和四大旅游精品线路之一，也是重庆至张家界旅游环线上的重要节点，百里画廊、千年古镇、世外桃源、民族风情、红色旅游五大旅游品牌较好树立。六是综合发展条件较差。长期以来，由于资金、信息、技术等经济要素流通不畅，自然灾害频繁，自我发展能力不足，经济社会发展相对滞后。

二、城市规划建设管理方面取得的成绩

近年来，我县坚持解放思想，抢抓机遇，大胆开拓，加快发展的方针，克难攻坚，开拓奋进，全面加大城市规划建设工作力度，加速山水园林城市建设步伐，实现了城镇建设的快速发展。2003—2008年，全县城市基础设施累计完成投入8.2 亿元，其中县城基础设施建设共完成投入4.6 亿元；完成住宅和城镇综合开发投入7.98

亿元，实现建筑业总产值9.5 亿元；全县新增建成区面积5.6平方公里，建成区面积达14.6平方公里。新增城镇人口 5.4万，城镇人口增加到 15.4万，其中，县城人口增加到7.9万。城镇化率为22.6 %。县城建成区面积达7.8平方公里，建成区绿地面积达39.8公顷，人均公共绿地面积达4.9平方米，城镇绿化覆盖率达39%。城镇环境逐步改善， 城市功能逐步配套，城市建设步伐不断加快，取得了一定的成绩。主要体现在以下几个方面：

第一，发展思路日渐清晰。经过多年的实践和探索，特别是通过近三年来的广泛深入调研和集思广益，我县城镇建设的发展思路逐步明晰。一是在城镇发展的重点和布局上，有了明确的思路。即：“优先发展县城，加快发展中心城镇，引导发展特色产业集镇，协调发展一般集镇和居民新村”。二是在区域上，实现了由小到大，从局部到整体的跨越。我们的城镇建设理念经历了从过去集中修一条路，建一条街，建几幢标志性建筑到县城、乡镇集镇建设的总体布局、统一规划的转变。现在，已经把城镇建设放大到了建立县域城镇体系建设这样一个课题来考虑，放大到了促进县域经济发展来思考。三是在城镇建设过程中，我们坚持以人为本，落实科学发展观，努力向实现创建“市级山水园林宜居城市”目标迈进。

第二，体制机制不断优化。2003年以来，我县城镇建设建立了五项机制。一是建立了城镇建设组织领导机制，县委、县政府成立了全县城镇化工作领导小组，统筹城镇化工作，建立了若干个项目工程指挥部和片区领导小组。二是建立了行政决策与专家评审咨询相结合的工作机制。为了保证城镇建设在规划建设管理上的科学化、制度化，特别是保证建设的科学合理，我们分别成立了规划委员会和规划专家评审委员会，在行政决策之前，必须要有专家咨询的意见。三是树立了经营城镇的机制。于2004年、2005年相继组建成立了县城市建设投资集团（2008年更名为县城市建设公司）、翔宇国有资产经营有限责任公司两大平台公司，专门负责筹集资金用于城市建设。近三年来，我们在市政建设投入上超过了2亿元，除争取上级的资金4000万元外，其余资金问题全部靠平台公司运作解决，通过本级财政预算投入的部分所占比重很小。这种方式在一定程度上缓解了像酉阳这种贫困县在财力有限的情况下，既要吃饭又要建设的矛盾。四是实行了建管分离和规建分离机制。于2006年组建了县市政园林管理局，于2008年8月组建了县规划局，将城市规划、建设和管理职能分开。明确了规划局、建委、城投集团、市政园林局各自的职能职责。五是建立了维护规划和建设秩序机制。组建了土地执法监察和规划执法监察两个执法大队，依法履行土地和规划行政执法职能职责。

第三，规划体系日趋完善。到2008年，全县基本形成了县域城镇体系规划、城镇总体规划、城镇专项规划、城市近期建设规划、控制性详细规划和修建性详细规划等层次分明、较为完整的规划体系。一是新一轮城乡总体规划获市政府审批，新总规确立了我县“一体两翼”、“一城五组团”的城市发展格局，规划至2020年县城人口20万人，城市建设用地规模17.8平方公里，人均城市建设用地89平方米，为我县城市未来发展提供了广阔空间。二是开展了老县城（钟多组团）的控规调整和城市设计工作，使县城的控规更加科学合理，更加体现山水园林特点，更加富于现代气息，更加适宜人居。三是完成了钟龙麻地区和部分乡镇1：500地形图测绘近130平方公里和县城城市规划区内80余平方公里的地灾评估工作。四是完成了龙潭、麻旺、龚滩、李溪、涂市、板溪、泔溪等集镇的规划修编和历史文化名镇龙潭、龚滩的古镇发展与保护性规划。

第四，基础设施逐步改善。县城以抓好路网、管网和环卫设施为重点，不断完善城市基础设施和服务功能。近几年来，我县切实加大了建设力度，实施了主街道桃花源大道路面、管网、灯饰、绿化、彩板等全面改造，对旧城部分灯饰和路段进行了改造，启动了城北新区路桥管网建设，新建、续建和改造道路25.4 公里，增加道路面积4.5万平方米，新增城市桥梁5座，改造城市桥梁4座。城南大道、桃花源大道、城东大道等一批功能全、配套好、环境美的主次干道相继建成，大大缓解了城市交通压力。公园、广场等市政休闲娱乐设施日益完善，先后建成桃花源公园、桃花源广场、城南转盘景观工程、河滨公园，今年即将启动县城河滨路建设工程。这些集休闲、娱乐、景观于一体的市政设施，不仅是城市亮丽的窗口，而且大大丰富了全县人民的物质文化生活。

第五，城镇管理水平不断提高。一是规划管理不断加强。严格坚持“规划一张图，审批一支笔”，严格按照规划实施建设。强化规划执法，特别是在2005—2006年，历时4个多月，对县城两年来的违法用地和违法建设（以下简称“两违”）进行了全面清理，共清理“两违”户2507户，78万平方米，强行停工103户，强制拆除1户，达到了预期目标。为巩固“两违”清理成果，成立了城镇规划执法监察大队，规范了私人用地和建房，初步建立了规划管理长效机制，规划工作迈上新台阶。二是市政管理水平逐步提高。经过几年的努力实践，初步建立起了两级政府，三级管理，四级网络的城市管理机制，上下联动，齐抓共管，全民参与，市容市貌逐年好转。

三、采取的主要工作措施

第一，加强领导，形成强大工作推动力。县委、县政府把城镇规划建设管理纳入重要议事日程，成立了由县委、人大、政府、政协四大家领导以及相关部门主要负责人组成的城市规划建设领导小组，对城市建设的重大事项进行了研究决策和安排部署。县四大家主要领导对城市建设重大问题亲自研究，亲自督办，经常深入建设现场进行调研和指导。并将每年的城建工作目标任务层层分解落实，严格考核奖罚。通过县委全委会形式，对我县城镇规划建设管理工作进行了全面动员部署，明确了发展思路，即优先发展县城；重点发展龙潭、麻旺、龚滩三个市级中心镇；引导发展李溪、大溪、兴隆、苍岭、丁市、小河、黑水、西酬、后溪等一批特色产业镇；协调发展一般集镇和居民新村；形成以区域性中心镇为核心，特色产业为支撑，一般集镇为居民新村为依托的级次分明、梯次推进、协调发展的三级城镇体系。在此基础上，实施城镇带动战略，充分发挥城镇对县域经济的带动和辐射作用。

第二，坚持市场化运作，深化城建体制改革。一是运作主体市场化。成立了城市建设投资集团和翔宇国资公司，作为重大项目建设的实施主体，实现投入产出的良性循环。二是融资渠道市场化。以翔宇公司为龙头进行打捆申贷，突破财政单一投资的旧模式；以城市开发为重点，广泛吸引民资和外资；有偿出让广告经营权，大力经营无形资产；鼓励业主公司利用自有资产和土地向银行贷款，向社会融资。三是效益实现市场化。加强土地储备，所有经营性项目一律实行招拍挂，通过市场竞争，形成了合理的土地价格。四是中介服务市场化。规划设计、造价咨询、招投标代理等服务环节全面走向市场，提高了服务质量，降低了工程成本。五是政府监管与市场全面接轨。政府把职能重心转移到了宏观调控、市场监管、规范秩序、维护公众利益上来，形成了政府监管、社会监督、行业自律并重的管理新体系，保证了城镇建设的持续健康快速发展。

第三，坚持以人为本，努力提升城镇建设和管理水平。一是注重配套设施建设。加快与老百姓生产生活紧密相关的配套设施建设，满足老百姓居住出行、文化休闲等需求。二是注重人居环境的优化。在规划中力求造型美，在建设中全面推进绿化、亮化，努力营造优美的生态和人居环境。三是注重打造景观特色。凸显“城在山中，一水穿城”的特点，积极创建山水园林城市。四是注重塑造文化。结合深层次挖掘土苗文化、桃源文化、古镇文化等优秀文化遗产，加大对历史建筑、历史街景和人文小品的保护，使传统文化的古老韵味和现代新城的亮丽风采相得益彰。

第四，坚持围绕产业发展抓城建，实现城镇经济总量不断扩张。突出园区建设，构筑工业发展载体。稳妥推进旧城改造，完善商业服务平台。不断加大景区建设力度，促进了旅游业的发展。深化改革，发展壮大建设产业，使城市产业规模和经济效益有了较大的提升。

第五，坚持妥善化解各种矛盾，努力创造良好的发展环境。在征地拆迁、土地回收等方面，政策到位，工作做实，使群众的合法权利得到了有效的保护，妥善处置化解矛盾。落实群众工作联动机制。充分发挥社区、居委会等基层组织的作用，将问题解决在基层，把矛盾化解在萌芽状态，促进规划建设管理工作依法、健康、和谐开展。

打造活力成渝之心　建设川中宜居之城

四川省遂宁市副市长 刘德福

（2009年3月）

遂宁古称遂州，别称斗城，地处四川盆地中部，涪江中游，东邻南充，西连成都，南接重庆，北靠绵阳，位于成渝经济圈的中央区域，距重庆150公里，成都140公里。全市辖区面积5300多平方公里，总人口380余万人。现辖船山、安居两区和射洪、蓬溪、大英三县。

1985年建市以来，遂宁市努力探索丘区发展新路子，积极推进“环境立市、工业强市、商旅兴市”发展战略，围绕“打造活力成渝之心，建设现代产业高地”的目标，全力优化、美化遂宁投资环境和人居环境。目前，全市城镇化水平达到36.55%，建成区面积由建市初的4.8平方公里增加到40.6平方公里，城市人口由9.6万人增加到43万人。近年来，市城区为完成基础设施建设投入了近30亿元，建成100余个工程项目，旧城改造基本完成。老城区、河东新区、创新工业园区、明月花园小区、流通坝片区、广德灵泉风景区六大片区建设全面推进，组团式、分散型大城市格局已具雏形。建成了观音湖、滨江路、渠河路、玉龙路、中心商业区、犀牛绿化广场、裕丰园、锦华园等精品亮点工程。遂宁市积极开展“五创”联动，成功创建中国优秀旅游城市、省级园林城市、省级环保模范城市、省级卫生城市、省级文明城市工作先进城市，市城区已获中国人居环境奖。目前，遂宁市正全力开展创建国家园林城市、国家环保模范城市、国家卫生城市、省级文明城市工作，打造“宜居”、“宜业”、“宜游”的休闲旅游度假胜地。

一、严格规划管理，优化城市布局

加大了规划编制力度，市城区总体规划已经完成修编，全市城镇体系规划已经进行调整。抓好《四川省城市控制性详细规划管理办法》的实施工作，规范城乡规划行政许可审批程序。认真实施和完善市、区、县规划委员会工作制度，成立了由市委、市政府主要领导负责的规划委员会，建立定期召开会议对市重大规划和重大建设项目选址审议制度。坚持“政府组织、专家领衔、公众参与、民主决策”的组织形式，加强对规划的监督和管理。深入开展城乡规划效能监察，继续推行“阳光规划”制度，扩大规划事前公示范围，加强规划事中监督、证后管理，拓宽规划举报渠道，实施规划监察联动机制，确保规划落到实处。

二、大力推进基础设施建设，完善城市功能

高度重视城市基础设施建设，先后改造了凯旋路、渠河路等9条城市主干道，新建了滨江路、涪江三桥等9大路桥工程，形成了“八纵十横”美观畅通的城市路网，城市交通状况得到明显改善。建设改造了顺南街、油房街等“十街”；市体育馆、市图书馆、市博物馆等“三馆”；船山文化广场、犀牛绿化广场等“八场”，裕丰游园、街市花园等“七园”；垃圾处理厂、污水处理厂等“两厂”；涪江防洪堤、联盟河防洪堤等“两堤”；整治了开善河、明月河等“两河”，尤其是中心商业区和滨江路的建设，突出了地方文化特色。

三、坚持“五创”联动，实施城乡环境综合整治

围绕实现“五创联动”目标，遂宁市大力推动创建国家卫生城市、协调推进生态文明四项工程，组织全市人民继续发扬“万众一心、开拓奋斗、攻坚破难、勇创一流”的五创精神，扎实开展城乡环境综合整治工作。

（一）着力实施“五大工程”，重点改善人居环境

1．全面拆除城市裙房卡口、农村危旧房屋

按照政府主导、企业参与、市场化运作，全面拆除市城区历史遗留下来的21处87197平方米裙房卡口，按照城市总体规划，高起点、高标准进行原地重建、异地建设，配套建设道路、绿化、路灯、给排水等基础设施，彻底改变948户住户脏、乱、差的面貌，让危房变成安居房，让破旧房屋变成崭新房屋，突出解决“门前路不平，窗前灯不明”，切实改善人居环境和居住条件。

2．全面升级改造农贸市场

按照市场整治标准，对市城区21个农贸市场全部实施升级改造，新建6个市场，改建15个市场，修建标准摊位3736个，整治市场7万多平方米，切实规范市场经营行

为，畅通市场进出口道路。通过升级改造，极大地方便了各类商家经营，极大地方便了城区数万居民购物，彻底解决了农贸市场脏、乱、差问题。

3．全面治理城中村及城乡结合部

坚持政府组织、部门配合、群众参与，因地制宜，突出特色，全面开展27处城中村及城乡结合部治理。通过治理，拆除改造破旧房屋31万平方米，外墙粉饰美化房屋2.5万平方米，整治道路21.5万平方米，安装路灯695座，整治改造旱厕830座，增添垃圾桶2300个，修建垃圾库24座，增加绿化面积5.5万平方米，使生活在城市近郊数万人告别了脏、乱、差的生产生活环境，过上了干净、整洁、舒适的城市生活。

4．全面推进“四化”工程建设

一是高标准抓好绿化。按照“树绿花艳、错落有致、层次分明、形成景观”的要求，以涪江为轴线建设生态走廊，以市城区东山、西山为两翼建设绿色屏障，以涪江、渠河、联盟河三条蓝色廊道建设生态湿地，努力建成滨水绿网、道路林网、附属绿地网，全面提高城市绿化水平，成功创建国家园林城市。二是高档次实施城市亮化。本着实用、节约、美观的指导思想，着力实施道路、桥梁、高楼、公园、绿地、广场等亮化工程，初步形成了以道路亮化为主体、楼宇亮化为特色、光彩工程为点缀的亮化体系，营造了优美的城市夜景。所有小街小巷和社区安装路灯，彻底消灭路灯盲区。三是实施“净化”工程，大力完善各类环保基础设施。新建了河东污水处理厂、污水处理二厂，扩建了城南污水处理厂，建成了医疗废物处理中心、生活垃圾无害化处理厂。改造建设居民小区垃圾收集房，修建、改造公厕，更换添置垃圾运输车辆、冲洗和洒水车辆、机械清扫车辆、垃圾桶、果皮箱。四是狠抓城市风貌美化。大力实施城市畅通工程，全方位、高标准改造市区主次干道26条，将城区所有主要道路由原来的水泥路面改为橡胶沥青路面，全方位改造了168条背街小巷，整治排水系统123处。以滨江路、渠河路、遂州路为重点，加强户外广告和临街建筑物、防护栏的规范管理，清理城市“牛皮癣”，拆除陈旧、破损、不规范的广告牌匾，清洗临街脏污卷帘门，拆除破旧房屋、违章建筑，粉刷脏旧建筑外墙。通过整治，城市面貌焕然一新。

5．大力实施农村居住环境改造

以实施“两池六改”为重点，按市30套图集标准，已在全市9个乡镇、40个村的示范带上集中规划新建了一批农民新居。产业型居住小区3处51户，社区型居住小区3处65户，安置型农民新村5处165户。“两池六改”、外观造型，实施农房风貌改造

1685户。拆除危房和违章建筑30户。新建、硬化入户道路1368户，占应建的65%。全市在建30户连片的生态和谐家园示范点110个，生态和谐家园3761户。据督查统计，全市100个乡镇，硬化达标率90%、净化达标率68%、绿化达标率49%、亮化达标率60%、美化达标率40%。

（二）大力开展“三项整治”，切实改变容貌秩序

1．狠抓城市卫生整治

一是实行三级网格化管理和全天候、全覆盖清扫保洁，提高城区环境卫生质量；二是开展机关干部月末义务劳动，彻底清理、清运全城卫生死角和暴露垃圾24.53吨；三是整治23处长期堆放暴露垃圾的闲置空地，规划建成绿化小公园、小游园，使臭气熏天的垃圾场变成了供市民休闲娱乐的城市氧吧；四是开展卫生“五小行业”专项整治，积极推行煤改气、液改电、前改后工程，强力整治公共场所卫生；五是开展除“四害”专项活动，组织卫生专业人员开展“消、杀、灭”活动，目前，“四害”密度低于国家标准3倍，达到了国家卫生城市标准要求。

2．狠抓城市秩序整治

一是从清理整治各类违章占道入手，组织开展城市管理综合整治，清理游商摊贩、占道经营、跨店经营，规范车辆停放。二是加强城市交通秩序管理，重拳整治“三超”和无证经营，集中开展电动三轮车、白板三轮车非法运营专项整治。目前，城市道路交通秩序井然，道路交通安全事故明显下降。

3．狠抓农村环境“六项清理”

认真组织清理农村垃圾、乡镇集镇卫生死角、秸秆、水源污染、农户五乱现象，在9个乡镇、40个村的示范带上完成了“六项清理”2377户，占应清理农户总数的81%。强化秩序整治，对乡镇客运车辆进行规范管理，做到定点停放，旅客上下到点到站，场镇交通秩序明显改善。

（三）全面推进“两项行动”，努力提升公民素质

一是大力开展文明卫生知识普及行动。市电台、电视台开办了“创建文明城市，改善人居环境”、“创文明城市，建美好家园”、“不文明行为曝光台”等专题节目；《遂宁日报》开设了“舆论监督不文明行为”等专栏专版。在主要街道制作创建公益灯杆广告、制作大型公益广告牌、阅报栏，进行全覆盖宣传教育。广泛深入开展创建文明卫生城市宣传教育活动，提高了市民的思想认识和文明素质。

二是积极开展文明卫生习惯养成行动。开展“文明市场”、“诚信经营户”、“文明个体户”评选活动，提高了经营者素质。深化文明社区创建活动，加强社区

“七个一”阵地建设，组织机关干部开展美化环境义务劳动，加强对市民文明意识和道德素质的教育培养，在中小学、幼儿园开展做一名文明小市民、当一名义务宣传员、开展一次征文比赛、参加一月一次爱护环境的义务劳动、给家长一封信为内容的“五个一”活动，通过形式多样的宣传教育活动，使创建文明城市家喻户晓，做文明市民深入人心。

四、完善城市管理体制，建立起城市管理的长效机制

从创新城管执法运行机制、完善执法保障机制入手，不断总结和完善各种行之有效的管理办法，努力建立城市管理长效机制。认真提高城管执法队伍的素质，坚持以人为本的执法理念，加大城管执法力度，实行分片分街执法。创新管理工作思路，注重工作“四性”，即管理工作的前瞻性、坚持有效方法的持久性、开展工作的主动性、处理问题的时效性，构建包括市、区、部门、街道和社区在内的城管网络体系，明确分工，层层落实责任；认真履行职责，做到文明执法，严格执法；加大对城市整治、完善城市基础设施和城管执法的投入；建立目标责任制，严格对各成员单位进行考核；切实开展好创卫城管突击整治活动；各新闻媒体加大对城市管理的宣传，营造良好的舆论氛围，增强市民的城市文明意识。

五、坚持市场化配置资源，多渠道筹集建设资金

通过土地出让百分之百实行招、拍、挂，市政设施有偿使用，国有股权出让，城市固定资产盘活，无形资产有形化等多种途径，近三年实现经营城市收入30多亿元。例如，市城区占地86亩的犀牛广场建设，由市方兴公司利用广场10%的土地进行开发，建设了1万平方米的营业设施对外公开出售，其收入完全满足了广场建设管理，政府没有投入一分钱。再如，市城区5公里的滨江路建设，一是拍卖沿路营业性景观设施土地及建设经营权；二是利用涪江二桥150余亩土地抵押贷款；三是由建设业主自筹资金修建景观营业房。滨江路建成后，沿路土地尤其是涪江二桥桥头150余亩抵押土地大幅升值，已出售和将出售的土地价值由原来的5000万元增至3亿余元，扣除建设成本后政府盈余资金1亿余元。

正是遂宁市委、市政府一心一意打造活力成渝之心，建设川中宜居之城，遂宁城市功能日益完善，城市管理水平不断提高，城市面貌焕然一新，城市形象大幅提升，遂宁正日益成为川中最佳宜居城市。

黔中秀城　宜居城市

贵州省安顺市副市长 罗荣彬

（2009年 5月）

这里有磅礴壮美的大瀑布群，这里有引人入胜的岩溶奇观，这里有六百多年的大明遗风，这里有古老神秘的夜郎文化，这里有纵横交错的江河峡谷，这里有美丽神奇的原生态风光，这里有历史悠久的人类文明，这就是中国优秀旅游城市——安顺——发展中的黔中重地。

——题记

一、城市概况

安顺历史悠久，气候宜人，交通便利，物产丰富，风景如画，是名副其实的黔中宝地。

（一）优越的地理条件

安顺市位于贵州省中西部，介于东经105° 13′~106° 33′，北纬25° 21′~26° 37′。东邻黔南布依族苗族自治州，西靠六盘水市，南连黔西南布依族苗族自治州，北接贵阳市及毕节地区，东西宽133公里，南北长142公里，总面积9264平方公里，地理位置十分重要，素有“黔之腹、滇之喉、粤蜀之唇齿”之称。

安顺市地势北高南低，海拔一般在1200~1400米，境内多低山丘陵，喀斯特区面积占71.5%，多洞穴瀑布、奇山异水。安顺市处于长江与珠江分水岭地带，境内主要河流有乌江和北盘江。这些因素使安顺境内江河峡谷纵横交错，峰丛石林、森林湖泊、暗河泉水星罗棋布，自然风光美丽而神秘。

安顺市是贵州省四个地级市之一，2000年6月设立地级安顺市，下辖西秀区，经济技术开发区，黄果树风景区，平坝县，普定县，镇宁布依族苗族自治县，关岭布依族苗族自治县，紫云苗族布依族自治县，80个乡镇，市域面积9264平方公里。2008年年底全市总人口268万人，城镇化水平为32%。

（二）悠远的历史文脉

安顺在旧石器时代有“穿洞文化”，殷商有“伐鬼方”的记载。春秋时期属牂牁国。战国时期属夜郎国。安顺市城址始建于元朝，明洪武十四年（公元1381年）筑城，距今已有六百多年的历史。安顺自古即为黔西物资集散地，至明清时代，安顺就“城墙高筑，驿道环通，庙宇棋布，亭塔耸峙”。

境内文物古迹遍布，民族文化丰富多样，有全国重点文物保护单位4处、省级文物保护单位25处、市县级文物保护单位88处、市域内文物点318处。有穿洞旧时器时代古人类遗址、安顺文庙、平坝天台山伍龙寺、王若飞故居、红岩古迹、摩崖壁画等；有蜡染、刺绣、布依地毯、屯堡文化、石头寨、蔡官地戏等浓郁的民族文化，安顺人杰地灵，近现代名人联袂而出。有著名的无产阶级革命家王若飞，著名教育家黄齐生等，可谓群英荟萃、交映生辉。现为贵州省历史文化名城。

（三）宜人的气候条件

安顺市属亚热带季风湿润区，四季分明，雨量丰沛，空气湿润，气候宜人，处于最适宜人类居住的海拔高度。年均气温14.6℃，最为炎热的7月份平均气温仅22℃，冬无严寒，夏无酷暑，非常适宜人们生活居住，是避暑、度假、休闲、安居的好地方。全年日平均总云量8成左右，太阳总辐射年平均值80~94千卡/平方厘米，处全国最少地区范围。

（四）丰富多样的发展资源

1. 得天独厚的旅游资源

安顺是国家最早确定的甲类旅游开放城市之一，是世界喀斯特风光旅游优选地区，是全国六大黄金旅游热线之一和贵州西部旅游中心。境内现有黄果树、龙宫、格凸河3个国家级风景名胜区（其中黄果树和龙宫为国家5A级风景名胜区），关岭古生物化石群国家级地质公园、九龙山国家级森林公园、花江大峡谷、夜郎湖、天台山、斯拉河、屯堡等省级风景名胜区，4个市级风景名胜区。在安顺市9264平方公里的区域内，风景名胜区资源面积达837平方公里，占辖区面积的9%，远远高于全国1%和全省4.2%的平均水平，风景名胜资源的数量之多、密度之大、品位之高为全国罕见，安顺现为中国优秀旅游城市。

2．储量丰富的矿产资源

安顺市域范围内有镁矿、铝土矿、铁矿、硅石、无烟煤矿、磷石矿等，尤以前两者居多，具有较高开采条件。

3．丰富低廉的电力资源

安顺市现有大容量发电机组，如东风发电厂、安顺电厂等，还有梭筛、关脚、安定落洼等十座水电站，安顺电厂扩建和引子渡电站提前投产。

4．多种类型的农业资源

安顺境内最高海拔1850米，最低海拔365米，立体气候明显，适宜多种动植物生存生长，是贵州优质大米、油菜、茶叶、生姜、油桐、烤烟、蔬菜、水果、地方名畜良禽等大宗农畜产品主产地和各类中草药材生产及加工基地，同时也是贵阳、昆明、广州等城市的农副产品供应基地之一。

5．基础较强的工业资源

安顺市现有工业企业600多家，职工13万多人，既有传统的五金、酿造、纺织等工业，又有航空、汽车、制药、化工、食品等科技含量高的工业。

6．较为完善的交通体系

安顺区位优势明显，交通便利，形成铁路、航空、公路相协作的立体交通网。公路：在全省规划的“两横两纵四连线”高等级公路骨架中，有一横一纵两连线贯通安顺境内，现已通车；另有高等级公路贵黄路、国道320等干线，交通便利。铁路：贵昆铁路和株六复线贯穿全境，现正准备建设的长昆高速客运铁路也经过安顺，旅游专列“黄果树”号每日往返于贵阳和安顺之间，通过贵阳、川黔、湘黔、黔桂铁路与省外各地相连。航空：空中航线有黄果树机场，由此通往全国各主要城市。

安顺的资源丰富，如何有效地利用和合理配置是城市发展的关键，科学合理城乡规划是指导城乡建设发展的重要手段。

二、城市规划编制与管理

安顺市委、市政府历来十分重视规划的宏观调控作用，坚持以各项规划指导城乡建设，充分发挥规划的龙头作用，近年来组织编制了一系列相关规划，为以后的城市发展指明了方向，一座规划中的“画中山城”渐渐浮现。

（一）科学编制各项规划，合理指导城市建设

为使编制的规划更科学，我市邀请同济大学、东南大学、华中科技大学、青岛市城市规划设计研究院等全国知名院校的专家和教授参与各项规划的编制工作，保

证规划的前瞻性和可操作性。

1．组织编制城市总体规划，明确城市定位和发展目标

安顺市第一轮城市总体规划于1983年编制，1991年撤县建市后，重新编制了安顺市城市总体规划，1996年经省人民政府批准实施。规划期为1991—2010年，规划期人口达30万人；2001年，撤地设市后编制的新一轮安顺市城市总体规划，于2004年8月经省人民政府批准实施。规划期为2001—2020年，规划期人口50万人。

2007年，在贵州省第十次党代会上，贵州省委省政府提出要把安顺市打造成为百万人口生态旅游城市的战略目标。围绕这个战略目标，我市开始启动了新一轮的城市总规修编工作。规划经过《安顺市城市发展战略规划》，并在此基础上编制《安顺市城市总体规划》。现已完成安顺市城市总体规划方案，并通过省级评审。总规中明确我市的城市性质为：全国重要的旅游城市，以发展航空工业和先进制造业为主导，具有独特地域文化的历史文化名城和宜居城市。按照总规目标，到2015年，全市城镇人口达117万，城镇化率为40%；到2030年，我市中心城区规划人口规模100万，平坝县24万，普定县20万，其他各县区10万以上，全市城镇人口达200万左右，城镇化率为60%。

2．组织编制专项规划，具体指导城市建设和改造

我们深刻贯彻国家的政策精神，推进城镇化进程。为了更好地指导相关工作，我们组织编制了一系列专项规划。

（1）编制完成《安顺市道路网规划》、《安顺市公共设施布点规划》、《安顺市绿地系统规划》、《安顺市消防规划》、《安顺市城市给排水规划》、《安顺市中小学布点规划》、《安顺市城区户外广告设置专项规划》、《安顺市加油站布点规划》等一系列规划，科学指导城市各项基础设施和公共服务配套设施的建设。

（2）组织编制保护规划，传承城市文脉。安顺市非常重视历史文化和文物古迹的保护工作，先后组织编制了《安顺市历史文化名城保护规划》、《安顺市历史街区保护规划》、《旧州古镇历史文化名镇保护规划》、《云山屯及本寨历史文化名村保护规划》等一系列的保护规划，有效地保护了不可再生的历史文化遗产。推动了城市的文化建设，提升了城市品位。

3．组织编制工业园区规划，加快城市工业发展

按照“工业强市”的指导思想和城市总体规划的布局，结合我市工业发展优势，编制了《安顺市民用航空产业国家高技术产业基地发展规划与空间布局规划》、《西秀新区工业园总体规划》、《普定循环工业园区发展规划》、《平坝夏云工业园

区总体规划》等一系列工业园区的规划，推动了城市工业的快速健康发展。

4．加大中心城区及各县城控制性详细规划和修建性详细规划的编制力度，为城市建设和改造打下了坚实的基础

先后完成了《西秀新区控制性详细规划》、《双阳新城控制性详细规划》、《武当山片区控制性详细规划》、《南片区控制性详细规划》、《华西商住区控制性详细规划》、《中华东西路修建性详细规划》、《黄果树大街城市设计》等一系列规划。市级详规覆盖率达到95%，各县平均达到80.64%，有效推动了城市建设。

5．编制完善新农村规划，指导城中村的改造和建设

按照社会主义新农村的建设要求，现已完成《安顺市城区农民新村规划》，并完成管元村、青苑村等十几个城中村的修建性详细规划，并编制了《安顺市农村住宅图集》，有效地推进了城市化进程，不断探索城中村的改造模式。

6．编制完善住房建设规划，改善市民居住条件

编制完成了《安顺市住房建设规划》，对商品房、经济适用房和廉租房的建设提出了明确目标。特别是增加经济适用房和廉租房的建设规模，住房问题得到了有效的缓解。

7．多方面筹集资金，逐步完善乡镇总体规划和村庄整治规划，推进城乡一体化进程

全市镇的总体规划覆盖率基本达到了80%，村庄整治规划编制按计划有序进行。

（二）严格城乡规划管理，将各项规划落到实处

我们深刻认识到，规划绝不能只是“纸上画画，墙上挂挂”，如何将规划贯彻到城乡建设中才是问题的关键。依据城乡规划法的相关规定，出台了一系列规划管理、项目审批的规定文件，有效指导了城市建设规划的管理工作。

1．实施二级管理模式，强化城乡规划管理

我市城乡规划管理实行二级管理模式，即安顺市城市规划区由市规划管理局负责日常工作，各县中心城区及建制镇由各县建设局负责，规划管理体制逐步完善。

2．成立城乡规划管理委员会，进一步加强规划管理力度

为保障城乡规划管理的科学性、规范性和民主性，我市于2004年成立城乡规划管理委员会，由市委书记、市长、人大副主任、副市长、政协副主席分别担任主任、常务副主任及副主任，各职能部门负责人和各方面专家为主要成员。城规委下设办公室，由市规划局局长担任办公室主任。主要负责统筹协调全市的城乡规划，审议决策全市重要规划建设项目。

3．坚持有法必依，对规划建设项目严格审批程序

在建设项目的规划审批方面，各级规划管理机构严格依照《城乡规划法》和已编制的各项规划，按程序对申报的建设项目进行审查和审核，认真核发“一书三证”；出台了《建设项目规划文件审批程序试行办法》、《安顺市城市规划管理技术规定》、《安顺市规划管理工作规则》、《安顺市规划管理局“一书三证”简化办事程序及时限》、《安顺市规划管理建设项目批后管理实施办法》、《安顺城市规划公示实施细则》等一系列管理规则办法，进一步规范规划管理审批程序，提高了规划管理工作效率。

4．坚持执法必严，违法必究，加大违法建设的查处力度

各级城市规划行政主管部门还按照《城乡规划法》要求，积极开展建设项目批后管理和查处违法违章建设的工作，有力地维护了规划的严肃性。为更好地控制违法违章建设，我市率先在贵州省成立了50人城市规划管理执法支队，专门进行违法违章建设的查处，有效地控制了违法违章建筑的蔓延。

以上措施的实施，有力地保障了各项规划的贯彻落实，使市容市貌得到了有效的改善，一座“画中山城”已初具规模。

三、资源整合与利用

安顺各项资源丰富，发展潜力极大，只要将各项资源有效地整合配置，城市发展必定前程似锦。我们正在为把安顺建设成为“山在城中、城在绿中、人在景中”的锦绣山城而努力。

（一）整合旅游资源，创旅游品牌，走“旅游兴市”的道路

丰富的旅游资源是大自然赋予安顺的财富，如何有效地利用这些资源，让旅游业成为安顺城市经济发展的支柱型产业，我们从以下几个方面作了积极的探索。

1．明确各景区特色，创建景区品牌

根据景区的特色来定位景区的卖点，如格凸河景区以“观赏原生态风光”为卖点，龙宫和黄果树景区以“观赏自然风光和喀斯特地貌”为卖点，天龙和云峰八寨以屯堡文化为卖点，等等。

安顺市为创建各景区的旅游品牌，每年定期举办文化交流活动。如每年3月中旬在龙宫景区举办油菜花旅游节，每年9月16日在黄果树景区举办的黄果树瀑布节（由国家旅游局、贵州省人民政府、安顺市人民政府承办），另外，还有在格凸河景区举办的蜘蛛人攀岩大赛，在屯堡景区举办的万人屯堡民歌大赛等。这些活动在国内

引起了很大的反响，有效地宣传了城市。

2．加强景区旅游设施建设，提升风景区品质

为改善黄果树景区的周边环境，我市加快推动黄果树新城的规划建设，将休闲度假山庄、旅游商品销售、会议中心等与景区结合起来开发，已编制完成《黄果树新城修建性纤细规划》，现正在按规划进行施工建设。另外，我市为方便游客，在各景区先后修建了游客接待服务中心，使景区的接待能力进一步提升。

3．加强中心城区基础设施，改善市容市貌，提升中心城区的辐射功能

我市近几年大力发展基础设施建设，特别是旅游基础设施的建设。完成了《安顺市宾馆布点规划》，并已按照规划完成了虹山宾馆改造，正在修建五星级的阿波罗酒店，这些宾馆的修建提高了安顺中心城区的接待能力。另外，我市完成了贯城河的整治，修建完成了塔山广场、若飞广场、南马广场等公共设施，极大地改善了城市的市容市貌。现在我市正在加紧虹山公园的建设，争取为城市增加更多的亮点，并吸引更多的国内外游客在此驻足。

（二）整合工业资源，走“工业强市”的道路

我市始终坚持走工业与旅游并举的可持续发展的道路，充分依托安顺的工业基础和资源优势，发展低污染、高科技产业。

1．充分依托自身工业基础，促进工业园区的集聚

现安顺形成了以航空工业为龙头的先进制造业基地（开发区航空城），以特色食品加工业为主的西秀新区工业园，以研究可持续性发展和能源再利用的普定县循环工业园区，随着这些园区的规划建设，安顺的工业发展走上了新台阶。

2.逐步控制污染性行业的规模，保护生态环境

控制煤炭、铝加工等对城市污染较大行业的规模，远期对其搬迁，绝不能以牺牲环境的代价来换取工业的发展，这些在新一轮总规中提出了具体的实施细则。

（三）整合区域交通资源，大力发展第三产业

根据黔中经济带的发展需求，结合自身的区位和交通优势，我市加强与贵阳、六盘水等相邻城市的区域联系，特别是加快贵黄公路、清黄高速路两侧的产业密集，建设物流基地，大力发展物流和交通运输等第三产业，并借此完善产业结构调整。

（四）整合气候资源，发展特色农业，建设生态宜居城市

根据气象局的相关资料，安顺市的气候是全国最适宜人居的环境之一。冬无严寒，夏无酷暑，雨量充沛。一方面，我们要依托气候优势，发展有地方特色的农副

产品加工业；另一方面，我们要注意保护生态环境，美化居住环境。

（五）整合人文资源，传承历史文脉

我市按照《安顺市历史街区保护规划》的相关要求，对历史街区范围内的古建筑进行了重新修缮和改造，使历史街区的建筑重新焕发了光彩。另外，对文庙、武庙、若飞故居等重点文物保护单位进行了重点保护，使安顺老城的历史得以延续下去。

另外，我市还利用水能资源兴建水电站，依据《黔中水利枢纽工程规划》完善了水资源的利用等。

经过各项资源的整合利用，一座锦绣山城正在如火如荼地建设中，未来我们将更大潜力地挖掘资源潜力，建设更美好的安顺。

四、统筹城乡规划建设

安顺风景优美，如同在锦织的画卷中，只要我们更加积极有效地工作，安顺将会变得更加秀美。而这就需要我们统筹城乡规划，加快城乡一体化进程。目前，安顺的城乡统筹规划工作还存在很多不足，需要在以后的工作中加以改善。

（一）安顺城乡统筹规划存在的主要问题

目前安顺市要实现城乡统筹发展还存在诸多问题与阻碍，表现在以下几个方面：

1. 城镇体系发展存在的问题

（1）城镇化水平较低，发展缓慢。

（2）城镇数量少，规模普遍偏小。

（3）城镇规模等级空间分布不均衡，缺少人口规模在10万左右的中等城镇和规模较大的建制镇来辐射带动周边落后地区的发展。

（4）城镇空间分布不均衡，东北部地区和西部山区城镇密度差异大，大部分城镇沿铁路或公路等交通干线分布。

（5）城镇职能分工存在单一性的特点。城镇职能以农业和原材料的初级加工及旅游业为主，职能较单一。依托沿路的交通优势而率先发展的工贸小镇大部分处于起步阶段。

（6）城镇体系职能结构尚需完善，城镇职能作用的发挥难以实现，不同城镇之间产业具有较大的相似性。

2. 社会与经济发展存在的问题

（1）目前的产业结构发展不尽合理，要实现强二稳一、活三优二的产业结构转换。

（2）以稳定为前提，进行机制创新，推进行政区划及相关制度的整合，加大区划调整力度，建立高效的管理体制，强化规划的调控功能。

（3）制定符合城乡一体发展的社会保障机制，推进从村社区建设，研究制定符合当地实际情况的城镇化措施，推进城镇化进程。

3．生态建设与环保问题

（1）安顺市域范围内，流域面积在100平方公里以上的26条河流全是雨源性河流，水土流失、土地石漠化严重。

（2）“喀斯特”发育，使水源漏失，地表缺水，形成湿润气候条件下的干旱，地面水相对缺乏。

（3）工业发展对大气污染影响很大，以煤为主的能源结构因大量使用高硫、高灰分煤，使部分地区空气呈典型的煤烟型污染。其中，二氧化硫、烟尘、粉尘等大气主要污染物增幅很大。

（4）由于城市建设，工业固体废弃物产生量逐年增长，以粉煤灰、煤矸石、脱硫石膏、炉渣等为主。

4．城乡规划管理与建设存在的问题

（1）各县区尚未成立管理程序相对完善的管理机构，相关管理仍由各县建设局部分科室承担，人员不足，管理水平也相对较低。

（2）由于行政编制的不足，乡镇一级管理机构除西秀区基本配置村管所外，其他乡镇尚未配置，给规划管理带来不便。

（3）由于我市处于欠发达、欠开发的地区，经济基础比较薄弱，在实现规划管理的过程中存在规划落实与项目建设的矛盾。

（4）城市中村民乱建房的问题较为突出，一方面是村民急需改善住房条件，另一方面是其无能力购买商品房，就自行乱搭滥建。虽然我们已采取了许多解决方法和措施，但并未从根本上解决这些问题。

（二）今后的工作方向

我们今后的工作重点在于：宏观统筹，全面部署，扫清阻碍安顺城乡规划建设发展的障碍。

1．以科学发展观为龙头和基础，充分利用和发挥各种资源优势，最大限度地激发社会创造活力，进一步提高各族人民生产生活的质量和水平，提升城市竞争力，促使安顺经济社会又好又快发展，全面实现建设繁荣富裕秀美文明和谐新安顺的城镇化战略目标

（1）以县城和有条件的区域中心镇为重点，以产业发展为支撑，以建立市场化配置资源的机制为关键，制定和完善相关配套政策。

（2）实施工业向集中发展区集中，农业向规模经营集中，农民向城镇集中。

（3）抓好生态农业开发，抓好农业产业化经营，抓好农村（人口转移）发展环境建设。以城乡一元化社会的全面建立为目标，最终实现“同城生活、同城便利、同等待遇”的新局面。

2．以规划为龙头，科学管理，实现城乡规划一体化

（1）进一步完善各项规划的编制，抓紧完成安顺市城镇体系规划、安顺市总体规划及各县城总体规划的修编工作，尽快完成中心城区及各县城控制性详细规划和建制镇的总体规划编制工作。

（2）进一步建立健全城乡规划管理机构，实现规划管理全覆盖。

（3）建立健全违法建设的查处机制，严厉打击违法建设，实行最严格的节约用地制度。

（4）充分发挥城市总体规划宏观调控的作用，制定城市近期建设的行动纲领，引导城市建设迅速有序发展，迅速扩大中心城区及各县区的城市规模，提高中心城区辐射带动作用。

（5）以资源换资本，不断加大城乡建设投入，解放思想，转变观念，学习先进，力求在城市开发建设资源利用上打破常规模式，寻求突破。

（6）创新和改革城市管理模式，简化审批程序，开通绿色通道，建立健全管理制度，形成各部门各环节审批的联席制度。

以规划为龙头　争创园林县城

云南省大理白族自治州云龙县县长 徐思锦

（2009年10月）

云龙县位于云南省西部，地处滇西横断山南麓的澜沧江纵谷区。因“澜沧江上夜覆云雾，晨则渐以升起如龙”而得名为云龙。全县总面积4400.95平方公里，2008年年末总人口20.53万人，少数民族人口占83.5%。云龙历史悠久，文化灿烂，资源丰富，山河壮丽，这里有两千多年建制历史中形成的原生态文化遗存，有国家级历史文化名村诺邓村，有世界地理奇观天然太极，有正在开发的水能、矿产、林业等蕴藏丰富的自然资源，是一个开发程度较小、经济社会发展还比较落后，但具备巨大发展潜力和良好发展前景的国家级贫困县。

云龙县城几经迁移，1927年搬迁到现在的诺邓镇。由于区位及地形地貌的制约，空间狭小、容量受限、开发成本高成为云龙县城建设的最大特点。我们立足实际，以建设“精巧、典雅、秀美、文明、独具特色的山区明珠”为总体目标，以功能定位为导向，以规划为龙头，以争创园林县城为载体，在“小而精”上做文章，在“巧且美”上下工夫，大力推进县城的建设，一个大山深处的小城镇以崭新的形象出现在人们面前。

一、基本做法

（一）以“精巧”统领规划，因地制宜合理布局

云龙县城诺邓镇分布在“三山”、“两河”之间，地形窄长曲折，地势高低起落，形成不规则的“T”字形格局，长期以来单位和居民建房未进行统一规划，导致布局凌乱。由于道路、绿地面积少，公建设施、环境卫生差，与县城的作用、地位和对外开放的要求极不相符。近年来，我县首先从调整县城总体规划入手，理清思路，明

确把县城定位为全县政治、文化、商贸、信息中心，计划到2010年年末建成区面积达2平方公里左右，居住人口达2万人左右，重点要在“特、精、巧”上做文章，按照“组团串珠式、台阶式、白族民居式、山水园林式”进行布局，在建筑风格上体现白族民居特色。在具体工作中，坚持以“精巧”统领规划，以项目落实规划，把“廊、区、路、园、场”合理布局在各个区域进行建设，突出抓好河滨绿色长廊、小区开发、市政道路延伸与拓展、休闲园改造、广场拆建等几项重点，同时大力推进亮化、美化、绿化工程建设，县城的面貌发生了显著变化，居民的生活环境更加舒适。

（二）以“休闲”为取向，建设居民休闲大通道

云龙县城主要沿狮尾河及沘江河条形布局，区域内人流量大，但道路单一，形成混合交通，事故隐患很大。为了缓解通达矛盾，给市民提供了通行和休闲为一体的良好环境，我县分别于2000年和2009年建成了两条总长度达2600多米的县城河滨绿色长廊。该工程以休闲、观赏、分散人流为设计宗旨，突出“绿色长廊”特点，现已成为居民休闲的大通道，也是县城一道亮丽的风景线。同时，针对县城绿地面积小、房屋建筑密度大、居民活动空间少的情况，以“拆房补绿、见空建园”的方式，先后建设了两个广场和四个休闲园，给广大居民提供了文化活动、休闲娱乐的好去处。在通行能力建设上，通过对新云路、职校路、胜云街、交林路、环北路的建设和改造，形成了新、老城区内的道路骨架和网络，明显改善了通行、卫生和消防条件，解决了行路难的问题。

（三）以“秀美”为目标，“三化”工程装点了典雅县城

“亮化”工程使县城亮起来。通过在城区安装广告灯桥来美化街道，对虎头山公园实施灯光亮化来方便群众登山健身休闲。在人流集中的狮尾河、沘江沿岸修建栏杆，配置各型路灯和灯箱，对城区老路灯进行加密改造，在绿色长廊和职校路安装古朴典雅的路灯，宁静的夜晚灯光河水交相辉映，增添县城秀色。“美化”工程增添县城典雅效果。在县城中心地带、人流最大、商贸活动最为活跃的地段，建成了占地面积5000多平方米的腾龙广场，设置了音乐喷泉、腾龙雕塑、休闲绿地等设施，同期建设了占地6000平方米的文化广场，使群众性的集会有了场所。在县城西北角的沘江河畔建设了江边休闲园，在县城北入口建设了占地10000多平方米的沘江苑，小小山城内几个广场和休闲园的建成，使县城的面貌大为改观，品位得到了提升。“绿化”工程为县城注入了新的生命力。近两年来，政府在抓小园区绿化和道路绿化的同时，在县城三大出口处拆除了一批杂乱的临时建筑，腾出空地，统一规划，增加绿化面积，使县城更加秀美。目前，已编制完成了县城的绿地系统规划，

正以申报省级园林城市为目标，推进绿地系统建设，使城区绿化上一个新水平。

（四）以“特色”为抓手，打造白族特色居住环境

云龙县白族人口占总人口的71.7%，在县城建规划建设上，坚持走“以地生财，以财建镇”的路子，建造以白族民居建筑格调为主体的县城沿江综合小区，同时，实行“谁经营、谁投资”的措施，广泛吸纳社会融资，拆除一批临街的危房和陈旧的老房，一幢幢具有时代建筑风貌又具白族民居特色的大楼拔地而起，极大地改观了市容、市貌。目前，小区内给水、排水、电、路等各项基础设施建设已按规划基本完成，开发建设已见成效。

（五）以“小处”为着力，提升县城文明形象

长期以来，县城“脏”突出表现在厕所陈旧、容量小，无垃圾集中处理场，街道清扫难度大。对此我们积极探索“谁投资、谁经营”的路子，分别以公建民营、民建民营和公建拍卖的形式对县城6个公厕进行了全面改造建设，彻底打破了县城无收费公厕的落后状况，在建筑风格上和经营方式上独具特色，属大理白族自治州首创。在城区环境日常管理上，长期实行门前包保责任制，制定并颁布了市民公约，开展了“文明云龙”建设示范工程，形成了齐抓共管的强大合力，既减轻了公共管理的压力，又提高了居民爱城、护城的文明意识。

二、经验和体会

城市建设是一项复杂的系统工程，城市建设的水平在一定程度上反映了地区经济社会发展的状况。云龙作为一个边远的山区贫困县，其经济发展的落后状况也必然制约了城市（镇）建设的速度和水平。尽管通过努力，云龙县城发生了巨大的变化，但我们深知，它目前还处于低水平的建设和发展阶段，与全国大多数地方相比，无论在建设方面还是管理方面都还存在很大差距，所谓经验也就很难谈及。

就城镇建设而言，搞好建设的前提是编好规划，编好规划的前提是要有正确的编制理念。

（一）规划应突出战略性和宏观性

一个城市规划从论证、编制、审批到实施，要经历很长的时间，而且实施的过程也是一个较长的阶段。简而言之，一个规划要管很长时间。如果编制内容过于详尽，在现代社会发展速度不断加快的背景下，必然有部分内容不能符合人们的新要求。因此，在规划过程中，既要看得深、看得远，也要看到现实中由于区域发展的

不平衡而出现的偶发因素制约。小城市的支撑体系往往很脆弱，一个项目的上马、一个企业的落成或是倒闭就会使一个城市的性质、规模发生质的改变，而这些现象在规划中未必能够预见，所以规划的编制应是战略的、宏观的，在内容上要更简洁，要具有“弹性”，不能理想化地认为规划就是“终极蓝图”。

（二）规划应要强调生态

北京大学俞孔坚老师提出的“反规划”概念，即城市规划和设计应该首先从规划和设计不占用建设用地入手，而非传统的建设用地规划。“反规划”就是优先规划和设计城市生态基础设施，并提出城市生态基础设施建设的景观战略，通过这些景观战略，建立大地绿脉，成为城市可持续发展的生态基础条件。“环境并不等于生态”。现在人们都在强调营造宜人的生态环境，但“城市景观设计和建设绝不是表面的化妆和美化。而是在协调人与自然，人与人的关系，是创造一种符合人类审美与现实相结合的生活场所，创造一种安全而健康的生态系统，富有意味的物质与精神空间，即天—地—人—神和谐的人居环境”（摘自俞孔坚，李迪华《城市景观之路》）。一个生态的规划，应该是生态和环境能够有机地结合在一起，应当在了解自然的基础上尊重自然，不违反自然规律的规划。所以，不论是规划的决策者还是编制人员，都应该树立生态规划意识，加大对本土化、乡土化的物种保护和利用，加大对生态链的保护，按照生态的理念编制和实施规划，创造宜人的生存环境，促进城市的可持续发展。就云龙县城而言，“群山环抱、江水依偎”就是本身固有的生态环境，在保护好这一环境的基础上进行规划、推进建设，是我们一直遵循的基本原则。

（三）规划应以人为本

人是城市中“活”的要素，建设城市的根本目的也在于满足人的需要。因此，规划应遵从以人为本的原则，有利于人的生存和发展，把为人们提供适宜的生活环境作为城市规划设计的最高目标。在具体的工作中，规划设计应该从研究人的需求开始，充分考虑市民的所思、所想和所需。比如，作为广场、公园，设计人员在设计手法上的谦卑和对市民情感的关怀在这里显得尤为重要。不适宜人们聚集休闲而只能关注鸟瞰的大草坪、大广场，绝不是大家期盼的。交通、环境等方面应该着眼于满足人们的需求，而要达到这一目的，就应该研究人在精神上和物质上的需求。这也是这几年云龙县城建设得到居民和来客好评的主要原因，我们的“廊、区、路、园、场”规划和建设，突出的一点就是尽可能满足居民活动的需求，即便城区土地再紧缺，也绝不能只顾眼前的经济利益，把县城建设成纯粹的“钢筋水泥盒”。

（四）规划应具有公众性

过去，我们的规划过于看重专业性和技术性，只涉及政府职能部门、编制单位、评审专家，规划只有少数人知道。而城市规划包含的内容是多方面的和立体化的，绝不是几个部门或几个人能够掌控的，所以规划应该有公众参与。要考虑城市居住者整体的感受，所以城市规划的编制过程中，应请一些史学、社会学等方面的学者以及住在城市中的百姓参与，只有这样，才能充分表现出规划的主动性、前瞻性和公众性。2004年，我县委托大理白族自治州城乡规划设计研究院对我县县城的总体规划进行修编，在规划修编期间，向单位和个人发放了征求意见函，同时召开了领导干部、单位职工、社区代表和地方知名人士参加的征求意见座谈会，还通过一年一度召开全县人民代表大会和政协会议期间向代表们进行宣传展示，通过多种方式广泛征求意见，完善规划。今年，我们在县城详规编制过程中，通过召开征求意见会、听证会等形式来完善规划内容，通过以上各种方式，不但使我们的规划修编内容更加完善，还使广大干部群众熟悉和了解了规划，让大家都知道自己所居住的城市未来会变成什么样，作为市民要做些什么、遵守些什么。在大家提出意见建议完善规划的同时，主人翁精神和社会责任感就会相应而生。实践证明，当规划的编制有了广泛的公众参与度，规划的综合性也就体现出来了。

（五）规划应具有法制性

城市规划虽然涉及面广，但最终落脚点还是空间上的布局，作规划时要考虑到城区整体布局的平衡。一个建筑物、一个居住小区建成后不可能马上拆毁，虽然规划本身不是法，但它的实施需要法律的支持，规划一旦通过审批成为正式的规范性、指导性文件后就不能随意更改，如果涉及重大变更或确需调整，也必须按规划管理程序依法依规调整，在日常的城市管理中，也必须严格按照规划来实施，避免“因人而异”、人为干预，这样才能确保规划的严肃性。同时，城市的加快发展不可避免会带来规划的调整和修改，在做城市总体规划的修编工作时，一定要注重与上一轮规划的衔接问题，要把重点放在“修”上，而不是纯粹的“编”。总之，规划要依法编制、依法调整、依法实施，同时也要依法管理，只有这样才会使规划更加严肃，更加规范。

（六）规划应突出自己的特点

一个城市的形成与发展过程中，总会存在着发展的历史文脉，存在着一个城市发展过程中所固有的风格，只有在规划中把这些固有的风格和现在的城市建设结合起来，才不会丧失独特的风格，才能发挥和体现出城市的风采。否则就会千城一面，不土不洋，没有特色。近年来，在云龙这个边远的山区县城里，我们相继建成了一些公园和广场，在规划设计理念上，不和发达地区比规模、比气派、比投资，而是因地制宜，突出显示我们的建筑特色，展现我们固有的文化特色。在建筑的规划设计上，以体现民族特色为设计脉络，在公园、广场使用的红沙石栏杆上体现石雕传统工艺，在铺贴地面和花坛贴边用的青石板和江卵石上体现板岩建材优势，在房屋和栏杆上配以的诗文展现了白族文化价值取向和文化底蕴。这几年，到云龙参观、旅游的人们说得最多的一句话就是，“云龙县城虽然很小，但很干净，绿化得好，很有特点”， 这不仅仅是对我们规划建设工作的肯定，更是对我们传承民族文化成果、保持固有特点的赞扬。事实证明，只要我们抓住自己的特点，挖掘民族文化，保持固有风格，我们的城市规划一定会越做越好，我们的城市一定会更加多姿多彩，更加有内涵，更加迷人。

朗县城乡规划与城乡统筹

西藏自治区林芝地区朗县县长 达 瓦

（2010年7月）

朗县，西藏自治区林芝地区一个边陲小县，地处喜马拉雅山北麓，雅鲁藏布江中下游，下辖6个乡镇，59个行政村，136个自然村，1.5万人；地域面积4200平方公里，属典型的高山峡谷地貌，平均海拔3700米。“十一五”以来，我县以安居工程为契机，重点抓好县城、乡镇和典型村的建设，涌现出了金东乡、仲达镇及卓村、东雄村等典型乡镇和村庄，促进了全县社会经济的发展。

一、编制完善乡村规划，合理指导城镇建设

随着西部大开发工作的不断深入和青藏铁路、林芝机场的开通运行，西藏迎来了前所未有的发展机遇，不仅社会经济发展速度加快，城乡建设也得到了蓬勃发展。对于朗县，城乡规划的滞后与城乡建设的矛盾也日趋突出，为实现“以城带乡、以乡促城、城乡统筹发展”，我县先后编制修缮了《朗县县城总体规划》、《西藏自治区朗县村镇总体规划》，为全县城镇发展绘制了蓝图，奠定了基础。同时，为推动旅游景区（点）建设，编制了《朗县旅游发展总体规划》，为朗县旅游业发展提供了科学指引。

二、抓好城、镇、村建设整治，努力改善城镇面貌

（一）加快城镇基础设施建设，促进城镇合理有序发展

近年来，随着西部大开发和福建省对口援助力度的不断加大，西藏城镇建设投资规模逐年加大，城镇建设得到快速发展，尤其林芝机场、米朗油路的建成，为朗县城乡建设的加快发展注入了活力，提供了新的历史机遇，我们紧抓机遇，加快了

城镇基础设施建设，城镇道路、给排水、垃圾处理等基础设施正日趋完善，城镇面貌日新月异。目前，朗县有县城和6个建制乡镇，城镇人口约3000人，城镇建成区面积为124.56公顷，建成区绿化覆盖率为13.64%，人均城市道路面积5.85平方米；完善了城镇供、排水系统，县城供水、排水管道密度分别达到36.36公里/平方公里和27.27公里/平方公里，基本解决了建成区供排水问题；燃气和太阳灶在许多城镇得到了普及，建设沼气2000户、推广太阳能1473套，燃气普及率为53.57%，结束了长期依赖牛粪、柴火的时代，极大地改善了城镇居民的生活条件；城镇生活垃圾填埋场8座，生活垃圾基本可以处理。

（二）抓好农牧民安居工程建设，提高群众人居水平

实施农牧民安居工程，改善农牧民生产生活条件和居住环境是推进社会主义新农牧区建设，构建社会主义和谐社会的重要内容，是推进“以城带乡、以乡促城、城乡统筹发展”的重要举措。目前，我县总共完成安居工程3559户，其中包括新增户263户，安居工程顺利实现划零目标，群众人均居住面积达到32平方米；另外，我县利用安居工程建设，开展整村推进工作，目前全县51个行政村、1个居委会已经完成整村推进22个村子。安居工程的实施，不仅使群众住上了宽敞明亮的房屋，也使村容村貌发生了彻底的变化；在扎实推进安居工程建设的同时，我县洞嘎、仲达、金东等三个306省道沿线乡镇加快发展，目前小城镇建设已初具规模。

（三）加快城、镇、村整治，提升服务水平

一个地方要有特色，就必须有自己民族的本地的特色体现，我县2007年就在县城建设了具有民族特色的商业街；加强了城镇管理，建立了城镇管理队伍、工作体制机制和功能分区，城市服务功能提高、城乡建设井井有条；我县大力推进基层文化建设，努力提高全县群众文化素质，目前全县共有6个文化站，51个行政村文化室，全广播电视覆盖率分别达到88.2%和93% ，基本实现了“乡乡有文化站，村村有文化室”的目标。

三、抓好产业建设，推进城乡统筹发展

统筹城乡经济社会发展是党的十六大提出的一个解决三农问题、推进全面小康建设的新战略，而产业发展是推进城乡统筹发展的动力源。一是依托资源优势，发展特色产业。特色产业是县域经济发展的支柱，也必将成为小城镇建设的动力，为壮大特色产业发展，我县制定了特色经济林木发展的中长期规划和“整合资源，突

出重点，优先发展优势产业”的工作方针，截止到2010年5月，全县经济林木总面积突破万亩大关，达到12123亩，其中：核桃9255亩，藏冬桃2170亩，花椒698亩，2009年核桃等经济林木总产值达到601万元，仅靠经济林木农牧民群众人均增收400元；另外，通过发展辣椒、核桃合作经济组织，开展特色产品深加工，增加农牧民收入，为今后小城镇建设打下了基础。二是立足旅游资源，提高小城镇的知名度。朗县处于藏东环线，历史悠久，文物古迹众多，有十三世达赖喇嘛庄园、巴尔曲德寺、列山古墓历史古迹和帮玛洞穴、拉多藏湖和雅江巨柏自然景观等。目前，朗县已逐步开发列山古墓、十三世达赖喇嘛庄园等景区（点），金东、仲达等乡镇，充分利用朗县的人文景观及其他观光旅游资源，加快发展第三产业，带动了小城镇经济发展，也提高了其知名度。三是鼓励农牧民人口转移致富，加强农业人口转移是加快小康社会建设和构建和谐社会的有效途径，也是统筹城乡发展和促进城乡一体化的具体体现，目前已开始逐步实施人口转移致富，但转移过程中存在进城动力不足、综合素质不高、缺乏理性引导等问题。

目前，朗县城镇化建设还在起步阶段，发挥当地优势、挖掘自身潜力、利用地域特色仍是加快城镇化建设的重要内容，而发展经济更是当务之急。

西北地区

打造精品金城　彰显古关魅力
努力探索西部中小城镇建设新路子

陕西省潼关县县长　何树茂

（2009年10月）

城市建设水平反映了一个地区的经济社会发展水平，同时，也是衡量工业化程度的重要指标。发达国家和国内一线城市的经验表明，要使经济社会快速发展，必须适时推进城镇化进程，从而使工业化与城镇化相互促进、协调发展。

一、潼关基本县情和城市建设现状

潼关地处关中平原东部，位于秦、晋、豫三省交界处，是中原入陕第一县，八百里秦川东大门。总面积526平方公里，辖3乡5镇，人口16万。潼关始建于东汉献帝建安年间，历史悠久，地势险要，历代为兵家必争之地。县域内资源丰富，南部小秦岭山区，金、银、铅、铁等储量丰富，尤其是黄金资源得天独厚，脉带多，品位高，易开采加工，潼关是全国第三产金大县，2005年国家黄金协会授予潼关县“华夏金城”称号。潼关境内人文景点较多，自然景观独特，旅游资源丰富。潼关区位独特，素有“秦地东大门”之称，是通往华北、中原的交通要道，是新欧亚大陆桥的必经之地，陇海铁路、310国道、西潼高速公路和在建的郑西客运专线横贯全境，城乡公路交通网络发达，在西部大开发中具有承东启西的重要作用。

近年来，潼关城市建设坚持“规划展现风格，建设彰显魅力，管理提升品位”的思路，以打造精品生态宜居城市为目标，规模不断扩大，设施逐步配套，功能日臻完善，面貌日新月异。目前，潼关县城建成区面积已达4.3平方公里，城市人口达5.39万人，城镇人口占总人口的比重由1990年的21.3%提高到2008年的33.7%。由一个边远小镇发展成为独具特色的西部现代化小城镇。

二、潼关县城市建设的优势及劣势

（一）优势分析

一是生产条件明显改善潼关辖5镇3乡，建制镇占全县乡镇总数的5／8。经过搬迁50多年的发展，全县基本生产条件有了很大改善，人民生活水平有了显著提高，综合经济实力明显增强，为潼关城市建设奠定了良好的基础。二是区位优势独特。潼关地处关中东部，素有“秦地东大门”之称，是通往华北、中原的交通要道，是新欧亚大陆桥的必经之地，既可以成为生产要素由东向西转移的首选承接地，又可以成为向整个西部地区转移的始发点。新规划的关中—天水经济圈、郑西高速客运专线和西潼高速公路拓宽工程等都将为潼关加快城市建设带来新的发展机遇。三是政策优势明显。今年以来，省市就进一步加快城镇化进程作出了重要部署，出台了许多优惠政策，特别是7月份渭南市召开了推进城镇化进程动员大会，出台了《关于进一步加快城镇化进程的决定》，为潼关加快城市建设提供了良好的政策支持，位于秦、晋、豫三省交界处的秦东镇已正式列入关中百镇建设（预计城投达一个多亿）。

（二）劣势分析

一是城市功能不够完善潼关与一般城市的发展历史不同，是移民搬迁城市，1958年潼关县城因建三门峡水库整体搬迁，1961年以前潼关县是乡镇建制，城市公共服务基础差，城市规划滞后，各项配套设施严重不足，历史欠账多，城市品位低，城市功能先天不足。二是城市产业结构单一。潼关是典型的资源型工矿城市，城市的支柱产业建立在以矿产资源开发加工为主的基础之上，结构比较单一。黄金工业虽然是潼关的优势产业，但总体上层次较低，特别是深加工工业落后，发展水平较低。三是城市规划水平较低。县城总体规划、详细性规划和专业规划不够完善，规划编制起点低，范围小，且缺乏自然特色和文化内涵，特别是部分乡镇规划编制滞后，难以适应经济社会发展。同时规划执行力相对较弱，建设主体单位和居民建房随意性表现突出，破坏了潼关县城市建设总体规划的科学性和合理性。四是城市建设资金不足。目前，潼关城市建设还处在依靠财政搞建设的初级阶段和经营城市的起步阶段，城市自身“造血”不足，多元化投资的良好局面尚未形成，随着县城建成区面积的不断扩大，基础设施投入不足和城市维护资金紧缺的现象日趋显露。五是城市管理长效机制不健全。由于城市管理体制未理顺，条块关系不协调，缺乏综合性执法主体，规范化管理不到位，加之中心城区和“城中村”管理层次参差不齐，较难统一协调（目前还尚未成立城管综合执法局），城市总体管理水平仍需进一步提升。

三、努力探索城市建设新路子

（一）坚持科学发展，做“优”城市规划

城市规划是城市建设与发展的总纲，是城市扩张的第一要素。近年来，我县城市规划中始终坚持以人为本、突出古关特色、注重人居生态的规划理念，增强规划的科学性和前瞻性。先后邀请上海、北京等地的知名专家学者到潼关实地考察，全面分析论证潼关城市规划，充分挖掘悠久的古城、古关和黄河文化，对现行城市总体规划进行了大规模修编，同时加快了专项规划和详细规划的编制工作，启动了各建制镇规划，防止“千城一面”的现象。同时，认真贯彻落实《城市规划法》，严格规划的审批、实施和监督管理。成立了潼关县城乡规划建设委员会，实现了规划决策的民主化、程序化、科学化，确保规划实施的科学性。严格执行“一书两证”制度（“一书”指选址意见书，“两证”指建设用地规划许可证和建设工程规划许可证）。加大规划执法和督查力度，对违反规划的行为及时纠正和查处，禁止各类违法建设，促进城市协调发展。

（二）坚持协调发展，做“大”城市规模

一是拉大城市骨架积极实施了“北进西扩、东延南伸”发展战略，拉大城市框架，拓展城市空间。向北做好开发建设，使之成为潼关城市新区。向西扩展已将其开发建设成了县城的附属区，县城建成区面积达4.3平方公里。二是美化城市形象。按照“因地制宜、点面结合，改善生态、美化家园”的指导思想，加快了“一园两带三纵六横八场”绿化体系建设。规划和建设好沿东、西沟绿化景观林带，加强了县城公园、中心区绿地、住宅小区绿地建设，着力提高绿化品位，城市绿化率达30%，县城人均绿地面积达到5平方米，积极实施了主干道亮化和沿街建筑楼体亮化工程，主干街区景观亮化基本完成，亮化率达85%以上。营造了人与自然和谐相处的城市生态环境。三是有序改造旧城。依托现有建设格局，着重改善交通状况，改善人居环境。严格控制旧城区开发规模，新开通了北新街、四知街等主干道路，中心城区建成了“四纵九横一环”的城市主干网络，形成环状交通网络。加快了“城中村”改造步伐，按照县城总体规划，引导老城区人口向新区转移，降低旧城区人口和建筑密度。四是加快新区建设。加大了港口新区（包括港口旅游区、秦东物流园

区和休闲娱乐区）的基础设施建设力度，不断完善城市功能，健全城镇承载体系，使县城区充分发挥县域政治经济文化中心的辐射作用，加速城镇化进程。

（三）坚持发展产业，做“强”城市实力

产业是立城之本、兴县之基。要把县城实力做强，一是合理构建产业布局。根据潼关发展前景和区域经济特色，突出城市产业功能，构建合理产业布局，鼓励外商、外资和当地的民营企业参与潼关的城市建设与发展，加快发展非公有制经济，积极引导各企业入驻港口新区和工业园区，促进新区快速成型。鼓励县城区的企业从第二产业转向第三产业，增加潼关城市经济中第三产业的比重，壮大城市经济总量。围绕商贸、行政、文化教育、旅游、休闲娱乐五大功能区，大力发展商贸经济，形成了以金陡街和北新街为主的商贸中心；尊重现状，沿中心街形成了全县的行政中心；大力发展教育和文化产业，实施初中生进程工程，在县城区北部形成以职业教育为重点的教育文化中心。充分利用县城周边的纵横沟壑，建设生态休闲区。大力开发黄、渭河沿线旅游，形成以泉湖为中心的旅游娱乐区。建成分区明确、功能完善的城市新格局，实现现代化小城镇的建设目标。二是积极培育产业优势。要按照产业集群的发展模式，依托传统优势产业，通过增投入、抓提升、促整合、创名牌，做大做强黄金产业，形成了立县的支柱产业。同时大力培育生猪养殖、芦笋深加工等农业产业化龙头企业。三是大力促进第三产业发展。按照完善发展传统三产、加快发展新兴三产的要求，积极发展旅游服务业，发挥黄河旅游园区的示范带动作用，加快旅游观光、生态农业、休闲娱乐场所建设，进一步提高旅游接待水平和标准。同时，挖掘东山、佛头山等人文景观开发利用，加快旅游业的发展。

（四）坚持开拓创新，做“活”城市机制

一是加快管理体制改革，建立了城市管理相对集中行使行政处罚权机制，理顺关系，明确执法主体职责，由多头执法向相对集中执法转变。大力推进违章占道、车辆乱停乱放、环境卫生等专项治理，强化执法监督和社会监督，严肃查处执法管理中的违纪违法行为。二是加快投融资机制改革。资金匮乏是制约县城建设的“瓶颈”，仅靠县财政投入远远不够，为此我县成立了城市建设投资公司，加大融资力度，搞好城市经营，进一步完善招商引资优惠政策，形成“亲商、安商、富商”的社会氛围和工作机制。坚持经营土地，政府垄断土地和矿产资源一级市场，实施土地储备制度，成立了土地储备公司，增强政府调控能力。坚持经营资产，以资聚财，对无形资产进行深入挖掘和深度开发，通过转让、拍卖、租赁等方式，使户外广告经营权、公共汽车线路专营权、道路桥梁冠名权、可经营性项目的收费权进入

市场，达到盘活资产、筹集城市建设资金的目的。三是加快行政体制改革。坚持“以人为本、因地制宜、依法行政”的原则，分步实施。将规划区内的村民有计划地改为居民，继续保留居民对原有土地的使用权。同时，加快户籍制度改革，对于在县城有固定住所、稳定职业及经济来源的人员，均可根据本人意愿在保留其承包土地经营权和允许依法合理流转的基础上，申请办理常住户口，与当地居民在子女上学、养老、失业、医疗等方面享有同等待遇，促进人口向县城聚集。加强社区建设。进一步完善医疗、就业、上学、养老等各项配套改革，不断完善社区功能，提高居民生活和城镇化水平。

按照城市总体规划，到2020年全县城镇化水平达到50%，县城人口达到8万人，县城建成区面积15平方公里，把潼关县城建成以黄河、黄金、古关为主要特色的旅游城市，秦、晋、豫金三角新型工业城市和关中东部绿色、生态、宜居城市，形成“一县、两区（县城区和港口新区）、三线（秦岭沿线、陇海铁路沿线、黄渭河沿线）”的城镇体系。使潼关的城镇布局更合理，功能更完善，特色更鲜明，一个天蓝、地绿、路畅、繁荣、宜居、宜游的现代化小城镇，将以全新的姿态屹立在秦、晋、豫金三角。

临夏州城市规划建设管理工作情况

甘肃省临夏回族自治州州委常委、副州长 韩季安

（2009年4月）

一、临夏州概况

临夏回族自治州位于甘肃省中部西南面，地处青藏高原与黄土高原的过渡地带，总面积8169平方公里。1956年成立临夏回族自治州，现辖7县1市，即临夏市、临夏县、永靖县、和政县、广河县、康乐县、东乡族自治县、积石山保安族东乡族撒拉族自治县，129个乡镇（街道办），1149个行政村。总人口197.16万人，人口密度为241人/平方公里，有回、汉、东乡、保安、撒拉、土、藏等22个民族，其中以回族为主的少数民族占总人口的57.16%，是全国仅有的两个回族自治州之一，东乡族和保安族是以临夏为主要聚居区的两个少数民族。2008年，全州完成生产总值78.19亿元，比上年增长13.6%；全社会固定资产投资52.67亿元，增长64.95%；大口径财政收入7.23亿元，增长20.64%；社会消费品零售总额24.72亿元，增长19.3%；城镇居民人均可支配收入6578元，增长12%；农民人均纯收入1847元，增长15.8%。全州城镇人口24.67万人，城镇化率为12.42%，建成区面积为33.91平方公里。全州城市规划总面积64.77平方公里，完成详规编制面积1361公顷，占城市规划总面积的21%；完成25个建制镇总体规划，195个村庄建设规划。城市人均道路面积10.22平方米，建成区绿化率19.23%，人均公共绿地面积达到0.83平方米，人均住房建筑面积20.7平方米；城市自来水普及率69%；人均日生产生活用水量66升；城市排水管道长178公里；城市集中供热站27处，城镇集中供热总面积483.9万平方米。

二、城市规划建设管理工作主要做法和体会

城市规划建设管理工作是一项战略性、综合性很强的事业。近年来，州委、州政府高度重视城市规划建设管理工作，认真贯彻落实党的十七大精神，坚持以人为本的思想，进一步解放思想、理清思路、开拓创新，城市规划建设管理工作取得了长足的发展，城市面貌有了较大程度的变化，城市功能日臻完善，基础设施逐步配套。我们的主要做法和体会是：

（一）解放思想、更新观念，不断拓宽城建工作思路

思路决定出路，观念创新办法，思想解放程度决定着城建工作的成效。州委、州政府根据发展变化的州情，深入调查研究，反复分析论证，立足当前，着眼长远，提出了坚持以邓小平理论和“三个代表”重要思想为指导，全面贯彻科学发展观，认真落实“打民族牌、走民营路、谋富民策、建和谐州”的总体思路，全力实施特色经济发展战略和“一线两点”发展布局，突出项目拉动、基础设施建设、产业开发的发展重点。对城市规划建设管理工作提出了坚持规划先导、基础先行、产业拉动、要素聚集、形成特点的基本原则，按照州府所在地临夏市、各县县城和重点集镇三个层次，加快推进城镇化建设，努力把临夏市建设成为规模较大、品位较高，既有现代气息、又有浓郁民族文化特色的区域性中心城市，把各县县城培育成为县域经济的中心，把重点集镇逐步发展成为沟通城乡经济、聚集生产要素的乡镇级的区域经济中心的发展思路。确定了到2012年，全州城镇化率达到20%以上，建制镇达到55个，占乡镇总数的40%，建成区面积达到47平方公里，城市人口达到40万人，城市道路达到400公里，城市日供水综合生产能力达到15万吨，集中供暖面积达到600万平方米，城镇人均住房建筑面积达到24平方米，建成区绿化覆盖率达到20%的目标。同时，我们紧紧抓住中央把临夏州作为深入实践科学发展观试点单位的机遇，扎实开展科学发展观实践活动，通过查找思想、工作、作风上存在的差距，在广大干部职工中展开了民族贫困地区要不要、能不能、会不会实践科学发展观的“三个问题”大讨论，进一步推动了思想解放，理清了发展思路，破解了发展难题，解决了突出问题，健全了制度机制，促进了城镇规划建设管理工作又好又快发展。

（二）牢固树立规划意识，理顺体制，加快城乡规划工作步伐

城乡规划作为政府指导和调控城乡规划建设和发展的基本手段之一，是政府履行经济调节、市场监管、社会管理和公共服务职责的重要依据，对于统筹城乡发展，实现全州经济可持续发展具有十分重要的意义。为此，州委、州政府牢固树立

规划意识，加强了规划工作的组织领导，专门成立了规划机构，配备加强了干部队伍，提高了规划编制和管理的能力。成立了由政府主要组成部门参加的临夏州城乡规划委员会，聘请省内知名建设科技专家组成了临夏州城乡规划专家咨询委员会，全面审议全州城乡发展战略、城镇建设规划、城镇体系规划、城镇总体规划和重点区域的控制性详细规划，进一步提高全州城乡规划决策水平。理顺规划管理关系，把州府所在临夏市的规划管理权收回州规划机构，加强了临夏市城镇规划的管理，促进了临夏市城镇建设健康发展。

（三）突出特色，提高标准，加快规划编制步伐

城市的魅力在于其特色，我州是一个少数民族聚居地区，民族风情独特是我州最大的特色，也是我州城市发展的最大资源。我们深入研究，借鉴吸收成功经验和做法，挖掘整理汉、回、东乡、保安、撒拉等民族风情和砖雕、彩陶、地毯、木雕、彩绘、刺绣等工艺中，能够体现我州特色、各民族认可的城市建设符号和元素，研究适合我州建筑条件并体现这些符号、元素的建筑工艺、材料和表现手法，明确区域发展的特色和主题，广泛听取意见，科学定位，合理规划，着力打造临夏特色。按照新区抓建设、旧区抓改造的原则，各县城按照民族特色和地域风格的要求，有序推进了重点路段、集镇的特色改造，突出了城镇的地域民族特色，提升了品位和历史文化内涵。规划编制坚持高标准，突出前瞻性，力争编制的规划符合城镇发展的需要。在重点区域规划编制中，我们通过中国建设招标网、搜狐、百度等网站向国内外公开发布招标公告，在上海交大、同济大学、东南大学等国内一流高校规划设计院和美国、英国等国外设计单位中，通过综合分析，选定设计单位，保证了重点项目前期规划达到世界一流水平，极大促进了城镇的发展。全面提高村庄规划覆盖率。针对我州村庄规划编制工作滞后的实际，州委、州政府把全州1149个行政村规划列为为民办的实事，利用三年的时间，每年完成三分之一编制任务。在规划编制中，为了使规划更加符合具体村庄的发展，突出规划的实用性和可操作性，我们结合新农村建设、扶贫开发项目，研究提出按照干旱山区、川塬区、高寒阴区不同类型，州上统一编制3~5个村庄样板规划和10余种农房图纸，具体村庄在选定的规划中进行布局，开展修建的思路。截止到目前，全州编制完成了51%的村庄规划，有力地促进了村庄的建设。

（四）整合资源，加大融资力度，形成城市建设与经济发展的良性互动

土地是政府掌握的最丰富的资源，做好了土地这篇大文章，经营城市就是一潭活水。我们进一步解放思想，更新观念，把整合土地资源作为经营城市的突破口和

切入点，牢固树立经营城市理念，坚持走“以城建城、以城养城、以城兴城”的路子，统一规划、统一征用、统一储备、统一开发、统一供应、统一管理，建立土地收购储备和招、拍、挂为主要形式的规范化、市场化的土地供应机制，形成了城镇滚动发展的良性循环。建立国有土地招标、拍卖、挂牌、出让制度，成立了土地储备中心，基本垄断了土地一级市场，累计公开招、拍、挂出让城市土地182宗2449.36亩，获取土地收益5.11亿元，储备土地3910.5亩，有力地支持了城镇的建设。进一步加大了资源整合力度，成立了城市建设投融资公司，对行政事业单位用地进行了有效整合，腾出了更多的土地，建设了广场、体育馆等公共设施，提高了土地利用率，完善了城市基础设施功能。坚持谁投资、谁受益、谁经营的原则，积极推进投资主体多元化、筹资手段市场化、资金来源多样化，建立政府主导、民间资金参与的融资体系。引进州外资金，激活州内民间资金，动员鼓励州外企业家和客商参与建设工业区、开发住宅小区、新建商业设施，采取特许经营、承包经营、租赁经营等多种经营方式投资、建设、管理城市道路、桥梁、供水、供热、污水处理、垃圾处理等项目。实行特许经营，先后引进陕西兰环环境工程集团公司、三峡天然气有限公司等企业，参与建设经营污水处理、天然气、城市交通等设施，有力地促进了全州城镇基础设施建设的步伐。

（五）实施项目带动战略，加快基础设施建设，增强城镇综合功能

项目是投资和发展的载体。我州是一个欠发达地区，农民人均纯收入和城镇居民可支配收入都低于全国、全省平均水平，消费对经济增长的拉动作用很有限；出口贸易占国民经济的比重很小，对经济增长的影响力不足。在当前和今后相当长的一个时期内，加快发展主要靠投资拉动。我们始终把抓项目、抓投资作为头等大事，牢牢抓住不放。把项目建设作为城市建设的重点，坚持不懈地抓项目，向上争取项目，从外引项目，向下找项目，以大项目、大投资带动城市建设，拉动城市经济增长。全州上下认真贯彻中央实行积极财政政策和西部大开发的重大战略部署，认真学习和深入研究国家产业政策和投资导向，吃透国家和省上少数民族地区和人口较少民族的各项优惠扶持政策，重点对水、电、路、通信、住房等基础设施项目和教育、卫生、文化等社会事业发展项目，以及生态环境、资源综合开发利用方面的项目，做好前期工作，加大资金争取力度。积极招商引资。遵循市场经济条件下，城市开发建设的规律，政府搞好服务、搭建平台，主要依靠吸引州外资金和激活民间资金，大手笔谋划项目，促进城市的大建设和城市经济的大发展。把城市开发建设与城市经济发展结合起来，充分利用一切社会关系和资源，积极主动地招商

引资，不断扩大城市建设投资规模。采取积极有效的措施，充分调动社会力量参与城市建设和发展，通过项目聚集资金、人才、技术等生产要素，推进了城市建设和城市经济的健康、快速发展。2008年全州实施各类城市建设项目234个，总投资85.32亿元，完成投资15亿元，其中市政基础设施项目91项，总投资13.09亿元，完成投资5.6亿元。建成一批城市供水、污水处理、垃圾处理、道路与排水等项目，全州供水管网总里程达到259.56公里，综合生产能力8.67万吨，日处理污水能力1.5万吨，城市基础设施进一步完善，综合服务功能明显增强。

（六）统筹城乡，加快新区开发，推进城镇建设快速发展

加快城镇化建设是推进经济社会发展的重要途径。我州是一个典型的农业地区，人多地少，农业人口比重大，农村富余劳动力众多，社会发育程度低，城乡二元经济结构矛盾突出，经济社会发展缓慢。其中一个重要原因就是城镇化水平低，城镇聚集生产要素的能力不强。要加快经济社会发展步伐，就必须坚持城乡统筹发展，加强城镇建设，加快推进城镇化进程，增加更多的就业岗位，吸引广大农民向第二、三产业转移，进入城镇就业生活，从而减少农民、富裕农民，推进社会主义新农村建设，促进经济社会的协调发展。我们把统筹城乡发展的着力点放在城镇化建设上，确定了“完善旧城建新城，建好新城带旧城”的工作思路。进一步加快各县县城建设。各县按照新版县城总体规划，突出各自特色，实施小区开发，推进市场、道路建设和绿化美化工作，不断完善人居环境，进一步强化县域经济的中心功能。积极促进新区开发。按照建新区带旧城的思路，各县（市）结合实际，突出重点，千方百计盘活土地资产，多渠道筹措资金，积极调整布局，科学、超前编制规划，重点实施了新区广场、集中供热、宾馆、住宅小区等工程，完善了学校、医院、环卫设施等配套公共设施，不断改善新区的基础设施条件，进一步拓展了城市发展空间，扩大了城市人口， 增强了县城的经济承载能力和辐射能力，带动了城市建设快速协调发展。注重小城镇的统筹发展。总结和借鉴了先进地区小城镇建设工作的成功经验，加快小城镇总体规划编制工作，按照结合实际、突出特色、统一规划、整合资源、整体推进的思路，每年各县实施2~3个小城镇改造建设，带动全州城镇建设工作。

（七）坚持以人为本，积极引导房地产健康有序开发，努力改善城市人居环境

房地产业健康发展，对全州经济社会实现又好又快发展，改善广大居民住房条件具有十分重要的作用。我们积极鼓励引导房地产业健康有序发展，全面落实各项

调控政策，控制投资性需求，限制拆迁造成的被动性需求，引导合理的住房消费。采取措施，稳定住房价格，改善住房供应结构，加强经济适用住房建设，增加普通商品住房供应，逐步实现多数家庭购买和承租普通商品住房。大力开展房地产市场秩序整顿，杜绝违法违规销售行为，对恶意哄抬房价、炒买炒卖、囤积房源、发布虚假广告，提供不实价格和销售进度信息等违规行为严肃查处，促进了房地产市场的健康发展。全州现有房地产开发企业45家，物业管理企业12家，2004—2007年全州房屋建设总投资9.69亿元，总建筑面积117.5万平方米，竣工面积88.55万平方米，建成了一批功能较为完善的住宅小区。房地产业的快速发展，拉动了经济增长，增加了地方财政收入，改善了人居环境。抢抓中央扩大内需政策的机遇，完善廉租住房制度，加强经济适用住房建设，结合我州实际，编制完成了2008—2012年城镇廉租住房建设规划，计划用5年时间彻底解决我州城镇低收入家庭住房困难问题。2008年，全州向城镇住房困难户下发住房补贴资金1907万元；累计开工建设廉租住房项目总投资7219万元，面积4.87万平方米；开工建设经济适用房项目面积10.12万平方米，895套。

（八）建立长效机制，大力推进城镇环境卫生综合整治，提高城市管理水平

良好的管理秩序是城市发展的基础，也是广大人民群众的强烈愿望。在城镇管理上，我们重点解决了无序使用资源、违规建设项目、低水平多头管理的问题。广泛深入地开展公民道德教育，引导公民热爱城市、建设城市，群众参与管理城镇的自觉性显著增强。坚持实施街道绿化、亮化、美化等工程，大搞环境卫生和公共秩序整治，保持城镇整洁卫生，塑造良好环境和形象，城镇“脏、乱、差”问题得到了有效解决。积极探索和理顺城镇管理体制，依法加强了城镇管理的制度和机制建设，改革和理顺现有的城镇管理体制，减少了管理上产生的摩擦和阻力，全州各县（市）相继成立了城市管理机构、执法监察机构和环卫清洁机构。不断创新管理方式方法，提高管理水平，建立长效机制，充分发挥社区的作用，落实门前“三包”等制度，维护了城市的环境卫生秩序。

三、存在的问题

1. 城乡规模不大，集聚功能较差。我州是传统的农业大州，农民占多数，目前城镇人口只有24.67万人，城镇化率为12.42%，远远低于全省33.23%的平均水平，造成我州城乡无论是人口还是城镇面积难以得到迅速扩大，城镇规模效应无法充分发

挥，对资金、技术、人才等要素集聚能力不强。

2. 城市总体规划修编滞后，控制性详规编制缓慢，覆盖率低，仅为18%。城镇建设缺乏后劲，生产性项目缺乏；建设项目程序不到位，违规建设问题比较突出，建设资金缺口大，全州目前开工的城市建设项目实际到位资金仅占投资的43%，严重影响了项目的顺利实施和效益的正常发挥。

3. 城镇管理水平低。部门职能交叉重叠的现象没有被彻底消除，城镇管理、标准不明确，城镇卫生脏、乱、差问题依然存在。

4. 政府财力不足，城镇建设资金缺乏。资金筹集渠道不广，财政投入建设能力弱，资金短缺成为制约我州城乡进一步发展的重要因素。

四、今后采取的措施

统筹城乡发展、推进城镇化进程是科学发展观的客观要求，也是一项长期的战略任务。坚持以科学发展观为统领，统筹城乡发展，以完善城镇基础设施为重点，突出特色，高起点规划，分步实施，提高城市综合承载能力，壮大区域中心城市，整体推进县城小城镇、社会主义新农村建设，加快推进全州城镇化进程。

（一）坚持用规划指导城市建设，高起点制定完善城镇发展规划

突出抓好城市总体规划修编、详细规划和各类专业规划的编制工作。修订完善临夏市城市二版规划，完成新区修建性详细规划和重点区域的控制性详细规划；结合各县（市）实际，突出重点区域，搞好详规制定工作。高度重视小城镇规划，坚持“集中力量、分层推进、重点突破、发挥优势、突出特色”的原则，利用3年的时间，编制完成所有建制镇总体规划。依法加强规划管理，全力维护规划的严肃性、连续性。在规划的执行上，树立“建设跟着规划走”的思想，严格按照“规划一张图、审批一支笔、建设一盘棋”的原则，理顺规划管理体制，形成高效、严明、规范的规划执行体系，坚持和落实“一书两证”发放制度，一切建设活动严格按照详规要求进行选址、土地审批、设计造型、环境评估、放线和验收，保证和维护规划的严肃性。

（二）继续狠抓项目建设，全力加快城市建设步伐

作为少数民族贫困地区，在相当长一段时间里，国家投资仍然是我州城市建设的主要渠道。因此，继续千方百计争取国家投资，同时，加大力度，积极招商引资。遵循市场规律，发挥政府的主导作用，政府搞好服务，吸引州外资金和激活民

间资金，促进城市的大建设和城市经济的大发展。严格规范项目建设，落实项目法人责任制、招投标制、工程监理制、合同管理制，加强对工程立项审批、开工建设、施工规范、资金使用、竣工验收全过程的监管，杜绝各类违法违规行为，保证工程质量、工程进度。

（三）坚持改革开放，大力探索经营城市新途径

积极引进市场机制，用市场的手段把城镇作为特殊的资本实体来经营，使城镇基础设施、土地、环境及其他资源资本化，推向市场，优化配置，增加资本积累，走出一条以城建城、以城兴城、以城养城的市场化城建路子。逐步改革和调整市政公用产品和服务的价格形成机制，大力探索和推行城镇道路、排水、污水、垃圾处理等基础设施有偿使用制度等市场化经营的方法和途径， 以特许经营、委托经营、发包经营的方式推进公交、公厕、户外广告、集中供热等基础设施的建设和经营，吸引资金参与到基础设施建设。充分发挥社会力量，利用民间资金实施各类小区道路、绿化、亮化等配套基础设施建设，弥补城镇建设资金不足。

（四）打造园区经济，推进城镇化进程

园区经济是产业和城镇聚集的重要载体，发展园区经济是实施城镇化战略的突破口。以市场为导向，以科技创新为动力，以城镇为依托，优化产业布局，整合利用资源优势、产业优势和比较优势，因地制宜发展工业特色园区，壮大高新技术产业园区，构建生态示范园区，建立旅游度假园区，打造贸易物流园区。通过对5个省级园区的开发和发展，引导产业和各种生产要素向园区聚集，促进人口向城镇集中，形成具有规模优势和聚集效应的特色产业群、产业带、产业基地，成为推进产业升级和城镇化进程的重要载体和新增长点。

（五）坚持依法行政，建立健全长效的城市管理机制

出台《临夏州城市市容和环境卫生管理办法》和《城镇建设管理条例》，进一步建立和完善城市管理的制度和机制，形成城市环境综合治理的长效管理机制。强化城市管理，坚决杜绝乱泼污水、乱倒垃圾、乱停车辆、乱设摊点、乱贴广告的行为，实现城市管理工作的规范化、科学化、制度化。推进城市建设管理领域相对集中行政处罚权。健全基层组织管理机制，依法规范小区物业服务，提升服务水平。健全治安防控体系，规范道路交通秩序。加强市政基础设施施工管理，确保工程质量和安全。创新城市管理手段，健全行业标准，完善以“12319”城建服务热线为载体的市政公用服务体系。健全城市突发公共事件应急预案，保障城市安全。

科学规划　合理布局
加速推进乐都城乡统筹协调发展

青海省海东地区乐都县县长 左耀峰

（2010年7月）

国家实施西部大开发战略以来，西部地区城镇化、城乡一体化建设加速推进，经济社会得到了快速发展，城乡面貌发生了很大变化。在这一重要发展时期，我县作为国家扶贫开发工作重点县，坚持以科学发展观为指导，举全力推进城乡一体化发展，统筹城乡基础设施建设，大力改善城乡环境，切实提高公共服务水平，加快推动县域经济发展，逐步形成"突出县城发展、带动乡镇发展、加快新农村建设步伐"的"以城带乡，城乡互补"发展新格局。

一、县情概况

乐都县位于青海省东部，总面积3050平方公里，县辖7镇12乡、354个行政村、7个社区居委会。全县总人口28.82万人，其中农业人口23.99万人，是一个汉、藏、蒙、回、土等多民族聚居地区。2002年，被国务院确定为国家扶贫开发工作重点县。目前，全县共有城镇人口8.55万人，其中县城人口6.11万人，建制镇人口2.44万人；县城规划控制区面积32平方公里，建成区面积7.97平方公里；城镇化水平为28.71%。初步形成了以县城为中心，以湟水河为纽带，以高店、雨润、高庙、瞿昙、寿乐、洪水6个建制镇为骨干的城镇体系。

2009年，全县实现县域生产总值27.63亿元，同比增长13.5%；完成县属固定资产投资12.99亿元，同比增长32%；完成地方财政一般预算收入5356万元，同比增长15%；城镇居民人均可支配收入11490元，同比增长9.65%；农民人均纯收入3872元，同比增长19.21%；累计实现社会消费品零售总额6.98亿元，同比增长23.2%。

二、我县统筹城乡发展的做法和成效

近年来，我县立足县情实际，着力实施“科教兴县、项目带动、蔬菜立县、工业强县、可持续发展”战略，积极探索统筹城乡发展的路子，加强基础设施建设，调整城乡空间布局，提高公共服务能力，城乡一体化发展呈现良好态势。主要做法和成效是：

（一）统筹城乡经济发展，提升城乡发展整体实力

把统筹城乡经济发展放在突出位置，积极培育新的经济增长点，加快城乡传统产业的转型升级。一是工业经济快速增长。工业经济在原来形成的以冶炼、机械制造、建材、化工、小水电、农畜产品加工等产业为主导的格局基础上，以扩大经济总量为目标，以提高经济效益为中心，全面推进工业结构调整，着力优化投资环境，加大招商引资力度，加快工业项目建设，有力推动了工业经济持续快速协调发展。全县已建成的青海装备制造工业园区乐都分园区和汤阿高载能工业集中区、汉庄建材工业集中区为企业集中、产业集群提供了重要的平台，为发展规模企业、延伸产业链、推进新型工业化进程奠定了坚实的基础。全县现有规模以上企业21家，其中已投产和在建年产值亿元以上企业12家。2009年全县完成工业总产值19.49亿元，实现工业增加值6.21亿元，工业产品产销率达98%。二是现代农业步伐加快。2000年以来，全县重点实施了现代农业示范园区、特色农作物种植基地、中低产田改造、畜禽养殖基地建设、畜禽品种改良、农畜产品加工龙头企业、扶贫开发整村推进、农村沼气等252个项目，总投资达3. 4亿元。建成日光节能温室41068栋，有效改善了农村生产生活条件。通过项目的实施，特色农业、设施农业和生态农业步伐进一步加快，有力地推动了农村经济的健康快速发展，促进了农业增效、农民增收。三是农村现代流通体系不断健全。加快推进农产品、农业生产资料和消费品在城乡连锁经营，建立以集中采购、统一配送为核心的新型营销体系，为农产品流通和农民生产生活资料供应提供服务，努力建立城乡一体化的现代服务业体系。截至目前，全县农村地区已建立“商务部‘万村千乡’市场工程”营销点212个、“供销社‘新网’工程”营销点60个。为拓宽特色农产品销售渠道，加快农产品流通速度，乐都县兴农农产品购销有限责任公司在“农超对接”的基础上，采取吸纳现有蔬菜经营店铺、建新店、委托经营等多种方式，在省内建立“乐都兴农瓜果蔬菜直销店”95家。

（二）统筹城乡一体化发展规划，建立城乡互动发展新格局

一是城乡发展规划进一步完善。我县把贯彻落实《中华人民共和国城乡规划法》作为统筹城乡建设的重要途径，采取切实措施，强化城乡规划的综合调控作用，严格城乡规划的编制、调整和审批程序，增强城乡规划的透明度，保证城乡规划的科学性、合理性、前瞻性。相继编制完成了《乐都县城乡建设事业"十一五"规划》、《城东城西新区控制性详细规划》、《县城消防规划》和《县城绿地系统绿化大纲》，使城市规划体系不断完善，为今后城市建设和发展提供了科学依据。同时，完成了高店、寿乐、雨润、洪水、高庙、瞿昙小集镇建设规划编制工作，努力做到了空间布局多元化、产业定位多元化。把农村和城市作为一个有机整体，在统一制定土地利用总体规划的基础上，明确分区功能定位，统一规划基本农田保护区、居民生活区、工业园区、生态保护区等，做到城乡规划无缝对接、互相促进。并严格按照"规划一张图、审批一支笔、建设一盘棋、执行一个法"的要求，加大对道路、绿地、河道等保护力度，严格执行"三证一书"管理制度，确保规划的严肃性。二是城乡基础设施建设力度加大。近年来，我县城市建设以"一河两区"为依托，按照"拉大框架，东进西扩，改造老城，开发新区"的思路，累计投资4.45亿元实施了一批城镇道路、桥梁、供排水、供气、垃圾处理、污水处理等基础设施建设项目及路灯改造、电网改造、街道人行道改造、危旧建筑改造等旧城改造工程，加快了体育场馆、公共绿地、休闲广场、文化场馆等公共设施建设，加大城市环境综合治理力度，扩大城镇规模，完善城镇功能，着力改善人居环境和发展环境，增强城镇的吸引力和辐射力。开发建设住宅小区11处，累计投资达3.7亿元，建成商品房2556套，建筑面积达30.66万平方米。在做大做强县城的同时，使基础设施、社会公共服务事业向农村延伸辐射，切实加强农村道路、生态等基础设施建设，切实改善城乡居民生产生活环境。全县公路建设完成投资6.7亿元，道路总里程达到2073.4公里，共完成230个行政村村级道路硬化1227公里，农村交通道路等基础设施建设长期落后的面貌明显得到改善。争取国家投资3.2亿元，实施水利项目197个，累计解决22万人、25万头（只）牲畜饮水问题，水土流失预防与治理面积达547.18平方公里。三是城乡生态环境不断得到改善。认真贯彻落实国家环境保护法律法规，严格执行环境评价制度，采取综合措施大力推进节能减排，完成总量控制、环保执法和治污减排等工作，为县域经济社会又好又快发展创造了良好环境。全县共实施退耕还林（草）面积61. 4万亩，涉及19个乡镇285个村，实施了退耕还林（草）、生态保护工程等128个项目，总投资达1. 38亿元，累计荒山造林42万亩，封山育林25万亩；完成

“天保”工程1.1万亩，全县森林覆盖率达24.7%。退耕还林（草）工程等项目的实施，使林草植被进一步恢复，水土流失得到有效遏制，生态环境进一步改善。

（三）统筹城乡公共资源配置，促进公共服务均衡发展

缩小城乡之间公共服务水平的差距，是扭转城乡发展差距扩大趋势的基础。按照有利于逐步实现基本公共服务均等化的要求，加大了公共财政向农村教育和公共卫生等方面的转移支付力度，大力发展农村公共事业，使广大农民与城镇居民共享更多的公共服务，逐步实现城乡基本公共服务均等化。一是农村教育事业快速发展。依托中小学布局调整，继续加大教育投入，提高教育资源优化配置水平，提升教育教学质量，改善农村各类学校的办学条件，促进教育均衡化发展。教育基础设施建设方面累计投资1. 24亿元，改扩建校舍面积11.4万平方米，项目的实施使全县办学条件得到很大改善。二是农村公共卫生服务能力得到加强。全县城乡医疗卫生基础条件得到改善，疾病预防控制、医疗救治体系基本建立，应急和防护能力得到加强，医疗水平和服务质量进一步提高，食品药品监管水平明显提升。在新型农村合作医疗覆盖面、卫生服务体系健全率全面提升的基础上，加大城乡公共卫生服务建设，全面提高了农村医疗保障水平。目前，全县共有各级各类医疗卫生机构415个。

（四）统筹城乡保障体系建设，筑牢城乡社会保障基础

以提高人民生活水平为目标，加大公共事业投入，社会保障水平进一步提高。一是城乡居民医疗保障制度进一步完善。全面推行城镇居民基本医疗保险制度，加大政府对新型农村合作医疗投入力度，完善补助政策，提升补助标准，不断提高医疗保障水平，缓解农民“看病难”的问题。全县新型农村合作医疗群众参合率达到99.6%，城镇居民基本医疗保险参合率达到85%。二是农民住房保障工作扎实推进。加大对农村危旧房改造力度，不断改善农村居住条件。2000年，投资1920万元改造了农村1000户困难群众危房，今年计划完成1600户困难群众危房改造任务；为扩大农村消费，改善农村居住条件，今年启动实施了农村奖励性住房建设工程，计划完成2993户农房建设任务。三是社会救助水平不断提高。坚持把保障民生作为首要任务，进一步加大力度，强化措施，不断提升社会救助水平，有效地保障了困难群众的基本生活。全县纳入农村低保对象的有7724户、24300人，纳入城市低保对象的城镇居民有4318户、11002人；有农村五保供养对象983人，重点优抚对象663人。

尽管我县在搞好城乡规划，加快城乡统筹发展方面取得了一定的成绩，但还存在诸多困难和问题，主要表现在：一是受自然、地理条件限制，农业基础薄弱，农

业科技转化能力弱，农业产业化步伐仍然缓慢，对农业增效、农民增收的支撑和带动力不够。二是工业经济总量仍然偏小，产业结构单一，产品附加值低，市场竞争力不强，制约了工业化进程的快速推进。三是城乡发展不平衡，城镇发展慢且布局不合理，规模效益不高，对城乡一体化发展的辐射、带动能力不强。四是城镇基础设施投入不足，产业发展滞后，功能不完善，特色不突出，城镇扩张缺乏内在动力。五是城乡差距大，二元结构突出，村镇基础设施建设滞后，实现城乡一体化任务艰巨。针对以上存在的困难和问题，我们将逐一解决，把统筹城乡作为解决“三农”问题的根本出路和推动科学发展、和谐发展的战略举措，在思想观念、工作思路和体制机制方面大胆创新、积极探索，加快推进城乡一体化，努力形成城乡统筹发展、共同繁荣进步的新局面。

三、加快城乡统筹发展的思路与措施

以科学发展观为指导，全面贯彻省委、省政府的战略部署，以建立统筹城乡发展新机制为切入点，不断完善规划体系，着力推进体制机制创新，加快工业化、城市化和农业产业化进程，加强政治文明和精神文明建设，坚持统筹协调发展，早日形成“体制统一、规划统筹、资源共享、利益共得”的城乡一体化新格局。

（一）坚持规划先行，不断提升城镇建设水平

科学的规划是保持科学发展、高效发展、可持续发展的前提。必须把城乡规划工作作为重中之重，着眼于经济与社会、人与自然的协调发展，按照统筹城乡发展的要求，高起点、高标准、高质量地编制各项规划。按照城乡一体化的思路，统筹考虑和合理布局供水、污水及垃圾处理等市政设施及医疗、文化、体育等社会公共设施建设，提高基础设施共享度。一是根据省委、省政府制定出台的《青海省“四区两带一线”发展规划纲要（2009—2020）》中将乐都确定为“青海东部地区新兴城市”的定位和未来全县经济社会发展形势，加快城乡规划编制进度，提高规划的科学性、前瞻性和可操作性，使规划工作真正覆盖城乡建设管理的全方位和全过程。为了提高规划编制水平，彰显乐都城市特色，提升城市整体品位，我县已委托国内知名的规划单位北京清华大学城市规划设计研究院编制新一轮《乐都县城总体规划》，规划期限至2025年，规划成果已于今年2月份完成。以《总体规划》为指导，委托中国科学院遥感应用研究所对乐都县城生态环境适宜度分析与空间管制专题研究，努力将乐都打造成为青海东部地区最佳生态宜居城市。二是做好城市功能规划。围绕把乐都县建成青海东部新兴城市和生态宜居城市的目标，抓紧编制县城

控制性详规和修建性详规，做好设施功能和使用功能规划，合理布局建设。三是做好可持续发展规划。做好城区及周边的绿化规划，着力抓好南大山、凤凰山和城市园林绿地、道路两侧绿化建设，实现城市园林化和道路景观化，并以实施好湟水河县城段河道综合治理为重点的生态建设工程，逐步把县城建设成为青山绿地碧水的可持续发展城市。四是坚持统筹谋划、合理布局、因地制宜的原则，科学编制集镇建设规划和新农村建设规划，强化规划的指导和控制作用，维护规划的严肃性和权威性，以科学规划引领和推动镇村建设。

（二）发展特色农牧业，推进农村经济快速发展

认真贯彻落实党的十七届三中全会精神，根据省委、省政府关于打造河湟流域特色农牧业百里长廊的总体要求，着力建立农牧业增产增效和农民增收的长效机制。加大农牧业生产投入，提高农牧业综合生产能力。进一步调整农业生产结构，推进传统型向特色性转变，数量型向优质高效型转变，种养型向产供销型转变。全力抓好农业园区建设，加快项目建设进度，积极争取大企业、新项目入驻园区，扩大园区规模，突出示范引领作用。大力发展设施农牧业，加快乐都长辣椒、乐都紫皮大蒜、马铃薯等优势特色作物生产基地建设，推广现代化的生产方式，加快工厂化育苗、制种基地建设。积极发展农区畜牧业和冷水养殖业。加大土地流转力度，统筹推进集体林权制度改革，深化农村综合配套改革，打牢农牧业发展的体制机制基础。强化农业科技支撑，以种养业能手、科技带头人、农村经纪人和专业合作组织领办人等农村实用人才为重点，大力开展生产技能培训，不断提高劳动者的实用技能水平。继续加强科技推广和新成果转化工作，重点支持良种培育、丰产栽培、精深加工、产品安全、农业节水等领域的科技创新和推广工作。到2015年，全县总播种面积将稳定在37万亩，全县粮食产量将达到8万吨，年均增长3%；油料产量将达到0.6万吨；蔬菜产量将达到65万吨，年均增长6%；果品产量将达到1300吨，年均增长8%；畜牧业产值将达到8.4亿元，年均增长11%；各类畜禽饲养量将达到251.28万头（只），年均增长5.4%；各类畜产品产量将达到5.4万吨，年均增长8%。全县农业增加值年均增长6%，农民人均纯收入年均增长13%。

（三）加快推进工业化进程，壮大县域经济总量

以乐都装备制造工业园和汉庄建材工业集中区、汤阿高载能工业集中区建设为重点，加快工业布局调整和产业优化升级，积极培育工业优势品牌，做大做强以冶炼、建材、农畜产品加工、锻铸和机械制造为主的特色产业。加强基础设施和信息服务平台建设，调整优化产业结构，增强产业核心竞争力，谋划一批产业规模化、

可持续发展的竞争性项目。加强现有企业技术改造、产品升级换代和污染治理，全面推行清洁生产，落实节能减排目标责任制，提高产品质量和档次，降低能耗，保护环境。到2015年，全县工业总产值将达到80亿元，工业增加值将达到20亿元，逐步实现以工业壮大财力，以工业增加收入，以工业反哺农业，促进城乡经济社会协调发展。

（四）加大基础设施建设力度，努力做大做强做美县城

一是进一步优化县城空间布局。按照“一河两区、东进西扩、七桥四出口”的建设思路，继续加快县城基础设施和市政配套设施建设，扩大规模、完善功能、优化环境，增强县城的吸引力、辐射力和综合服务能力。二是搞好城镇道路桥梁建设。重点建设好滨河南北路西延道路、北环路、南环路等道路建设和河湾大桥、水磨营大桥建设工程，进一步完善路网结构，改善交通状况，形成便捷的城市交通路网体系。三是解决好城镇供排水问题。依托农村人畜饮水工程、县城水源地保护工程及污水处理厂等项目的实施，切实解决好城镇供水和排水问题。四是抓好市政配套设施建设。加强街道人行道、城市公交站点、停车场、公共厕所、集贸市场和社区教育、文化、医疗、娱乐服务设施以及消防、抗震、防灾避险等设施建设，不断完善城市配套设施，增强综合服务功能，方便群众生产生活。五是搞好以城镇绿化、公路绿化、河道绿化为重点的生态环境建设。做好城镇的绿化规划，把县城南北两山绿化和城镇园林绿地、道路两侧绿化、河道环境整治作为重点，结合湟水河县城段综合治理工程的实施，着力改善人居环境。同时，落实好绿线管制，明确各部门、各单位、各社区绿化区域和绿化管护责任，强化措施，以“变一季为三季”的造林绿化要求，做到乔灌结合、大小结合、名优树种和本土树种相结合，不断改善县城生态环境和绿化景观，形成多层次、主体化的区域绿化格局。六是继续推进房地产开发建设和保障性住房建设。加快兴乐佳苑小区、丽水湾住宅小区开发项目以及工会大厦等高层商住楼项目的建设，为市民提供更加适宜的居住环境。同时，加快民生小区廉租住房和棚户区危房改造项目，切实做好低收入家庭的住房保障工作。到2015年，县域城镇化水平将达到38%，城镇人口将达到12万人。

（五）加快小集镇建设，以城镇化带动城乡一体化

建制镇作为加快城镇化进程的支撑点、县域经济的增长极和城乡统筹发展的复合体，其建设和发展在城乡统筹发展中尤其重要。优美的环境、舒适的住宅、齐全的配套设施和方便快捷的交通设施，不仅是城市的需求，也是农村的期盼，这反映了新时期全面改善民生，从注重城市建设到注重城乡一体化统筹建设的转变。今后，我县将以湟水河为主轴线展开城镇体系布局，按照“以线串点、以点带面、有

重点开发”的思路，突出抓好以旅游经济为主的瞿昙、高庙集镇建设，以交通经济为主的洪水、高店、雨润集镇建设，以工业经济为主的寿乐集镇建设，辐射带动其他小集镇发展。同时，以小集镇建设为重点，拓展推进村庄整体建设，修编完善村庄规划，配套建设农村水、电、路、信息、通信等设施，注重民生工程建设，实施好农村困难群众危房改造、奖励性住房建设和村道硬化等工程，使农村充分享受到城乡一体化政策的实惠。

（六）大力推进农业产业化，夯实城乡统筹发展基础

一是积极培育扶持农产品加工龙头企业。重点抓好农业机械、蔬菜、马铃薯、果品、畜产品加工产业，鼓励扶持农产品加工企业引进先进成套加工设备和生产线，加快由初粗加工向精深加工转型。引导龙头企业完善经营机制和组织形式，与基地、农户建立稳定密切的合作关系，发展订单农业，并吸纳当地农村劳动力就业，多渠道增加农民收入。到2015年，将建成10家地区级以上的重点龙头企业，其中5家省级龙头企业。二是提高农业组织化程度。到2015年，全县农民专业合作经济组织将达到200个，拥有会员1.6万人，带动农户3万户。三是建立健全流通体系。树立大市场、大商品、大流通的观念，培育壮大以各类专业批发市场为骨干，城乡农贸市场为基础，直销配送、连锁超市和网上交易为补充，产区、销区、集散地市场相结合的农产品市场体系，努力解决农产品销售难问题。今明两年，新建1个占地150亩的大型农产品物流园，年交易量6亿公斤，并配套网络通信设施、电子交易平台、大型电子信息显示屏、农药残留检测等设备。到2015年，农作物品种全面实现良种化，良种覆盖率将达到95%以上，优质农产品比例将达到70%以上，培养“输出型”农民技术能手1000名。

（七）拓宽投资领域，切实解决资金瓶颈问题

一是继续争取国家投入。认真研究国家产业政策和投资导向，选准项目，积极争取国家资金投入，实施一批基础设施项目，推动城镇建设。二是加强与金融部门的联系与合作，努力搭建开发性金融合作平台，共同开发城镇资源，促进城镇发展。三是用活政策资源。进一步加强城镇建设维护税、市政公用设施配套费等的征收、使用和管理，并按照“谁投资、谁受益”的原则，拓宽社会融资、个人集资渠道，发动群众共同筹集城镇建设资金。四是盘活现有存量资产。在公开、公平、公正的原则下，通过拍卖转让、资产置换、资产重组等途径，把不良资产和闲置资产变为优势资产，达到以存量换增量、以定量换变量的目的，进一步促进城镇建设。五是坚持以地生财。建立城镇土地政府储备制度，高度垄断土地一级市场，规范土

地二级市场，逐步实现城镇建设用地统一规划、统一收购、统一储备、统一调控、统一供应，加快土地资源向土地资本的转变，最大限度地盘活城市土地，使之成为城市建设最大的“财政”。

（八）全面发展社会事业，推进城乡协调发展

以改善民生为重点，大力发展社会事业。坚持“县城办高中、县城川水办初中、山区办小学”的原则，按照“高中教育优质化、初中教育区域化、小学教育标准化、学前教育三年化、职业教育规模化”的布局调整工作思路，加快教育园区建设，扩充和培植优质教育资源，促进教育均衡协调发展，实现教育大县向教育强县的跨越。稳步推进医疗卫生体制改革，健全完善疾病预防控制、医疗救治、卫生监督和疫情信息网络体系，不断提高医疗服务水平和处置突发公共卫生事件的能力，加强基层卫生设施、公共卫生服务和基本医疗服务体系建设，到2015年，将建立覆盖城乡居民的基本医疗卫生制度，为广大群众提供安全、价廉、便捷的医疗卫生服务。以抓设施、抓载体、抓活动为主线，扎实推进文化事业和文化产业发展，不断扩大公共文化覆盖面，建立覆盖城乡的公共文化服务体系，到2015年，将建成比较完善的县、乡、村三级公共文化设施网络，满足广大群众多层次、多方面、多元化的精神文化需求，促进城乡协调发展。

（九）完善体制机制，为城乡统筹发展创造良好的社会环境

推进城镇化，既要靠产业带动，又要靠体制机制推动。一是改革户籍管理机制。根据城镇总体规划和环境容量，对在城镇有合法固定住所、稳定职业和生活来源的人员及其共同居住生活的直系亲属，按本人意愿办理城镇常住户口。同时，对城郊失地过多，或不以农业为主要生产方式的农民，研究整体划转非农户口，扩大城镇人口规模。二是健全土地管理机制。建立有利于城镇建设发展的土地置换和流转机制，小城镇建设用地在不改变土地用途的前提下，允许土地使用权在本城镇集体经济组织间流转，保持集体土地性质不变。对进城落户农民原有承包土地的经营权，可根据本人意愿，允许依法有偿转让。三是健全进城农民就业和社会保障机制。强化对进城农民创业和技能培训，提高整体素质和就业创业能力。对进城农民落实社会救济制度、失业保险制度、城市最低生活保障制度及养老保险、医疗保险制度，解除他们的生活困难和后顾之忧，努力形成和谐、稳定的城乡一体化发展格局。

创新理念　强化措施
加快打造沿黄城市带上最具特色美的城市

宁夏回族自治区中卫市副市长 马世军

（2009年4月）

中卫市地处黄河前套之首，位于宁夏中西部，宁、甘、蒙三省区交界点上，辖沙坡头区、中宁县和海原县，面积1.7万平方公里，其中川区面积3681.1平方公里，占21.7%，山区面积13305.2平方公里，占78.3%，人口114万，以回族为主的少数民族人口占32.5%，是塞上历史文化名城，被誉为“黄河古城、浪漫沙都、花儿杞乡”。市区依黄河而建，得黄河之利，工业发展强劲，农业基础良好。包兰、甘武、宝中铁路和正在建设中的太中（银）铁路在此交会，石中、中营、中郝、中固、中盐5条高速公路纵横交错，中卫香山机场的通航，奠定了中卫成为西北重要交通枢纽城市的地位。

2004年，国务院批准撤销中卫县，成立地级中卫市，标志着中卫的历史翻开了崭新的一页，标志着中卫的发展迎来了新的历史机遇。设市以来，中卫市委、市政府紧紧抓住实施沿黄城市带发展战略的机遇，按照“近水亲河、南扩东移、生态建城、道路连城”的思路，以全力打造“实力中卫、活力中卫、魅力中卫”为目标，依托黄河做好水域文章，改造老城区，建设新城区，多渠道、多层次、多元化融资，修道路，建广场，配设施，美环境，着力打造沿黄城市带上最具特色美的城市。设市5年来，全市累计投资324.3亿元，强力推进城市化进程，着力在扩大城市规模、完善功能和提升品质上下工夫，先后建成了一批重要的能源、交通、水利和城市公共基础设施，城市总体规划面积从12平方公里拓展到52平方公里，市区建成区面积达到32平方公里，城市人口达到18万，城市化水平达48.5%，绿地面积791.6万平方米，人均绿地面积达44平方米，生态旅游文化城市初具规模，呈现了规划起点高、建设质量好、配套设施全的良好态势，城市的基础设施、人居环境和品位功能

发生了根本性变化，中卫市也因此进入了“中国特色魅力城市200强”之列。我们的主要做法和经验是：

一、科学规划，品牌建城，把握城市规划建设新要求

城市是现代文明的标志，是物质文明、政治文明、精神文明发展的重要载体。一个城市的发展定位，不仅是城市化发展的目标，也是城市建设工作的灵魂。中卫市由一个农业县直接过渡而来，设市时间短，经济基础薄弱，城市硬件设施亟待完善。建市以来，市委、政府根据中卫所处的区位优势及文化、旅游等资源条件，对中卫城市化建设的发展方向实行了科学定位，结合中卫城市化发展的现状和趋势，明确提出了把中卫建成生态旅游和交通枢纽城市，建成沿黄城市带中最具特色美的城市。规划是先导，是龙头，科学规划是科学发展的前提，我们采取“走出去，请进来”的办法，学习先进地区的现代城市规划设计理念和做法，准确把握城市规划建设的新理念、新脉搏、新要求，从全局利益着眼，从长远发展着手，对城市总体规划重新修编，制定出比较完备、适当超前的总体规划，把城市核心区拓展到了52平方公里。委托上海同济大学编制完成了新区控制性详细规划和旧城区街道改造规划，形成若干相互衔接的子规划，按照规划分步实施，协调推进，有序发展，做到了高标准规划城市、高品位建设城市、高水平管理城市、高效益经营城市。在抓好城市规划建设中，我们重点明确了“三个定位”：一是目标定位。把发展的总体目标定位于建设 “特色鲜明的生态旅游和交通枢纽型城市”，将黄河奇观、沙漠壮观、人文景观、生态美观等地方特色融入城市建设当中，精心打造城市内沟渠水系、道路景观绿带、公共绿地，形成城市中沟渠水系纵横、林网如织、湖泊水面星罗棋布，融江南水乡的秀丽景色于豪放、粗犷的北国风光中，把中卫建设成一个“绿中有城、城中有绿”近水亲河的生态城市，成为西北边陲一个美丽的现代化旅游城市。二是特色定位。立足中卫市3000多年的悠久历史，突出“生态型、文化型”特色，充分展示城市个性。在旧城改造、高庙修缮、商业开发上突出一个“古”字，讲求古朴，增添古韵；在新城区建设上突出一个“新”字，对新开发的各类建筑，从设计到建造都充分利用现代理念，体现时代风格，力求建筑群体区分明显，鳞次栉比，错落有致；在城市总体布局上突出一个“精”字，根据地理特点，整合城市资源，不求其大，但求其“精”。三是功能定位。合理划分了城市分区功能，把旧城区确定为设施完备、服务配套、市场活跃、商贸繁荣的第三产业经济区；把新城区确定为风格独特、造型活泼、规划合理、环境优美的现代化行政要

地、教育基地、旅游胜地、人居佳地。

二、项目支撑，产业兴城，打造宜居宜商宜游新中卫

根据交通便捷的区位条件、滨临黄河的资源条件、旅游丰富的环境条件，以创建国家卫生城市、国家园林城市、中国优秀旅游城市“三城联创”为抓手，实施项目带动战略，改造提升老城区，开发建设新区，拉大城市框架，完善城市功能，提升城市品位，加快城市化建设步伐，实现了城市建设的“加速跑”。一是以道路建设为主攻点，拉大城市框架。先后建成了沙坡头大道、迎宾大道、沙宁滨河大道等18条215公里城市主干道路，改造老城区“八街十二巷”，构筑成了“八横十纵”的路网体系，拉大了城市框架，构筑起了四通八达、通畅便捷的城市交通体系。二是以环境工程建设为载体，提升城市品位。充分发挥中卫城市亲水近河的优势，依托黄河做足做活水域文章，精心构建林水相依、品位高雅的园林绿化景观，努力实现“城在水中、园在城中、水景相融”的目标。先后建成黄河湿地湖泊、香山湖、腾格里生态湿地湖、应理湖、沙坡头大道景观水系等一大批城市水生态精品工程，形成湿地生态水面3万多亩，初步建成了城市生态水系。加快以公共绿地、主干道路绿化带为重点的生态园林城市建设，改造了城市新区10条主干道路绿化带；实施了府前、府后广场、红太阳广场等城市生态绿化工程，种植草坪124.8万平方米，种植各类乔木、花灌木近494.3万棵，绿地面积由463万平方米增加到791.6万平方米。三是以公用设施建设为重点，完善城市功能。配套完善文化、教育、医疗卫生等设施，改造成了老城区美利广场、红太阳广场、五环广场等“一园五场”休闲娱乐布局，新建成了新区黄河湿地公园、黄河高尔夫、香山公园、府前（后）广场生态休闲场所，建成了新区行政办公区内26家单位办公楼；实施了垃圾无害化处理工程、污水收集处理工程、中水回用工程，改造老城区东区供热站、宏建热力二站、新区集中供热、新区电力通信照明等工程；建成了水木兰亭、美利城市风景、香山秀府等小高层住宅小区和世纪朝阳购物广场等商贸服务中心，配套完善了城市公共基础设施，形成设施齐全、布局合理、服务便捷的城市服务体系，城市人居环境和品位功能发生了根本性变化，为打造宜居、宜商、宜游的人居环境、置业环境和城市经济环境创造了良好的硬件条件。四是以住宅小区建设为突破口，加快城市改造。采取统一规划、统一实施、政府扶持、市场运作的办法，吸引有资质的开发企业与镇村联合开发安置小区。设市以来，共实施旧城改造项目49个，拆迁面积428万平方米，竣工建筑面积349万平方米，建成了美利城市花园、新花园、宾河城市花园等一批

设施配套、环境优雅、功能齐全的居住小区，有效地改善了人居环境。五是以中心集镇为依托，扩张城市规模。重点扶持了宣和、镇罗、石空、鸣沙、兴仁、李俊等主导产业突出、资源优势明显、基础设施和公用设施相对配套的商贸型、交通枢纽型、工矿型农村中心集镇，充分发挥中心集镇的辐射带动作用，发展农村经济，增强吸纳能力，推进城乡一体化进程。

三、文化铸魂，旅游富城，挖掘城市经济增长新源泉

中卫是一个具有旅游特色的文化城市。我们紧盯争创中国优秀旅游城市目标，打响“黄河古城、浪漫沙都、花儿杞乡”城市品牌，依托世界垄断性旅游资源——沙波头金字招牌，全面挖掘、整合、开发旅游资源，努力展现中卫塞上江南、黄河文化、回乡风情和大漠风光的神奇魅力，加快培育旅游支柱产业。重点发展以沙坡头、水稍子、通湖草原为主的沙漠观光旅游，以黄河漂流、沙宁滨河大道景观带为主的黄河观光旅游，以高庙、石空大佛寺为主的寺庙观光旅游，以中宁枸杞、香山硒砂瓜为主的农业观光旅游，以寺口子为主的登山攀岩旅游，以海原花儿为主的回乡风情旅游，以海原环球大地震遗址为主的灾害文化旅游，使旅游业成为我市新的经济增长点。2009年，全年共接待游客116.5万人次，增长5.3%，实现旅游总收入4.86亿元，增长31.9%。通过发展旅游业，有力地促进了交通运输、商贸服务等第三产业的繁荣与发展，全市社会消费品零售总额预计达到22.72亿元，增长21.1%。

四、创新理念，以城养城，拓宽城市建设经营新思路

资金短缺是制约城市建设的“瓶颈”。为了多方筹措资金，我们牢固树立“城市经营”的理念，发扬“有钱会办事，小钱办大事，无钱也要办事”的创新精神，破解建设资金短缺难题，实现城市建设自我积累、自我发展的良性循环。一是在经营领域上，实行资产市场化。坚持效率优先的原则，按照政府垄断土地一级市场、调控二级市场的要求，加大城市土地储备开发力度，规范土地收储市场。对经营性项目用地，充分发挥市场配置土地资源的基础性作用，实行市场化运作，通过推行土地使用权的招标、拍卖、挂牌出让，将土地拍卖后的收益用于城市基础设施建设，使有限的土地最大限度地显化土地资产价值，提高土地经营水平。2004年以来，共出让土地55宗5250亩，筹集资金13.13亿元，全部用于城市道路、住宅、公益设施建设。同时加快“城中村”改造力度，出台加快旧城改造的实施意见、中卫市房屋拆迁管理办法等规范性文件，对全市39个居住点9376户300万平方米房屋全

部拆除，使4500亩收储土地进入招拍挂程序，大大缓解了政府建设资金压力。同时采取产权置换的方式，在黄河花园、瑞丰家园、山水众一小区新建经济适用住房70万平方米（廉租住房12万平方米），妥善安置拆迁群众，达到了改变城市面貌和改善群众居住条件双赢目的。二是在经营方式上，推行运营企业化。按照“政府统一规划，企业运作经营”的思路和“谁投资，谁经营，谁受益”的原则，把城市作为经济实体来经营，引导和调动各方面的力量参与城市建设，积极推进建设主体企业化，引进有实力的开发主体到中卫投资公共基础设施建设，借助外界资金干政府的事，再将土地资源变为资本，让这些企业再投资进行自我开发，这样既搞好了城市基础设施，又加快了城市化进展，也让企业谋取了利润空间，做到了一举三得。三是在经营途径上，采取投入多元化。打破靠政府单一投资、管理和运作的固有模式，积极探索各种新的融资途径，建立以市场为导向的新型投融资体制，由政府组建中卫市应理城乡市政产业（集团）公司，作为城市基础设施建设投融资平台，通过国家政策性银行等金融机构以及各类财团来融资，再以政府出资形式经营建设城乡基础设施，从而发挥政府投资杠杆和导向作用，突破资金“瓶颈”，放大政府投资的效能，起到了“四两拨千斤”的作用。同时通过向上“争”一点、银行“贷”一点、居民“集”一点、财政“出”一点、农民进城“引”一点、社会“捐”一点等多种途径，广辟资金来源渠道。五年来，共筹措城市建设资金19.1亿元，其中社会融资16.1亿元，占筹资总额的84%，有效缓解了资金短缺的问题，加快了城市供排水、供热等公共基础设施建设。四是在城市经营管理上，坚持城乡一体化。改革城乡户籍管理制度，逐步打破城乡分割的二元户口管理结构，建立城乡统一的户口登记制度，从准入、安居、兴业、服务、管理等环节给予一系列优惠政策。根据城市的总体规划和环境容量，实行积极的人口迁移政策，对在市区购买成套住宅、有大专以上学历、有稳定职业和生活来源的人员，可按本人意愿办理城镇常住户口。对有技术、资金、专长的各类人员进城发展，可优先办理城镇户口，促进城乡人口合理流动。妥善做好失地农民安置工作，建立失地农民保障金机制，把土地补偿金变为不动产，建立专户存用专业银行，由部门、镇（乡）和村委会共同监管，规定每年只取息不提本，用不动产收益安民富民，确保失地不失利。建立就业扶持机制，强化对失地农民的技能培训，提供公益性岗位，协调企业吸纳闲散劳动力进厂务工，确保失地不失业。健全社会保障机制，对失地农民应保尽保，保障困难群众的基本生活问题，将市区内文昌镇、滨河镇7000户3.2万人全部转入城市户口，对其中生活困难的7234人全部纳入低保。

五、综合治理，执法管城，树立城市环境管理新形象

良好的城市形象是“管”出来的。我们始终坚持“三分建，七分管”的原则，在抓好建设的同时，狠抓城市管理，着力塑造整洁亮丽的城市新形象。重点加强了“五项管理”：一是加强城市规划管理。坚持“规划一张图、审批一支笔、建设一盘棋、管理一条龙”的原则，对各类新开发建设项目规划设计严格把关，严格控制临街建筑物“红线”尺寸，严格审查工程图纸（包括造型、色调），严格执行“一书两证”制度。由城市管理部门严肃查处未经批准擅自选址建设、随意改变规划设计的违规建设行为，确保规划不走样。2004年以来，共查处违章建筑85起，拆除面积5700平方米，有力地遏制了违法乱建行为，使城市规划管理不断走向规范化、法制化轨道。二是加强环境卫生管理。对城区环境卫生实行分片包段、责任到人的办法，认真落实单位门前“三包”责任制，增加保洁人员，对主干街道卫生实行全天候保洁，垃圾实行承包清运，做到日产日清。加强居民小区、市场、车站、广场、公园、风景旅游区等公共场所卫生管理，落实日常环卫保洁制度，环境卫生质量达到了“五净”（路面净、边角净、人行道净、绿地净、设施净）、“四无”（无垃圾堆放、无果皮纸屑、无砖头瓦块、无积水）标准，形成了环境优美、干净整洁、设施良好的城市环境。同时，深入开展爱国卫生运动，定期组织各单位义务劳动，对主次大街、巷道乱张贴、乱涂写的小广告进行集中清理，共铲除“牛皮癣”15 243处，设置公共信息张贴栏36处，使市容环境卫生始终保持了整洁亮丽。三是加强城市交通管理。采取“堵与疏”相结合的方式，依法对马路市场、流动摊点、市场出入口经营、露天烧烤和各类违章占道经营及机动车辆乱停乱放现象进行整治，共清理店外营业商户845户（次）、占道经营商贩819人（次）。城管与公安交警联合出动，加强日常交通管理，引导行人、规范车辆行驶，疏导道路交通。四是加强城市美化管理。拆除陈旧、破损、不符合悬挂要求的各类灯箱牌匾565块，洗刷广告牌373块，审批悬挂广告牌128块，户外灯箱、广告、标语牌、橱窗布局合理，造型美观，内容健康，用字规范，无破损现象。以照明亮化、楼体亮化、商户牌匾亮化为重点，开展“节约能源——城市绿色照明示范工程”，积极推广使用节能灯具，城市主次干道路灯、装饰灯、霓虹灯无破损残缺现象，装灯率、亮灯率分别达到95%、98%以上。五是加强建筑市场管理。与各施工企业签订了文明施工责任书，要求所有施工工地全面实行封闭式管理，并对施工现场周围进行绿化美化，禁止在施工现场周围乱搭乱建，乱堆物料，乱倒建筑垃圾，竣工后做到料尽场清。同时，严肃查处建设领域中的各种违章违规行为，加强建设工程质量、安全生产监督检查，整顿规范建筑市场秩序。

全面落实科学发展观
加强城乡规划管理提高城市建设水平

新疆维吾尔自治区吐鲁番地区行署专员 伊力汗·奥斯曼

（2009年3月）

吐鲁番市位于新疆东部，天山支脉博格达山南麓，是吐鲁番地区行政所在地。吐鲁番——维吾尔语意为“富庶丰饶的地方”。古称“高昌”、“西州”、“火洲”。吐鲁番历史悠久，文化灿烂，是古丝绸之路上的一个重镇，是“世界四大文化体系的交汇点、华夏灿烂文明进程的活化石、西域丝路精妙绝伦的博物馆、人与自然和谐生存的欢乐园”，是驰名中外的旅游胜地。总面积1.36万平方公里，规划总面积570平方公里，建成区9.083平方公里。全市辖七乡、两镇、两场、三个街道办事处，有维吾尔、汉、回等27个民族，总人口26.9万人。境内有国家级文物保护单位7处，自治区级文物保护单位14处，市级文物保护单位52处，国家级5A景区1家，3A级景区5家。先后荣获“中国优秀旅游城市”、“国家历史文化名城”、“全国双拥模范城”、“自治区文明城市”、“自治区抗震安居先进县（市）”等殊荣。

近年来，吐鲁番地委、行署突出吐鲁番的国际知名度，把吐鲁番城区作为最大的景区景点来建设，认真贯彻《城乡规划法》，严格落实《吐鲁番市城市总体规划（2004—2020）》，努力把吐鲁番市打造成精品城市、文化之都、优美家园、特色典范，中国乃至世界历史文化名城和旅游名城，经过不懈努力，取得了明显成效。主要做法是：

一、加强领导，广泛宣传，扎实推进《城乡规划法》实施

按照地委、行署的要求，吐鲁番市始终坚持把城市规划摆在城市发展的先导和战略性地位，强化规划在城市建设中的龙头作用，自觉维护规划的严肃性、权威

性，以科学的规划引导城市建设。

一是强化组织领导。吐鲁番市及时成立了由市委书记任组长的规划管理委员会，建立完善了公众参与、专家评审、政府决策“三位一体”的规划审批机制和管理机制，健全了乡镇规划管理机构，配备了兼职村镇建设规划助理员，在人员编制和经费十分紧张的情况下，坚持把城乡规划编制、管理经费纳入到公共财政预算内，从体制、机构方面确保了吐鲁番市规划管理的集中统一，保障了规划决策的科学性和权威性。

二是广泛宣传动员。充分利用报纸、广播、电视、网络、悬挂横幅、摆放展板等方式进行全方位的宣传，切实普及城乡规划知识，努力营造社会各界自觉遵守《城乡规划法》的良好氛围。同时将《城乡规划法》纳入市委中心组和市政府党组中心组学习内容，进一步提高了领导干部和执法管理人员的规划法律意识。通过宣传贯彻《城乡规划法》，进一步提高了全市广大干部群众对《城乡规划法》的认识和了解，增强了城乡规划法制意识。

三是加强学习培训。制订学习计划，组织政府各职能部门、专业科室、相关人员学习《城乡规划法》，聘请专家讲课、辅导，使从事规划建设管理工作的每一名领导、每一名工作人员都能熟悉、精通《城乡规划法》，正确运用《城乡规划法》。

二、强化城乡规划编制工作，加快城乡一体化进程

吐鲁番市以《城乡规划法》实施为契机，坚持城乡规划从城市本位向城乡统筹转变，全面提高规划编制水平。

一是加强城乡统筹规划。吐鲁番市2007年被国务院命名为中国历史文化名城，按照国家历史文化名城保护规划编制要求，吐鲁番市正确处理城市建设与保护历史文化遗产的关系，根据“城中有园、园中有城”的城市发展定位，及时对城市总体规划进行了修编，划定了历史文化街区、文物保护单位、历史建筑的保护范围及建设控制地带，在规划和建设中，注意体现民族特色和地方传统风貌，推行城乡规划一体化编制，不断完善城乡规划编制工作，基本形成了“葡萄环抱城市、水景点缀其间、园林补充完善”的城市发展新格局。

二是做好专项规划。依据《吐鲁番市城市总体规划（2004–2020）》，先后编制完成了吐鲁番市近期建设规划、历史文化名城街区保护规划、绿地系统规划、环卫、住房建设等一系列专项规划；启动了火焰山、葡萄沟、坎儿井风景名胜区保护规划。完成了城区25平方公里1：500地形图的测量工作。村镇规划管理工作稳步推进，绘制了胜金

乡、恰特喀勒乡等五个乡的8平方公里1：1000地形图，吐鲁番市村镇体系规划、村庄布点规划、五个乡总体规划正在设计阶段，为进一步健全乡镇规划体系提供了科学依据。

三是实施“阳光规划”。为有效推进城乡规划效能监察工作，吐鲁番市将规划行政管理职能、规划管理工作依据、办事程序、办事时限、办事结果、办事纪律和监督投诉渠道以及收费依据和收费标准分别在公示栏、规划网站和报纸上予以公开，接受社会监督。同时在城市中心区和主要街道悬挂固定宣传牌，对调整的《吐鲁番市城市总体规划（2004-2020）》向社会公示，让公众对城市规划和建设享有充分的知情权、参与权。引入听证制度，实现平等对话，积极参与城建督察通报工作。通过实施阳光规划，矛盾纠纷明显减少，形成了对内、对外双线并轨的监督网络格局，有效地维护了规划工作的科学性、权威性和民主性。

三、突出以人为本，努力创造宜居环境

吐鲁番市始终本着“量力而行、尽力而为”的原则，坚持“小巧玲珑、精雕细琢、突出特色、多出精品、少留遗憾”的建设理念，沿着历史文化这条主线，按照城市总体规划要求，继续以重点工程带动城市基础设施建设，近两年累计完成城市建设固定资产投资3.11亿元，实现了城市跨越式发展，城市综合服务功能得到显著提升。目前，吐鲁番市在建、拟建基础设施项目共15项，项目总投资7亿元。

一是完成“火洲水韵”系列工程，精品城市品位进一步提升。吐鲁番市委、市政府按照地委、行署确定的“建设美好家园”活动总体要求，投资5500万元，相继完成以水文化为主体“火洲水韵”一、二、三、四期工程，在设计和建设过程中坚持将吐鲁番市厚重的历史文化融入其中，运用实物还原的方式在水韵系列工程中分别设置了攲器、吐鲁番十八怪、麦西来甫浮雕、扑满、共命鸟等景观雕塑，再现了吐鲁番悠久的历史、浓厚的民族文化，形成了独特的具有深刻文化内涵的人文景观，营造出水景相映、绿水相亲、人水相近的新城市环境，极大地改善了市民生活和工作环境。

二是实施城市道路升级改造，市政公用设施建设取得新突破。根据《吐鲁番市城市总体规划（2004-2020）》，投资2亿元，对绿洲路、高昌南路、文化路、柏孜克里克路、老城路五条道路进行了升级改造，总长8130米，共完成4.8万平方米的房屋拆迁。工程主要对地下供热、供水、排水、天然气、强电、弱电、节水管线等基础设施进行全面更新改造，累计长度97公里，设计使用年限为20年。在保持现

有道路主车道横断面不变的前提下，对原有主车道重新罩面，将原有宽度不等的人行道，统一规划建设为非机动车道，另新建人行道，改变了以往“机非混行”的局面，新建的人行道坚持以人为本的建设理念，设置了盲道，同时，在人行道路口设置了残疾人车辆上下缓坡，增加了安全通行系数，并采用本地花岗岩铺设，提高了档次。加快更新公交环卫硬件设施步伐。新建了43个标准化公交港湾式停靠站，规范和完善了73个标识标牌，新增了550只环保型果皮箱，改造了432杆节能型路灯，施画了2.5万平方米的道路标线，极大地方便了群众的出行。建立长效清扫保洁管理工作机制，实行定人、定车、定任务、包质量的办法，切实做好清扫保洁和垃圾清运工作。在全市范围内掀起了开展创建“绿色美容师”模范岗活动，增强了环卫工人的责任心和使命感，使市容环境卫生得到了极大的改善。

三是狠抓城乡绿化，努力改善城乡生态环境。出台了《吐鲁番市城市园林绿化管理规定》，突出城市特色和风格，合理布局，因地制宜，利用自然优势，构建城乡绿色网络。结合国家“三北四期”防护林体系建设，先后启动了312国道绿色通道工程，中韩合作固沙项目、三北重点防护林体系建设工程、种苗工程等大环境绿化工程。坚持“修一路，绿一线”道路建设方针，严格设计施工，选植适应本地气候、土壤条件的树种为主，如白蜡、国槐、黄榆、倒榆、侧柏等。目前，吐鲁番市道路绿化已基本形成了乔、灌、花、草有机搭配的立体景观效果，实施了以半智能化滴灌模式为主的道路绿化节水灌溉工程，道路绿化普及率达100%。拆房还绿、拆墙透绿、还绿于民，广场、街头小游园，已成为一个个城市“绿肺”。2000年至今，吐鲁番市拆房还绿面积达2.35公顷。目前，吐鲁番市绿地面积已达315.38公顷，绿地率34.72%；绿化覆盖面积411.67公顷，绿化覆盖率45.32%；公共绿地面积52公顷，人均公共绿地面积9.72平方米。

四是以项目建设为重点，大力推进城市基础设施建设。按照“储备一批、落实一批、建设一批”的工作原则，目前已储备涉及城市供水、排水、供热、公交、园林、环卫等行业的城建重点项目14个，其中7项取得了重大突破。即：城市环境综合治理工程（利用日元贷款），总投资为30 626.5万元，主要建设内容包括城市供水改扩建工程、排水改扩建工程和集中供热工程；城市基础设施和环境改善工程（利用亚行贷款），总投资为23 101.91万元，主要建设内容包括城市14条道路改扩建工程及相应配套附属设施建设等；城市生活垃圾综合处理工程，总投资为3724万元，主要建设内容包括新建一座生活垃圾卫生填埋厂及城区生活垃圾收集、转运系统建设等；城市供水管网更新改造工程，总投资1947万元，计划改扩建城区供水管道总长

31.7公里；城市排水管网更新改造工程，总投资为2421万元，计划改造城区排水管网总长32.4公里；吐鲁番地区医疗垃圾及危险废物综合处置工程，总投资738万元；城市排水改扩建及污水回用工程，总投资4956万元。

四、建管并重，进一步提高城市管理水平

严格规划管理制度，加强规划监督检查和管理，逐步建立长效管理机制。

一是严格规划审批程序。坚持“规划一张图、审批一支笔、建设一盘棋、管理一部法”的原则，严格落实规划管理审批一支笔制度，按照城市总体规划、近期建设规划和控制性详细规划，共出具《建设项目规划设计条件》52份，发放“两证一书”499份，其中，核发《建设项目选址意见书》165份，《建设工程规划许可证》182份，《建设用地规划许可证》152份。

二是严肃查处各类违法建设、违法占地行为。2007年至今，下发违法建设停工通知书161份，限期拆除通知书14份，召开违法建设听证会2次，对多年难以拆除且具有代表性的库尔班民房、天山百货平房等违章、违法建筑申请法院强制执行，依法强制拆除违章、违法建筑1694.7平方米。

三是大力整治市容市貌。实施“无缝隙”式管理，采取疏堵结合的方式，在中心城区选择一批有条件的街道、社区，合理规划、布局摊点。同时加大对占道经营、乱设摊点、店外经营、公共厕所、流动兜售、户外广告和违法违章建筑等综合整治的力度，净化、美化城市环境，不断提高城市综合管理水平。

吐鲁番市在城市规划建设管理等方面取得了一定的成绩，但与旅游名城和精品城市的要求还有很大的差距。今后，我们将认真贯彻落实《城乡规划法》，坚持高起点规划，高标准建设，高效能管理，不断提升城市核心竞争力，努力打造资源节约型和环境友好型城市。

考察篇

法国城市规划与可持续发展的思考与借鉴
——赴法国城市规划与可持续发展专题研究班的学习报告

由中组部、建设部、中国科协共同举办，全国市长培训中心具体承办的“城市规划与可持续发展”专题研究班，组织了部分城市市长、主管城建工作的副市长一行21人，于2006年6月21日赴法国，进行了为期三周的考察培训活动，着重学习考察了法国城市规划与可持续发展方面的情况。通过集中学习、实地参观考察和座谈研讨等方式，学员们对法国城市规划、市政公用事业管理、水资源管理、环境保护、历史文化遗产保护、节约能源等情况有了较深入的了解。本次研究班课程设置内容丰富，重点突出，组织严密，学习气氛浓厚，学员们普遍感到收获很大，提升了管理城市的境界。现将考察的情况以及我们的一些思考，综合如下。

一、法国在城市规划和可持续发展方面的主要做法和成功经验

（一）坚持城市规划在城市发展中始终处于统领地位，是实现可持续发展的首要前提

做好城市工作，首要的是做好城市规划。从法国城市规划的发展历程来看，城市规划不仅直接关系着城市本身的持续健康发展，而且关系着经济、社会、人口、资源、环境的协调发展。具体表现在以下三个方面：

1. 城市规划编制体系完善

对于一般的城市地区，法国的城市规划编制体系大致可以分为总体规划和城市土地利用规划两个层次。总体规划是一种战略性规划，它是对未来城市基本用地结构和基础设施发展的计划；同时保证在城市向外扩展时旧城区与新区的建设发展保持平衡，城市与周边的郊区、农业地区以及自然地区保持平衡。

它对城市土地使用发展的指导性主要体现在两个方面：一是指出城市用地扩展的方向，成为城市土地利用规划的编制依据；二是对城市未来重要发展项目的选址。法国城市总体规划最为重要的特点是对重要发展项目的选址，如指出住宅改造地区、新增大型公共设施、新增大型公共空间、新增重要基础设施等的位置及规模。通过对重大建设项目布局的把握，为城市整体布局的发展预先构筑一个总体框架。

法国的城市土地利用规划，其编制深度很难归入我国城市规划体系的某一层次，作为管理日常城市建设的规划文件，城市土地利用规划在总体规划的指导下产生，其图纸及建设配套规定是审批建设许可证的直接依据，其作用相当于我国在整个城市范围内制定的控制性详细规划。法国对城市土地利用规划的内容有统一的规定，每个城市的土地利用规划中，对每一类城市用地都必须包括3部分15个条款的建设规定。

还有一种情况是对于被国家列为保护区的城市地区，其中的城市建设不受城市土地利用规划管理，而是通过由国家文化部负责制定的保护区规划（PSMV）来指导和控制其中的建设活动。也就是说，对保护区范围内的城市建设采用国家干预的方式，不纳入普遍的城市土地利用规划管理体系。保护区规划是一种比城市土地利用规划更为详尽的城市规划文件，涉及保护区范围内每个城市物质空间要素，其格式和要求是全国统一的，并在保护区的范围内代替原有的土地利用规划。

2. 城市规划法律法规健全

法国的现代城市规划立法在第一次世界大战结束时就开始了，现行的主要法律文件是1967年的《土地利用法》和1976年的《规划改良法》。城市规划法规体系由国家、区域（含大区和跨大区）和地方（含市镇和跨市镇）三个层面的城市规划法律法规以及与城市规划相关的其他法律法规所组成（见表1），其中，低层次的法律法规必须符合较高层次法律法规的规定。

表1　法国城市规划法律法规体系

地域范围	城市规划法律法规	与城市规划相关的法律法规
国家	城市规划基本原则 针对山区和滨水地区的规划 城市规划基本规定	公共服务纲要

地域范围	城市规划法律法规	与城市规划相关的法律法规
区域（大区和跨大区）	国土规划整治指令 具有相同效力的指导纲要（如法兰西岛大区指导纲要）	跨大区规划整治与国土开发指导纲要 大区规划整治与国土开发指导纲要
地方（跨市镇、城市化地区、城市化密集区、其他特定区域）	国土协调纲要	地区自然公园宪章 特定区域发展宪章 城市化密集区计划 城市交通规划、地方住宅计划、商业发展纲要
市镇或跨市镇	地方城市规划和市镇地图	影响土地利用的土地公共用途规定

法国城市规划权威性很强，一经确定，无论政府如何更迭，都坚持按照同一个规划实施建设。法国的规划法有以下特点：其一明确界定了什么能做和什么不能做，在执行时几乎没有自由裁量权。与已经颁布的规划法规相符合的申请一般都会获得批准。其二作为开发控制的最重要的规划文件，土地利用分区规划对于第三方也是有效的，这意味着任何人认为一项规划决定违反了土地利用分区规划，都可以向行政法院提出控告。其三法国的规划法典会定期得到更新，以增加新的立法内容。其四建筑物的拆除也必须获得建设许可。其五规划法典允许规划当局可以仅以美观理由而拒绝签发建设许可。

3. 城市规划制定体现民主性

在法国当前的城市规划编制与管理中，“公众参与”是通过“公众咨询”和“民意调查”这两个具体的操作程序来实现的。“公众咨询”是在规划方案编制过程中，从一开始就定期与公众沟通交流，征求他们的意见，从而使确定的规划方案更针对现状情况，更符合居民的需求。在组织上，“公众咨询”由城市规划主管机构（通常为市议会）直接负责。“民意调查”则安排在规划的审批过程中，在规划方案提交给终审职能机关前，公众对是否接受这一规划方案提出意见，“民意调查”最后形成的决议有可能否决已经编制好的城市规划方案。

（二）城市公用事业实行有效的“委托管理”，创新政府与企业合作模式，是实现可持续发展的必然选择

城市公用事业是一个城市以集体（或者国有）的形式所能提供给该市居民的所有服务，一般基础设施建设投入大，回收周期长。随着现代城市的快速发展，城市公用事业的发展与公共部门资金缺乏的矛盾日显突出，如何在保证提供高质量服务

的同时又能降低服务成本，是摆在各个国家面前的一个重要课题，法国“委托管理模式”独具特色，得到了国际社会的广泛认可。

法国城市公用事业的委托管理模式起源于17 世纪，到今天已有300多年的历史。这一管理模式在保持公用事业所有权公有的前提下，政府公用事业管理部门依照法定程序，通过市场竞争，选定一家企业按照双方签订的契约对某项公用事业进行建设、管理，其经营管理过程受到政府部门和居民的监督。政府与承担委托管理的企业（以下简称受托企业）之间的关系是一种严格意义上的合作关系。政府与受托企业通过签订契约来明确双方的行为和职责范围，受托企业有对公用事业进行技术开发、提供产品和服务的权利和义务，政府有权对受托企业进行监督，并保留对价格进行干预和单方终止契约的权利。

委托管理主要有以下三种形式：一是租赁管理。地方政府承担项目的建设或扩建所需的费用，经营费用、风险费用则由承租企业来负担。这种租赁管理方式占到公用部门与专业私营部门在公用事业方面合作总量的75%，在法国水务和污水处理部门应用尤为普遍。这一类的租赁合同主要分为两种形式：包干制委托经营合同和非包干制实报实销委托经营。包干制与非包干制的不同在于：前者需要向资产所有部门支付固定的租金，生产独立性强，责任风险相对较大；而后者是一种建立在实报实销制上的服务性合同，经营管理者依据其业绩获得一定的奖励及分红，其经营独立性小，风险也相对较小。二是特许经营权管理（BOT方式）。依照法律，发租方在招标细则中明确规定特许经营约束条件。受托企业承担投资和经营管理全部费用，负责设施运转和维护，独自承担风险。设施产权属于发租方，合同到期后，受托企业将设施完好地交还给发租方。和租赁管理不同，特许经营权管理要求受托企业承担投资费用，一般合作期限相对较长。三是直接管理。由地方政府机构直接负责管理、承担设施建设的投资和所有风险。受托企业为公共部门服务，不直接从用户获取营业收入，而是从地方财政预算中支出报酬。如法国交通运输就采取这种管理方式。这是因为单靠用户所付的票款是远远不能保证交通运输开发经营者的收支平衡的，目前，法国交通运输部门享受大约50%的国家补贴。

（三）环境保护管理手段全面，确保环保政策有效实施，是实现可持续发展的重要任务

环境保护是当今世界最受关注的问题之一。法国环境保护政策之所以得以有效的实施，主要靠以法律为依据，通过行政、经济、教育和技术等手段加以实现，这些手段的综合运用是贯彻落实环境政策的关键。

1. 法律手段

法国政府和其地方政府根据本国或本行业的具体情况，自1917 年首次颁布与环境保护有关的法律以来，已颁布了大量的有关环境保护方面的法律、法规，建立起了较为完善的环境法体系，其中国家制定的主要法律有20 余部，有效地遏制了各种污染物对环境的污染，保障了法国人民的身心健康。除上述环境保护法律外，法国政府还制定了各种实施政令和条例。为保证有关条款的统一性和可读性，政府正在加紧完善环境保护法及其实施政令的系统化和简单化工作，争取早日发行法国环境法典。

2. 行政手段

环境行政管理是法国政府实施环境保护政策的重要措施之一，它包括行政许可和环境影响（评价）审查两种做法。法国环境行政许可制度源于20 世纪初期（1917年），其主要对象是一些危险或污染特别严重的设施或机构。目前，法国拥有需向环境部门申报的各类设施共60万座，其中包括6.8万座需要办理行政许可手续的设施，4000 座造成严重污染的设施必须受到严格的监控。自1976年以来，法国所有基础建设项目都必须进行环境影响（评价）审查。1997年初颁布的《空气与能源合理利用法》要求环境影响评价必须包括“各种污染和危害的集体成分分析，以及项目营运的能耗估计”等内容，这一新的措施充分表明了环境影响评价开始走向更高的层次。

3. 经济手段

排污收费是法国运用经济手段管理环境的一项具体措施，主要包括：（1）水污染收费。这一收费体制是建立在“污染者付费”原则上的。其具体做法是：政府有关部门根据污染物排放量的多少向污染者按比例收取排污费，并将其收入投入到水污染防治工程的活动中去，以促进水污染防治设施和资源保护工程的建设。（2）空气污染收费。这是一种空气污染物的排放附加税，全部收费交给法国环境与能源控制署，以资助先进的空气污染控制设备的研究、开发和建设。（3）垃圾污染税。垃圾污染税包括生活垃圾消除税和垃圾储存（填埋）附加税两种。前者是根据居住情况，由居民以地方税的形式向市镇政府缴纳的。收费全部用于支付收集和处理垃圾的费用。后者是按照填埋垃圾数量缴纳的，缴纳的费用交给环境与能源控制署来管理，以实现废弃物的管理现代化以及受污染场所的治理和恢复。

（四）建立以流域为单元的水资源管理体制，综合管理水量水质，是实现可持续发展的必要条件

水资源问题已经严重制约了社会经济的可持续发展，水少、水脏等问题往往不

仅仅关系到某一局部地区的水资源问题，而是涉及上下游、流域性的水资源配置和保护问题，涉及流域社会经济和环境协调发展的问题。法国水管理的成功之处主要在于他们遵循自然流域规律建立了以流域为单元的水资源管理体制。

法国于1964年修订了《水法》，对水资源管理体制进行了改革，加强了中央的监控权和争议解决能力，确立了以流域为基础解决水问题的机制，全国按水系分为六大流域区，在各流域建立了流域委员会和流域水资源管理局（简称流域水管局）。流域委员会是一个流域水行政管理的权力机构，其成员主要有用户代表、当地知名人士、各类专家代表和流域内各行政区的地方官员代表以及中央政府部门的代表，其主要任务是：一是制定流域水资源开发、利用和保护的总体规划，对地方政府的实施情况进行监督。二是依法制定并征收水资源、排污和取水等各项税费，并将所征税费的90%以投资贷款的方式对流域内水资源开发、水污染防治等给予扶持，其余10%作为管理运行费。三是收集和发布各种水信息，为社会提供技术咨询服务。

法国以流域为单元的水资源管理体制突出的特点有4个方面：一是注重水质水量的综合管理。既管理地表水，又管理地下水，既从数量上管，又从质量上管，并着眼于长远利益，充分考虑到生态体系的平衡，体现了对流域水资源的可持续利用和区域社会经济可持续发展的思路；二是管理的科学性，流域委员会通过协调，制定水开发与管理的总体规划，规划确定流域经协调后的水质与水量目标，以及为达到这些目标应采取的措施。流域机构注重通过政策、法规、经济手段等方面的措施减少污染、促进节水，这种综合管理能够协调和平衡流域内与水相关的各个利益方面的不同目的（包括社会的、经济的、生态的）；三是可操作性强，流域委员会每5年制定一次规划，规划有战略目标，建设重点，保证项目有序实施的财政政策，在具体实施上还辅以经济手段，最终实现流域水资源可持续利用和社会经济的可持续发展；四是管理手段的可行性，这种综合管理是建立在一套完整的法律体系之上的，一切水事活动均需依法办事，社会各界必须严格遵守。法律明确规定了水资源国家、流域委员会、地方省区乡镇分级管理的责任、权利和义务，同时把参与水事活动的政府机关、企事业单位的职责明确分开，使它们在各自的法律赋予的权限范围内充分发挥作用，若有越权或违法行为发生，即通过法律手段予以纠正或处罚。

（五）历史文化遗产概念不断扩充，保护制度不断完善，是实现可持续发展的关键因素

法国一向重视历史文化遗产的保护，注重城市文化的继承和延续。正是因为如此长期的执著，人们才得以仍然能够亲身体会到具有强烈的民族个性和历史情感的法国。

法国的历史文化遗产保护体系的建立并不是一蹴而就，今天的法国，列入保护范围的区域占国土面积的6%，在一些行政省这个指标达到了16%，而在一些城市甚至达到了50%，历史遗产已毋庸置疑地成为法国人生活环境的一个重要部分。在法国，建筑、城市与风景历史遗产保护分为3个层次：一是历史建筑周边环境；二是历史保护区；三是建筑、城市与景观遗产保护区。

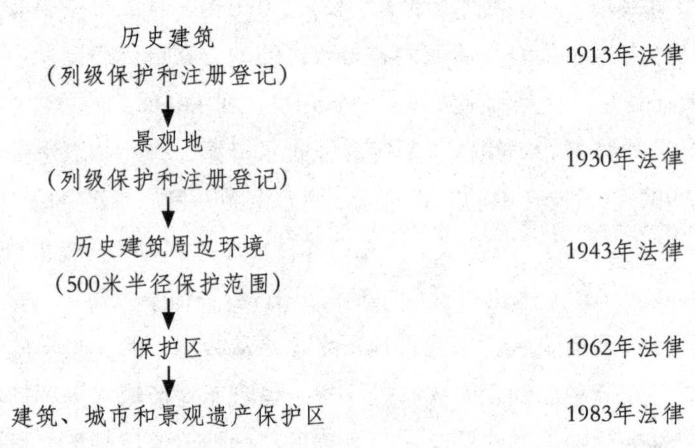

图1

在法国，受到国家保护的文物建筑有4万个，对于保护建筑，未经文化部部长的许可，任何拆除、建设或改造工程都不能进行。此外，未经文化部部长的许可，在保护建筑的相邻地区也不能建造任何新的建筑。历史建筑周边环境的保护有几种不同的方式：（1）严格控制此区域内的一切建设活动；（2）修复与文物建筑紧邻的建筑；（3）保存围绕文物建筑的街道广场的空间特性（街道小品、地面铺装、街道照明等）；（4）保护文物建筑周围的自然环境（树木、植栽草坪等）。根据1913年的历史建筑法，一旦某个“历史建筑”被确定，在其周边便自动形成500米为半径，约78.5hm^{2}的面积的保护范围，在其中的建设活动都受到严格控制。

根据规划法典（1962年8月4日法令），当一个地区具有历史或美学特征，或一群建筑具有保护、修复和改善价值时，可以划定为历史保护街区，具体的标准如下：（1）此范围应考虑所有城市历史遗产，而不能仅限于历史核心区；（2）此范围应考虑所有的社会经济功能。一旦政府划定了历史街区，就要编制保护规划（简称PSMV）。规划指定哪些建筑或其局部不能拆除和改变，以及哪些建筑或其局部在进行开发时要强制拆除。规划的规章和图解文件说明建筑方面的要求，以确保对于这些建筑以及其城市环境的保护。

到2000年，全法国共确立了277个建筑、城市与景观遗产保护区，同时有600个左右正在研究确立中，其总面积达19000平方公里。大多数建筑、城市与景观遗产保护区处于乡村。建筑、城市与景观遗产保护区的确立是由地方与国家共同协作进行的，地方与国家通过合同的方式进行协作，地方政府负责城市的发展建设，国家则负责该地区历史遗产的保护。建筑、城市与景观遗产保护区的研究确立由地方行政长官在法国国家建筑师的协同下组织进行，地方负责具体研究工作。申报与确定由市镇议会和国家决定。

（六）公共财政支持节能工作，鼓励建筑节能，是实现可持续发展的重要保证

伴随着经济发展和人民生活水平的日益提高，节约能源、提高能源的使用效率对于能否实现经济社会可持续发展起到重要作用。法国是欧盟国家中最重视节能的国家之一，其环境与能源控制署全面负责管理全国节能和对环境污染的控制工作。该机构是法国中央政府直属事业单位，署长由总统直接任命。环能署的业务费用来自于中央财政预算，另外环能署也向欧盟进行项目投标。2002年法国环能署总预算资金为4亿欧元，其中2亿欧元用于能源效率和可再生能源，1亿欧元用于废旧固体物资处理，1亿欧元用于环能署的办公费、人员工资等业务运营费用。

法国政府公共财政支持节能工作的主要做法包括：1.政府财政补贴，主要有两种方式：一是贴息补助，即政府用财政收入或发行债券的收入来支付企业因节能投资或用于节能研究、开发而发生的全部或部分银行贷款利息；二是直接补贴，即政府以公共财政部门预算的形式直接向节能项目提供财政援助，如对研究与开发项目、示范项目和能源审计（诊断）项目等的补贴。法国对项目补贴额度最高为该项目所需费用的50%，如对示范性项目给予20%~30%的资助，对企业能源审计项目根据被审计企业大小确定支持额度，对小企业的审计费用补贴50%，对大企业的审计费用只补助30%。2.税收优惠，如对企业节能投资提供税收优惠，若住房的能源消耗低于国家平均标准8%以上，则减免房主包括房屋财产税在内的多种税赋。3.贷款优惠或对贷款提供担保，即对节能设备投资和技术开发项目给予贴息贷款，或免（低）息贷款以及为贷款提供担保。法国环能署和中小企业开发银行于2000年11月成立了节能担保基金，专门对中小企业在节能方面投资提供贷款担保，保证了中小企业用于能源效率方面投资的贷款。4.特别折旧制度。政府为鼓励企业购买节能型设备，允许企业每年一次折旧规定额度的新购置资产，以及允许企业加速折旧其固

定资产，将其新购置设备支出从每年度应税收入中扣除，以此鼓励企业更新设备。

二、法国城市规划与可持续发展对我国城市发展的重要启示

（一）切实加强城市规划工作，维护规划的权威性

要切实加强城市规划工作，一是要把城市规划工作放在重要位置。规划是城市管理的第一要务，市长是城市规划的第一责任人。城市各级人民政府要切实负起责任，把城市规划工作纳入重要议事日程，明确具体的工作目标、任务和要求，发挥城市规划在城市管理中的龙头作用；二是要在城镇体系规划的指导下编制好城市总体规划，依据城市总体规划编制近期建设规划，并与国民经济和社会发展规划及相关规划搞好衔接，以控制性详细规划规范建设，具体落实城市总体规划的要求，发挥好规划的综合调控作用；三是规划的制定和实施必须充分发扬民主，要有公众参与，接受社会的监督。要健全规划的制定和审批制度，充分发挥主管部门、有关部门和专家学者的作用，解决城市规划的重大问题；四是加强法制建设，保障规划的科学制定和有效实施。要完善立法，建立健全城市规划法规体系。要切实加强规划实施管理，经批准的城市规划具有法律效力，任何建设活动必须遵守。要开展执法检查，查处各种违法行为，维护城市规划的权威性和严肃性。

（二）妥善处理政府与市场的关系，推进城市公用事业改革

始终注意尊重市场规律、妥善处理政府与市场的关系，是城市公用事业改革成功与否的关键。这是考察给我们留下的最重要的启示。在我国当前的城市公用事业改革热潮中，特别要处理好以下问题：

1. 防止政府公共服务职能的弱化

当前，我们既要加快改革公共服务提供方式和管理方式，逐步建立和完善适应市场经济条件的、有效的公用事业运营方式和监管体制，又要防止地方政府通过“改革”甩包袱，将本应由政府承担的公共服务职能甩给企业或市场。

2. 防止笼统地将民营化作为改革的目的

城市公用事业改革要把是否促进竞争和提供良好公共服务作为改革的评价标准。在具体操作中应按照“两个毫不动摇”的原则，既大胆鼓励民营资本进入，也不必刻意强调国有资本退出；既要打破国有垄断，也要防止新的民营垄断。

3. 防止国有股权转让“私相授受”

在推进我国城市公用事业的改革中，必须把实行公开招标作为一条重要原则，并确保资产评估的真实性和招标过程的规范化，防止国有股权“私相授受”。同

时，应强调国有垄断企业不得进行员工持股，有关部门应清理并惩处各种以激励员工为名的“化大公为小公”以及化公为私行为。

（三）综合利用各种手段，提高环境保护工作水平

如何在经济高速发展的同时控制环境污染，改善环境质量，以实现社会经济可持续发展是我国目前亟待解决的重要问题。城市政府应从主要用行政办法保护环境转变为综合运用法律、经济、技术和必要的行政办法解决环境问题，自觉遵循经济规律和自然规律，提高环境保护工作水平。首先要加强环境法制建设，这是做好环境保护工作的基本依据。要加快环境立法步伐，健全环境法规和标准体系，加大对违法行为的处罚力度，重点解决“违法成本低、守法成本高”的问题。要强化环境执法，继续开展整治违法排污企业、保障群众健康环保的专项行动。其次要完善环境保护投入机制，推行有利于环境保护的经济政策，运用市场机制推进污染治理，完善政府、企业、社会多元化环保投融资机制，加大环保投入。最后要严格执行建设项目环境影响评价制度，依法开展规划环评工作，积极探索重大决策环评方法，所有建设项目必须符合环保要求。

（四）理顺水资源管理体制，加强水资源宏观管理

无论是公共水资源问题的解决或是其他水资源问题的解决，政府都应该发挥积极的作用，从宏观上进行有利的管理，这样才能最终解决有关水资源的问题。目前，必须改革我国水资源开发、利用和保护在管理上存在的无序状态，强化统一管理，使管理工作纳入科学的、以国家社会利益为前提的统一管理体系。为此，必须采取以下措施：1.强化以大江大河流域为单位的水资源管理。当务之急是建立必要的法律和制度保障。包括为大江大河专门立法，以法律为依据大幅度强化流域管理机构的职能，赋予其对全流域的水资源的开发、利用和保护实施统一监督管理的权限。2.加快城乡一体化水资源管理体制改革。将水资源放在社会、经济、环境所组成的复合系统中，用综合的系统的方法对水资源进行高效管理。我国一些地方已经探索建立了水资源统一管理的水务局模式，深圳和上海等地的实践表明，这种对涉水事务进行统一管理的模式既提高了行政效率，又提高了水资源的利用效率，改革是成功的。建议有关部门对已有的探索进行深入的调查研究，认真总结正反两方面的经验，鼓励各地方尽快建立水资源的统一管理体制。

（五）完善历史文化遗产保护制度，突出城市特色

城市化进程中，保护好历史文化遗产一是要尽快编制保护规划，做到有规可

循。在做好历史文化名城、历史文化保护区的专项保护规划的同时，也要抓紧编制各级文物保护单位、保护点等历史文化遗产的专项保护规划，只有将其纳入城市总体规划或村镇总体规划，才能做到有规可循，依法保护。二是要调查清楚，依法保护。要知道有哪些历史文化遗产，分布在何处，才能对其进行有效的保护。在普查的基础上，根据历史文化遗产的价值公布不同级别的历史文化保护区、文物保护单位、文物保护点。三是要正确处理好保护与建设的关系，走可持续发展道路。我们可以借鉴国外“保护古城，建设新城”的成功经验，把有价值的传统街、巷和古村落进行整体保护，再另外开发新区，避免城市化进程中“建设性的破坏”。对该保护的传统街区则进行环境整治，保持立面原貌，更新室内配套设施，改善人们的居住质量，满足人们对现代生活品质的需求。四是在做好保护的前提下，合理利用历史文化遗产。如只顾经济效益不顾保护的旅游开发，无疑是“杀鸡取卵”、“涸泽而渔”。五是在加强有形历史文化遗产保护的同时，还要十分重视无形历史文化遗产的保护调查，如强调保护传统老字号品牌、民间手工艺、传统风俗文化等。

（六）加大公共财政支持节能的力度，明确支持的领域

虽然我国每年都对节能工作进行投入，但远远满足不了我国节能工作的客观需要。我们必须从实施可持续发展战略的高度，充分认识节能工作的重要性，加大公共财政对节能工作的支持力度。一是要加大各级政府对节能的预算拨款，保证节能预算资金的稳定增长。特别应在公共财政预算中大幅度增加“资源节约与综合利用”专项经费，并专列预算科目。二是要积极运用财政贴息的方式，加大节能利用信贷资金的支持力度。三是政府要利用税收优惠或补偿政策，鼓励企业加大节能投资。

学员名单：

王玉宝　内蒙古阿拉善盟副盟长
刘忠泽　黑龙江省绥化市市长助理
栾胜宽　吉林省延边州副州长
钱建民　浙江省绍兴市市委常委、副市长
章　钢　安徽省宣城市常务副市长
许昆贞　福建省泉州市副市长
郭庆亮　江西省吉安市副市长
张秋波　山东省聊城市市长
王清选　河南省商丘市副市长

刘善桥　湖北省黄冈市市长
刘力群　湖南省岳阳市副市长
韦力平　广西壮族自治区玉林市副市长
罗勤宏　四川省资阳市常务副市长
郭智文　贵州省安顺市副市长
张荣珠　陕西省汉中市副市长
郑玉生　甘肃省金昌市市长
卢法政　新疆维吾尔自治区阿克苏地区地委副书记
宋言平　全国市长培训中心副主任
施　鹏　建设部人事教育司副主任科员
余池明　全国市长培训中心教研处副研究员
王明珠　全国市长培训中心城市发展研究所干部

第一期建筑能效与城市可持续发展专题研究班赴美学习考察情况的报告

中组部、住房和城乡建设部、中国科协共同组织，住房和城乡建设部与美国能源部、贸易发展署联合承办，全国市长研修学院具体实施的第一期建筑能效与城市可持续发展专题研究班于2010年9月12日—9月26日赴美国进行了学习考察和培训。

一、基本情况

本期专题研究班学员共24人，主要由地级市市长、副省级城市和地级市分管城乡建设工作的副市长，直辖市的区分管领导以及县级市市长组成，住建部建筑节能与科技司司长陈宜明任团长。9月10日、11日，研究班在国内就城市发展、建筑能效等方面的内容进行了预培训，住房和城乡建设部副部长仇保兴作了《西方城市规划的六次转折》的专题讲座。在美国15天，研究班围绕我国应对气候变化和快速城镇化的挑战，重点了解了美国能源战略与政策、建筑能效管理与技术、城市公用事业节能及低碳城市、生态城市等城市可持续发展方面的问题。考察了加利福尼亚州和俄勒冈州的旧金山、萨克拉门托、波特兰等城市，劳伦斯伯克利国家实验室、加州大学戴维斯分校和波特兰州立大学等科研院所，以及英特尔、甲骨文、应用材料、联合技术等多家知名公司，并与加州伯克利市长、加州能源委员会以及波特兰等城市环保局、再开发局、规划和可持续发展局的官员和政策专家进行了10余次座谈交流。

此次培训是中美能源合作项目（ECP）设立后组织的首次中国城市市长专题研究班，受到美方政府和ECP成员企业的高度重视。团组出发前，美国驻华大使馆商务参赞、公使和能源办公室主任与大家见面，使馆还委派商务处、能源办两位官员全程陪同研究班在美的活动。在美期间，培训内容非常丰富。美方先后举办了专题讲座25次，有93位政府官员、专家学者和企业管理及技术人员作了主题演讲，既有关于联邦、州和地方政府不同层面气候行动计划等政策和管理实践的解析，又有建筑节能与可持续发展趋势、最新科研成果和动态的介绍，还组织了全体学员对社区和建筑节能、公共交通、再生能源、垃圾和污水处理等示范项目进行了实地考察。

全体学员十分珍惜这次培训机会，集中精力认真学习，积极思考研讨问题，严格遵守各项纪律，圆满地完成了学习培训任务。在学习考察的同时，大家还利用多种机会与美方官员和专家学者进行交流，介绍我国推进节能减排、促进可持续发展的情况以及经济社会全面协调发展的理念和成效，树立了良好的对外形象。

二、主要收获

（一）对城市化发展的新趋势有了更深刻的认识，进一步增强了促进城市可持续发展的紧迫感

美国是世界上城市化水平最高的国家之一，城市化率已由1790年的5%提高到今天的80%以上。在美国城市发展的探索中，有许多经验值得我们学习借鉴，他们面对城市化带来的问题进行的反思也值得我们高度关注。在培训中，美国不少官员和专家指出了这些问题，尤其是郊区型扩散化的城市发展道路使城市成为为车设计的城市，由此带来能源大量消耗、碳排放大量增加和对石油过度依赖。美国是世界第一大人均能源消耗国，人口不到全球的5%，却消耗了全球25%的石油，碳排放总量占全球的25%~30%。他们深刻认识到全球气候变化产生的危机，并以此为背景，介绍了政府、企业和社会各方面为降低城市能耗、减少碳足迹所付出的努力。学员们深切感受到，倡导和推进可持续发展已越来越成为世界城市化的发展潮流。中国正在进行世界上规模最大的城市化，把握城市发展低碳化、智能化的新趋势，借鉴国外的经验教训，认真思考如何避免走美国城市发展曾走过的弯路，很有现实意义。

学员们清醒地认识到，2009年我国城市化率达到46.6%，远未达到美国的现有水平，也低于世界平均水平，未来10年中国仍处于城市化快速发展的高潮期，城市化率将年均增长1个百分点以上。由于我国的城市化是在经济全球化和信息化快速发展、全球资源竞争和环境恶化的背景下进行的，人多地少，宜居空间、能源资源、环境容量的刚性约束远远大于美国，这些都成为我国城市化的突出瓶颈。在我国城市化加速发展的过程中开始出现美国城市发展中的诸多类似问题，因此，我们在追赶世界城市化的过程中必须切实增强危机意识和忧患意识，更加自觉地贯彻落实科

学发展观，努力发挥后发优势，积极推进城市发展方式的根本转变，并在工作实践中不断探索可持续发展之路。

（二）对城市节能工作的重点有了更准确的把握，进一步强化了推动建筑节能和公用事业节能工作的责任感

虽然我国城市能耗目前远低于美国的水平，但我国城市基础设施和房地产发展迅猛，由此带来的能源消耗正在快速增加。现实的问题要求我们在加大工业和交通领域节能力度的同时，更加高度重视提高城市建设和运行方面的能效，突出抓好城乡建筑节能和城市公用事业的节能。

就建筑节能而言，目前我国建筑材料生产用能和建造过程能耗约占全国能耗的42%，建筑运行能耗约占全国商品能耗的27.5%，单位建筑能耗虽然明显低于美国的水平，但快速城镇化与建筑能效的矛盾却十分突出。据世界银行报告，从现在起至2015年全球50%的建筑施工将发生在中国。另有资料表明，我国城镇年竣工建筑面积7亿~8亿平方米，而建筑的平均寿命只有30年左右（英国约100年，美国约70年）。值得高度关注的是，我国的建筑能耗正呈现快速上升的趋势。因此，大力推行绿色建筑，并积极倡导绿色生活方式势在必行。我国公用事业节能在城市可持续发展中同样具有重要意义。清洁能源、绿色照明、供水和污水处理方面的水节能、落实“公交优先”战略等，都任重而道远。在这些方面，美国解决问题的思路值得我们借鉴。例如，美国交通占温室气体排放的42%，为了减少碳排放，不少城市正在多措并举，鼓励和引导人们改变乘车习惯（使用公共交通）和驾车习惯（降低单驾车比例）；在可持续的水处理方面，一些城市将节水、水的重复利用与降低水处理的能源消耗结合起来，同时将污水处理与可再生能源结合起来。美国很多节能产品和节能技术都与公用事业有关。

（三）对推进城市节能的途径有了更系统的思考，进一步提高了科学规划和建设城市的自觉性

在培训和考察中，美方向我们介绍了一些新的规划方法、技术以及可供我国城市借鉴的改善环境、提高能耗、降低排放的实践经验，使学员们开阔了眼界，也接受了不少新的理念，开拓了思路。关于提升城市能效的工作举措，有四个方面的感受最深：第一，科学规划是重要前提。在城市规划中，应当进一步树立以人为本，体现“城市，让生活更美好”的理念，将以汽车为中心改为以人为中心，建立紧凑型混合使用的社区，鼓励适当密度的混合开发，减少市民利用车辆出行的频率。美国许多城市提出城市设计由“以车为尺度”改为“以人为尺度”，提倡促进步行、方便自行车和优先发展公共交通的街道设计。第二，政策创新是关键举措。美国将既有建筑节能改造与恢复老城活力相结合，一举多得，事半功倍；对节能产品广泛采用了各种经济激励政策，如财政补贴、税收抵扣、低息贷款，对家庭节能和商业楼宇节能给予税收抵免。第三，科学监测是必要基础。围绕建立科学的节能绩效评估体系，美国进行了长期的探索，特别是由独立的第三方对节能项目进行影响、程序、市场、效益等方面的评估，并建立了《能源与环境设计先锋奖（LEED）》评级系统，通过实行标识制度，标明建筑物的节能效率及碳排放水平，使节能的市场导向十分鲜明，也为依法管理创造了条件。第四，法规建设是有力保障。旧金山1999年颁布的“绿色建筑法令”，实行了4个等级的绿色建筑认证制度，规定从2004年9月起所有超过5000平方英尺的市政项目必须达到LEED银牌（三级）以上标准。2002年，加州通过了第一个限制机动车辆温室气体排放的法律，其他13个州也相继加入。近年来，美国众议院、参议院还通过了《2009年美国清洁能源与安全法案》、《美国清洁能源领导法》等法律。法律的权威性和强制性，有效保障了有关节能措施在城市建设中的施行。

（四）对城市节能技术的研发成果和动态有了更直接的了解，进一步感受了科技进步对于提升城市能效的重要性

在培训中，美方着重安排考察了向中国的建筑和市政基础设施出口符合我国标准的技术、产品和服务咨询的美国公司，学员们有机会对节能新技术进行了现场考察，并对城市发展趋势超前研究的技术和产品有了一定程度的了解。比如，联合技术公司将氢能源用于公共交通燃料电池技术；应用材料公司光伏建筑一体化技术；英特尔公司将智能住宅与物流网相结合的家庭能源管理技术；还有废弃物汽化处理、利用污水处理中污泥产生沼气发电等。大家深切感受到，信息化和新材料等新技术在节能领域的应用，使低碳技术和能效管理成为现实的可能，也必将进一步改变人们的生活方式和政府的管理方式，进而在碳减排方面不断取得新的突破。

三、有益启示

（一）从战略高度主动应对挑战，把碳排放问题的压力转化为落实科学发展观的动力

与美国相比，目前我国人均能耗较少，但人口基数大，能源消耗总量增长快，2009年已成为世界第一能源消耗国（还应注意到，我国石油在国内开采的情况下对

外依存度仍达到50%以上，与美国60%的对外依存度差距不大）。由于我国正处于工业化和城市化的加速期，快速发展与能源需求矛盾加剧，而应对全球气候变化我国政府已向全世界作出了郑重承诺。我们应当把兑现承诺作为契机和动力，进一步推动科学发展观的深入贯彻。一是要进一步强化目标引领作用。在减少碳排放方面，美国联邦政府和一些州都制订了长远的行动计划（包括开源和节流，如可再生能源目标、建筑节能目标等）。加州节能目标为：到2020年碳排放量减少至1990年的水平，2050年减少至1990年的20%。学员们认为，尽管中美两国体制不同，但政府都具有不可替代的主导作用，我国政府则具有更大的优势。建议在认真分析全国"十一五"节能减排工作的基础上，结合编制"十二五"发展规划，科学制定中长期工作目标，并细分到若干行业和领域，分解落实到各级政府，强化其引领作用，形成倒逼机制。二是要进一步拓展节能减排领域。在深化工业领域节能减排的同时，要进一步拓展城乡建设领域节能减排的空间，如低碳生态城市规划建设、城镇防灾减灾与应急体系、新农村建设、绿色建筑、"水污染控制"和"饮用水安全保障"方面的水节能。在建筑节能方面，近几年来，建设部"五管齐下"取得了很大成效（截至2009年，全国累计建成节能建筑面积40.8亿平方米，占城镇建筑面积的21.7%），当前要积极从单体建筑节能向小区、区域乃至城市整体节能拓展，推动可再生能源在建筑中的规模化应用，并在完善可再生能源建筑应用技术标准、关键技术设计指南、施工关键技术指南、关键设备可靠适用性评估标准的基础上，将一些倡导性做法拓展为在条件适宜的地区强制推广。三是要进一步建立健全评估考核体系。通过强化节能统计、审计、监测及评价考核，完善配套措施，进行科学监管，更好地落实各级政府节能减排的责任，更好地发挥经济激励政策的效益。切实履行在建筑节能等建设领域政府公共管理职责，把建筑节能等目标纳入地方政府单位GDP能耗下降的考核体系。

（二）积极抢抓历史机遇，在国际竞争与合作中加速经济发展方式的转变

应对气候变化和节能减排，对加快经济发展方式转变提出新的要求，也给我国调整产业结构带来了新的机遇。通过考察学员们感到，在政策和技术层面，中美合作因素大于竞争因素；美国在政策、立法、技术方面有诸多先进之处，在节能技术研发和发挥市场机制作用等方面处于领先地位，我们要扬长避短，积极参与国际合作与竞争。一方面，要通过加强国际合作提高工作起点。美国国家实验室建立了中国能源研究室等研究机构，研究领域包括家用电器标准标识、建筑节能、工业节能、政策分析等，还为中国城市作了低碳发展规划。不少大公司都在中国建立了总

部。我们应当主动与这些机构保持联系，开展全方位多层次多方式的合作交流，更好地掌握其政策、科技和产品研发动态，共享人类文明成果。另一方面，要通过参与国际竞争促进“中国制造”向“中国创造”的跨越。我国要充分利用“中国制造”的优势，在发展绿色产业等方面不断提升自主创新能力，发展壮大“中国创造”的节能产业，并为发展中国家探索和提供低碳条件下发展的经验。此外，要通过加强指导促进健康发展。建议建设部和相关部委进一步加强对节能技术、产品的评价研究，加大对成熟技术及产品的推广力度，同时坚持以提高能效为导向强化对各地的指导，防止在节能领域盲目引进国外技术，片面采用新的技术和装置。

（三）优化节能减排政策和机制，将行政推动与市场机制更好地结合起来

借鉴美国的经验，结合当前工作实际，学员们认为应当着力在三方面取得突破：第一，更好地激发市场主体的活力。节能减排要加快实现由政府单方面强制推进向政府监管与市场引导相结合推动的转变，通过必要的经济政策进一步调动企业的积极性，形成鼓励发展节能环保产业、可再生能源应用和发展节能省地环保型建筑、绿色建筑的财税政策体系。要切实解决一些地方对节能环保产业扶持主动性不够、力度不大的问题。要积极培育建筑节能服务体系，加快推行合同能源管理。第二，更好地发挥公共部门的带头作用。我国公共部门是能源以及耗能产品的重要消费者（有资料表明约占GDP的13%），节能潜力巨大，政府以身作则可以为国家政策的实施起到示范和带头作用。在政府采购中，要将最低生命周期成本作为重要准则，防止片面追求一次性投资的节省，而忽视项目生命周期的经济性（美国公共建筑2%的额外投入在运行中可节能37%）。住建部近几年来大力开展国家机关办公建筑和大型公共建筑节能监管体系建设，发挥了积极作用。截至2009年年底，全国共完成国家机关办公建筑和大型公共建筑能耗统计29359栋，确定重点用能建筑2647栋，完成能源审计2175栋，公示了2441栋建筑的能耗状况。第三，更好地依靠和动员社会力量。美国在依靠市场服务体系和民间组织推动节能方面积累了不少经验。美国节能联盟（非营利性组织，宗旨是在全球范围内提高能源效率以使经济更加健康、环境更加清洁、能源更加安全）、美国能源服务公司（ESCO）（作为项目开发商提供能源市场服务，约按节省费用的8%收费）、旧金山可持续发展规划协会（已有100多年历史的民间组织，现有2200名个人会员和320多名企业会员），都给我们留下了深刻印象。提高决策的公众参与度，也有利于动员社会力量，形成节能减排的合力。此外，还应当积极弘扬我国勤俭节约的传统，发挥中国文化的优势，培养市民的良好习惯和绿色生活方式。

（四）强化政产学研相结合，更加注重发挥信息化和高新技术的重要支撑作用

美国国家实验室、高等院校、大公司在节能技术和产品研发方面发挥着重要作用。我国要更好地创新理念和机制，切实解决政产学研有机结合的各种障碍，向科技进步要生产力，通过技术创新满足人们改善生产生活环境的需求并不断降低能耗水平。要继续大力推动节能科技进步，以国家科技支撑计划项目为依托，努力实现节能关键技术的突破，并加快科技成果的转化。要通过信息化手段优化资源配置，提高生产力发展水平，完善资源环境方面的信息监测体系。

四、两点建议

推动建筑能效提升、促进城市可持续发展，是需要不断探索和积极实践的课题，而围绕这一主题中美合作组织城市领导者的培训则是首次探索。通过对这次研究班培训活动等方面进行的总结，学员们建议：

（一）适当拓展培训范围并进一步改进培训工作

举办此类研究班很有必要，今后可将培训范围适当延伸到县级市政府分管领导和地级市有关部门负责人。针对领导干部的特点，在培训课程设置上，宜更加突出管理和体制、机制方面的重点，对技术方面应侧重了解创新情况和发展方向，适度缩小研究班规模，注意培训强度，适当安排学员在国外讨论和相互交流，以进一步提高学习考察的效果。

（二）深化城市示范工作并更好地发挥其引领作用

在继续抓好现有试点、示范工作的基础上，可以围绕城市可持续发展需要重点探索和突破的内容，更加系统和有针对性地选择不同示范类型和城市化进程不同的地区作为全国试点城市、示范城市，鼓励地方进行试验，并由住建部等部委进一步加强指导，同时强化部委之间的联动和上下之间的互动，及时总结推广示范经验，有效指导和有力推动各地工作的开展。

学员名单：

陈宜明　住房和城乡建设部建筑节能与科技司司长

王　良　山东省济南市市委常委、副市长

王忠平　全国市长研修学院主任

赵金花　北京市宣武区区委常委、副区长

张　璞　山西省晋中市市长

王凤山　内蒙古自治区鄂尔多斯市市委常委、副市长

王德佳　辽宁省人民防空办公室副主任

刘继武　吉林省白城市副市长

朱　晋　江苏省南通市副市长

贾全明　河南省新乡市副市长

李大义　黑龙江省穆棱市市长

张亚中　黑龙江省肇东市市长

林泽华　江西省赣州市市委常委、副市长

邹文辉　湖南省衡阳市副市长

钟　军　广东省江门市副市长

蹇泽西　重庆市南岸区区委常委

陈华强　四川省资阳市副市长

李小平　云南省普洱市市长

张建中　陕西省韩城市市长

郭益寿　甘肃省酒泉市市委常委、常务副市长

程广田　新疆生产建设兵团阿拉尔市市委常委、副市长

仝贵婵　住房和城乡建设部建筑节能与科技司国际科技合作处副处长

苏会泽　全国市长研修学院城市发展研究所处长

郭　崇　全国市长研修学院对外合作处研究实习员

案例篇

案例1　某市城中村改造能成功吗

天津市静海县副县长　刘家兴

（2005年11月）

一、问题的起因

某市是大城市所属的县级市，规划用15年左右的时间建成30万人口的中等城市。在20世纪80年代以前，这个市是一个不足3万人口的建制镇。改革开放以来，虽然城市建设有了长足的发展，但由于决策者对农村城市化认识不高，加之京浦铁路、隋炀帝开凿的大运河贯穿阻隔，影响了城市规划和建设，该市很长一段时间在不足2公里宽的狭长地带发展建设，很不科学。近3年以来，在全国城市化高潮的推动下，这个市换了思维，跨过京浦铁路，实施了城市中心向东转移，城市规划由原来的14平方公里修编到38.8平方公里，将城市周边的15个自然村近2万农村人口规划到城区范围，形成了城中村。随着城市的加速建设，怎样解决城中村的问题成了能否建成中等城市的关键。

二、决策时的不同认识

对改造城中村人们有着不同的理解，该市社会各界给予了极大关注，对怎样改造城中村有着很大的争议。

决策者认为：城中村改造有利于发展，有利于社会进步。通过改造城中村能加速推进农民非农化、农村城市化、城乡一体化，能拓展城市发展空间，改善人居环境，提高人民群众生活质量，从而体现以人为本的科学发展观。同时认为，改造城中村要有效整合土地资源，实行市场化运作和开发性安置为核心，以推行村级行政管理体制、户籍制度、土地开发经营、资产管理制度和建立社会保障制度等综合配套改革为内容，实现农民向城市居民、农村向城市社区的根本转变。

乡镇干部认为：城中村的改造涉及农村的方方面面，关系到各方面利益的调整，弄不好就造成农民上访，给社会带来不稳定，一届乡镇政府干不了几年，多一事不如少一事。由于城市规划的控制，城中村多年没有分宅基地了，有些村民急需盖房子，主张先分宅基地，以解燃眉之急。

村干部认为：城中村改造一方面涉及千家万户，涉及拆迁老村，建设新村和利益分配，矛盾问题很多，弄不好会得罪村民，遇上村级选举，村官就当不成了；另一方面土地招、拍、挂市场运作之后，能给村多少钱？怕市和镇截留，村上吃了亏。

村民认为：既然早晚要改造个别村，千方百计争利益，抢盖房子，拆迁时争取多补点。同时担心把仅有的土地征没了，子孙后代怎么生活？

对城中村的改造存在着多种不同认识，反映了解决这一问题的复杂性，只有把这些问题都解决了，才能走上城中村改造之路。为此，这个市专门组织了班子，经过半年的调研，拿出了一个完整的方案。

三、出台了具体政策

（一）城中村改造的基本原则

该市城中村改造把握以下原则：

一是坚持有利于发展的原则。加速推进农民非农化、农村城市化、城乡一体化进程，拓展城市发展空间，改善人居环境，提高人民生活质量。

二是坚持依法办事和群众受益的原则。严格按照国家有关法律法规和党在农村的基本政策进行规范操作，正确处理好国家、集体和个人利益的关系，切实维护集体经济和村民的合法权益，最大限度地让利于民。

三是坚持尊重民意和公开、公正、公平的原则。严格民主程序，充分体现群众的意愿，重大决策事项要公开决策依据、过程和结果，提高工作透明度，取得群众的认可、理解和支持。

四是坚持积极稳妥的原则。坚持精心设计，周密组织，完善政策，稳步推进，确保城中村改造平稳进行。

（二）城中村改造的总体思路和政策措施

该市城中村改造的总体思路是，把住宅新居建设与旧村改造、土地开发与人员安置结合起来，采取政府主导、企业参与、市场运作、政策扶持的方式，将城中村

全部土地征为国有，以土地置换资金，做好拆迁安置和人员安置工作。

1. 规划建设住宅新区，按市场规则确定商品房建设成本。按照城中村改造的需要，规划建设标准化居住小区，统一建设多层商品楼房，实行村民住宅的商品化、楼房化。村民新居建设初步设计7种面积户型，分别为60平方米、70平方米、80平方米、90平方米、100平方米、110平方米、120平方米。村民新居建设用地按照市场化运作规则进行，采取招、拍、挂的方式提供建设用地，用地成本按3万元/亩的征地费和办理征地手续应缴纳的2.36元/亩的各项规费计算。新居按入住标准建设，其成本由七项内容构成：建设用地成本费5.36万元/亩、建安造价750元/平方米、管网等小区配套建设费352.3元/平方米、行政事业性收费197元/平方米、劳务性收费13.56元/平方米、装修费100元/平方米、税费155.81元/平方米。新居综合成本价格为1650元/平方米。

2. 进行旧村拆迁改造和新居还迁安置，实行旧房拆迁作价与新居建设成本挂钩。按照先安置后拆迁的原则，在做好被拆迁村民安置工作的同时，对城中村现有住宅及其他建筑物、构筑物等地上附属物全部拆除。

（1）房屋拆迁实行逐户作价，分类补偿。由于城中村现有房屋建设年代、结构质量、装修标准和用途不同，依照《拆迁管理条例》，选定拆迁评估机构，实行逐户评估，分类作价。正房拆迁作价，实行市场评估价+拆迁补贴；拆迁配房及院墙、门楼等附属物，按市场价格评估，予以货币补偿，不享受拆迁补贴；拆迁工业、商业等生产经营用房，依据批准建设时的原始手续，认定其用途和性质，按市场价格评估，予以货币补偿，不享受拆迁补贴。

以合法证件和镇村两级批准建房的正式手续为依据，进行房屋产权认定登记。凡未经镇村两级批准，擅自私搭乱建、强占抢盖的，均属于违法建筑，必须无条件拆除，不予以拆迁补偿。

（2）做好还迁安置工作，实行“两挂钩一找齐”。即旧正房拆迁面积和新居还迁面积挂钩；旧正房拆迁作价与新居建设成本挂钩，旧房拆迁作价与新居购房价款相差部分货币找齐。首先，确定拆迁作价。在对全村不同质量等级的正房逐户评估后，以正房评估价（约650元/平方米）为基准，加上拆迁补贴（1000元/平方米），达到1650元/平方米的新居建设成本。对不同质量等级的正房，均按1000元/平方米同一标准给予拆迁补贴，评估价格加拆迁补贴后高于建房成本的超出部分，用货币找齐补偿给被拆迁户。对不愿购房或按政策规定不符合购房条件的，正房按上述作价办法予以货币补偿，附属用房按评估价予以补偿。

（3）实行限量购房和购房优惠。每户只能享受一次标准购房，还迁购房面积上限为120平方米。对几代同堂和子女年满18周岁需要单独立户的，可以分户购房。分户购房的被拆迁正房还迁面积，按分立户数均分。在购房限额内，实行成本价格购房和分档次优惠。还迁面积按正房拆迁面积上靠一档（最多不超过10平方米）为购房面积，购房面积不超过正房拆迁面积加上靠一档面积的，享受1650元/平方米的建房综合成本价格；购房面积超出上述标准多购部分，购房价格分三个档次予以优惠，即每超出10平方米购房价格在原有基础上增加100元/平方米，3个优惠档次以外的多购面积，按2000元/平方米的市场价格购买。参照商品房销售办法，合理确定不同楼层的新居价格，实行货币找齐。

（4）在新居建成后，旧房必须拆除。居民在办理购房手续的同时，签订旧房拆除合同。旧房在规定期限内拆除的，发给新购住宅房产证和土地使用证。

3. 建立被征地农民社会保障制度。实行土地补偿与房屋拆迁补偿分开单独运行，房屋拆迁补偿用于新居还迁安置，土地补偿用于人员安置。根据有关规定，对被征地农民划分3个年龄段，实行分类补偿和社会保障。年龄在16周岁以下的，不列为被征地农民保障对象，给予一次性安置费，标准为每人1万元；年龄在16周岁至男60周岁、女55周岁的，为征地参保人员，享受社会保险费，以上年度全市月平均工资的60%为基数，按17%的比例。为其一次性缴纳15年的费用（27 246元/人）；年龄在男60周岁、女55周岁以上的，为征地养老人员，享受养老费，以每人每月296.8元（上年月平均工资的20%）为基数，为其缴纳15年的费用（53 424元/人）。同时，征地参保人员和养老人员参加农村新型合作医疗，以征地当年本市农村新型合作医疗每人50元缴费标准为基数，按照每年递增10%的比例，为其一次性缴纳15年的费用（1588.62元/人），使被征地农民的基本生活得到有效保障。

按照“以土地换保障、人员安置费与征地成本挂钩”的原则，补偿安置和社会保障资金从征地补偿费中支出。经全体村民讨论同意后，由村委会为参保人员缴纳。市土地储备中心在征得村“两委”同意后，将资金直接划入保险经办机构。同时，市政府还要按一定比例负担基本养老保险补助金（土地出让收入20%的80%）和养老风险准备金（从土地出让收入中按5元/平方米提取），两项共计661.89万元，从土地经营收入列支。

4. 留出适当土地，用于发展股份制经济。在原村集体土地全部征为国有后，为安排好村民的就业和今后的生活，给城中村留出适当土地，用于发展股份制经济，这是全体村民的共同愿望。参照外地经验，按户籍人口人均10平方米经营用地计算，按照城市统一规划，由村集体出资兴建市场、商铺等风险小、回报高的第三产业设施，用于出租或自己经营，采取股份制的形式，把所有权量化到村民个人，做到人人有其股，使村民获得稳定收入，长期受益。

对于幼儿园、学校等公益设施用地，要与今后对周边村庄的改造结合起来，从整体上考虑，按照合理布局、连片集中的原则进行规划选址，建设用地由各受益村分担。发展股份制经济和公益事业用地，只收取征地成本费。

5. 搞好土地开发整理，政府所得土地经营纯收益全部用于城中村改造。政府将城中村土地全部征为国有，由市土地储备中心统一经营，城市投资公司负责土地一级整理。土地经营增值部分，扣除征地成本费、拆迁补偿费、土地整理管理费、基础设施配套建设费，以及按协议分给城市投资公司利润以后的土地经营收益，全部返还给城中村。这样村民不但能住上好房子，上养老保险和医疗保险，搞起了第三产业，每人还能分得1万~3万元现金。

6. 搞好集体资产处置，妥善处理好各方面利益关系。按照国家法律法规和政策规定，协调好各方面的利益关系，妥善做好集体资产处置工作，确保农村社会稳定。原村集体经济积累和实施城中村改造取得的土地补偿、集体企业拆迁补偿、土地经营收益等各项收入，归村集体全体成员所有。在集体资产处置中，要留出一定比例用于发展集体经济和公益事业，其余部分可以直接分配给村民个人。集体资产的处置办法，由村“两委”在广泛征求群众意见的基础上，拿出具体分配方案，报经镇党委、政府批准后，提交村民大会讨论通过，然后组织实施。

7. 改革村级行政管理体制及户籍制度，现有村民全部转为城镇居民。撤销行政村建制，采取平稳过渡的方法，成立居民委员会。原村集体成员整建制转为城市居民，由公安部门办理户籍手续；对外地迁入人员，按照常住地登记原则，由当地派出所纳入城市户口进行管理。原为本村农业户口的现役军人、大中专在校学生，正在监狱服刑和被管教人员，可计入本村农转居户籍人口。村民农转居后，在就业、入学、复退军人安置、最低生活保障等方面享受城市居民的同等待遇。

四、走民主决策之路

城中村改造的主体是城中村的村民。该市决策者认识到村民同意或不同意这些政策是城中村改造成败的关键。为此，各级政府决不包办，他们按照民主决策程序，将具体政策交给全体村民讨论，反复听取各方面的意见，不断修改完善政策措施，最后经全体村民大会公决，通过后向政府写出申请，然后组织实施。

目前，该市的城中村改造正在全体村民中讨论，能否成功，人们正拭目以待。

案例2　城市建设遭遇“拆迁困局”

河北省高碑店市市长 刘金龙

（2005年11月）

一、城市拆迁中的难题

河北省高碑店市由旧县城发展而来，基础设施落后，建筑低矮破旧，城市改造任务面广量大。近年来，高碑店市为加快城市建设，克服重重困难，在拆迁安置上投入了大量的人力、物力，完成了文明小区、阳光888、祥和鑫园等一大批城市旧改工程，但城市拆迁一直是一个敏感、热闹的不尽话题，仍是困扰城市建设的一道难题。

2004年，高碑店市决定实施又一项旧城改造工程——燕赵大道建设工程。工程总占地200余亩，总投资8700万元，由城市建设开发中心牵头运作，天工房地产开发有限公司承建。工程涉及搬迁棉麻公司、文化馆两个单位和260余户居民。工程于当年3月份实施，由于在拆迁补偿上群众工作难度较大，工程进展受到了很大影响。尽管补偿标准已近高碑店的最高水平，做到了以情拆迁、依法拆迁，但截止到目前，仍有个别拆迁户拒不拆迁，坚守“阵地”，使本应在今年10月末竣工的工程人为地延误，给开发企业带来很大的损失，也使拆迁工程陷入了困局。

燕赵大道工程只是当前开发建设中的个案而已，许多拆迁改造项目都陷入了这一尴尬的境地。由于拆迁这一困局，使得一些城市开发项目不能如期上马。例如，2003年，北京某房地产开发商准备投资改造付庄城中村改造工程，但在工程前期筹备过程中，一些村民为获得高额的补偿，临时搭建房屋，形成了抢建的高潮，使村庄抢建工程几乎占到了原有建筑的一半，开发企业不堪重负，最终放弃了这个项目。再如，京石高速路高碑店口改建工程，需拆迁两个加油站，按评估价100多万元的建筑，拆迁户张口就要280 万元的补偿金，虽经反复做工作，但拒不降低补偿要

求，在建设资金十分紧张的情况下，项目难以启动。甚至在一些违章建筑的清理方面，违建人也抱着政府不敢怎么样的想法，抵制拆迁，暴力抗法。如对一些违章建筑实施强拆后，个别人拿着一些所谓的有效证件，到处上访，无理闹事，寻求小报记者的“帮助”，给政府施加影响。

城市拆迁已成为城市建设的绊脚石，由此引发的社会矛盾层出不穷，拆迁决策者与被拆迁人的矛盾尤为突出。

决策者认为：进行城市拆迁改造是大势所趋，是城市建设和发展的需要，必须下大力抓。主要是因为：

1. 实施旧城改造，将大大改善城市环境和提升城市品位。高碑店市旧城区大都是20世纪六七十年代的建筑，基础设施缺失，房屋陈旧老化，居住条件十分落后，特别是部分房屋已岌岌可危，安全隐患较大。同时，这些旧城区与新城区形成了明显的反差，成为城市的灰色地带，与城市的大环境格格不入，极不协调，给城市形象带来不利影响。改善人居环境，提升城市品位，是利市利民的好事，体现了“三个代表”重要思想。

2. 实施旧城拆迁改造，是建设节约型社会的内在要求。众所周知，城区土地寸土寸金。实施旧城改造，通过合理调整住宅用地和商业用地，合理规划房屋布局和公共配套设施，不仅可以使居民的住房面积、生活环境质量大为改观，而且还可以提高集约用地的水平，控制城市外延扩张，减少占用耕地，为集约利用城市土地资源创造条件，并通过运营土地资产，积聚城市建设资金，符合以人为本的科学发展观。

3. 实施旧城改造，也是经济发展的必然要求。对于有效带动城市基础设施和房地产业的发展，扩大投资需求，拉动相关产业发展，尤其是吸引社会资金参与城市建设都具有十分重要的意义。与此同时，由于旧城改造带来城市环境的优化，必然拓展城市资产的增值空间，进一步推动城市经济的健康发展。

同时，决策者也认为，政府作为拆迁的组织者，在当前相关的法律法规不健全，各种体制和机制因素影响较大的情况下，城市拆迁举步维艰，把好事办好需要付出艰难的劳动。

一方面，城市拆迁补偿标准很难与拆迁户的要求达成一致。当前拆迁的补偿标准，主要是通过有资质的部门进行评估，依法并本着照顾群众利益原则进行确定。从政府方面讲，做到了合情、合理又合法，但在实际运作中，拆迁户很难接受政府制定的拆迁补偿标准，需要经过反复的思想工作，耗费了大量的人力、物力和时间；另一方面，拆迁作为一个敏感性的问题，极易引发群体性上访和越级上访。个别拆迁户把自己的房屋作为寸土寸金的宝地，只要不满足个人的要求，就上访、就告状、就没完没了地闹。在实际工作中，只要有百分之一甚至有一个人不同意，整个工程就难以实施。出于稳定的考虑，一些拆迁工程只能“积极、稳妥”地进行。被拆迁人则认为：搞城市改造无可厚非，但在当前社会条件下，有很大的公益性。城市改造大多数属商业开发行为，不能以牺牲拆迁人的利益为代价，应最大限度地照顾拆迁人的利益。

大多数的被拆迁人认为：拆迁单位制定的补偿标准虽依法制定，但从现实看，标准较低，用所得的补偿款不能购得相应面积的住房，现在的住房条件虽然不够好，但能做到“居者有其屋”，改造后会得不偿失。也有的被拆迁人特别是一些中老年人认为：虽然平房条件不如楼房好，但出入方便，适于老年人居住和生活。同时，居住平房生活费用相对较低，平改楼后，会增加取暖、用气等方面的支出，不愿意改造。

但在拆迁改造既成事实的情况下，被拆迁户为寻求利益的最大化，纷纷采取以下应对行为：一是突击装修。拆迁户一旦得知拆迁消息，第一件事就是突击装修，因为装修时间比房屋建造时间更难确认，同时装修不仅可以在室内地面、墙壁，还可以在院内、外墙、房上进行多方位、多层次的装修，花很少的钱就可以获得较高的补偿。二是制造有利事实。农民一旦得知拆迁消息，便立即着手制造对增加拆迁补偿有利的事实。尽可能地增加房屋层高、在主屋旁边搭建简易房屋，千方百计地增加拆迁房屋面积，以获得最大补偿面积。改变原房屋用途，将原来做居住用的房屋改变成生产、经营性用房，如改建成工场、小店等，拆迁时同样面积可获得更多的补偿。三是拖延时间。自2001年6月国务院颁布《城市房屋拆迁条例》以来，强行拆迁被禁止。被拆迁户非常清楚，只要不签协议，拆迁人是不敢强行拆迁的。因此，被拆迁人单方认为拆迁人所给的房屋补偿标准太低、面积丈量不合理、某些附属设施补偿不足等原因之一就会拖延与拆迁人签订协议的时间。拆迁户的拖延常常迫使拆迁单位作出实质性让步，造成“会哭的孩子有奶吃”，从而加深了其他拆迁户不公道的感觉，也由此引发新的矛盾和纠纷。四是漫天要价。个别拆迁户把城市拆迁当做“唐僧肉”，当做发财致富的好机会，“狮子大张口”，漫天要价，以闹取胜。

二、采取的主要措施

为解决制约城市发展的拆迁难问题，高碑店市进行了积极的探索和偿试。一是积极宣传，营造氛围。通过举办旧城改造专题节目，散发宣传单，出动广播车的形式，宣传旧城拆迁改造的重要意义，做到电视上有影，广播上有声，大造舆论，争取全社会对拆迁工作的理解和支持。二是强化领导，协同作战。对重点建设项目的拆迁都由政府统一组织，土地、建设、公安、开发商等部门和单位联合行动，全力以赴，形成拆迁的强大合力，以确保项目进场一次成功。如在今年实施的阳光海洋花园项目中，由政府牵头组织，有关部门参加，仅一天时间就拆除各类建筑4000余平方米，项目顺利进场。三是依法拆迁，以情拆迁。在拆迁过程中，各级干部、拆迁人通过深入拆迁户，进行思想沟通磨合，想拆迁户之所想，急拆迁户之所急，尽量为拆迁户排忧解难，拉近与拆迁户的心理距离，促其尽早达成协议。同时，对少数超越政策，漫天要价的拆迁户坚决运用行政和司法手段加以处置。四是坚持标准，把握原则。所有城市开发建设项目都纳入城市开发中心统一管理，以确保政府、开发商、拆迁人三者利益的合理分配。在拆迁过程中，坚持统一的补偿标准，保证先拆的不吃亏，后拆的占不到便宜。过去，有些拆迁项目在一定程度上存在先拆的吃亏、补偿标准越拖越高的情况，因此，没人愿意带头拆迁。针对这种情况，拆迁人在现有补偿标准不变的情况下，公开评估报告，承诺同等条件下待遇平等。

从总体上讲，高碑店市近年来的拆迁工作取得了一些成绩，但是拆迁工作仍是城市建设工作中的一项艰巨和长期的任务。由于拆迁难归根到底是利益问题，有利益的存在，必然会导致在利益分配上的矛盾。如何调和政府、开发商和拆迁户三者的利益，还没有真正做到有章可循、有法可依。现行拆迁政策在严肃性、明确性、规范性、灵活性等方面不能适应瞬息万变的社会经济和异常复杂的民情民意，城市的拆迁工作不可能一帆风顺。拆迁改造是普遍存在于大中小城市中的热点、难点问题，解决好这些问题，需要制定完备的政策，建立起良好的运行机制。

案例3　工业园区建设中的农民失地问题

山西省晋中市副市长 李年善

（2005年7月）

晋中2000年撤区设市，近几年城市发展立足旧城改造，适度拓展新城，调整结构布局，健康向前推进。新城区的扩展和工业园区的建设具有完善城市功能、优化城市资源配置、改善城市基础设施条件、提高人居环境质量和人们生活水平、加快产业发展等社会效益和经济效益，因此新城区的扩展和工业园区的建设是有其必然性。但新城区的扩展和工业园区建设也将带来大片土地资源被占用，其中绝大多数是农民的耕地，由此造成失地农民增加，如果农民的失业问题、农民的合法利益得不到保障，必然造成农民为保护自身利益来反对、阻止新城区、园区建设，造成政府和农民之间的矛盾。因此维护好农民的利益，特别是解决好失地农民的问题是推进城市化进程的刻不容缓的大事，也是城市化进程能否顺利实施的关键。

一、榆次工业园区的基本情况

榆次工业园区位于108国道晋中张庆段，距省会太原25公里，距武宿机场和太旧高速公路都只有10公里，处于同蒲、石太、太焦铁路交会处，交通便利，地理位置十分优越。园区地势平坦，地层结构稳定，水资源丰富，紧靠西郊变电站，并有一座2×25MW热电厂在建，水、电比较优势明显。总控制规划面积20平方公里。一期规划占地3700亩，下辖两乡三村，于2002年7月正式开工建设，仅用100天的时间就实现了水、电、路、通讯等“六通一平”，初步形成了园区园林化、通信网络化、道路城市化、设施现代化的格局。在一期规划获得成功的基础上，目前规划面积10平方公里的二期工程规划框架基本完成，其中前期5500亩土地详细规划已出台，起步区1500亩基础设施配套即将开工。

1．园区经济效益明显

园区始终坚持高起点规划，聘请同济大学、省城乡设计院的专家，反复论证，精心设计，使园区建设充分体现了功能齐全、设施完备、产业集聚、资源共享的现代化工业园区的特征。园区始终坚持工业强市的战略部署，以招商引资为主题，以结构调整为主线，精心运作，奋力推进，经济总量实现快速增长，到目前，已有69家企业入园，协议投资超过22亿元。截止到2005年4月底，投产企业达30余家，累计实现产值20.88亿元，上缴税金5719万元，预计到2005年年底，可实现产值25亿元，税收超过5000万元。

2．园区产业布局合理

截至目前，已有北京、河南、江苏、云南、浙江、太原等69家省内外企业入驻园区，总投资22亿元，初步形成四大支柱产业群：一是机械制造产业，以亚洲最大的纺机生产企业——经纬纺织机械有限公司和经纬合力机械制造有限公司、沪晋纺织机械有限公司、中冶液压机械有限公司等龙头企业最具代表性；二是高载能产业，包括全省唯一生产大口径螺旋焊管的天龙机器制造有限公司、新大宇不锈钢制造有限公司以及出口外向型企业——海锐金属制造有限公司、华能国贸有限公司等；三是农副产品加工产业，其中有位列全国企业五百强的娃哈哈食品有限公司和中粮集团古船面粉有限公司，有全国调味品行业唯一上市公司——江苏恒顺醋业有限公司，有全国方便面生产企业四强之一的河南正龙食品有限公司，有独具特色的紫晨醋爽食品有限公司以及生产全国食用油知名品牌“金龙鱼”的成信油脂有限公司等；四是高新技术产业，其中宝泰生物制药有限公司、鑫煜制药有限公司以及以研发、生产植物蛋白丝为一体的恒天纺织有限公司等一批高新技术企业已粗具规模。全部项目达产达效后，可实现年产值100亿元，利税10亿元。

3．园区为部分劳动力转移创造了条件

园区建设特别是道路、市政管网、通信等设施的配套完善，使城市和农村融为一体，带动农村城镇化的发展和农村生产条件的改善。对农村实行节约化经营、农村劳动力的重新分工和有序流动产生较大影响，有利于增加农民收入。寇村、南谷村从2000年开始，农民人均收入逐年增加。2004年分别达到4074元和4045元，比1999年绝对数分别提高980元和976元。

二、园区建设带来农民失地问题

由于园区建设的规模用地，使部分农民失去了赖以生存的土地，打破了原始的农垦生活模式、生存方式、发展空间，因此园区建设给农民带来不仅仅是失地和失业，更应该充分考虑给农民带来的深远影响。这是我们政府解决农民失地问题的关键。

一是失掉土地的使用权、流转权、收益权等赋予农民个人权益。

二是失掉最基本的就业岗位。在晋中农村，农民就业多元化和兼业化程度不高，脱离农业或半脱离农业的农工兼业、农商兼业、种养业、服务业、工商业的农民比例不高。土地依然是绝大多数农民、特别是大龄农民的最基本的就业岗位。大部分大龄农民的文化素质和知识水平相对低下，面对激烈竞争的劳动力市场，农民失地就意味着他们失去了最基本的就业岗位。

三是失掉最稳定的生活保障。在园区涉及的村庄属于市区的边缘，尽管有些人已慢慢向城市化过渡，但从整体看，农民收入中来自农业的收益大约占80%，纯农户占绝大多数。如果农民失地实际就失去了收入来源，那么，他们就连最低的生活水平都无法保证，这将是社会不稳定的隐患。

四是失掉发展空间。农民的增收，在现阶段农民文化程度不高、基本没有其他技能，只有在农业的衍生产业，比如养殖、农产品简易加工（酒类、醋类）等方面做文章，因此失去土地就失去了农民发展空间。特别是有的农民失去了宅基地，其价值对于农民来说比农田更重要，它不仅是农民的居住之所，也是农民发展庭园经济的生产资料。失去宅基地就使农民失去了利用房屋发展养殖业、开办小作坊、小工场、小商店、饭店、酒馆、茶楼、出租的可能。

五是失掉集体资产。晋中集体的乡镇企业大多集中在城郊结合部的镇、村或经济强村。集体资产主要由土地、厂房、专业市场、商业用房和电力设备等构成，村镇集体一般凭此收取租金。在城市化过程中，随着非农用地大量被征用，集体所有的厂房、商店、专业市场、电力设备被迫关闭和搬迁，许多农村集体资产被占用。

六是失掉低成本的生活方式。农民的生活形态虽然有各种弊端与不足，但从总体来看，却带有许多生态型、节约型的特点。它的许多方面和许多环节，是自然和社会综合的，是一种成本较之于城市低得很多的生活方式。这种生活方式与城市生活方式相比，它的最大长处在于有很大的弹性，对外支出的生活费用可多可少。在农村生活，开门七件事，有的可省，有的可替代；而在城市生活，开门七件事样样都花钱。尤其是城市居民在购房与结婚等方面支出很大，而在农村这方面的花费则要少得多。因而失地农民在城市化过程中，失掉的还有熟悉的自然社会环境，这是低成本生活的基础。特别是一些贫困家庭，他们离开农村进入城市后，就很难承受比农村高出许多倍的日常生活开支，以及购房、结婚、生育的费用，甚至还出现了

身居高楼不用自来水的不正常情况。

综上所述，在城市化过程中，对农民的影响是全方位的、综合性的，是伤筋动骨式的。解决农民的失地问题必须考虑其就业岗位、居住房屋、生活保障、生活方式和发展方式。

三、农民失地问题的解决办法

园区建设是推进城市化进程的有力手段，是社会进步的必然。园区建设给农民带来的长远、现实的利益也是巨大和客观的。因此园区建设和农民失地并不是一种不可调和的矛盾。失地农民成为问题的实质与要害，并不在于农民在城市化过程中失掉了什么，而在于政府对他们的补偿是否到位、安置是否周全。那么，在城市化中，失地农民得到了什么样的补偿和安置呢？合不合理呢？我认为是否合理的主要衡量标准应该是，确保失地农民能顺利地完成从农民到市民的转变。这至少应包括以下三个方面：一是得到合理的经济补偿，使现有的财产不减少，现有的生活水平和质量不下降；二是得到合理的就业安排和发展安排，使现有经济收入的来源不减少，再发展的能力不减弱；三是得到可靠的社会保障，纳入城市业已建立的社会保障体系，享受最低生活保障、养老保险、医疗保险、工伤保险、失业保险，以及接受教育和培训、接受法律援助等。

以榆次工业园区为例，榆次工业园区占地涉及三个村，占地情况见下表。

村名	寇村	南谷	荣村	合计
总户数	291	320	416	1027
总人口	1103	1063	1176	3342
男	556	546	590	1692
60岁以上男	58	44	47	149
女	547	517	586	1650
55岁以上女	71	83	97	251

如何来安置这些人员，主要考虑了几个因素。

第一，合理的征地补偿。完善现行的征地补偿办法。①完善了公益性征地的补偿标准。明确了公益性用地的界限，严格控制公益性征地并由财政给予足额补偿。②严格执行土地集约使用的政策。不符合土地利用总体规划的坚决不供地，不符合集约用地标准的坚决不供地。③完善征地补偿标准。综合考虑农民在承包经营权、土地的使用价值和被征地农民重新安置、创业方面的需要，以及土地的潜在增值功能等因素，全面提高补偿标准，以减少社会矛盾。对确实需要拆迁的农房，必须充分考虑宅基地的价值，对农房进行合理评估，并按批准的建筑面积，实行“拆一还一”式的补偿。

第二，失地农民纳入社会保障体系。①建立全面、稳定的失地农民社会保障网络。它包括养老保险、医疗保险、失业保险、最低生活保障，以及提供教育和培训的机会，提供法律援助等。按照“土地换社保”的理念，建立和完善与城市接轨的，由财政托底的，国家、集体和个人共同负担的失地农民社会养老保障机制。②做好失地农民的劳动安置工作。要加强对失地农民的技术培训和职业教育，尽快使其掌握就业所需技术。采取行政与市场相结合的方法，尽可能地为失地农民推介就业岗位。③撤村建居的，明确农民自建房享有与城市居民自购房同等的权利，获得相应的房屋产权证，允许其进入市场交易。

第三，推行各项配套改革。解决失地农民问题，说到底，就是要重新调整国民经济分配格局。这项工作涉及方方面面的矛盾，因此，必须同时加快推进各项配套制度的改革。①积极探索集体土地使用制度改革。建立所有权和使用权相分离的，符合市场经济要求的集体建设用地有偿使用和流转制度。允许农村集体土地进入土地市场交易，实现集体土地与国有土地同样用途、同等价格、同等收益的目标。允许和鼓励农民以租赁、参股等办法，参与土地收益的二次分配，获得长期稳定的收益。②推进农村集体经济股份合作制改革。要以村为基本单位，将包括土地在内的集体资产核资折股，量化到农民个人，组建村级股份合作社，让每一个村民拥有一份相应的股权，让农民通过土地等资产得到受益。③建立留地安置制度。对土地征用面积超过一定数量的村，允许其留用一定数量土地，用作对失地农民的补偿。办理留用地有关手续时，要在费用上实行减免和优惠。留用地可由村集体按照统一规划，建造标准厂房、写字楼、商业用房、市场等，出租或以土地作价投资入股。

基于以上考虑，我们在工业园区的二期建设中，结合城中村的改造，在解决征用农民土地的同时，实现就地改造和整体转居。以寇村为例，主要从以下几个方面来做：

1．规划建设寇村新村

（1）依据工业园区二期总体规划及恒能热电厂的建设方位，新村址宜规划于工业园区二期，南到6号路，西到2号路，东至108国道，占地为525亩，同时该区域内为方便村民生活需配套规划寇村学校、社区管理中心和卫生所。其中新村部分控制到300亩以内，其余为三产服务商业用地。

（2）新村建设按城市规划建设标准由区政府统一规划、统一筹措资金、统一建设。住宅规划为两层连片住宅小区和多层单元住宅小区，根据村民经济状况二层住宅小区户型分大（宅基地占地面积三分）、小（宅基地占地面积二分）两类户型；多层单元住宅户型依设计而定，原则上以原始户型为准，一户一套。

2．转变管理体制

（1）身份转变：农民变市民，依据实际情况按照有关政策将村民一次性农转非。

（2）管理体制：农村变城市，在原村民委员会的基础上成立社区管理中心，负责社区日常事务。村经联社转为公司化管理，核实量化集体资产，原村民成为公司股东，公选出公司管理机构，负责资产的管理和增值。

（3）村办小学纳入城市教育管理体系。

3．土地补偿

对集体土地要根据工业园区建设进度按年划片、分块有偿征用，每亩2万元一次性予以补偿，不含新、旧村址。该款项除直接向农民兑现不低于30年承包期所得利益的情况外，经村两议会讨论，合理确定转制后公司的股权分配。

4．村民私有资产补偿

参照榆次城郊拆迁补偿方案对旧村址内的附着物，核定价值、划定标准、政策倾斜、合理补偿。

（1）村私产补偿与新宅建设各算各账，私产按实际价值补偿，新宅价格按实际造价核定。具体拆迁细则、新村建设方案另行制定。

（2）补偿方式：旧村私产按实际价值货币补偿，凡是在协商确定补偿价格时，协商不一致的，一律以房地产市场评估价格确定。有资质的评估部门或单位进行评估后，确定补偿额。该补偿额一旦确定后，原则上不再通过协商变动。

（3）新宅安置：原则上以原始户为准，核定拆迁户时所住有效房屋面积；在分配新房时，等面积内政府以优惠价出售，等面积以外按实际价出售。

5．集体资产补偿

在新村规划区域内，由区财政建设适度规模学校和社区管理中心及基础设施配套的不予以补偿。

6．人员安置

（1）参照江、浙工业园区的经验，在寇村占地超过60%时应对限定时段的全体有村户籍村民一次性农转非，全部纳入养老保险体系，凡满男性60岁、女性55岁以上村民从当年开始每年发放1200元养老保证金，直至身故。同时享受城市居民低保政策。

（2）具有劳动能力的村民，按《关于对工业园区入园企业劳动用工进行统一规范管理的通知》进行安置。

（3）凡是寇村现有村民，在榆次区境内从事个体工商户经营的，享受下岗工人优惠政策。

（4）工业园区内的商业服务区的经营，寇村村民享有优先权。

（5）对部分自愿从事农业生产经营的村民，应在不影响二期规划的情况下预留一部分农田，不足部分由工业园区从周边村置换、购买提供。

（6）完善社会福利保障制度，对孤寡老人、五保户、特困家庭应以村集体为主、政府为辅予以扶危济困。

案例4 污水处理厂该不该举债建设

内蒙古自治区武川县县长 常志刚

（2005年11月）

某市是中国西部某欠发达省份的一个县级市，位于中国北方农牧交错带上。南倚青山，北接草原，市政府所在地距省会仅30公里，交通条件十分便利。总土地面积5000平方公里，人口不足20万，年财政收入8000万元。农牧业是该市的传统支柱产业，工业基础比较薄弱。近年来，该市大力调整产业结构，依托丰富的矿产资源和农畜产品资源，提出了工业立市的发展思路，并相继创办了两个工业园区，主要以矿产资源粗加工为主。园区创办以来，一些高耗能企业纷纷落户该园区，市本级财政在园区的带动下，有了较大幅度的增长，2005年达到了1.1亿元。

事件起因

工业园区建成以后，虽然对地方财政有了很大的带动，但是因为入园企业绝大部分属于高耗能的污染型企业，所以对当地生态环境的影响也相当严重，市区群众对因创办工业园区而导致环境污染的意见很大。但是，对于一个财政收入只有1亿元的县级市来说，治理污染的巨额投入使决策者们十分为难。恰在此时，经有关人士牵线，某国财团愿意提供亿元贷款建设日处理污水3万吨的污水处理厂，条件是按照合同约定，到期必须由政府担保偿还贷款本息。

目前，政府该不该举债建设污水处理厂成为该市社会各界极为关注的话题。

决策者的意见

决策者认为，治理污染是关系该市长远发展的关键，建设污水处理厂可以大大改善城市人居环境，充分体现以人为本的科学发展观，对将来城市发展起着举足轻重的作用，应该举债建设该项目。其理由如下：

一、目前该市城区和工业园区日排放污水1万多吨，污水不经治理直接排入河道或渗入地下，对群众的生产生活造成了严重的威胁。该污水处理厂的建成，将从根本上解决目前城市生活污水和工业园区污水的污染问题，对保护生态环境、为城乡居民营造良好的人居环境发挥积极的作用。

二、建设污水处理厂是政府抢抓城镇建设历史机遇的具体举措。在自身财力不足的情况下，积极利用国外贷款是眼下最好的选择。

三、建设污水处理厂符合国家产业政策和导向，可以为今后工业园区乃至全市招商引资提供必要的保障，有利于吸引更多、更大型项目的入驻。

四、该市属于中西部缺水型城市，目前的城市污水和工业废水无节制地排放，将对本来已经十分脆弱的生态环境造成不可逆转的损害，污染一旦形成就无法恢复，这种损害将使得以后的政府不得不拿出比现在建设污水处理厂更多的钱来治理污染，让后代背上更加沉重的负担和包袱。

持不同意见者的声音

持不同意见的人认为，目前建设污水处理厂特别是政府举债建设污水处理厂的时机尚不成熟。其理由如下：

一、就城镇规模和工业园区的规模来说，建设如此大型污水处理厂，其利用率明显太低，将导致近一半的设备处于闲置状态，建设和运营成本巨大。

二、在亏损经营的情况下，政府举债搞建设，每年必须要留出相当大的款项用于此项目的还本付息，只会进一步加重财政负担，在目前财政状况下，势必要影响其他公用和社会事业的投入，将对全市今后的发展产生负面影响。

三、从区位地理优势而言，大力发展旅游业是必由之路，目前的矿产资源加工业只是权宜之计，将来肯定要退出历史舞台，所以现在投入巨资建设污水处理厂毫无必要。

目前的态势

尽管人们对举债建设污水处理厂众说纷纭，但在市上级领导的支持下，该项目仍于2005年3月完成了可行性研究，并于同年7月召开了有关专家领导参与的论证会。目前该项目已正式与某国财团签订了意向合作协议，第一批建设资金将于2006年5月到位，工程也将如期开工建设。

同时，根据专家和各方面的意见，市政府召开了一系列会议，制定了一些减少负面影响的措施。

一是积极向上级有关部门争取资金投入，保证分年度提供一部分还贷资金，减轻自身财政压力。二是继续与某国财团展开谈判，争取更长的还贷期限和更宽松的还贷条件。三是积极争取上级领导的支持和帮助，整合矿产资源，并进一步加大招商引资工作的力度，努力吸引大项目入驻，降低运营成本。

目前，关于政府该不该举债建设该项目的争议仍在继续。但是，“先污染、后治理”和“边污染、边治理”的老路已经让许多地区的人吃尽了苦头。到底是以牺牲群众身心健康的代价来换取经济的繁荣，还是为了保护环境而勒紧裤腰带过日子呢？该市究竟该何去何从？

案例5　北大街旧城区改造的艰难选择

安徽省桐城市市长 卓晓静

（2005年11月）

一、旧城改造规划公示后的社会反映

作为历史文化名城的某市，伴随着市域经济的发展，城市化速度的加快，人民生活水平的大幅度提高，该市提出了做大城市，做靓街区，拓展城市功能，完善城市形态，全面改善市民居住环境，提升城市总体形象的旧城改造总体要求。按照这一总体要求，决定对位于北部的一片老街实施首批改造。几个月后，依据《中华人民共和国城市规划法》、该市总体规划以及地方城市规划建设的系列管理规定与技术规范，形成了北大街旧城改造规划方案，并将这一方案在媒体和市民广场处向公众进行了展示，听取了市民意见。

北大街旧城改造规划方案展示后，该市社会各界反应各异。

决策层认为：北大街旧城区目前现状与现代的生活要求极不相称，亟待改造。改造区域房屋整体质量较差，仅有几栋近年新建的六层楼房，其他皆为一至二层房屋，尤其是历史遗留下的老街道两侧房屋皆为危房，居民居住质量很差，旧城区旁虽有一条河流，但河畔现状杂乱，无任何滨水景观。据此现状，规划遵循了前瞻性原则，社会效益、环境效益、经济效益相统一原则，可操作原则以及历史文化保护的原则，在整体布局上将旧城区分为五个部分，北部居住区、中部商业区、南部居住区、旅游休闲区和滨水休闲区。南北居住区充分结合基地现状将建筑物整齐排列，形成统一的城市景观，休闲区以某一省级文物保护单位为中心，其他县级文物保护单位为对景，将硬质空间与绿地充分地结合，通过建筑风格的统一，创造出独特的人文自然景观。在道路规划上，以加强内部功能组织和便利内外交通为原则，车行道路考虑通畅，步行道路考虑便捷、丰富。在景观规划设计上，综合考虑

到经济效益和社会效益，利用改造区内河流的景观优势，设计滨水景观，对原有水体加以整理，形成系列水景，布置以绿地为主的大型广场。在历史文化保护方面，保留几处重要的文保单位，严格控制建筑形态，对新建建筑的高度、形式、尺度、体量、色彩、功能及与文物单位的距离上加以控制，保持风貌的协调统一。规划实施后，将会使旧城区的文化品位和居位层次得到相应提高，老城面貌会发生质的变化。

来自社会各界的意见主要有三个方面。一是认为旧城改造投入成本太大，难以回收成本，改造所带来的经济社会效益预期并不乐观，加之大面积地改造拆迁，在当前拆迁越来越人性化的大环境下，会带来诸多不稳定因素，因此，对旧城区实施大面积的开发改造完全没有必要。二是认为规划给该市带来了新的发展机遇和新的发展空间，但规划的可操作性不强，规划付诸实施的阻力很大，建议只对旧城区实施"小规模、微循环"形式的更新改建与维护，将目前破坏严重的公共设施、建筑进行维修、改造和部分拆建，对仍适合继续使用的建筑通过修缮活动使其继续保持或改善现有的使用状况，这样既在一定程度上改善了老城区居住环境，又减轻了大面积改造而形成的安置居民的压力、大额资金的投入。三是认为依据该规划对北大街老城区改造将是毁灭性的，一旦规划实施将会抹去千年古城的重要历史，同时也是与该市即将启动的第二次申报全国历史文化名城工作背道而驰，将会永远失去申报国家级历史文化名城的实物载体。建议对北大街实行整片保护，保留北大街原有格局并恢复古建筑风貌，对旧城区内的涉古建筑尽悉保存，避免"建设性"破坏，导致历史文化遗存的损失、流散。

二、旧城改造规划的进一步优化

为了更好地使北大街旧城改造规划方案更加科学、合理，更加符合"立足现实、面向未来"的城市规划的基本要求，该市决策层对规划的科学性、合理性、可行性、连续性再次进行了认真研究，开展了一些具体工作。一是对北大街改造区的文物资源现状全方位地实地调查研究，结合地方史志典籍资料综合分析历史价值。二是根据规划的连续性原则，对规划中市民反映意见较为强烈的部分区域进行了进一步优化、完善，尽可能地体现市民的意愿，并诚邀了规划界权威人士、专家学者对规划方案的每个细节全面审查。三是针对部分市民提出的北大街改造先期投入问题，决定引入市场竞争机制，将北大街改造工程以招商引资项目的形式对外推介，吸引民间资本参与市政建设。目前，该市的北大街旧城区改造规划正在修改、完善，可望不久付诸实施。

正如一句话所说：作为城市里最引人注目的地区，只有历史记忆而没有当代痕迹是令人遗憾的。这句话充分表明了该市在编制北大街旧城区改造规划时持有的态度。和全国其他城市旧城改造一样，主宰城市发展轨迹的决策者们，在旧物与时间的错位中，他们力图保护其物质空间的历史意义和信息的同时，又要赋予它现代的生活内容，这种选择十分困难，且富于挑战。

案例6　某市老城区改造究竟如何

甘肃省玉门市市长 詹顺舟

（2005年11月）

某市由新、老城区两部分构成。新城区经过近几年的重点开发建设，已基本形成了现代化城市的框架。而老城区由于建成时间长，加之缺乏统一的规划设计，基础设施严重老化，建筑布局杂乱无章，城区面貌显得较为落后，与新城区的现代格调形成了鲜明的对比。近年来，该市提出要建设生态优美的、新型的、现代化的工业城市。基于此，该市决定实施“绿美净”工程，重点对老城区面貌进行改造更新，实现新老城区的有机融合和协调统一，统筹新老城区的一体化发展。

对此，广大市民反应强烈，并对老城区改造工程的必要性提出了种种质疑，社会各界的意见很不一致。

决策者认为，实施老城区改造工程，可以大大改善城市环境，完善基础设施，提升城市品位，有利于城市整体风格的形成，从而塑造新的城市形象。其理由是：

一、城市不仅是生产要素聚集的载体、区域经济发展的平台，更是一个地区现代文明的象征，是经济社会发展水平的重要标志。实施老城区改造工程，既可以充分展示该市人民的精神风貌，树立对外开发的良好形象，又会对区域经济的全面、协调、可持续发展产生积极的作用。

二、为建设生态优美的园林化城市打下良好的基础。老城区改造将以“绿美净”为主题，重点突出违章建筑整治、城区空地绿化和卫生死角清理三个环节。一方面，可以进一步完善基础设施，增强城市功能，从而对城市的长远发展奠定基础；另一方面，可以通过对违章建筑的集中整治和公共区域的绿化美化，有效弥补因规划设计不到位而造成的缺憾，从而改善城市的整体面貌，将使城市品位得到大大提升。

三、可以有效改善老城区居民的工作和生活环境。老城区建成时间长，基础设施普遍老化，脏、乱、差现象严重，这对生活在老城区的居民是不公平的。实施老城区改造工程，为老城区居民创造优美、舒适、洁净的生活环境，才能充分体现以人为本和构建和谐社会的要求。

持不同意见的人士则认为：一座城市的形成和发展，是一个循序渐进、自我完善、新陈代谢的历史过程。老城区作为该市一个重要的中心城镇，经历了近2000年的历史变迁，浓缩了古往今来的民俗风情和人文历史，是该市沧桑巨变的历史见证。实施老城区改造工程，虽然短期内可以改善城区面貌，提升城市的品位，但从长远来看，将会破坏固有的建筑风格，这不是一种历史的观点和做法。

有的认为：老城区改造将会损害沿街相关单位和个人的利益。由于老城区改造工程将对大量的违章建筑进行拆除或重建，政府的补偿又非常有限。但这些建筑物大部分又属私人所有，且都已使用了相当长的时间，即使不符合目前的规定，也是历史形成的，责任不在房屋所有者。现在要拆除或重建，又要涉及单位和个人自筹资金进行建设。因此，老城区改造违背了沿街单位和个人的意愿，不但会影响其正常的生产经营活动，还会加重其经济负担，对这些单位和个人是不公平的。

还有的认为：老城区改造会加重财政的负担，不利于新城区的建设和发展。由于近几年新城区建设投入了大量的资金，财政状况已相当吃紧，而目前新城区的基础设施还很不完善，生态环境亦不容乐观，还需要继续投入资金改善新城区的面貌。老城区虽然基础设施有些老化，但目前运行还算正常，对老城区居民的生产生活不会产生太大的影响，完全可以推迟改造。本着量力而行的原则，应该把有限的资金投入到新城区的开发建设，如果现在进行老城区改造，不符合当前的实际，不免有些急功近利之嫌。

更有甚者，认为老城区改造是强加于老百姓的、违背民意的工程，是有失公正和公平的，是与以人为本和建设和谐社会相悖的。

尽管如此，老城区改造工程还是在社会各界的争论中上马了，并与2005年5月正式开工建设。为了加快工程进度，并确保工程的顺利实施，该市将该工程列入当年全市十大重点工程之一，在市市委、市政府的高度重视下，该工程进展较为顺利。

尾　声

随着工程建设的不断深入，争论还在继续。由于该工程涉及部分单位和个人的切身利益，工程建设过程中遇到了个别“钉子户”的阻挠和干预，并由此引发了部分市民的上访案件。

看来，对老城区改造工程的是与非，只有让实践来检验和回答了。

案例7　对某市推进中心镇建设实践的分析

广东省增城市副市长　丘岳峰

（2005年11月）

改革开放特别是在新世纪的半年，某市经济社会得到了快速的发展。2003年，全市工业总产值达402.84亿元，农业总产值36.3亿元，生产总值208.6亿元，财政总收入19.42亿元，实际利用外资1.97亿美元，外贸出口总额4.7亿美元。2003年年底，全市总面积1741平方公里，户籍人口83万，辖荔城、新潭、永和、仙村、沙埔、石滩、三江、朱村、中新、镇龙、宁西、福和、派潭、正果、小楼15个镇及沙庄1个街道办事处；其中，面积最大的派潭镇达289.5平方公里，面积最小的沙庄街仅14.1平方公里。

随着经济社会的快速发展，一些矛盾和问题逐渐显现出来，集中表现在：镇级规划偏小，中心镇承载力、辐射带动能力不强；发展较快的镇尤其是南部几个经济重镇招商引资方面受土地制约越来越明显；各镇之间一定程度上存在着恶性竞争和基础设施的重复建设；镇级机构普遍人员臃肿，财政负担过重，等等。为有效化解上述问题，进一步加快城市化、工业化、农业产业化进程，该市领导班子经过初步研究，提出了撤并镇街的构想，并于2003年8月成立了镇街撤并调研小组，就镇的撤并等有关问题到各镇街进行了认真细致的调研。从综合调研的情况来看，各镇街在并镇的问题上是基本一致的，认为并镇是发展大势所趋。但在推进并镇的时间问题上，各镇街主要形成了三种不同的意见：第一种意见认为目前并镇并不适宜，要等条件成熟后再予以考虑；第二种意见赞成现时可进行并镇，但为减少震动和不稳定因素，撤并的力度不宜太大，可先对沙埔、宁西、沙庄等南部几个镇街进行撤并，中部中新、镇龙、朱村的并镇工作可适当推迟，待时机成熟再进行撤并；第三种意见也认为现时要进行并镇，并镇速度越快越好，且为适应全市总体规划的需要，全面整合优化全市资源，科学安排产业布局，有效拓展中心镇的发展空间，增强中心镇的辐射带动能力，镇街撤并力度要大，不能拖拖拉拉。具体是：将15镇1街撤并为6镇3街，即撤永和、宁西、仙村、沙埔镇，并入新塘镇；撤三江镇、沙庄街，并入石滩镇；撤镇龙、福和镇，并入中新镇；撤荔城镇，分设荔城、增江街；撤朱村镇，设朱村街；同时保留派潭、小楼、正果等北部发展相对较慢的山区镇。

市领导班子经过充分的讨论、研究，认真权衡镇街撤并各方面的利弊，最后均达成一致意见，即认为镇街撤并利大于弊，且应宜早不宜迟，并决定按照第三种意见进行撤并。区域调整后，增城市共辖新塘、石滩、中新镇、派潭、小楼、正果6个镇和荔城、增江街、朱村3个街道办事处，镇街调整率达56.3%。

从目前的情况可验证，当时领导班子作出的决策是果断而正确的：自2004年年初镇街区域调整的近2年来，全市经济社会发展取得了明显的效果。2004年，全市生产总值236.88亿元、工农业总产值508.23亿元、财政总收入23.44亿元、地方财政一般预算收入10.37亿元，分别比2003年增长13.04%、14.66%、20.7%、27.74%；2005年上半年，全市完成生产总值95.87亿元，同比增长12.41%；地方财政一般预算收入5.73亿元，增长21.14%。全国百强县综合竞争力评比，该市跃居19位，在广东省居首位。主要体现在：一是优化了资源配置，增强了中心镇的辐射带动能力。区域调整后，市中心城区（含荔城、增江、朱村）面积为293.5平方公里，比原来增加90.77平方公里；新塘增加195.88平方公里，中新镇增加258.72平方公里，石滩镇增加87.38平方公里。从而有效拓展了中心城区的发展空间，增强了中心城镇的带动力和辐射力，逐步形成了“两城”（市区和新塘）、“三中心”（石滩、中新、派潭）的发展格局，集聚效应不断增强。例如，新塘镇原来仅有84.86平方公里，通过多年的发展，土地资源渐趋枯竭，调整后辖区总面积280.48平方公里，其中相当多是大面积连片的建设用地，这就大大扩展了新塘的经济发展空间，有利于更好地舞动南部这个龙头，从整体上提升综合竞争实力。二是精简了镇级机构行政人员，降低了行政运作成本。新塘、石滩、中新三个中心镇由原来的11个镇街合并而成，党政班子由原来的122人精简至59人，精简了51.64%；中层干部由原来的332人精简为201人，精简了39.46%，大大节省了行政运作成本。如中新镇，全年可从领导经费、人头经费、办公经费、养车费用等各项支出中节省行政运作经费356万元。三是进一步明晰了发展思路。首先是明确了“两城三中心”五大发展组团的城镇发展格局。即重点抓好市区及新塘的规划建设，逐步把新塘、荔城、石滩、中新、派潭建设成为布局合理、功能齐全、设施完善、富有特色、优势互补、集聚力强的广州东部卫星城。是明晰了南中北“三个经济圈层”的产业发展布局。即以广惠高速公路为主轴，以新塘、石滩为龙头，以广州本田二厂及发展汽车零部件和摩托车产业为重点，在南部

形成制造业产业圈，重点以工业制造业的发展，带动第三产业的繁荣；以广汕公路为主轴，以市区、中新镇为重点，加快城市环境和城市功能配套设施建设，为周边的广州、东莞、博罗等地市民打造理想生活居所，在中部形成都市生活圈，既服务南部又辐射带动北部的协调发展；以增派公路为主轴，以白水寨省级风景名胜区为龙头，整合派潭、小楼、正果三镇资源，在北部形成农业生态圈，既为南中部的发展营造乡村大公园，又可强力拉动都市的生态旅游。通过五大组团、三大圈层的协调发展，促进增城实现跨越式发展。

案例8 实施茅台古镇改造 我们任重道远

贵州省仁怀市市长 房国兴

（2005年11月）

一、茅台镇是历史文化名镇

茅台镇位于贵州省仁怀市境内的赤水河畔，这里山清水秀，气候地理条件十分特殊，有着千年以上的酿酒历史。这里出产的茅台酒以其卓越的内在品质在1915年美国旧金山举办的巴拿马万国博览会上一举夺得金奖而享誉海内外，成为世界三大名酒之一。1935年中央红军三渡赤水途经茅台，红军战士曾以此酒疗伤，同时老一辈革命领袖毛泽东、周恩来等也在此品尝过茅台酒。新中国成立以后，更是备受几代党和国家领导人的关心关爱，继而成为政治酒、外交酒、文化酒，最终被确定为国酒。因此，茅台镇这个仅有2万多人口的贵州山区小镇也随之名扬天下，在全国享有较高的知名度。

2003年贵州茅台酒的产量突破了1万吨，实现了毛主席、周总理生前的心愿。2005年茅台集团销售收入将达到50亿元，利税将达30亿元，为国家缴税18亿元，到目前已带动仁怀市地方酒业发展到200多家，产量6万多吨，远销全国各地。

二、茅台镇建设情况及问题

茅台镇是典型的贵州山区小镇，地处赤水河狭谷，占地一个多平方公里的茅台酒厂和约两平方公里范围的镇区都建在向赤水河倾斜的坡地上。由于长期以来一直没有很好地规划作为指导，加之管理力度不够，随着经济的迅速发展，工业和民用建筑激增，建设的无序和混乱日益严重。这些年来，地方政府也采取了许多措施试图加以管理和控制，但收效甚微。那么，茅台镇的规划建设和管理到底存在哪些问题，我们分析归纳为：

1. 缺乏科学的又切实可行的城市规划，新中国成立以来的几次规划及修编总是前瞻性不足，都没有预料到茅台酒厂和镇区人口的发展会如此迅猛。

2. 茅台镇地处狭谷山地，土地资源严重不足。人地矛盾突出，企业与居民争地，企业与企业争地，企业与公共建设争地，等等。

3. 缺乏严格规划管理，导致见缝插针式的建设，建筑密度过大，建筑风貌混乱，卫生状况不好，人居环境较差。

4. 道路系统缺少并十分狭窄，缺少公共设施和活动空间，造成交通拥堵。

5. 建设破旧，配套设施严重不足，卫生状况较差，直接影响人居环境。

6. 历史的原因，造成茅台酒厂厂区与居民生活区混杂、界线不清，影响企业生产和管理秩序。

三、茅台镇旧城改造方案及实施

(一)改造方案的制定

无论是决策者，还是外来客商，包括本地市民都认为茅台镇旧城太乱、太脏，应该尽快进行改造。但是，在改造模式和方法步骤上存在不少争议：

首先，由谁来承担改造的全部责任。旧城改造主要责任当然是地方政府，我们责无旁贷。但是，由于茅台镇旧城改造成本太高，旧城区工业和民用建设在100万平方米左右，几乎全是投入，没有多大回报，地方财政又十分困难，至少数亿元到十亿余元的资金筹措是个大问题。

其次，茅台镇的改造必然涉及茅台酒厂的联动，因为该厂区内有大量住户要搬迁，里外形象要改善。但是企业一般认为这主要是政府的事，于是在投入上，配合力度上存在差距。

再次，按照茅台镇的总体规划，为了改善茅台酒的生产环境，适应发展旅游的需要，茅台镇区人口要逐步减少，要通过异地搬迁对居民进行安置，但在茅台附近又没有安置用地，要让原住地居民远距离移民，这些居民的抵触情绪是可以想象的。

最后，对茅台镇大量不符合规划要求的建筑到底是全部拆了重建还是局部拆除，部分重建加以改造，也存在争议。

面对这样严峻的形势，地方的决策者们通过了反复的研究，并学习借鉴外地的成功经验和做法，最终提出了茅台镇旧城改造的思路：按照“总体规划，分步实施、改造为主、新建为辅、财政引导、银行贷款、招商引资和企业投入并举”的方式，力争通过三至五年的艰苦努力，使茅台镇彻底改造面貌。于是，我们经过全国招标，最终选择了国内知名的深圳城市规划设计研究院，对茅台镇旧城进行了风貌设计，我们确定的改造目标是：所谓风貌设计就是通过大量的历史，人文调查、研究确定这个区域内建设的风格和基本的模式，形成设计规范并定格。即通过新建和改造，将茅台镇改造为一个集国酒文化，长征文化为一体的，具有贵州黔北民居风格的魅力名镇。这个设计方案得到省级主要部门和上一级政府的一致认同。成为了我们改造的蓝图。

（二）改造方案的实施

首先是资金筹措问题，我们决定每年地方财政安排一至二千万元的预算投入，同时争取到了国家开发银行2.5亿元的开发贷款，茅台酒厂也表示要给予必要的支持，部分开发商也看好茅台镇，纷纷希望进入茅台镇。至此，一场轰轰烈烈的茅台镇旧城改造终于拉开了序幕。

今年我们确定的是启动两个项目：一个是茅台酒厂新大门至老大门段道路及两侧房屋风貌的改造，将拓宽道路，新建人行道及供水排污系统，路灯绿化，对两侧民居逐栋由建筑设计院设计，将其一一改造成黔北民居风格的小楼，形成一条风情小街；另一个是贯通并改造杨柳街路，这是茅台酒的发祥地，这里的改造仍然突出黔北居民风格，专门用以展示国酒文化，与茅台酒厂的国酒文化城相呼应，成为一体。

在未来3~5年我们将每年实施2~3个项目，力争5年全面完成茅台镇旧城改造任务。那时的茅台镇向您展示的将是经济发展、市场繁荣、旅游兴旺、环境优美，人与自然和谐共进的国酒名镇、中国名镇和世界名镇的新形象。

案例9　某市主城区空间结构的选择

海南省琼海市市长 宋 祎

（2005年11月）

情 况

某市为三组团（规划面积为297平方公里）布局的滨海生态旅游城市，主城区为其中一个组团。地理位置中拥有独一无二的滨水（有海、河、湖、泉）资源，一条全省第三大河流（注：年流量约60亿立方米直接排入南海）贯穿全市境内，誉称该市的“母亲河”，河流东西两岸优美的自然环境构成对景是城市最主要的景观资源，目前东岸主城区滨水核心带已基本建成，是该市现有的城市建成区，面积为23平方公里。原有城市总体规划确定的河流西岸主城区城市建设用地，由于多种原因，土地开发和城区建设的规模很小，没有形成规划中确定的城市次中心效应，建成区面积仅有4平方公里。进入新世纪的该市迎来了前所未有的发展机遇，宏观经济社会发展战略对城市建设提出了新的要求，作为指导城市建设和发展重要依据的城市总体规划，应与该市宏观经济社会发展战略目标相适应。因此，2001年，该市对原有城市总体规划进行了修编。

滨水地区是城市中主要的开放空间，其开发涉及工程、经济、交通、景观、环保等诸多问题，是城市开发建设中最敏感的问题之一。针对滨水地区开发的复杂性、多样性特点，市政府在城市总体规划修编时，实施阳光规划工程，采取社会公众广泛参与，以有效的调查研究为基础，强调土地经济分析、城市形象设计、规划实施的动态研究后，对主城区空间发展方向选择问题，最终决定采取集中发展型方案，即沿河一侧集中发展现有河东老城区，否定了原有规划中所确定的沿东西两岸跨河发展策略的延续发展型方案（见图）。

针对该市主城区空间发展方向如何选择问题，社会各界人士给予了极大的关注。人们对主城区是否跨河向河西发展优劣利弊一直存在着较大的争议。

决 策

决策者们认为，城市主城区空间结构发展方向，以商业密集、配套设施较完备的老城区为核心，向东、南、北三个方向发展，逐步形成外有环道环绕，内有四横两纵的道路系统，其空间结构为一个公共服务核心向外辐射，带动了东、南、北、中四片居住区和南北西片工业区发展。其理由是：

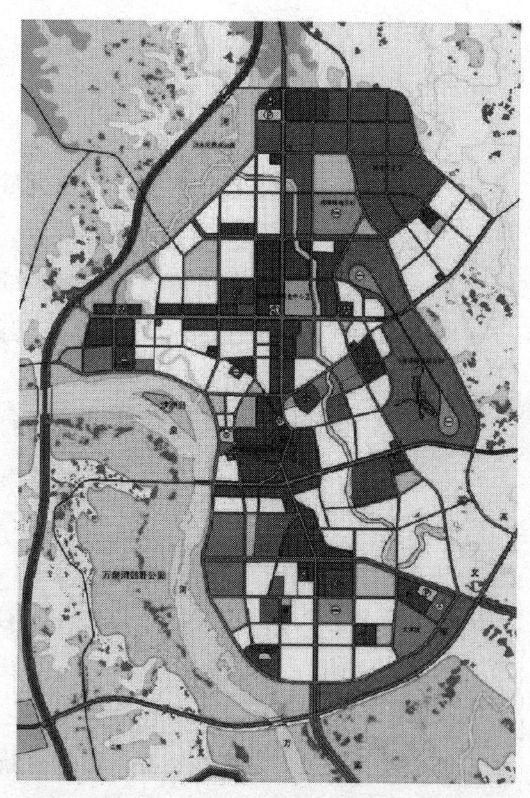

修编后的某市城市总体规划主城区规划图

（1）经济问题：河西现状为一块未开垦的处女地，现有基础设施条件薄弱，目前还没有经济实力投入大量资金进行基础设施开发，即使前期对部分基础设施投入建设，土地的级差效益还不能得到有效发挥。而且，河西地势低洼，要将土地从生地变为熟地，从集体用地变成建设用地，满足项目建设“三通一平”的条件，需要投入大量的资金完成大量的土石方填埋工程，这样河西单位土地开发成本将高于老城区，所以，投资的回收问题和建设周期保证问题将制约河西的发展。

（2）防洪问题：河西地势低洼，现状土地平均标高比河流20年一遇的洪水位高出3米，为10年一遇的洪水淹没区。如果规划为城市的次中心，进行大量项目开发建设，那么必须沿河岸线进行浩大的防洪堤建设，不仅要投入大量的防洪防灾资金，而且防洪堤粗笨足板外形严重影响城市滨水景观。

（3）环保问题：河西岸线地段，东临河水，西北傍山，腹地为湿地，原始植被绵延成片，是大量鸟类的憩休地，也是河东老城区的视觉对景的焦点。河西滨水地区自然生态环境较为脆弱和敏感，如果将河西规划为城市次中心进行开发建设，势必会对现有的植被飞禽等动植物造成大量破坏，打破现有自然生态平衡。同时，河西的开发建设所产生的污水、废水和建筑垃圾、生活垃圾，将对河水水质造成一定程度的污染。

总之，决策者们认为：如果片面追求城市空间的视觉效果，忽视规划的社会、经济和环境三个目标的统一，忽视规划实施的可行性和可操作性，就容易失去规划对城市发展应有指导作用，也将破坏滨水地区城市的形象。所以，最终决策主城区空间结构发展方向不能跨河向河西发展。

争 议

持不同意见的人士总认为现状河东老城区城市用地的发展在东西（西有一大型汽车试验场）两个方向受到比较大的限制，未来城市发展空间难以拓展，无法满足该市经济社会发展战略的要求。河西优越的旅游和生态环境资源被众多商家看好，将河西规划为主城区的次中心，具有广阔的发展前景。归纳持不同意见人士的想法，主要表现为以下几个方面。

（1）发展滨水城市是顺应世界潮流的需要。近几年来，滨水城市的开发已经成为一种世界现象。从美国旧金山的“渔人码头”到英国伦敦的“牛津港再造”，从日本的“大阪复兴”到马来西亚的KCCHING市“海岸开发”，无论是发达国家还是发展中国家，都把滨水地区的开发列为重中之重。核心目的就是借用滨水资源，塑造全新风貌，提升城市品位，促进城市发展。在中国，以上海外滩和浦东为代表的繁荣面貌和生活方式，对许多滨水城市是一个标杆和方向，从北方的吉林、大连，南到宁波、广州、武汉等，把滨水区域作为振兴城市的重要手段。对这一现象，有专家指出：这是对世界滨水开发潮流的呼应，也是滨水城市发展累积到一定阶段的必然出路。

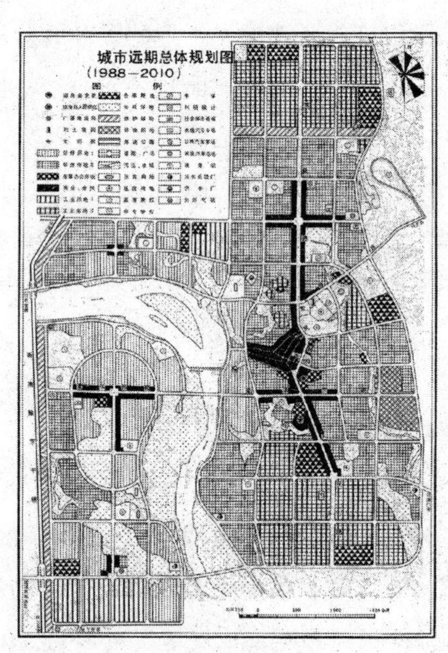

修编前的某市城市总体规划主城区规划图

（2）现代城市的竞争，从总体上讲是城市形象的竞争。城市空间环境是城市的物质基础。滨水空间拥有现代城市居民共同热爱的自然环境，在城市中自然呈现一个连续网络，是过于拥挤的现代城市中唯一空旷开敞的地带，还是有宽广的视野和鲜明的地方特色，使城市空间具有可识别性、可认同性和亲切感。将河西用地纳入新的城市结构中，沿河两岸必然成为城市的中心和视觉走廊，将会形成“一市两城、滨水核心”的城市空间新形象的建立。

（3）将河西规划为城市的次中心，通过改造河西用地作为城市发展用地，主要布局旅游和居住两大功能，建设沿河两岸绿化景观带，为现代城市居民提供各种游乐，休憩设施的空闲场所。同时，河西拥有独特的自然环境和丰富的情态特征，随着春夏秋冬、昼夜晨昏而不断变化，将给人们带来多样的情趣和意境。因此，滨水空间的重构与调整，更符合现代居民余暇空间的要求。

（4）河西资源实现优化配套，保证长远利益，促进近期启动，使河西发展更具旺盛的活力和不断完善的能力，在城市建设中创造并保持竞争优势。将河西规划为城市次中心，构成城市中心的重要功能片区，是对原有城市总体规划的延续和认同，是主城区未来城市建设重点发展区域，注重规划的适用性，在保障公众整体利益的前提下，鼓励社会各界参与开发，促进开发商尽早收回资金，获得较好的经济效益。达到高标准建设和高收益回报为目标，不仅是实现较高的景观、环境目标，也是努力争取较大的经济收益，保证城市有机成长。

（5）决策者选择集中型的发展方案，没有体现城市的可持续发展，没有体现以人为本的科学发展观……

结 果

当人们对主城区空间结构发展方向是否延续到河西进行争论的时候，该市新编制的城市总体规划中采取了以河东老城区为核心的集中发展型方案，摒弃了沿河两岸跨河发展的延续型发展方案。该方案已于2004年由该市决策者拍板，确定为主城区空间结构发展方向的最终方案，并通过了评审批准，目前正处在实施阶段。

感 慨

事物的发展是矛盾的统一，有上下、长短、对错等对立和统一的两个方面，是互为因果又不断变化的动态过程。该市主城区空间结构发展方向的选择也是如此……

案例10　大足宏声市政文化广场征地拆迁事例的启示

重庆市大足县副县长　胡华超

（2006年6月）

大足县地处重庆市西部远郊，成渝经济走廊腹地，东邻铜梁，西连四川安岳，北接潼南，南接永川、荣昌，成渝高速公路、成渝铁路穿境而过，东离重庆89公里，西距成都269余公里，辖区面积1392平方公里，总人口92.7万，辖24个街镇乡。县境内有闻名遐迩的世界文化遗产——大足石刻。该县是典型的农业大县，经济总值较小，工业薄弱，几乎无大型的工业企业，在重庆市划定的渝西经济走廊GDP排名中位列较后，虽属全国甲级旅游开放县，但城市基础设施比较陈旧，配套功能较差。该县为改变这种面貌，在城市建设中积极走特色化、精品化的发展之路，实施了广场、游园、道路、旧城改造、河流整治等工程，其中，对于推进宏声市政文化广场建设的一些做法或许可以给我们一些启示。

项目实施背景

大足建县于唐乾元元年（公元758年），境内的大足石刻融合了儒、佛、道三教思想，是中国晚期石窟艺术的代表作，1999年12月被列入《世界遗产名录》，独树一帜的石刻艺术与传统的巴渝地方民俗文化共同构筑了大足悠久灿烂的历史文化。但在20世纪90年代，推动县城改造，加快旧城拆迁后，城市历史文化遗迹越来越少。在城市顺应时代发展潮流，逐步向现代文明迈进之时，该县逐渐意识到城市的规划建设不能再一味寻求注入现代文化，而忽略保持大足本土的独有文化特质，让大足这样一个古城失去本来面目和城市文化内涵。为充分展示地方特色风貌，树立好城市品牌，县委、县政府经过充分调查研究，提出了建设“国际旅游胜地，生态经济城市”的总体目标。为此，该县在城市建设中确立了“文化立城”的思想，强调通过实施项目带动，加强文化建设、培育文化氛围、优化人居环境来全力提升城市品位，推进全县的城市化进程。2000年开始实施的宏声市政文化广场建设是其中的重大项目。

初期步履艰难

宏声市政文化广场选址大足县城的核心地带、旧城中轴线的中心，北靠著名的北山石刻景区，工程占地约8万平方米（约120亩），总投资5000万元，其中整个工程项目征地拆迁涉及县城中心地带棠香办事处12个生产社，拆迁户410余户，拆迁面积达5万余平方米。该项目从2001年年初即开始实施，但由于诸多原因，一直进展不顺利。为了加大对该项目征地拆迁工作的领导，大足县政府专门成立了宏声市政文化广场工程指挥部，由主要领导任指挥长，建委负责牵头实施，国土局、市政局给予配合，下设办公室人员由建设、国土、市政等相关部门抽调专人组成。为了推进征地拆迁进度，仅在2001年一年内，建委就牵头召开各种形式的拆迁会议无数次，但效果一直不明显，未能达成任何协议，整个工程几乎陷入了停顿。

综合分析各方面原因，造成这种局面有两方面原因：一方面是工程指挥部具体领导人员的工作方法和对征地拆迁政策的掌握不够专业；工作不够深入，宣传不力，以会代劳，与被拆迁户沟通不全面；内部分歧也比较大，思想也没有完全统一，当时的县委和县政府部分领导对该工程修建意见不统一，导致各部门的力量不集中。另一方面被拆迁农户普遍对安置方案有意见，一时间提出各种不合理要求的很多，导致拆迁与被拆迁间矛盾尖锐，主要表现在：一是被拆迁户要求拆迁的房屋按照城镇房屋拆迁进行补偿，原因是处于县城中心地带的农房不能按农房进行拆迁补偿；二是被拆迁户要求还房的位置上佳，因涉及12个生产社，范围较大，每个生产社提出希望安置的位置又都不一致，分歧较大，还房安置方案做了5个都未讨论通过；三是靠近北环路的被拆迁户虽然产权证是农房，但现在已做经营房屋的，要求按商业门市还建；四是被拆迁户认为补偿的标准过低；五是其他一些不合理的个人因素，如空挂户也要求进行补偿，有的被拆迁户还要求安排子女工作等。这些要求无所适从，造成矛盾越来越激化，整个拆迁工作陷入僵局。

鉴于上述原因，大足县政府和项目工程指挥部多次开会，反复研究，决定对该片区进行大规模的强拆，以推进该工程进程。工程指挥部召集有政法、建设、国土房管，市政等相关部门参加的强拆工作准备会，对强拆工作进行了布置。在得知政

府准备实行强拆后，被拆迁户依然态度强硬，还扬言说："要拆我们的房子，必须满足我们的要求，否则，天王老子来也摆不平。"所有12个生产社的老百姓自发组织，相互串联，内部开会，紧紧扭成团，共同盟誓："如果政府要对我们进行强制拆迁，干什么我们都奉陪到底，如果他们要抓人，就喊他们派卡车来抓，我们决不退步"。最终，县政府和工程指挥部因考虑到涉及的人员太多，范围太大，矛盾太突出，未采取强拆措施。

工作顺利推进

2002年年初，大足县委、人大、县政府、政协四大班子经过反复讨论，进一步统一思想、形成一致意见后，决定重新确定牵头单位，同时也调整了指挥部成员。2002年4月20日，大足县委、县政府召开宏声市政文化广场汇报专题会，会上明确了该工作由县国土房管局全面组织实施，有关部门给予配合，并限期一个月内完成征地拆迁工作。

该县国土房管局在接到任务后，积极调整工作方案，提出了当前征地拆迁应着重把握"以人为本，执政为民"原则和进行换位思考的拆迁指导思路，要求整个拆迁工作做到局领导到位、各部门协作到位、处置措施到位。为此，制定了"八步走"的工作方式：

第一步："建"，即组建工作组。国土房管局对该局从事该工程的拆迁工作人员进行了精心的组织和总动员，由5名局级领导带队，将100余名职工与棠香办事处配合拆迁同志一道，组建5个征地拆迁工作组。

第二步："摸"，即摸实情况。为防止发生重大情况疏漏，派出5个征地拆迁工作组再次进行摸底调查，同时加强了与12个生产队所在报恩村干部的沟通，与他们交心谈心，争取到了他们对拆迁工作的大力支持。

第三步："听"，即广泛听取意见。国土房管局一方面派出5个工作组与棠香办事处的同志一道深入拆迁户，另一方面设置接待该片区拆迁户反映问题的拆迁接待室，广泛听取被拆迁户对拆迁的一些问题、意见和要求。同时严格要求进村入户、接待群众来访的有关同志做到"四个必须"，即：必须态度和蔼，热情耐心；必须详细询问，认真记录所反映的问题和提出的要求；必须按政策和法律解释有关问题，直到群众完全明白；必须挂牌出勤和接待，告诉群众自己的姓名、职务，确保在征地拆迁中，群众出现问题及时解决。通过这种行之有效的方法，在被拆迁群众中收集到了"关于自己失去土地后，生计如何解决？还建房屋价格过高，自身无法承担”等对后期工作产生直接影响的问题。

第四步：“编”，即编制方案。得到被拆迁户反映的主要问题后，在广泛征求社员代表和该县有关部门意见的基础上，国土房管局及时重新编制了拆迁安置方案，将12个生产队的拆迁户全部安置在紧临宏声广场预留开发用地旁的位置较好、交通便捷、发展空间较理想的片区，并结合人员安置和生产发展，对所有被征地农民按每2~3个人组合修建一个底层门市，面积保证人均20平方米，充分考虑了他们在失地后通过自己经商、出租门市等获得收入，解决生活的问题。同时积极应对被拆迁户“怕买不起还户”的问题，重新划定了还建房费用承担比例：拆迁农户只负责还建房屋的直接建安造价费用，还建房场地的“三通一平”、建设规费、超深基础及水、电气、闭路电视、电话恢复等费用列入征地成本，由国土部门统一承担，办理“两证”只收取工本费，确保被征地农民买得起安置还房。

第五步：“做”，即做通思想工作。在拆迁安置方案确定后，如何让拆迁户接受这个方案？该县牢牢把握“要让老百姓接受方案，首先要让村社干部接受方案，让有影响的社员代表接受方案，让他们去帮带、影响全体拆迁户接受方案，推进拆迁工作”的原则，及时地将村社干部、社员代表召集起来，积极向他们解释了新编的拆迁安置方案和有关政策，做通了他们的思想工作，争取了他们在动员群众拆迁中发挥积极作用，以此形成了“干部带群众，代表带亲朋，群众带群众”的帮带关系。

第六步：“宣”，即广泛宣传动员。仅有干部、代表支持还不够，该县国土房管局决定要“趁热打铁”，迅速落实了有关责任，进行广泛发动，变当前的被动拆迁为主动出击。一方面，通过5个拆迁工作组深入农户宣布政策，讲清道理“原有的住房门市一律按住房安置，补偿标准一律按征地拆迁政策补偿，不按城镇拆迁政策补偿；对老百姓的要求一律公平、公正对待，对不合理的要求，有政策的按政策，没有政策的一律不开口子”；另一方面，及时组织召开拆迁总动员会，由政法、国土房管等部门分别作动员报告，村支两委干部、生产队长发了言，并代表社员表态“全力支持和配合征地拆迁工作”。

第七步：“签”，即签订协议。通过村社干部带动，以及在处理每户拆迁户具体利益上，均做到了公平、公正。全部被拆迁户积极踊跃签署拆迁还房协议。5月1日至5月7日7天期间，12个生产队410余户的拆迁户全部签订拆迁协议。5月20日，该片区的所有房屋全部拆除完毕，至此，1个月完成征地拆迁的目标任务圆满完成。

第八步：“修”，即修建安置还房。为让被拆迁人“愿意进、乐意进”安置还房，该县完全兑现拆迁安置协议的承诺，并按照“统一房屋设计方案，由被拆迁人

组成建房领导小组，确定统一的施工队伍，并对还房实行统一质量监督、统一竣工验收”的“四统一”要求对还房组织实施。2003年4月，被拆迁户逐步入住拆迁还房新区。

2004年9月，来大足检查的国土资源部和市国土房管局领导对该农民拆迁还房给予高度评价，并将该还房区评为示范还房区。同期，宏声市政文化广场顺利建成，该市政文化广场环境优雅，绿树成荫，配置的十二乐女群雕生动地展示了大足石刻的灵妙和动人，已成为大足县城一道亮丽的风景，深受县内外游客的称赞，并获得了建设部环境设计金奖。通过宏声市政文化广场等基础设施项目的建设，大足的城市环境发生了翻天覆地的变化，打造了全国卫生县城、国家级生态示范区、全国人居环境范例城市、全国城市环境综合整治优秀县城、中国优秀旅游城市、市级山水园林城市等众多的城市名片，广大市民和游客对城市环境给予了较高的评价，城市的知名度和美誉度也不断提升。

通过分析这起征地拆迁事例，其成功关键在于：一是组织领导有力，该县县委、县政府领导高度重视，意见高度统一，为拆迁提供了思想保障，具体牵头实施单位分工明确，组织工作扎实；二是解决问题得当，在整个项目的征地拆迁工作推进中，抓住了解决问题的核心，充分调动了被拆迁户的积极性和主动性，取得了很好的效果；三是牵头实施单位以人为本，换位思考，制定的拆迁安置政策对路，在还房安置过程中，充分听取了被拆迁户的合理化建议和需求，对老百姓的利益给予了充分的考虑，满足了大多数老百姓的合理需求，克服了少部分人的不合理因素，通过大多数人来对少部分人做工作，最终达到了共同满意的效果；四是纪律严格，组织周密，在整个征地拆迁工作中，大到开什么会，由哪个同志发言，小到进村入户时哪个同志负责解释、讲什么话等都作了严格的规定，确保了政令畅通；五是还房建设上，注重引导农民发挥主体作用，制定了“四统一”制度有效保证了安置还房符合拆迁户自身要求和工程建设质量，避免了后期因安置房导致的拆迁户上访等问题的发生，树立了政府执政为民的良好形象。

案例11　房屋拆迁，应维护谁的利益

黑龙江省尚志市市长 董凤山

（2005年11月）

一、“维护拆迁当事人合法权益”

某市是东部地区的一座城市，在城市发展中，该市抓住建设中等城市和都市经济圈卫星城市的机遇，确立了逐年改造老城区，加快开发新城区，发展壮大开发区的指导方针，近年来，形成了“一山、一湖、两河、四区”一体的中等城市新框架。随着城市建设步伐的加快，城市拆迁面积逐年增加，2004年达到4000平方米。但在现实中，拆迁纠纷不断、拖延拆迁期限，甚至群众上访、投资商撤资等事件仍时有发生。

“拆迁难”是目前城市建设中遇到的普遍问题，最难是政府，在拆迁人与被拆迁人的利益博弈中，优先维护谁？政府常常为此犯难。这关系到政府的诚信和执行能力。

目前很多城市都对房屋拆迁制定了相关法规，该市也提出了以地方性法规规范城市拆迁管理。决策者认为，拆迁当事人既包括拆迁人，也包括被拆迁人，只有同时维护了双方利益，拆迁工作才能顺利进展，建设项目才能按期开工。维护拆迁当事人的合法权益，就要依法维护公民正当的财产权利。立法精神应当侧重保护被拆迁人的合法权益，重视被拆迁房屋承租人的合法权益，关注拆迁人的合法利益。

首先，被拆迁人相对拆迁人而言，处于弱势地位。拆迁人往往是为开发而来，经济实力相对强得多；而被拆迁人大多是经济实力较弱的分散个体。其次，拆迁人是有计划、有准备地启动拆迁活动，被拆迁人则大多是被动参与，在协商签订拆迁补偿安置协议时，也是拆迁人主动，被拆迁人被动。被拆迁人在文化程度、社会活动能力、熟悉法规程序等方面，总体上弱于拆迁人。最后，房屋拆迁具有政府规定的强制性，即行政强迫性，一旦拆迁程序启动，不论被拆迁人意志如何，房屋终将被拆除。因此从立法上侧重保护被拆迁人的利益，设置必要条文，增强被拆迁人的有利因素，使双方地位逐渐平等。

该市房屋拆迁安置管理处负责人认为，征用补偿应该尊重公民私有财产的保护，不应该使一方利益受到侵害。但是在实际操作中，往往一方是拥有巨大权力的国家机关，而另一方则是处于被动地位的弱势群体，一旦确定某地段被征用，拆迁往往具有强制性，物质补偿能否按时足额到位则难以保障。在实际拆迁中，被拆迁人的财产权利受到侵害的情况时有发生，并由此出现了“钉子户”现象。应该说，这些“钉子户”中，有些是提出了不合理的要求，但不可否认，也有一部分是自身权益受到侵害。

拆迁问题，引起了社会各界的极大关注。在分组审议《某市城市房屋拆迁管理条例》时，市人大常委会组成人员提出这样的建议：“政府不能在拆迁中既当裁判员又当运动员，城市房屋拆迁要重点规范政府行为。”

一些常委会委员认为，城市房屋拆迁的目标应是保障广大人民群众的利益，但在实践中有一些拆迁却正在走向群众利益的对立面，这跟政府的介入和实施强制拆迁有很大关系。必须明确区分公共利益拆迁和商业利益拆迁，将政府介入和强制拆迁限制在公益拆迁范围之内，政府应从商业拆迁活动中退出，而且商业开发不应实施强制拆迁。

有的认为，拆迁纠纷本质是拆迁人与被拆迁人之间的民事纠纷，应当通过双方自由协商、自愿选择来解决，政府不能强行干预，造成拆迁人的力量和利益远远大于被拆迁人的严重失衡状态。由于被拆迁人处于弱势地位，应在拆迁管理工作中更多地保护被拆迁人的利益，体现构建和谐社会的要求。

还有的认为，政府应转换角色对拆迁实行监督、指导、协调，把拆迁推向市场，保障拆迁市场的公开、透明。对出现的纠纷和矛盾及时进行处理，避免矛盾的进一步激化。

二、房屋拆迁估价谁说了算

“拆迁难”最难的环节就是房屋“估价”和货币补偿。以前房屋拆迁补偿标准是由政府统一制定，由拆迁人进行补偿，政府定价在一定程度上保证了城市建设的规模和速度，但其结果是房屋估价结果与实际相差甚远，平均每平方米差价就高达千元，不能准确反映被拆迁人的财产价值，使被拆迁人的利益受到较大损失。

近几年，我国房屋拆迁估价逐步由行政管理向市场评估过渡，房屋拆迁货币补偿的金额，不再由政府指导定价，而是根据被拆迁房屋的区位、用途、建筑面积等因素，连同该房屋用地范围内的土地使用权价值，以房地产市场评估确定价格，并以此为依据，实行货币补偿或产权调换。该市今年3月份开始实施的城市“房屋拆迁估价规定”中首次取消了房屋拆迁补偿评估法规中的“管理”二字。房屋拆迁估价必须反映被拆迁房屋的公开市场价值，在估价环节中应遵循四个原则：一是独立、客观、公正、公平、合法的原则；二是最高最佳使用原则；三是替代原则；四是估价时点原则。

从政府定价到由中介机构评估定价，涉及拆迁双方切身利益的估价环节正逐步向市场化方向转变。从2005年 3 月起，该市所有新批准的拆迁房屋，将实行更为规范、合理的估价法则，新实施的《某市房屋拆迁估价规定》将使估价环节更准确体现被拆迁房屋的真实价值，使房屋拆迁当事人的利益更好被保护。

按照这一规定，该市今后城市拆迁难点将实现“关口前移”，进行估价在先，把拆迁双方认可的估价结果作为颁布《拆迁许可证》的先决条件，房屋行政管理部门将完全退出此过程。这样可以有效避免估价不一导致房地产开发纠纷不断的状况。

三、拆迁补偿主动权握在谁手上

从政府定价到市场定价，房屋拆迁补偿程序正逐步趋向规范化，房屋拆迁当事人不仅可以自主选择委托中介机构对房屋进行估价，还可选择最能体现房屋价格的评估方式。

该市新制定的房屋拆迁估价办法将估价方式从原来的两种增加到五种。拆迁当事人对房屋估价应该拥有更多主动权。目前房屋拆迁估价中较为普遍使用的是市场比较法和成本法，但随着城市房屋拆迁不断面临社会发展的新变化，这两种方法已不能客观、公正地反映被拆迁房屋的市场价值，按照国家房地产估价规范，拆迁双方还可选用收益法、假设开发法和基准地价修正法。

市场比较法是将估价对象与在估价时点近期有过交易的类似房地产进行比较，对这些类似房地产的已知价格作适当的修正，以此估算估价对象的客观合理价格或价值。市场比较法是最具说服力并易于当事人接受的方法，因为这种评估方法最能直接反映评估对象的市场价格，但其前提条件是必须有同类房屋的交易实例可供比照。该市规定，采用市场比较法进行房屋拆迁估价，所选定的参照物实例，应当与

被拆迁房屋所在区位、用途、建筑结构相同或相近，参照实例的成交时间不超过估价时点12个月，选取的参照实例须在3个以上，参照实例的综合修正系数不超过30%。但是由于市场比较法需要交易实例作为比照物，实践中公用设施、公益事业房屋以及农房等交易实例较少，对这些房屋拆迁估价，拆迁双方可申请使用其他估价方法。

成本法是通过求取估价对象在估价时点的重置价格或重建价格，扣除折旧，以此估算估价对象的客观合理价格或价值。

收益法是预计估价对象未来的正常净收益，选用适当的资本化率将其折现到估价时点后进行累加，以此估算估价对象的客观合理价格或价值。假设开发法是预计估价对象开发完成后的价值，扣除预计的正常开发成本、税费和利润等，以此估算估价对象的客观合理价格或价值。

基准地价修正法是在政府确定公布了基准地价的地区，由估价对象所处地段的基准地价调整得出的估价对象客观价格。

该市房地产管理部门提醒，房屋拆迁双方可以协商选取最能体现房屋价值的估价方式，在不适用市场比较法的情况下，最好选用两种以上的评估方法进行评估后，用加权平均的办法确定评估对象的价格。选用的评估方法不同，必然会导致评估结果的不同，不正确使用评估方法也必然导致评估结果失真，不能真实反映评估对象的市场价格，从而引发拆迁纠纷。

案例12　某市工业园排污管网该如何建

湖北省仙桃市市长 陈吉学

（2005年11月）

某市棉纺总厂地处该市门户区位，北靠沪蓉高速公路出入口，西邻城区排灌河——通顺河，曾经是该市最大的国有骨干企业。随着体制转轨步伐的加快，该企业生产经营一度陷入困境。1999年，通过大力度的产权制度改革，使企业重新焕发生机与活力，年上缴税收过亿元。为了充分发挥该企业对于推动全市工业经济发展的先发效应，使之成为推动城区南移的“引爆点”，优化工业布局，加快形成以轻纺为特色的产业集群，本世纪初期，当时的决策者提出要依托棉纺总厂，建设一个占地5平方公里的现代工业新区。这一决策得到了全市上下、方方面面的认同，没有丝毫的杂音。

建设工业园区必须坚持“先地下、后地上”的原则，必须有完善的地下排污管网和污水处理设施作为支撑。这样，如何建设园区排污管网系统非常现实地摆在了决策者们面前，成为争论的焦点。主要是两种观点：一种观点认为，应当将工业园区作为一个独立的排污管网系统来建设；另外一种观点则认为应当将工业园区排污管网纳入城区管网通盘考虑。

持第一种观点的主要理由

1. 将工业园区排污管网作为一个独立的系统来建设，投资小，见效快。只需要将污水搜集后，就近排入通顺河，投资不过3000万元。而如果将工业园区管网纳入城区管网，需要跨沪蓉高速公路铺设管道。由于现有污水处理系统在城东，而工业园区在城西，铺设管道长度达15公里，总投资达1.5亿元，成本太高。

2. 将工业园区管网纳入城区管网，工程任务十分繁重，涉及多个部门、街道办事处，组织协调的难度相当之大。

3. 城区现有排污管网年久失修，日趋老化，局部管网还出现了遇雨受渍的问题。特别是老城区部分管网未实现雨污分流，不能完全排放的污水、生活废水低位积聚，极有可能堵塞管道。如果将工业园区管网纳入城区，将进一步增加城区管网的负荷，影响其正常运行。

持第二种观点的理由

1. 将工业园区管网纳入城区管网，可以充分利用现有排污管网和污水处理系统，形成规模效应。根据有关城市规划理论，治污设施过于分散，难以形成规模效应。中小城市规模不大，一般情况下只需建一个污水管网系统。该市城区规模不足30平方公里，按城区发展速度，一般5~10年才能扩大5平方公里。因此，建一个排污管网系统比较适宜。近几年来，该市已投资2.5亿元，建设了比较完善的污水收集、污水提排和污水生态处理系统，其中3座提排站日提升污水能力达到30万吨，污水生态处理系统设计日处理污水能力达到10万吨，而现有城区实际日排污量只有3万吨，还有很大的承接污水空间。如果对城区和工业园区污水进行并网集中处理，将大大降低投资运行成本，推动工业园区开发建设和招商引资工作。

2. 将工业园区管网并入城区管网，可以控制新污染的发生，是坚持以人为本，认真落实科学发展观的具体体现。发展经济不能以牺牲环境、牺牲老百姓的利益为代价，不能只盯着眼前的蝇头小利，而忽视长远利益和老百姓的根本利益。建设生态园区是现代工业园区的发展方向，决不能走“先污染、后治理”的老路。如果将工业园区作为一个独立的排污管网系统来建设，产生的工业废水将直接排向通顺河。虽然要求现有各个企业都必须自建污水处理设施，实现达标排放，但仍然难以保证通顺河不受到污染。随着园区规模的扩张，入园企业将越来越多，情况会更加严重，一条清澈的灌溉河将成为污水河。这样，不仅难以实现建设工业园区的预期目标，而且将直接影响周边及下游20多万人民群众的饮水安全和50万亩农田的灌溉水源问题。因此，第一种方案看似节约了成本，但今后治污的成本将会更高，事实上是得不偿失。如果将工业园区管网纳入现有城区管网系统，尽管成本高了3~4倍，但不会影响生态环境，不会损害老百姓的根本利益。

尽管两种观点争论不休，但决策者经过反复分析，深入论证，选择了第二种方案。同时，对第一种方案中提出的问题进行了认真吸收，优化了设计方案。该市在对城区管网进行全面调查摸底的基础上，迅速成立了城区排污管网改造与建设工作领导小组，组建了强有力的工作专班，抓紧制定规划，对老城区管网进行全面排查、清淤、综合整治，对新城区管网全部实行雨污分流，以确保城区管网正常运行。将循环经济的理念融入园区建设和招商引资之中，把工业园区作为发展循环经济的示范区，从源头上解决区域污染问题。在加大政府引入的同时，通过建立市场化、多元化的投入机制、统一的集约化区域治污机制、良性的回报机制、有效的监管机制，多方筹措建设资金，以确保工程建设有稳定的资金来源。

目前，该项工程已经全面启动，正在紧锣密鼓地组织实施。究竟哪一种方案比较合理，还有待实践进一步检验。

案例13　小城市污水处理事业该如何发展

湖南省浏阳市副市长　孙建科

（2005年11月）

某市山清水秀、环境优美，素有南国天堂之称。近年来经济发展迅速，城市建设日新月异，但城市生活污水和工业废水日趋恶化，给市民生产生活环境以及世界名河——LY河造成污染，市委、市政府1999年决定建设城市污水处理厂。

一、决策时的争议

当年市委、市政府决定建设城市污水处理厂，社会各界对其利弊影响产生了广泛争议。

决策者认为：兴建城市污水处理厂，通过治理城市生活污水和工业废水，可以改善市民生活环境，消减LY河水污染，提高湘江流域水质，是一项造福子孙的德政工程、民心工程，同时对于提升城市品位，扩大LY知名度，促进经济快速发展，体现以人为本的科学发展观都具有十分重要的意义。表现在以下几个方面：

（一）建设城市污水处理厂是执行国家政策要求的具体体现

国家环境保护“十一五”规划要求，城镇生活污水处理率5年内要大于70%，湖南省规定2010年全省县级城市普及城市污水处理厂。该市是省会长沙的后花园、卫星城市，但没有污水处理厂，市政环保工程建设远远落后于经济建设，影响和阻碍了对外形象与经济发展。因此，兴建污水处理厂成为了时代要求。

（二）建设城市污水处理厂是保护湘江一级支流——LY河的需要

LY河是世界名河，出现了水质污染问题，查其原因，主要是两岸工业废水和生活污水未经处理直排河中，监测结果表明：按地表水Ⅲ类标准评价，仍有11项指标超标。随着城市发展，人口增多，污水排放量增大，不建污水处理厂，势必造成LY河水质进一步恶化。

（三）建设城市污水处理厂是创建国家卫生城市，提高城市品位的需要

市政府早在10年前就提出了创建全国卫生城市、文明城市、园林城市、旅游城市的目标，而要实现这些创建目标，建好污水处理厂，完成规定污水处理量是必须达到的硬指标。

（四）建设城市污水处理厂是改善市民生活环境的需要

LY河是该市最大的地表水源，同时也是城市污水的受纳水体，城区目前为直泄式合流制排水系统，管渠就近排放LY河及其支流，未经处理的生活污水污染了这些河流，影响了市民的生活居住环境。

持不同意见的人认为：该市是一个县级市，不论从城市规模、经济实力，还是从享受价值等方面，对其当时兴建城市污水处理厂提出了诸多质疑：

有的人认为：LY城市规模小，常住人口12万左右，供水量每天2万多吨，工业废水的排放量每天不到1万吨，而且大部分都是自取水源，如果按照实际污水排放量建一座小规模污水处理厂，势必不能适应城市快速发展的需要，但如果扩大规模建设，又难免造成闲置浪费，所以兴建污水处理厂为时尚早。

还有人认为：兴建污水处理厂是一个投资大（上亿元），纯公益事业项目。LY近年来经济虽然发展较快，财政收入增加了，但是由于城市建设、交通网络建设投资很大，财力有限，如果现时启动该项目，会给财政带来巨大经济压力，如果不能争取到上级拨款或贷款，很有可能造成虎头蛇尾的不利结局。

还有人认为：兴建城市污水处理厂和污水收集管网，不仅建设投资大，而且建成后运行费用同样大，对于小规模的污水处理运行费用就更大，而运行费用必须由市民承担，加在供水水费上征收，势必增加市民经济负担，市民对于他所享受的价值与支付的费用难以衡量接受。

更有人认为：据统计，2004年年底全国有污水处理厂532座，因缺少运行费用，不能正常运行的占了61.9%。LY城市生活污水经管渠通过200多个排污口分散就近排入LY河及其支流，污水处理厂建成后，这些污水通过收集管网集中输送到污水处理厂处理。如果该市污水处理厂也因缺少运行费用停止使用时，那么收集的污水就会从污水处理厂排水口未经处理而集中直排入LY河，集中排放比分散排放的污水自净能力更弱，所以污水处理厂建成后，一旦出现直排现象，很有可能造成集中污染水体的严重后果。

尽管对污水处理厂工程是否该建众说纷纭，但该项目于1999年8月完成了可行性

研究和专家评审，同年10月省计委和国家计委批复立项，该项目被列为省八件实事内容之一，是该市“十五”年期间十大重点工程之一。2002年4月工程动工，通过两年多的时间，完成了污水处理厂主体厂区建设，12公里污水收集干管建设和污水提升泵站建设，投资1.26亿元的一座新型污水处理厂于2004年12月25日正式建成竣工，投入试运行。目前运行正常，截至2005年10月已处理污水700多万吨。

二、建设中的困难和对策

随着工程的启动，诸多阻力和困难涌现出来，有征地拆迁等多方面的问题，但最大、最关键的问题还是资金上的困难。

该项目是国家发改委列为日本政府贷款项目，其主要资金来源是日元贷款、国债资金、银行贷款和政府自筹。除日元贷款如数到位外，其余资金都缺口很大，为了解决资金问题，除千方百计向上争取资金外，一方面加快污水处理费开征力度。国家政策规定污水处理厂建设期间可以开征污水处理费，全部用于工程建设，那么早一天开征，就多一分融资。该市以最快的速度完成了成本核算、各界人士代表听证会、政府常务会议研究、上报上级主管部门批准、政府通告、市民宣传一整套程序，从2004年7月1日开始正式开征。另一方面，大力推进工程项目招商，2004年6月，工程进行到一半时，因资金难而处于停建状态，按照省政府要求，年底必须竣工，时间紧、任务艰巨，怎么办？该市根据国家政策要求并借鉴外地经验，积极引导外商投资建设、运营，走产业化发展道路。先后经与6家外商进行艰难谈判，最终与浙江某环保投资有限公司达成除管网以外的转让合同。该公司以1250万元收购已完成的项目，并追加投资5000万元，完成第一期工程（管网除外），该公司的收益来源主要为污水处理收费，按0.65元/吨收取。项目转让经市政府常务会议讨论通过，人大常委会作出决定，于2004年7月29日正式签订转让合同，通过招商，解决了厂区剩余工程建设资金，并将收回的资金用于管网建设，顺利实现了省政府年底竣工运行的目标要求。

三、建成后的社会反映

污水处理厂建成后，产生了正反两方面的社会反映。

一是少数市民对开征污水处理费不理解。认为污水处理厂是公益事业，是政府应该做的事，污水处理费不应由市民承担。对于原本自来水费就比较高，再加上开征污水处理费，市民担心承受不起。

二是污水处理厂建设及运行给财政带来了新的经济负担。按照合同规定，每天应付给污水处理厂不少于3万吨的污水处理费，加上银行贷款、日元贷款还本付息，除去按现行污水处理费征收价格征收的污水处理费后，每年财政需补助700万~1100万元。

三是污水处理厂建成后，LY河及其支流变得清澈毓秀，两岸居民无不拍手称颂。污水处理厂的建成，城市功能的完善，改善了城市居民生活环境，促进了城市可持续发展。该市成功创建了全国卫生城市、全国生态示范区、湖南省园林城市。创建中国优秀旅游城市已成功通过省级验收，目前正在迎接国检，有望不久后得以实现。

当你们了解了这些情况后，LY城市污水处理厂的建设是否需要？它所走的路程是否正确？一切都只能由大家来评判。

案例14　洮南市关东农贸商城的建设

吉林省洮南市市长 许广山

（2005年11月）

洮南素有“千年古城，百年府县”之称，“洮商”历史十分悠久。为了传承和发扬“洮商”文化，不断提高商贸经济的整体发展水平，洮南市于2003年决定建设集消费、休闲于一体的关东农贸商城，并列入了当年重点完成的50件实事之一。但是对于关东农贸商城建设，社会各界给予了极大的关注，人们对关东农贸商城建设的利与弊产生了比较强烈的争议。

一、意见分歧

一种意见认为：建设关东农贸商城，不仅有利于提高商贸经济对县域经济发展的牵引和拉动作用，而且对于改善居民生活质量、提高城市品位也具有十分明显的带动作用，体现了以人为本的科学发展观。其理由是：

（一）关东农贸商城的前身原农贸市场，始建于1987年，由于年久失修，市场业态功能极其低下，市场内脏、乱、差的现象十分严重，为市民提供一个整洁、优雅的购物环境势在必行。

（二）原农贸市场规模较小，导致很多商贩不能入室经营，市场周边占道经营现象十分普遍，同时，原农贸市场属老城区，附近没有可供百姓休闲的公共场所，城市功能亟须改善。而规划设计的关东农贸商城是集消费、休闲于一体的综合性有形市场，东侧为全封闭关东农贸商城，建筑面积8050平方米，能容纳800个摊位；西侧为世纪广场，占地面积11000平方米；四周为二层商品楼，建筑面积19000平方米。建成后，不但可以完全满足经营业户的经营需求，而且可以大大改善周边环境。

（三）对于提高城市品位具有重要意义。关东农贸商城设计新颖，风格独特，不但有市民休息娱乐的休闲广场，而且各类基础设施齐全，建成后不但能够成为城市景观的一个亮点，而且也为创建省级卫生城市打下了坚实基础。

持不同意见的人士则认为：市里的决策者们有“作秀”之意，对建设关东农贸商城提出了诸多疑问。

1. 个别干部认为：关东农贸商城属重复建设，劳民伤财。原农贸市场周边有近4000平方米宅店合一的商业楼是近三年建设的，拆掉重建太浪费，而且重建资金的2000万元从哪里来，在当前财政困难的情况下，筹措这笔资金是不可能的，这也是重建的关键。如果，由个人投资开发建设，将来在后期市场管理上，容易出现管理“真空”，广大消费者的合法权益可能得不到有效保障。

2. 部分原农贸市场内的业户认为：扒掉现有市场后，400户从业者何去何从，还能否继续经营?

3. 部分动迁户认为：拆迁可能损害他们自身的既得利益。这些动迁户多数房屋为营业性质，或自己经营，或已经对外出租，是房屋产权人赖以生存甚至是将来养老的资本，拆迁后他们的生计没有了固定保障，为此，在131户动迁居民之中，有近50户居民的抵触情绪十分激烈。他们在听到市里要建设关东农贸商城的消息后，就不间断地到市委、市政府和白城、长春以及北京集体上访。

二、采取的措施

尽管人们对于关东农贸商城建设说法不一，但是于2003年年初，经过可行性研究、论证后，最终仍然决定，批准建设关东农贸商城。为了确保工程进度，及时解决建设过程中可能遇到的各种矛盾和问题，市政府一方面组织成立了由市里主要领导牵头、各相关部门主要领导参加的关东农贸商城建设指挥部，具体负责筹建、建设过程中的组织协调、综合调度等有关事宜；一方面对工程建设中的可预见性问题进行了认真的调查分析，多次召开会议，研究出台了《关于建设关东农贸商城有关问题的会议纪要》，落实了各项问题的具体解决措施，取得了较好的效果。

（一）关于群众提出的重复建设问题

特别是针对近几年新建的商品楼房，在重建过程中调整了部分规划设计，在不影响整体规划效果的同时，保留了部分新建楼房近3000平方米。

（二）关于建设资金问题

采取了商业化运作方式，在出台了相关优惠政策的基础上，以原农贸市场开发为资本，通过公开竞聘方式，由市招商局与吉林省长春市五洋公司达成了开发建设协议。在市里没有投入一分钱的情况下，完成了对关东农贸商城以及休闲娱乐广场建设资金的筹措。

（三）关于原农贸市场内400户临时经营业户的安置问题

在充分调研和广泛征求临时经营业户意见的基础上，在关东农贸商城开工建设之前，按照“就地就近、方便市民采购和商贩经营”为原则，把古树街中段划为了临时市场，将原农贸市场内的业户全部迁到了临时市场内进行经营。同时，组织相关部门对临时市场内的安全、卫生等问题进行了多次专项检查整顿，保证了临时市场在使用期间没有出现过一起相关事故，没有一户上访闹事，尽最大可能维护了临时业户的经营权利，保障了市民的生活消费所需。

（四）关于动迁难的问题。采取了多管齐下的方式

一是在动迁补偿上，采取了特事特办的方式。经过与开发商积极协调，上调了拆迁价格，在评估价格的基础上，针对动迁户的生活状况分别上调了5%~30%，让动迁户得到了实惠。二是给予了动迁户优先回迁政策。愿意回迁的，优先于其他购房者，而且在购楼价格上每平方米也优惠了200~300元。三是对“钉子户”依法进行了强制拆迁。对于漫天要价、多次协商达不成协议的动迁户，依法申请人民法院，进行了强制拆迁，共强制拆迁7户。既保证了社会稳定，也保证了工程进度。

（五）关于商城建成后的日常管理问题

关东农贸商城于当年11月份正式营业后，进入经营业户670余户。最初，确实出现了无序运行状态，具体表现是：市场开办者不按照国务院《食品安全专项整治工作方案》、《租赁柜台经营活动管理办法》和《吉林省集贸市场管理规范》的要求，履行应尽的管理义务；市场内经营业户为了谋取利益的最大化，拒绝办理各种证照，不缴纳各种税费，不接受各执法部门的监督管理，在市场开办者的鼓动下集体进行违法经营。为了切实把关东农贸商城真正建设成为文明市场、信用市场、消费者满意市场，市政府召开常务会议专题研究讨论了关东农贸商城的整顿规范事宜，由工商部门牵头，各相关部门配合，对商城进行了集中规范整顿。对证照不全的责令停业整顿，补办证照，依法缴纳税费，对67户拒不办理证照的业户责令停业，按国务院颁布的《无照经营查处取缔办法》进行了处罚。同时，由各相关执法部门抽调专人进驻市场，加强了对市场开办者、市场经营者和上市商品的规范和管理。通过各相关部门近两个多月的共同努力，最终，把关东农贸商城打造成了群众真正放心消费的窗口和平台。

案例15　城市供水工程是否启动

吉林省梅河口市市长　初功名

（2005年11月）

一、城市供水工程的决策与异议

某市于1991开始城市供水工程建设，历经15个年头、6任党政班子领导，但由于受到立项、论证、资金等方方面面因素的影响，迟迟未能开工建设。直到2004年，该市确立了建设区域中心城市目标后，市委、市政府决定启动城市供水工程建设，这个长期困扰该市快速发展的难题，终于提上了建设的议程。

（一）城市供水工程的简介

工程概算2.7亿元，主要建设内容由取水头、输水管线、净水厂及配水管网四部分组成。净水厂设计规模为10.5万吨/日，铺设两条DN900输水管线，全长40公里，日输水能力10.66万吨。

（二）城市供水工程决策的依据

1．自1985年建市以来，经济和社会发展迅速，城市人口不断增多，人民生活水平逐步提高，居住条件日益改善，用水量大幅度增加

因为城市供水总量不足、水质金属超标，严重制约了该市经济的发展，影响了群众生活水平和质量的提高，每年造成GDP增速减缓7个百分点，财政收入减缓6个百分点。目前，该市供水系统总设计供水量为每日4万吨，实际供水量为每日4.41万吨。供水由自来水公司、工厂和铁路自备水源组成，均采自浅层地下水。现有地下水源日可供开采量为1.36万吨，目前日超额开采3.05万吨。由于长期过量开采，造成地下水位急剧下降，城区已经形成2.5平方公里的沉降区，部分楼区下沉，为地表道路等建筑设施带来了一定的安全隐患。大量抽取地下水，也相应造成了地下水污染，并且地下水源已经没有扩大开采的潜能。

据2002年统计，该市区年需水量2490.4万吨，其中，全年生活用水量为584万吨（1.6万吨/日），人均日供水量仅为80升，达不到全国人均日用水量的50%。全年工业用水量预计为912.5万吨（2.5万吨/日），其他用水量113.15万吨（0.31万吨/日）。随着"工业立市、绿色强市、商贸活市、生态兴市、建设区域中心城市"目标的确立，对城市供水又提出了新的更高的要求，随着城市人口的逐步增长，工业生产飞速发展，预计到2010年，市区日需水量将达到10万吨，但目前实际日总供水能力仅为4.41万吨，城市供水总量不足，不能满足城市的可持续发展要求。城市缺水如人体没有了血液，整个城市经济就不能实现跨越式发展，所以必须加快实施城市供水工程。

2．现有城市供水水质不高，影响群众身心健康，必须兴建新的供水工程

目前，该市城市供水主要靠抽取地下水，根据水质的化验报告，现有地下水每升铁的含量2.8~7.575毫克，每升锰含量0.20~5.80毫克。自来水公司给水处理净化只能采取：原水→跌水曝气池→除铁无阀滤池→表曝反应池→除锰快滤池→洁水池（加氯）→送水泵房→配水管网的净化流程，由于水厂处理效果不佳，饮用水中铁、锰含量严重超标，长期饮用将对人体健康带来严重危害。

而供水工程取水的库区及上游均无工业废水排放，水质检验结果符合《国家地面水环境质量标准》（GB3838—88）中的III级水质要求，经化验PH值为7.4~8.0，总硬度为62~72.8，含铁0.4~0.6毫克/升，含锰0.044~0.088毫克/升，细菌总数为400~1000，总大肠杆菌460~2400，该水库可作为城市集中式水源地。

3．城市供水设施老化，管网陈旧，损耗量大，高层建筑供水、工业用水严重不足，必须建设新的供水设施

该市原有输配水干管网总长28.7公里，市区配水管网主要集中在中心城区，其他区域均为枝状管网，许多管网陈旧简陋，年久失修，锈蚀严重，破损率达到40%~50%，供水保证率极低。此外，给水管线不配套，用户相对分散，城市边远地区水压低，管网密度小，服务效率低。目前，市区内用水区域基本靠二次加压泵站供水，每日只能早中晚定量供水，远远达不到市民用水之所需。该市政府高度重视，坚持以人为本、人民利益至上的原则，体现政府亲民、爱民、全心全意为人民服务的宗旨。

（三）城市供水工程的异议

虽然城市供水工程在解决该市城市缺水和经济发展需要上科学论证、果断决策，但是，部分专家、群众以及社会各界也提出了不同意见，认为工程建设存在诸多弊端，需要慎重考虑，不要立即启动。

部分专家认为，该市的城市供水工程水源地存在引水量不足问题。市供水水库蓄水全部靠天然截水，据测算，该水库10年内年平均蓄水为1.16亿立方米，而每年的城市供水量为3600万吨，加上每年农业灌溉需要8000万吨，并且随着城市的发展，用水量也在不断增长，年需水量大于年蓄水量，水源供应上存在一定问题。如果一旦遇到枯水期，将严重影响整个城市供水系统的正常运行，也会给整个城市经济和农业发展带来不可估量的损失。另外，从一个县级城市发展来看，目前无论是从人口规模，还是经济发展规模，3~5年内建设一条日供水5万吨的输水管线就足够了。当达到日供水10万吨需求时，再铺设另一条管线，这样既节省建设资金，又不至于使厂房和设备长期闲置。

部分参加工程听证会的农民群众认为，城市供水工程与农田水利灌溉有冲突。虽然可解决城市缺水问题，但也相应损害了农民群众的一定利益。全市60万亩水田，50%以上都靠城市供水的水库灌溉，供水工程建成后，必然会出现和农业生产用水相互争嘴现象。同时，水源地及其周边范围内正在筹建国家级湿地森林公园，供水工程必然对水库和周边生态环境造成一定的影响与破坏，不利于生态保护和可持续发展。

社会其他各界人士也对供水工程建设提出了一些不同观点。一是水质能否达标问题。通过调查发现，水源地水库中含各类浮游植物133种，尤以水藻类居多。含浮游动物81种，其中原生动物和轮虫类68种。并且水库养鱼业以及开发旅游业也会对水质产生一定的影响，加上周边居民生活垃圾的直接排放，对水质能否达到饮用标准存在一定的疑问。二是建设资金筹措存在一定的问题。一个投资接近3亿元的大工程，光靠政府投资是无法完成的。如果资金筹措不到位，就会造成工程建设不能按时完工，甚至会半路下马，反而会成为劳民伤财工程。三是水价问题。普遍认为，该工程耗资巨大，建成后，整个城市供水问题虽然解决了，但必然会大幅度提高水价，过去的福利水价就会有所改变，工程成本就会强加给消费者，最后工程造价会由消费者“埋单”，这样就会适得其反。

尽管各个阶层的同志对该市城市供水工程项目建设有不同的看法，甚至提出了反对意见，但是，2004年11月，该供水工程完成了可研性报告，并通过了环评，同年12月省发改委完成了该市供水工程的项目建议书批复，同意工程建设。城市供水工程项目已经列为该市2005年重点工程建设项目之一，并且市政府力争将此项工程建设成为阳光工程、优质工程、民心工程和发展工程。

二、城市供水工程开工前的应对措施

随着工程建设的启动，不同声音、不同凡响都反馈到该市政府决策者的耳中。特别是水库下游的一些农民，担心水库的蓄水为城市供水，农民种水田受到了影响，农民种田的积极性受到了破坏。市政府领导高度重视，多次召开专家论证会、农民座谈会、规划设计讨论会等各项专题会议研究解决，针对客观存在的问题，采取切实可行的应对措施。

（1）针对枯水期水量不足，难以保障城市供水和农业灌溉同步进行的问题，一是加高加固拦水大坝，增加蓄水能力。二是加大农业产业结构调整力度，减少水田种植面积，推广节水灌溉。两年来，鼓励农民水田改旱田种植经济作物面积达到10万亩，每年节约用水接近2000万吨，增加农民收入1500余万元，水库灌区内农民人均可增加收入150元。三是维护好原城市供水系统的自备水源和供水设备，确保枯水期和新的供水系统出现故障时能够随时启动。四是大力开展劳务经济，使农民进城经商或出国劳务，有效减少农民数量并增加农民收入。

（2）针对目前该市人口不可能骤增，城市发展需要渐进的实际情况，按照树立和落实科学发展观的要求，科学调整供水设计和施工方案，本着节水、节资的原则，输水管线先铺设两条，按照日供水能力10万吨建设。而净水工程按照5万吨、2万吨、3万吨分块设计，先启动一个5万吨，今后按照需要再逐步启动增加。

（3）针对水库水源环境问题，一是市政府精心组织，已加强水库周边植被保护工作，封山育林，保持原生态。二是国家级湿地森林公园建成后，禁止水库风景区建设楼堂馆所，禁止排放污水和垃圾。三是为保护水库饮用水源洁净，防止藻类和有害细菌大量繁衍，采取对水体进行生物净化和在取水头处进行药物净化的措施，保证饮用水安全。

（4）针对建设资金不足和居民担心水价过高问题，一是争取银行贷款资金1462万美元，同时申请开行匹配资金，此外，通过市场化运作方式积极寻求投资和建设主体，解决建设资金不足问题。二是强化供水企业管理，加强维护，严防跑冒滴漏，降低生产成本。三是提高市民节水意识，采取有效措施节约用水，最大限度地保证水价平稳。

水不仅是农业经济的命脉，同时也是工业经济、城市经济的命脉，更是城市居民的生命线。古往今来，有多少国家、民族因缺水而导致战争、动乱及消亡。解决城市缺水总量是全国乃至全球性的难题，更是执政者亟待解决的难题。古人云：两利相权取其重，两害相全就其轻。纵观该市城市供水工程建设，既要考虑当前，又要顾及长远，是利大于弊，还是弊大于利，该项目到底是否启动，请您把脉支招。

编 后 语

《中国市长文集》系列丛书收录了近10年来市长研究班收集的课题研究报告、国外考察报告、经验交流材料和案例作业。在编辑过程中，我们力求尊重原文，谨对个别文字及标点符号作了修正，市长学员的职务均以当时情况为准。由于编者能力有限，在材料取舍和编辑方面可能存在不妥和欠缺之处，敬请诸位市长谅解；对于本书中可能出现的其他纰漏，也恳请读者给予批评指正，以便今后在工作中不断加以改进。

全书由王忠平、张庆风、宋言平同志主持编审，苏会泽、张海荣、王明珠、胡林林、刘悦、王江波同志参与全书的编辑工作和联系出版工作。中国城市出版社为本书的出版做了大量工作。在此，谨对所有给予本书帮助支持的单位和同志表示衷心感谢。

《中国市长文集》编委会

2012年5月